DAS WEINQUIZ

EGON MARK

DAS WEINQUIZ
Wein erlernen wie ein Sommelier

VERLAG GEBRÜDER KORNMAYER, Dreieich

© 2008 Verlag Gebrüder Kornmayer, Dreieich
2. Auflage Oktober 2008
1. Auflage Oktober 2007
www.kornmayer-verlag.de
ISBN 978-3-938173-41-1

Autor: Egon Mark
Umschlag und Gestaltung: Evert Kornmayer
Lektorat: Cordula Neuner-Zieren
Druck: Tavasli, Istanbul (Türkei)

Die Deutsche Bibliothek - CIP-Einheitsaufnahme.
Ein Titelsatz dieser Publikation ist bei der Deutschen
Bibliothek (Frankfurt) erhältlich.

Österreichische Nationalbibliothek

Dieses Buch ist urheberrechtlich geschützt. Alle Rechte, insbesondere das Recht der Vervielfältigung und Verbreitung sowie die Übersetzung, vorbehalten. Kein Teil des Werks darf in irgendeiner Form ohne schriftliche Genehmigung des Verlags reproduziert oder vervielfältigt werden. Dies gilt insbesondere für Vervielfältigungen und Übernahme des Inhalts in elektronische Medien. Die Wiedergabe von Warenzeichen, Handelsnamen, Gebrauchsnamen etc. in diesem Buch berechtigt auch ohne besondere Kennzeichnung nicht zu der Annahme, dass solche Namen im Sinne der Warenzeichen- und Markenschutzgesetzgebung als frei zu betrachten wären und daher zur allgemeinen Benutzung freigegeben wären.

Die Inhalte dieses Buches wurden nach bestem Wissen aufbereitet. Weder Verlag, Herausgeber noch Autor haften für eventuelle Schäden, die aus den Angaben dieses Buches resultieren.

Inhalt

Vorwort	6
Wein allgemein	11
Das Weinland Österreich	83
Das Weinland Deutschland	149
Die Schweiz als Weinland	201
Frankreich „Grande Nation" des Weines	225
Italien „Land des Weines"	313
Internationale Weine	381
Die Geschichte des Weines	459
Index	502
Der Autor	517

Vorwort

Sehr geehrte Leser,
liebe Weinfreunde,

Wenn uns das Thema Wein interessiert, können wir sagen: „Es geht uns gut." Wir müssen heute keinen Wein mehr trinken, weil er reiner und gesünder ist als Wasser. In vielen Teilen unserer Erde war dies aber einmal so.

Weil es uns gut geht, können wir uns feine Weine leisten. Der Pro-Kopf-Genuss wird – zumindest in Europa – geringer, aber vielfach werden bessere Weine getrunken. Einerseits haben sie Qualitäten erreicht, die es bisher noch nie gab. Andererseits wird der Weinfreund immer interessierter und macht öfters einen Exkurs in höhere Preisklassen. Nur der Vergleich macht sicher, was gut oder sehr gut schmeckt.

Mit dem wachsenden Interesse vieler Bevölkerungsschichten an Wein erlebten Anbieter von Weinkursen, Verkostungen und anderen vinologischen Veranstaltungen in den letzten Jahrzehnten einen gewaltigen Boom. Noch nie gab es ein derartiges Angebot an Zeitschriften und Büchern über Wein und Genuss. Das Wissen um den Wein wird immer mehr zu einem Teil der Allgemeinbildung. Auch Firmen sind vermehrt daran interessiert, dass sich leitende Mitarbeiter eine gewisse Kompetenz als Gastgeber aneignen.

Ich weiß es aus eigener Erfahrung: Als Vortragender bei unzähligen Weinveranstaltungen in den vergangenen zwanzig Jahren waren immer öfters renommierte Firmen die Auftraggeber. Oft sollten leitende Angestellte, die im Namen des Unternehmens Geschäftspartner zu betreuen hatten einiges über Wein und Speisen wissen. Vermehrt waren es auch Banken, die ihren Top-Kunden als eine Art von Incentive Weinseminare und exklusive Verkostungen anboten.

„Den Seinen gibt's der Herr Im Schlafe", sagt der Volksmund (vielleicht stammt das Zitat aus der Bibel ...?). In Wirklichkeit schaut es aber anders aus, denn das Thema Wein ist fast unerschöpflich. Immer neue Weinländer, die von sich reden machen, kommen dazu. Man kann so manches Gebiet oder Thema zwar in recht kurzer Zeit erlernen, aber ein umfangreiches Wissen muss langsam wachsen, wenn es nicht nur im Kurzzeitgedächtnis gespeichert sein soll.

Vorwort

Das war mein Wein-Debüt
Ich selbst habe vor mehr als vierzig Jahren damit begonnen, regelmäßig Weinseminare zu besuchen. Da wird sich gleich einer fragen, wo so etwas damals schon möglich war. Die Erklärung ist einfach: Als junger Österreicher mit einer fundierten gastronomischen Ausbildung arbeitete ich 1962/63 als Steward auf dem Luxus-Liner „Kungsholm" der Schweden-Amerika-Linie. Anschießend blieb ich drei Jahre in Schweden, und meine Tätigkeiten in guten Hotels und Restaurants reichten vom Commis bis zum „Hovmästare" (Oberkellner).

Ganz typisch für Länder ohne eigenen Weinbau, war dort die Auswahl an importierten Weinen sehr groß, und es gab auch so manche Aktivität zu dem Thema. So konnte man schon damals Mitglied bei der nationalen „Mundschenkvereinigung" – einer Sommeliervereinigung – werden. Die regelmäßig stattfindenden Weinseminare waren das Fundament für mein Weinwissen.

Wieder zurück in Österreich
Nach meiner Rückkehr blieb ich der Gastronomie treu, verlegte meine Tätigkeiten aber vermehrt in die Ausbildung. Als Kursleiter, Trainer und Fachlehrer mit pädagogischer Ausbildung wirkte ich für verschiedene Bildungsanstalten, wie zum Beispiel das Wirtschaftsförderungsinstitut, die Österreichische Weinakademie und das Kolleg für Tourismus und Freizeitwirtschaft in Innsbruck. Als Serviermeister, Diplom-Sommelier und Weinakademiker mit dem englischen WSET-Diplom, ging mein Interesse immer mehr in Richtung Wein.

Als Lehrer und Trainer ist man auch mit Tests und Prüfungen beschäftigt, und im Laufe der vielen Jahre entstand – wie bei allen Pädagogen – eine ansehnliche Sammlung an Wiederholungs- und Prüfungsfragen. Ich war nie für ein Auswendiglernen aus einem Fragenkatalog, aber das Wissen mit einem kleinen Spiel am Home-Computer zu erweitern, interessierte mich schon sehr früh.

Die Zeit vor der Millionen-Show
Mein erstes Weinquiz entstand etwa um 1999/90 unter MS-DOS und man könnte es auf einem heutigen PC gar nicht mehr spielen. Gespeichert war das Ganze mit damals 500 Fragen auf HD-Disketten mit 1,44 MB Kapazität. Es war wohl das erste Quiz dieser Art, lange vor der Millionen-Show im Fernsehen. Das Interesse an dem Programm war damals riesengroß.

Das nächste und viel umfangreichere Weinquiz konnte ich im Herbst des Jahres 2001 vorstellen. Natürlich auf CD und mit 1000 Fragen. Damals waren nur 3 Antwortmöglichkeiten vorgegeben und es war auch noch keine Erklärung für die richtige Antwort verfügbar.

Die nächste komplett überarbeitete Auflage war Anfang 2004 fertig. In 7 Fachgebiete unterteilt, bot das Quiz mehr als 1.000 Fragen mit über 4.000 Antwortmöglichkeiten und zu jeder richtigen Antwort konnte man eine kurze Begründung aufrufen. Erstmals lief alles direkt von der Diskette, ganz ohne Installation auf dem PC. Diese Variante ist noch immer sehr erfolgreich.

Mein Weinquiz ist inzwischen ein beliebtes Hilfsmittel bei der Vorbereitung zu verschiedenen Prüfungen und Wettbewerben. Kursteilnehmer zum Weinfachberater, Jungsommelier, Diplom-Sommelier oder Weinakademiker erkannten in dem Quiz ein ideales Medium zur Wiederholung und Festigung des Weinwissens. Unzählige Pädagogen an Tourismus- und Hotelfachschulen verwenden es gerne zur Auflockerung des Unterrichtes ganz nach dem Motto: „Wein erlernen mit Spaß".

Die 3. Auflage von „Das Weinquiz" ist komplett überarbeitet und aktualisiert. Es umfasst einen Katalog von 1.300 Fragen und dazu gibt es 5.200 Antwortmöglichkeiten. Die 1.300 Erklärungen zu den richtigen Antworten sind deutlich erweitert. Nicht nur die Fragen werden durch den Zufallsgenerator gemischt, innerhalb jeder Frage werden nun auch die möglichen Antworten bei jedem Aufruf verschieden angeordnet. Ein stundenlanges Quizvergnügen am PC – ohne Wiederholungen – ist garantiert.

Vorwort

Von der CD zum Buch
Wenn auch nicht so schnell wie in der Computerindustrie, aber auch bei mir geht die Entwicklung weiter. Im Herbst 2007 kommt neben der 3. Auflage des Weinquiz auf CD auch dieses Buch, das Sie gerade in Händen halten, auf den Markt. Der Seitenumfang ist größer geworden als wir, die Gebrüder Kornmayer und ich, ursprünglich geglaubt hatten.

Ein Index am Ende des Buches bringt die wichtigsten Stichworte aus allen Fragen in alphabetischer Reihenfolge, so dass das Quizbuch gleichzeitig die Funktion eines kleinen Weinlexikons hat.

Es ist sicher ein nicht alltägliches Fachbuch über Wein, wahrscheinlich sogar das Erste in dieser Art. Sie als Leser müssen ausnahmsweise nicht mit Seite 1 beginnen. Sie können überall einsteigen, genau bei dem Thema oder Stichwort, das Sie gerade interessiert. Die Unterteilung in acht Fachgebiete wird Ihnen dabei helfen. Die Meinung: „Dieses Buch habe ich schon gelesen", wird es nicht geben, weil Sie immer wieder Interessantes in wenigen Sätzen finden.

Gute Weine sind wie Partnerschaften ...
... die lange gereiften sind besonders harmonisch. Und bei dieser Gelegenheit will ich mich bei meiner Gattin Rosi sehr herzlich für die Mithilfe und all die Geduld bei der Entstehung dieses Buches bedanken. Nicht jeder Wein ist so lagerfähig, aber unsere fast 40-jährige Ehe ist in keinster Weise leer oder ausgezehrt, sondern wird immer noch harmonischer.
Danke! Und auf viele weitere Jahre in Harmonie und mit einem regelmäßigen guten Glas Wein.

Egon Mark

Wein allgemein

Was ist Wein?

Das Lexikon sagt: Wein ist ein alkoholisches Getränk, das durch Vergären des Saftes von frischen und für die Weinbereitung zugelassenen Trauben gewonnen wird. Nur wenn die Herstellung wirklich aus Weintrauben erfolgt, darf das Produkt als Wein bezeichnet werden. Weine aus anderen Früchten müssen entsprechend deklariert werden.

Für die Herstellung zugelassen sind in der EU nur die europäischen Edelreben. Weltweit sind davon tausende verschiedene Arten bekannt und auch in Europa sind etliche hundert Sorten zugelassen. Die Weinbereitung aus Hybriden ist in der Europäischen Union nicht erlaubt, wird aber vereinzelt und aus historischen Gründen noch toleriert.

Die Rebe

Eigentlich ist der Rebstock eine genügsame Pflanze, denn sie lebt schon recht gut, wenn sie Licht, Wärme und Wasser bekommt. Will man aber mehr als nur Durchschnitt, sind viele Einflüsse von Bedeutung, denn Weinqualität ist nie Zufall. Einfach erklärt, ist es das Zusammenwirken der Natur mit dem Wissen und dem Fleiß des Winzers.

Die önologischen Kenntnisse, die Auswahl der Rebsorten und die beste Erziehungsform der Weinstöcke sind wichtige Voraussetzungen, um das Beste aus der Traube zu machen. Was im Weingarten wächst, wird im Keller noch veredelt, und moderne technische Ausrüstung hilft dabei.

Natürliche Produktionsfaktoren im Weingarten

Starke Auswirkungen auf das Wachstum des Rebstockes haben die drei natürlichen Faktoren Klima, Lage und Boden.

Das Klima

ist besonders wichtig, denn ein Rebstock benötigt:
» wenigstens 9 °C Jahresdurchschnittstemperatur, 11 bis 16 °C wären besser;
» mindestens 1.300 Stunden Sonnenschein jährlich; Das Optimum liegt bei 1.700 – 2.200 Stunden;
» eine Mindestmenge an Niederschlag von 500 mm oder eine mögliche

Wein allgemein

Bewässerung; dabei ist die Verteilung des Regens während der Vegetation nicht unbedeutend;
» eine Vegetationszeit von etwa 180 bis 245 Tagen.

Im Idealfall treiben die Reben ab Ende April aus, und die Blüte fällt dann in den Zeitraum von Anfang bis Ende Juni.

Die Lage

Auch die Lage des Weinberges ist entscheidend für die Qualität des Ergebnisses:

» Südhänge sind optimal, die Sonnenstrahlung ist dort so günstig, dass die Vegetation früher als in anderen Lagen einsetzt;
» Osthänge leiden besonders nach kalten Frühjahrsnächten unter der schnellen Erwärmung am frühen Morgen;
» Westhänge wiederum leiden oft unter der Einwirkung der vorherrschenden Westwinde, haben aber den Vorteil, dass sie Niederschläge besser auffangen;
» Nordlagen sind ungünstig, da sich der Boden nur langsam und wenig erwärmt.

Große Wasserflächen wirken als Wärme- und Feuchtigkeitsregler, weshalb in der Nähe von Flussläufen und Seen das Klima sehr ausgeglichen ist. Daher liegen viele bekannte Weinbaugebiete in Flusstälern oder an Seen.

Der Boden

Je nach Fruchtbarkeit, Wasser- und Luftdurchlässigkeit sowie Bodentyp und vielem mehr entscheidet der Winzer, welche Rebsorten auf welchem Boden gepflanzt werden.

Die Arbeiten im Weingarten

Die Arbeit des Winzers ist mühsam und sehr vielseitig. Viele wichtige Eingriffe sind notwendig für die erwünschten Qualitäten und die Menge der Lese.

Der Rebschnitt
ist kein Mysterium. Im Wesentlichen wird das einjährige Fruchtholz zurückgeschnitten. Je nach Anzahl der Augen (Knospen, aus denen sich Trauben entwickeln) entscheidet der Winzer über die Quantität und Qualität.

Die Laubarbeit
im Weingarten erfordert viel Zeit, bringt aber hohe Qualitäten bei den Trauben. Darunter versteht man eine Reihe von Tätigkeiten am Rebstock. So zum Beispiel das Ausdünnen, das Entfernen von zu vielen Gescheinen, ein Befestigen der Triebe am Drahtrahmen oder das Freistellen der Traubenzone.
Laubarbeit ist allgemein so wichtig, weil die Blätter, neben den Wurzeln, das wichtigste Ernährungsorgan des Rebstockes darstellen. Ein gesundes Blatt ist die „Zuckerfabrik" der Rebe.

Die Bodenpflege
sorgt für viel Leben in den Weingärten. Das Auflockern des Bodens, Begrünen, Mulchen, Rigolen und wenn nötig Düngen, sind wichtige Arbeiten.
Erfreulich ist dabei die Entwicklung zu immer mehr naturnaher oder biologischer Bewirtschaftung, bei der der Arbeitseinsatz allerdings noch weiter steigt.

Die Schädlingsbekämpfung
Der ständige Kampf gegen tierische Schädlinge und Pilzkrankheiten wird heutzutage in Form des integrierten Pflanzenschutzes ausgetragen. Es ist dies eine Kombination von vorbeugenden, physikalischen, biologischen und im Notfall chemischen Maßnahmen.

Eine Junganlage
kommt erst nach vier bis fünf Jahren in den Vollertrag und erbringt diesen in der Regel weitere 20 bis 25 Jahre. Danach stagniert oder sinkt das Wachstum und die Erntemenge. Im Qualitätsweinbau ist man jedoch stolz auf wertvolle Altanlagen, die zwar geringe Erträge, aber Trauben in großartiger Qualität liefern.

Die Weinlese
Die Lese ist einerseits der Höhepunkt im Winzerjahr, andererseits sind es die Wochen und Monate höchster physischer und psychischer Belastung für den Weinbauern und seine Familie.

Wein allgemein

Den idealen Lesezeitpunkt bestimmen die Zuckergrade der Trauben, ihre Säurewerte und natürlich das Wetter.
Grundsätzlich kann maschinell oder händisch gelesen werden. Erntemaschinen arbeiten schnell und rationell, können aber nur auf ebenen Flächen eingesetzt werden. Schonender, aber wesentlich langsamer, ist die Handlese bei der das Traubenmaterial bereits im Weingarten selektiert werden kann.

Wie Weine entstehen
Von der Traube bis in die Flasche

Die Weinlese
Das Ernten der Weintrauben erfolgt erst dann, wenn der notwendige, natürliche Zuckergehalt für die jeweilige Qualitätsstufe erreicht wurde.

Das Einmaischen
Darunter versteht man das Zerquetschen der Beeren. Man erhält die Maische.
Praktisch in einem Arbeitsgang geschieht das Abbeeren bzw. Rebeln oder Entrappen der Trauben. Dabei werden die gerbstoffreichen Stängel und Kämme von den Beeren getrennt.

Das Keltern
ist das Pressen der Weintrauben. Dabei erhält man den gärfähigen Traubenmost. Bei der Weißweinproduktion kann die Maische gleich gekeltert werden. Für Rotweine muss die Maische vergoren werden, je nach Weintyp unterschiedlich lange.

Das Aufbessern oder Anreichern
des Mostes oder der Maische bei der Rotweinherstellung ist das erlaubte Zusetzen von Kristallzucker oder Mostkonzentrat. Es geschieht vor der alkoholischen Gärung, und dadurch wird der Alkoholgehalt im Wein erhöht. Eine andere Bezeichnung für diesen Vorgang ist das französische „chaptalisieren".

Das Schwefeln
ist fast unerlässlich, denn Schwefel bindet den Sauerstoff und verhindert eine Oxidation. Bei Weißweinen kann das SO_2 gleich nach der Gärung zugesetzt werden. Bei der Rotweinbereitung geschieht es möglichst erst nach dem biologischen Säureabbau.

Die alkoholische Gärung
von Most oder Maische ist ein biochemischer Prozess und gilt als die „Geburt des Weines". Dabei wird der vorhandene Zucker durch Hefebakterien in Alkohol, Kohlendioxid und einige weitere Nebenprodukte umgewandelt.

Jungwein
ist der vergorene Traubenmost, der jedoch noch nicht trinkreif ist. Er ist unharmonisch, nicht blank und leicht „mostig" im Geschmack.

Die Lagerung
erfolgt im Holzfass oder im Edelstahltank unterschiedlich lange, je nach Weinart und Qualität. Nach verschiedenen kellertechnischen Maßnahmen und entsprechender Reifezeit gelangt der Wein zur Abfüllung.

Die Rotweinherstellung
unterscheidet sich von der Weißweinproduktion vor allem durch eine Besonderheit: Die Farbstoffe der Trauben sind nicht im Fruchtfleisch, sonders sitzen direkt unter der Beerenschale. Daher wird bei der Rotweinbereitung nicht der Most, sondern die Maische vergoren, um die Farbpartikel herauszulösen. Dadurch wird auch Tannin (Gerbstoff) aus der Schale und den Traubenkernen ausgelaugt und der erwünschte, feinherbe Geschmack erzielt.
Wenn Farbe und Tannin die gewünschte Konzentration erreicht haben, wird die Rotweinmaische gekeltert (abgepresst).
Bei fast allen Rotweinen wird nach der alkoholischen Gärung eine besondere Milchsäuregärung (Malolaktische Gärung oder Biologischer Säureabbau) durchgeführt. Dabei wird die eher scharf schmeckende Apfelsäure reduziert und in eine mild schmeckende Milchsäure umgewandelt.

Bei der Roséweinbereitung
geschieht im Prinzip das Gleiche wie bei Rotweinen. Da aber nur wenig Farbe und Tannin erwünscht sind, dauert die Gärung auf der Maische nur kurz – einige Stunden oder eine Nacht.

Das Weinquiz

Kategorie: Wein allgemein

Wein allgemein [Fragen]

[1] Was versteht man unter dem Begriff Ampelographie?
(1) Wissenschaft der Gärungstechnologie
(2) Wissenschaft über die Beschreibung und Identifizierung der Reben
(3) Eine Methode zur Berechnung des Fassinhaltes
(4) Beschreibung und Identifizierung von Rebschädlingen

[2] Die größte Weinmesse der Welt ist ...?
(1) Die Wine-Trade in London
(2) Die Vinexpo in Bordeaux
(3) Die Wine-Show in Berlin
(4) Die Vinova in Wien

[3] Bei welcher Rebkrankheit bilden sich zuerst ölige Flecken auf den Blättern?
(1) Grünfäule
(2) Graufäule
(3) Falscher Mehltau
(4) Echter Mehltau

[4] Die Aufbesserung bzw. Anreicherung ist ein häufiger Vorgang in der Kellerwirtschaft. Wozu dient dieser im Wesentlichen?
(1) Zur Erhöhung des Alkohols
(2) Zur Verbesserung des Geschmackes
(3) Zur Verstärkung der Farbe
(4) Zur Erhöhung der Säure

[5] „Ricolmatura" ist ein Fachbegriff in der Weinsprache. Was versteht man unter der italienischen Bezeichnung?
(1) Das „Auffrischen" alter Weine mit jungen Weinen
(2) Die Beurteilung alter Weine nach ihrer Farbe
(3) Das Auffüllen und Frischverkorken berühmter Weine
(4) Das Beurteilen von Weinen nach der Füllhöhe der Schulter

[6] Was versteht man beim Wein unter einem Kerner?
(1) Einen „gemischten Satz" bei Weißwein
(2) Eine weiße Rebsorte, gekreuzt aus Trollinger und Riesling
(3) Einen sehr trockenen Frankenwein
(4) Eine weit verbreitete Hybride

Wein allgemein [Antworten]

[1] Wissenschaft über die Beschreibung und Identifizierung der Reben
Der Name ist abgeleitet von „Ampelos", der griechischen Bezeichnung für den Rebstock. Die Ampelographie ist die Wissenschaft rund um die Bestimmung und Beschreibung der Rebsorten. Es ist auch ein Teilbereich der Önologie - die „Lehre vom Wein".

[2] Die Vinexpo in Bordeaux
Die größte Weinmesse der Welt ist noch immer die Vinexpo in Bordeaux. Sie findet dort jedes zweite Jahr, immer in den ungeraden Jahren (2003, 2007, 2009 ...) statt.

[3] Falscher Mehltau
Ölige Flecken auf den Blättern sind die ersten Anzeichen für den so genannten „Falschen Mehltau". Die Pilzkrankheit ist auch als Peronospora bekannt. Wahrscheinlich wurde das Problem nach dem „Echten Mehltau" und der Reblaus nach Europa eingeschleppt.

[4] Zur Erhöhung des Alkohols
Das Aufbessern oder Anreichern dient vor allem zur Erhöhung des Alkohols im Wein. Um einen Liter Wein um 1 Vol.–% Alkohol zu verstärken, werden etwa 16 Gramm Zucker benötigt. Der höhere Alkohol ist auch ein Aromaträger.

[5] Das Auffüllen und Frischverkorken berühmter Weine
Ricolmatura bedeutet soviel wie „Beifüllung". Gemeint ist damit das Überprüfen von Füllniveau und Qualität von Wein und Korken. Gegebenenfalls das Auffüllen der Flasche mit dem gleichen Wein (und Jahrgang) und das Neuverkorken der Flasche. Diese „Operation" wird mit einem Zertifikat belegt. Biondi Santi in Montalcino und Penfolds in Australien sind z. B. zwei Weingüter, die dies machen.

[6] Eine weiße Rebsorte, gekreuzt aus Trollinger und Riesling
Kerner ist eine weiße Rebsorte, die vor allem in Deutschland zu finden ist. Die sehr erfolgreiche Kreuzung ist aus Trollinger (rot) und Riesling entstanden und liegt in Deutschland nach der Verbreitung an 4. Stelle unter den Weißweinen.

Wein allgemein [Fragen]

[7] Was wird mit der Klosterneuburger Mostwaage gemessen?
(1) Der Gehalt an Zucker und Extrakt im Wein
(2) Das spezifische Gewicht des jeweiligen Mostes
(3) Der Zuckeranteil des Mostes in Prozenten
(4) Der theoretisch erzielbare Alkoholgehalt bei voller Vergärung

[8] Einen oxidierten Weißwein kann man leicht erkennen. Wodurch kündigt sich die Oxidation an?
(1) Durch zunehmende Säure
(2) Durch einen Geruch nach faulen Eiern
(3) Durch leises Prickeln
(4) Durch eine gewisse Firne

[9] Mit einem dieser Geräte kann der Alkoholgehalt im Wein bestimmt werden. Es ist ...?
(1) Das Ebullioskop
(2) Das Episkop
(3) Das Refraktometer
(4) Das Enolmeter

[10] Welche Zuckermenge (Gramm pro Liter) darf Sekt in der EU mit der Bezeichnung „Brut" enthalten?
(1) Bis   6 g
(2) Bis 15 g
(3) 12 – 20 g
(4) 17 – 35 g

[11] Was versteht man unter einem Böckser?
(1) Ein altes hölzernes Traggefäß für Trauben
(2) Einen speziellen Gärständer
(3) Einen Weinfehler
(4) Einen Hybridenwein

[12] Ein Roederer ist ...?
(1) Ein Weingartenarbeiter
(2) Eine Weinriede
(3) Eine Weinmarke
(4) Eine Champagnermarke

Wein allgemein [Antworten]

[7] Der Zuckeranteil des Mostes in Prozenten
Die Klosterneuburger Mostwaage - oder kurz KMW - misst den Zuckergehalt in Prozenten im unvergorenen Traubenmost. Die Angaben sind in KMW-Graden. Das Verhältnis zu den Öchsle-Graden ist ungefähr 1:5. Das heißt 1° KMW sind ungefähr 5° Öchsle.

[8] Durch eine gewisse Firne
Die Oxidation entsteht durch die Einwirkungen der Luft und zeigt sich durch eine gewisse Firne. Dies ist ein Alterston, der ganz entfernt an Sherry oder Madeira erinnern kann. Auch bei sorgfältiger Lagerung entwickelt sich dieser Reife- oder Alterston, wenn auch sehr langsam.

[9] Das Ebullioskop
Der Alkoholgehalt im Wein kann mit dem Ebullioskop gemessen werden. Episkop und Enolmeter haben mit Wein nichts zu tun. Mit dem Refraktometer kann man den Zucker im Most messen.

[10] Bis 15 g
Sekt und auch Champagner in der Geschmacksrichtung „Brut" haben höchstens 15 Gramm Restzucker pro Liter. Diese Regelung gilt für alle Schaumweine in der EU. Generell sind die Restzuckerwerte bei Schaumweinen fast immer höher als bei Stillweinen.

[11] Einen Weinfehler
Es gibt beim Wein verschiedene Arten von Böckser und alle gelten als Weinfehler. Den Namen hat er auch deswegen, weil er geruchsmäßig an einen Ziegenbock erinnern kann, zudem noch oft an faule Eier. Häufige Arten sind: Hefe- und Schwefelböckser.

[12] Eine Champagnermarke
Roederer bzw. Louis Roederer ist eine bekannte Champagnermarke. Das edelste Produkt des Hauses ist die Sorte „Crystal". Mit einem Arbeiter oder einer Riede (Lage) hat ein Roederer demnach nichts zu tun.

Wein allgemein [Fragen]

[13] Bei Weinen spricht man gelegentlich von einem „Botrytiston". Was ist damit gemeint?
(1) Ein Edelfäulearoma
(2) Ein stechender, schwefeliger Geruch
(3) Ein Braunton bei Rotweinen
(4) Ein leichter Korkgeschmack

[14] Was ist eine Cuvée?
(1) Ein Bottich zum Mischen verschiedener Traubensorten
(2) Ein Rat von Weinsachverständigen
(3) Eine Zusammensetzung verschiedener Weine zur Sektherstellung
(4) Eine besonders wertvolle Weinbergslage

[15] Lössböden sind in verschiedenen Weinbaugebieten Europas zu finden. Wie entstanden diese für den Weinbau wertvollen Bodenbeschaffenheiten?
(1) Durch Gletscherablagerungen
(2) Es ist Schwemmland von Flüssen
(3) Durch die Kleinlebewesen eines früheren Meeres
(4) Durch Windanwehungen

[16] Weinbau findet oft in steilen Berglagen statt. Welche Vorteile bringt dies?
(1) Die einfache Beregnung der Anlage
(2) Die Trockenheit, da das Wasser abrinnt
(3) Den steilen Sonneneinstrahlungswinkel
(4) Mehr Förderung durch die Weinwirtschaft

[17] Was ist ein Direktträger?
(1) Ein nicht veredelter Weinstock
(2) Der direkte, kurze Weg zur nächsten Weinpresse
(3) Ein unverschnittener Wein
(4) Eine Rebe, die nur in Hydrokulturanlagen gezogen werden kann

[18] Bei der Kellerwirtschaft wird oft von einer „Malolaktischen Gärung" gesprochen. Was ist dies?
(1) Ein Gärverfahren für Obstweine
(2) Eine Nachgärung, bei der Apfelsäure in Milchsäure übergeht
(3) Ein Gärverfahren, bei dem viel Apfelsäure entsteht
(4) Das Gärverfahren für die Herstellung einfacher Schaumweine

Wein allgemein [Antworten]

[13] Ein Edelfäulearoma
Ein Botrytiston ist der erwünschte Geruch und Geschmack bei edelsüßen Weinen. Im Besonderen bei den hohen Prädikatsweinen, wie Beerenauslesen oder Trockenbeerenauslesen, ist der Ton nach „edelfaulen" Beeren typisch.

[14] Eine Zusammensetzung verschiedener Grundweine zur Sektherstellung
Das Wort Cuvée hat mehrere Bedeutungen. Im deutschen Sprachgebrauch meint man damit eine Zusammensetzung von mindestens zwei verschiedenen, fertig vergorenen Weinen. Das Wort stammt vom französischen „Cuve" – einem Bottich oder Weinbehälter – ab.

[15] Durch Windanwehungen
Lössböden sind vor allem in Österreich, Deutschland und Ungarn zu finden. Sie entstanden durch Flugstaub bzw. Windanwehungen. Die Böden bestehen aus unterschiedlichen Gesteins- und Mineralstoffarten, mit Lehm und Sand vermischt, die eine hohe Stabilität erreichen. Gleichzeit sind sie gut wasserspeichernd, fruchtbar und gut durchwurzelbar.

[16] Den steilen Sonneneinstrahlungswinkel
Steile Berglagen haben eine stärkere Sonneneinstrahlung als flache Weingärten. Dies wirkt sich besonders in gemäßigten Klimazonen positiv aus. Zudem entsteht durch die Thermik in Hanglagen eine kontinuierliche Wärmezufuhr am Tag und eine erwünschte Abkühlung während der Nacht.

[17] Ein nicht veredelter Weinstock
Ein Direktträger ist das Gegenstück zu den heute allgemein üblichen Pfropfreben. Also ein wurzelechter, nicht veredelter Rebstock. Meistens wird der Ausdruck für Hybriden verwendet, da die europäischen Edelreben durchwegs in veredelter Form angeboten werden.

[18] Eine Nachgärung, bei der Apfelsäure in Milchsäure übergeht
Die Malolaktische Gärung – auch Biologischer Säureabbau oder Milchsäuregärung – passiert nach der alkoholischen Gärung. Dabei wird die scharfe Apfelsäure reduziert und in Milchsäure umgewandelt.

Wein allgemein [Fragen]

[19] Was versteht der Winzer unter einem Foxton?
(1) Einen eigentümlich fruchtigen Geschmack nach Hybriden
(2) Die fröhliche Musik beim Erntedankfest
(3) Einen muffigen Kellergeruch
(4) Einen zu üppigen Geruch in jungen Weißweinen

[20] Vieles wird heute schon geklont. Aber was versteht man im Weinbau unter einem Klon?
(1) Unterlagsreben, die zum Aufpfropfen verwendet werden
(2) Anbauzonen, in denen Wein besonders gut gedeiht
(3) Nicht richtig gedeihende Reben
(4) Reiser zur Vermehrung von Erbformen bei den Reben

[21] Was ist im Weinbau eine Hybride?
(1) Eine Kreuzung von Wildreben mit europäischen Edelreben
(2) Eine neue Rebenzüchtung aus europäischen Sorten
(3) Eine amerikanische Wildrebe, die gegen die Reblaus resistent ist
(4) Eine Waldrebe, die nur Blüten, aber keine Früchte bringt

[22] Bei der Weinherstellung wird der Maische, dem Most oder dem Jungwein SO_2 zugesetzt. Warum?
(1) Um die Gärung zu beschleunigen
(2) Um die Oxidation zu verhindern
(3) Um die Farbe besser aus den Schalen zu lösen
(4) Um den Wein zu klären

[23] Welche Gruppe der nachstehenden Rebsorten gehört komplett zur Familie der Burgunder?
(1) Ruländer, Rotburger, Pinot Noir
(2) Grüner Burgunder, Blauburger, Weißburgunder
(3) Auxerrois, St. Laurent, Blauburgunder
(4) Pinot Grigio, Chardonnay, Neuburger

[24] Wie viel normaler Rübenzucker müsste einem Hektoliter Traubenmost beim „Aufbessern" zugesetzt werden, um den Zuckergehalt des Mostes um ca. 1 ° KMW bzw. ca. 5 ° Öchsle zu erhöhen?
(1) Ca. 0,8 kg
(2) Ca. 1 kg
(3) Ca. 1,6 kg
(4) Ca. 1,3 kg

Wein allgemein [Antworten]

[19] **Einen eigentümlich fruchtigen Geschmack nach Hybriden**
Der Name erinnert vielleicht an den Fuchs im Wald. Es ist jedoch der süßliche Geruch und Geschmack, der an Erdbeeren erinnert. Er kommt bei Weinen vor, die aus Hybriden (Erdbeertrauben) gewonnen werden. Ein anderer Ausdruck für den Foxton ist „Hybridton".

[20] **Reiser zur Vermehrung von Erbformen bei den Reben**
Klone sind die pflanzlichen Teile eines Rebstockes, die zur weiteren Vermehrung dienen. So werden nur die erwünschten Eigenschaften der Pflanze weitergegeben. Das Wort stammt aus dem Griechischen und bedeutet Zweig oder Reis.

[21] **Eine Kreuzung von Wildreben mit europäischen Edelreben**
Hybride bedeutet soviel wie „aus zweierlei Herkunft" und ist meistens eine Kreuzung von amerikanischen Ur- oder Wildreben mit europäischen Edelreben. Es kann aber auch eine Kreuzung von amerikanischen Reben untereinander sein. Weine aus Hybriden sind in der EU nicht zugelassen, sind aber trotzdem als „Uhudler" in Österreich oder „Fragole" in Italien bekannt.

[22] **Um die Oxidation zu verhindern**
SO_2 bzw. Schwefeldioxid muss zugesetzt werden um die Oxidation zu verhindern. Ein anderes oxidationshemmendes Mittel wäre beispielsweise auch Ascorbinsäure.

[23] **Auxerrois, St. Laurent, Blauburgunder**
Die Burgunderfamilie ist zwar groß, aber nur die Gruppe Auxerrois, St. Laurent und Blauburgunder kann zur „Pinot-Familie" gerechnet werden. Auch Ruländer, Pinot Noir, Blauburgunder, Weißburgunder, Pinot Grigio gehören dazu. Teilweise sind es nur verschiedene Synonyme.

[24] **Ca. 1,3 kg**
Um den Zuckergehalt des Mostes um 1 % zu erhöhen, ist etwa 1,3 kg Zucker pro 100 Liter Most notwendig. 1 % Zucker entspricht 1° KMW oder ungefähr 5° Öchsle. Aus 1° KMW bzw. 5 ° Öchsle entsteht durch die alkoholische Gärung ungefähr 0,65 Vol.-% Alkohol.

Wein allgemein [Fragen]

[25] Die Hochkultur als Erziehungsform brachte den Winzern Erleichterungen im Weinbau. Wer hat sie entwickelt?
(1) Lenz Moser
(2) Louis Pasteur
(3) Angelo Gaja
(4) Prof. Friedrich Zweigelt

[26] Der Zuckergehalt im Traubenmost ist ausschlaggebend für den Alkohol im Wein. Womit kann man den Zucker im Most messen?
(1) Mit einem Vinometer
(2) Mit einem Refraktometer
(3) Mit einem Isometer
(4) Mit einem Acidiometer

[27] Nach welcher Formel wird Wein verkostet?
(1) A B C
(2) D O C
(3) C O S
(4) A O C

[28] In einer der nachstehenden Gruppen sind nur Rotweinreben. In welcher?
(1) Aleatico, Dolcetto, Pinot Nero
(2) Rotburger, Rosesse, Sultana
(3) Frühburgunder, Schwarzriesling, Roter Traminer
(4) Terrano, Pinot Grigio, Arneis

[29] Was bedeutet bei der Weinbeschreibung die Bezeichnung „adstringierend"?
(1) Wein mit zu hoher Säure
(2) Wein mit sehr hohem Tanningehalt
(3) Wein mit zu hohem Alkoholgehalt
(4) Wein mit auffälligem Madeiraton

[30] Einer dieser Begriffe kann als Weinkrankheit oder zumindest als Weinfehler angesehen werden. Es ist ...?
(1) Maderisierung
(2) Weintartrat
(3) Flüchtige Säure
(4) Petrolton

Wein allgemein [Antworten]

[25] Lenz Moser
Der Österreicher Lenz Moser hat in den 20er-Jahren des 20. Jahrhunderts damit begonnen, eine neue, höhere Erziehungsform auf Drahtrahmen zu testen. Es war einer der ersten Schritte, um die Arbeiten im Weingarten zu mechanisieren.

[26] Mit einem Refraktometer
Heute wird vor allem das Refraktometer zum Messen des Zuckergehaltes in der Traube und im Most verwendet. Es ist ein optisches Gerät, mit dem durch Lichtbrechung die Konzentration der Flüssigkeit festgestellt werden kann. Früher wurde eine Mostwaage (Senkwaage) verwendet.

[27] C O S
Eine gewissenhafte Weinverkostung erfolgt nach der Formel „C O S". Diese Abkürzung steht für COLOR (Aussehen), ODOR (Geruch) und SAPOR (Geschmack). Nach Überlieferungen haben schon die alten Römer nach dieser Regel Weine verkostet und bewertet.

[28] Aleatico, Dolcetto, Pinot Nero
Nur die Gruppe mit Aleatico, Dolcetto und Pinot Nero ergibt richtige Rotweine. Die Sorten Sultana, Roter Traminer, Pinot Grigio und Arneis sind Weißweintrauben.

[29] Wein mit sehr hohem Tanningehalt
„Adstringierend" bedeutet soviel wie „zusammenziehend". Der Begriff wird für Weine mit „austrocknendem" Geschmack verwendet, und der Effekt beruht auf einem sehr hohen Tanningehalt. Die Weine sind dann meistens unharmonisch.

[30] Flüchtige Säure
Der Ausdruck „Flüchtige Säure" ist ein Synonym für die Essigsäure, die im Wein in kleinen Mengen vorhanden ist, bzw. sein kann. Die Ursache sind Essigsäurebakterien, die im Rotwein eher vorhanden sind als im Weißwein. Ist die Konzentration beim Verkosten deutlich spürbar, dann ist es zumindest ein Fehler.

Wein allgemein [Fragen]

[31] Auf welchen Monat fällt in Mitteleuropa üblicherweise die Weinblüte?
(1) März
(2) April
(3) Juni
(4) Juli

[32] Der Kork von Sekt- und Champagnerflaschen wird durch einen Drahtkorb gesichert. Wie wird dieser genannt?
(1) Schlinge
(2) Arrope
(3) Spange
(4) Agraffe

[33] Wie heißt der Most, der durch Eigendruck der Trauben abfließt?
(1) Seihmost
(2) Fließmost
(3) Gittermost
(4) Schüttmost

[34] Was versteht man im Weinbau unter dem Begriff „Kober 5BB"?
(1) Eine neue Viruskrankheit am Rebstock
(2) Eine Unterlagsrebe
(3) Ein Forschungsprojekt im Weinbau
(4) Ein Spritzmittel

[35] Ein aktuelles Verfahren bei der Weinbereitung ist die „Accad-Methode". Was versteht man darunter?
(1) Die Kaltmazeration der Trauben
(2) Die Kohlensäuredruckgärung
(3) Das thermische Gärverfahren
(4) Die Ganztraubenpressung

[36] Wann ungefähr wurde die Reblaus nach Europa eingeschleppt?
(1) 1910
(2) 1920
(3) 1810
(4) 1860

Wein allgemein [Antworten]

[31] Juni
In Mitteleuropa ist die Rebblüte großteils Anfang Juni. Bei den verschiedenen Traubensorten unterscheidet man zwischen den früh-, mittel- und spätblühenden (-reifenden) Sorten.

[32] Agraffe
Im deutschen Sprachgebrauch ist Agraffe der gängige Ausdruck für den Drahtkorb bei Sektflaschen. Er hat die Aufgabe, den Sektkorken zu sichern, nachdem die Flasche ja unter hohem Druck steht. Der Franzose verwendet für das Drahtkörbchen das Wort „Muselet" (=Maulkorb).

[33] Seihmost
Der Anteil des Traubenmostes, der durch Eigendruck abfließt, gilt üblicherweise als der Seihmost. Die nächste Stufe wäre dann der Pressmost, und nach dem Auflockern des Presskuchens könnte es noch den Scheitermost geben.

[34] Eine Unterlagsrebe
„Kober 5BB" ist eine der Unterlagsreben, die in Europa weit verbreitet ist. Die Sorte eignet sich für nahezu alle Bodenarten und ist nach dem Weinbaufachmann Ing. Franz Kober benannt. Dieser befasste sich unter anderem in Klosterneuburg und Rust mit der Bekämpfung der Reblaus.

[35] Die Kaltmazeration der Trauben
Die Accad-Methode ist ein Verfahren für die Rotweinherstellung, das nach dem „Erfinder" benannt ist. Dabei wird die Rotweinmaische so weit gekühlt, dass die alkoholische Gärung für 2 bis 3 Wochen verhindert wird. Durch den Kontakt des Mostes mit den Beerenschalen werden aber bereits Farb- und Gerbstoffe gelöst.

[36] 1860
Die Reblaus wurde in der zweiten Hälfte des 19. Jahrhunderts – etwa um 1855 bis 1860 - über Bordeaux eingeschleppt. Bald danach breitete sich der Schädling in Europa (und der ganzen Welt) aus und richtete großen Schaden an.

Wein allgemein [Fragen]

[37] Die Sorte Müller-Thurgau ist eine sehr erfolgreiche Kreuzung. Welche Reben waren die „Eltern"?
(1) Riesling x Gutedel
(2) Riesling x Silvaner
(3) Silvaner x Riesling
(4) Riesling x Trollinger

[38] Welche Menge Alkohol kann ein Mensch mit durchschnittlicher Statur pro Stunde abbauen?
(1) Etwa 1,0 Promille
(2) Etwa 0,1 Promille
(3) Etwa 0,3 Promille
(4) Etwa 0,8 Promille

[39] Die Wissenschaft hat für die Rebenkunde einen speziellen Namen. Es ist die ...?
(1) Phänologie
(2) Önologie
(3) Ampelographie
(4) Morphographie

[40] Die Umkehrosmose ist ein aktuelles Schlagwort in der Kellerwirtschaft. Wozu wird das Verfahren eingesetzt?
(1) Um die Säure zu reduzieren
(2) Um den Wein haltbarer zu machen
(3) Um dem Wein Alkohol zu entziehen
(4) Um den Most zu konzentrieren

[41] Was bedeutet „Remuage" bei der Champagnerherstellung?
(1) Das Rütteln der Flaschen
(2) Das Zusetzen der Zuckerlösung
(3) Das Entfernen des Hefedepots
(4) Die Zusammensetzung der verschiedenen Grundweine

[42] Das Refraktometer ist ein modernes Gerät für den Winzer. Wozu verwendet er es?
(1) Zum Anreichern des Weines mit Kohlensäure
(2) Zur Bestimmung der Säure in Most und Wein
(3) Zur Bestimmung des Zuckergehaltes im Most
(4) Zum Messen des Alkoholgehaltes

Wein allgemein [Antworten]

[37] Riesling x Gutedel
Müller-Thurgau ist eine Kreuzung aus Riesling und einer besonderen Spielart des Gutedels, wie neueste genetische Untersuchungen ergeben haben. Bis vor wenigen Jahren vertrat man die Meinung, dass es sich um eine Kreuzung aus Riesling x Silvaner handelt.

[38] Etwa 0,1 Promille
Es ist weniger, als viele glauben, denn der Mensch kann in einer Stunde nur etwa 0,1 Promille Alkohol abbauen. Verschiedene Faktoren spielen noch eine zusätzliche Rolle. Diese Tatsache ist eine Überlegung wert!

[39] Ampelographie
Alle diese Wissenschaften befassen sich im weitesten Sinn mit den Weingärten. Die Ampelographie befasst sich mit den Reben, die Phänologie mit der Entwicklung von Pflanzen im Allgemeinen und die Önologie hauptsächlich mit der Kellerwirtschaft. Die Morphographie ist die Wissenschaft, die sich um die Bodenbeschaffenheit in den Weinbergen kümmert.

[40] Um den Most zu konzentrieren
Durch die Umkehrosmose wird dem Most ein Teil des Wassers entzogen und dadurch konzentriert. Die dazu notwendige Technik ist allerdings sehr aufwändig und teuer, so dass es nur für große Betriebe infrage kommt.

[41] Das Rütteln der Flaschen
Beim Vorgang der Remuage werden die Champagnerflaschen auf dem speziellen Rüttelpult von Hand gerüttelt. Dabei wird der Hefesatz langsam zum Korken hin befördert, damit der Satz anschließend entfernt werden kann. Immer öfters wird Champagner inzwischen in den so genannten Gyropalettes gerüttelt.

[42] Zur Bestimmung des Zuckergehaltes im Most
Das Refraktometer ist ein modernes Messgerät, mit dem der Zuckergehalt im Traubenmost gemessen werden kann. Es geschieht durch optische Lichtbrechung. Früher wurde das „Mostgewicht" durch eine Senkwaage bestimmt.

Wein allgemein [Fragen]

[43] Nur eine dieser Traubensorten hat ihren Ursprung in Frankreich. Es ist ...?
(1) Portugieser
(2) Cabernet
(3) Sämling
(4) Bacchus

[44] Was versteht man im Weinbau unter einer Phylloxera?
(1) Die Kräuselmilbe
(2) Eine neue Rebkreuzung
(3) Den echten Mehltau
(4) Die Reblaus

[45] Was ist eigentlich Botrytis Cinerea?
(1) Ein oft erwünschter Pilz auf den Reben
(2) Die Grünfäule auf den Reben
(3) Eine Rebsorte
(4) Eine Rebkrankheit

[46] Welche der nachstehenden Reberziehungsformen wurde von Lenz Moser entwickelt?
(1) Die Lyraerziehung
(2) Die Hochkultur
(3) Die Rundbogenerziehung
(4) Die Pergolaerziehung

[47] Was versteht man unter Trebern?
(1) Eine Süßspeise aus getrockneten Trauben
(2) Die Kämme und Kerne der Trauben
(3) Die festen Rückstände nach der Pressung
(4) Das Stängelgerüst der Weintraube

[48] Weinstein in der Flasche ist kein Weinfehler, aber trotzdem nicht unbedingt gewollt. Woraus entsteht Weinstein?
(1) Aus einer Verbindung von Schwefel und Hefe
(2) Durch die Verbindung von Fruchtzucker und Weinsäure
(3) Durch eine Verbindung von Apfelsäure und Schwefel
(4) Aus einer Verbindung von Kalium und Weinsäure

Wein allgemein [Antworten]

[43] Cabernet
Sämling und Bacchus sind zwei deutsche Neuzüchtungen, und der blaue Portugieser kommt, wie es der Name vermuten lässt, vermutlich aus Portugal. Cabernet ist eine der klassischen Bordeaux-Reben. Die zwei bekanntesten Sorten sind Cabernet Sauvignon und Cabernet Franc. Auch Neuzüchtungen tragen in ihrem Doppelnamen das Wort „Cabernet".

[44] Die Reblaus
Die Phylloxera bzw. Phylloxera Vastarix ist der gängige Fachausdruck für die Reblaus. Das Wort bedeutet soviel wie „die zerstörende Laus". Der korrekte lateinische Name für die Reblaus ist allerdings „Dactylosphaera vitifolii", wird aber kaum verwendet.

[45] Ein oft erwünschter Pilz auf den Reben
Ohne Botrytis Cinerea wäre die Gewinnung hoher Prädikatsweine nur schwer möglich. Es ist ein oft erwünschter Edelpilz auf der Traube, der auch als „Graufäule" bekannt ist. Der Pilz durchbohrt die Traubenschalen und sorgt unter anderem für eine hohe Zuckerkonzentration. Botrytis ist auch für den besonderen Geschmack von edelsüßen Weinen verantwortlich.

[46] Die Hochkultur
Lenz Moser gilt als Pionier im österreichischen und europäischen Weinbau. Um 1920 entwickelte er die Erziehungsform der Hochkultur. Es ist eine Erziehungsform, welche die damals weit verbreitete Stockkultur ablöste. Der Abstand zwischen den Rebzeilen wurde größer, und dadurch war mehr maschineller Einsatz möglich.

[47] Die festen Rückstände nach der Pressung
Die Trebern oder Trester sind die festen Rückstände nach dem Pressen der Trauben. Dies ist zum Beispiel die Basis für die Produktion von Grappa. Kompostierte Trebern werden gerne als natürlicher Dünger in den Weingärten verwendet.

[48] Aus einer Verbindung von Kalium und Weinsäure
Weinstein ist etwas völlig Natürliches und kann sich aus Weinsäure und Kalium bzw. Kalzium bilden. Weinstein ist geschmacklich völlig neutral und kein Weinfehler. Die kristallförmigen Ausscheidungen sind auch als Kalziumtartrat oder Kaliumhydrogentartrat bekannt.

Wein allgemein [Fragen]

[49] Was versteht man unter der Rebkrankheit Oidium?
(1) Den „echten" Mehltau
(2) Die Stiellähme
(3) Den „falschen" Mehltau
(4) Die Grünfäule

[50] Rebflächen werden in Europa meist in Hektar angegeben, aber wie groß ist ein Hektar?
(1) 100.000 m²
(2) 100 Ar
(3) 1000 Ar
(4) 1000 m²

[51] Der Aschegehalt ist ein wichtiger Faktor bei der Analyse eines Weines. Was ist damit gemeint?
(1) Die Summen aller Polyphenole
(2) Der Gesamtzuckergehalt
(3) Die Gesamtheit der Mineralstoffe und Spurenelemente
(4) Der nicht verbrennbare Weinstein

[52] Eine dieser Rebkrankheiten kennt man auch bei Rosen im Garten. Welche ist es?
(1) Die Reblaus
(2) Eutypiose
(3) Der Feuerbrand
(4) Der Mehltau

[53] Was ist eine Mistella (Mistela)?
(1) Traubenmost, durch Weindestillat in der Gärung gestoppt
(2) Durchgegorene Weine mit Destillaten verstärkt
(3) Mischungen aus verschiedenen Liköressenzen
(4) Sammelbegriff für alle Südweine

[54] Welche dieser Sorten-Paare sind reine Weißweintrauben?
(1) Schwarzriesling, Silvaner
(2) Rotgipfler, Orangetraube
(3) Müller-Thurgau, Lemberger
(4) Regent, Chasselas

Wein allgemein [Antworten]

[49] Den „echten" Mehltau
Unter Oidium versteht man den so genannten „echten Mehltau" auf den Reben. Die Krankheit entsteht durch einen Pilz, der bereits Mitte des 19. Jahrhunderts aus Amerika eingeschleppt wurde. Die Blätter der befallenen Rebstöcke wurden dabei wie mit Mehl überstäubt.

[50] 100 Ar
Ein Hektar ist die Fläche von 100 Ar oder 10.000 m². In den meisten europäischen Ländern werden die Angaben über die Größe von Weingärten oder Weingütern in Hektar gemacht. In England und Amerika spricht man von „acres". Etwa 2,5 acres ergeben 1 Hektar.

[51] Die Gesamtheit der Mineralstoffe und Spurenelemente
Die Asche oder der Aschegehalt ist bei der Weinanalyse die Gesamtheit der Mineralstoffe und Spurenelemente, die nach der vollständigen Verdampfung und Verbrennung übrig bleibt.

[52] Der Mehltau
Sowohl der „echte", als auch der „falsche" Mehltau kommen auch bei Rosen im Garten vor. Mehltau ist eine Pilzkrankheit und beide Arten wurden im 19. Jahrhundert aus Amerika eingeschleppt. Echter Mehltau zeigt eine weiße, mehlige Schicht auf den Blättern, während falscher Mehltau durch dunkle Flecken auf der Blattoberseite auffällt.

[53] Traubenmost, durch Weindestillat in der Gärung gestoppt
Eine Mistella bzw. Mistela ist generell Traubenmost, dessen Gärung durch den Zusatz von hochprozentigem Alkohol gestoppt wird. Es kann ein eigenständiges Getränk sein, aber auch für die Herstellung von Südweinen verwendet werden. Zum Beispiel für Marsala, Malaga u. a.

[54] Rotgipfler, Orangetraube
Anders als die Namen vermuten lassen, sind Rotgipfler und Orangetraube Weißweinsorten und beide sind praktisch nur in Österreich zu finden. Rotgipfler wird ausschließlich im Weinbaugebiet Thermenregion in Niederösterreich angebaut. Die Orangetraube ist nur wenig verbreitet und dient hauptsächlich als Tafeltraube. Sie war jedoch ein Partner für die Neuzüchtung Goldburger.

Wein allgemein [Fragen]

[55] In den Romanen von Ian Fleming bzw. in den Filmen liebte James Bond Champagner. Welches war seine Lieblingssorte?
(1) „Grande Année" von Bollinger
(2) „Dom Ruinart" aus dem Hause Ruinart
(3) „Dom Pérignon" von Moët & Chandon
(4) „Cristal" von Louis Roederer

[56] Wo findet man Rebstöcke, die gegen die Reblaus immun sein können?
(1) Auf stark lehmigen Böden
(2) Auf sehr sumpfigen Böden
(3) Auf stark kalkhaltigen Böden
(4) Auf Sandböden

[57] Eine reife Traube enthält etwa ... % Zucker.
(1) 5 – 10 %
(2) 40 – 60 %
(3) Bis etwa 30 %
(4) 50 – 70 %

[58] Welches ist ein traditionelles Klärmittel für Wein?
(1) Eigelb
(2) Eiweiß
(3) Gehackte Eierschalen
(4) Quarzsand

[59] Die kleinen, angenehm duftenden Blüten der Weinrebe nennt der Winzer ...?
(1) Flush
(2) Gescheine
(3) Flaum
(4) Fleur

[60] Wie hoch ist der durchschnittliche Wasseranteil in fertigem Qualitätswein?
(1) 50 – 60 %
(2) 60 – 65 %
(3) 90 – 93 %
(4) 85 – 88 %

Wein allgemein [Antworten]

[55] „Dom Pérignon" von Moët & Chandon
James Bond trank natürlich nur vom Besten. Er liebte die Prestige Cuvée „Dom Pérignon" aus dem Hause Moët & Chandon. Der Benediktiner ist zwar nicht der Erfinder des Champagners, wie es manchmal behauptet wird, er hat aber vieles dazu beigetragen.

[56] Auf Sandböden
Um großen Schaden in den Weingärten anzurichten, muss sich die Reblaus vermehren können. Auf Sandböden ist dies für die „gefräßige Laus" nur schwer möglich, weil die unterirdischen Gänge nicht stabil sind. Der Schädling existiert übrigens in der gefährlicheren Form der Wurzelreblaus und in einer geflügelten Form auf den Blättern.

[57] Bis etwa 30 %
Eine reife Traube kann bis etwa 30 % Zucker enthalten. Dies würde dann der Prädikatsstufe Trockenbeerenauslese entsprechen. Der Großteil der Weine, die trocken ausgebaut werden, haben allerdings nicht mehr als 15–20 Prozent Zucker. 1 Prozent Zucker entspricht 1° KMW oder etwa 5° Öchsle.

[58] Eiweiß
Die Wirkung von Eiklar als Klärungsmittel für Wein und auch für klare Suppen ist schon lange bekannt. Das aufgeschlagene Eiklar (Eiweiß) wird gründlich mit dem Wein vermischt und verbindet sich mit Trubstoffen und auch mit Tannin. Es kann anschließend entfernt werden. Man spricht dabei von „Eiklarschönung".

[59] Gescheine
Die kleinen Blüten der Weinrebe sind die Gescheine. Die Blühdauer erstreckt sich bei guten Wetterbedingungen etwa über eine Woche. Eine Traube besteht aus 100 und mehr Einzelblüten. Nach der Blüte entstehen daraus die Beeren.

[60] 85 – 88 %
Ein fertiger Wein hat einen Wasseranteil von etwa 85 bis 88 Prozent. Der Rest sind Alkohole, Säuren, Polyphenole und Hunderte weiterer Inhaltsstoffe.

Wein allgemein [Fragen]

[61] Eutypiose ist in Zusammenhang mit Wein oder Weinbau ...?
(1) Eine Rebkrankheit, das „Aids" der Reben
(2) Eine krankhafte Veränderung - weiße Sorten bringen rote Beeren
(3) Die wissenschaftliche Bezeichnung für „Stiellähme" bei Trauben
(4) Eine falsch verlaufene Gärung bei Rotweinen

[62] Durch die Malolaktische Gärung wird in der Kellerwirtschaft eine Säure reduziert und umgewandelt. Welche Säure?
(1) Weinsäure
(2) Apfelsäure
(3) Bernsteinsäure
(4) Gerbsäure

[63] Bei der Weißweinherstellung spricht man vom Entschleimen. Was versteht man darunter?
(1) Das Waschen der Trauben mit schwefelhaltigem Wasser
(2) Das Absenken der Mosttemperatur
(3) Das Entfernen von Trubstoffen
(4) Den Abzug von der Hefe

[64] Was versteht man bei der Weinherstellung unter der Chaptalisation?
(1) Das Konzentrieren des Mostes durch Technik
(2) Das Verschneiden verschiedener Moste oder Weine
(3) Eine temperaturgesteuerte langsame Gärung
(4) Das Aufbessern der Maische oder des Mostes mit Zucker

[65] Wenn der Winzer von einem Tresterkuchen spricht, dann meint er ...?
(1) Die Rückstände nach dem Pressen
(2) Eine traditionelle Pastete, die zur Weintaufe serviert wird
(3) Die festen Bestandteile der Maische
(4) Eine Mehlspeise mit frischen und getrockneten Trauben

[66] Eine dieser Rebbezeichnungen ist kein Synonym für den Ruländer. Es ist ...?
(1) Pinot Gris
(2) Malvoisie
(3) Savagnin
(4) Grauer Mönch

Wein allgemein [Antworten]

[61] Eine Rebkrankheit, das „Aids" der Reben
Besonders ältere Anlagen können von Eutypiose, einer heimtückischen Rebkrankheit, befallen werden. Die Krankheit ist auch als „Hartholzfäule" bekannt und wurde schon als das „Aids" der Reben bezeichnet.

[62] Apfelsäure
Die Malolaktische Gärung (= biologischer Säureabbau) wird bei der Rotweinbereitung fast immer, bei Weißweinen nur bei bestimmten Qualitäten durchgeführt. Dabei wird die scharf schmeckende Apfelsäure (teilweise) abgebaut und in eine mild schmeckende Milchsäure umgewandelt.

[63] Das Entfernen von Trubstoffen
Beim Vorgang des „Entschleimens" haben die Trubstoffe des Mostes Zeit, sich im Tank abzusetzen. Es ist eine sehr schonende Art der Klärung. Nach einer bestimmten Zeit, zum Beispiel nach einer Nacht, kann der so vorbereitete Most abgezogen und zur Gärung gebracht werden.

[64] Das Aufbessern der Maische oder des Mostes mit Zucker
Um den Alkoholgehalt eines Weines zu erhöhen, kann dem Most oder der Maische – nach den Vorgaben im Weingesetz – fremder Zucker zugesetzt werden. In der Fachsprache spricht man vom Chaptalisieren, benannt nach dem französischen Chemiker Chaptal. Es entspricht dem Anreichern oder Aufbessern im deutschen Sprachgebrauch.

[65] Die Rückstände nach dem Pressen
Die Trester oder Trebern sind die ausgepressten Rückstände der Trauben, und der Tresterkuchen ist die zusammengepresste Masse. Daraus könnte Trebernbrand gewonnen werden. Oft wird die Masse kompostiert und als wertvoller Dünger verwendet.

[66] Savagnin
Die Sorte Ruländer ist unter etlichen Namen in Europa bekannt. So zum Beispiel als Grauer Burgunder, Grauburgunder, Grauer Mönch und natürlich Pinot Grigio in Italien bzw. Malvoisie im italienischen Aostatal. Savagnin ist kein Synonym für den Ruländer, sondern ein Verwandter aus der Traminer-Familie.

Wein allgemein [Fragen]

[67] Freiherr von Babo schaffte eine wertvolle „Erfindung" für die Weinwirtschaft im 19. Jahrhundert. Was war es?
(1) Eine rationelle Methode zur Kreuzung von Reben
(2) Die Kupferspritzung im Weingarten
(3) Die Entwicklung der Mostwaage
(4) Die Hochkultur im Weingarten

[68] Was versteht man unter der Rebkrankheit Peronospora?
(1) Die Stiellähme
(2) Die Blattrollkrankheit
(3) Den „echten Mehltau"
(4) Den „falschen Mehltau"

[69] Ein Baum mit dem lateinischen Namen Quercus findet vielfache Verwendung bei der Weinherstellung. Welcher Baum ist damit gemeint?
(1) Die Akazie
(2) Der Mehlbeerbaum
(3) Die Eiche
(4) Die Kastanie

[70] Wie heißen die Farbstoffe in den Schalen der blauen Trauben?
(1) Flavonoide
(2) Tannine
(3) Anthocyane
(4) Aldehyde

[71] Eine Mutation ist im Weinbau ...?
(1) Eine Anpflanzung ohne Unterlagsreben
(2) Starkes Beschneiden der Reben zur Qualitätsverbesserung
(3) Die Vermehrung einer Sorte durch Reisige
(4) Eine Veränderung der biologischen Eigenschaften einer Rebe

[72] Eine dieser Traubensorten wird vor allem für die Destillation von Cognac verwendet. Es ist ...?
(1) Pinot Blanc
(2) Ugni Blanc
(3) Sauvignon Blanc
(4) Chardonnay

Wein allgemein [Antworten]

[67] Die Entwicklung der Mostwaage
Freiherr von Babo war der erste Direktor der ersten Weinbauschule der Welt in Klosterneuburg. Er entwickelte die Klosterneuburger Mostwaage (KMW). Es ist eine Senkwaage, die zum Messen des Zuckergehaltes dient.

[68] Den „falschen Mehltau"
Peronospora ist die wissenschaftliche Bezeichnung für den „falschen Mehltau". Es ist eine gefährliche Pilzkrankheit, die alle grünen Rebteile befallen kann und einen totalen Laubverlust verursacht. Zudem schrumpfen die grünen Früchte zu kleinen, lederartigen Beeren.

[69] Die Eiche
Quercus ist die lateinische Bezeichnung für die Eiche und diese findet bei der Herstellung der unterschiedlichsten Fässer Verwendung. Es gibt auf der Welt übrigens etwa 300 verschiedene Eichenarten, für Barriques werden aber nur 3 davon verwendet: Wintereiche, Stieleiche aus Europa und die amerikanische Weißeiche.

[70] Anthocyane
Die Farbstoffe in den Schalen der blauen Trauben tragen den Namen Anthocyane, der von den griechischen Begriffen für Blumen oder Blüten abgeleitet ist. Sie zählen zu den Phenolen und somit zu den wertvollen Inhaltsstoffen der Rotweine. Flavonoide sind die hellen Farbstoffe in den weißen Trauben.

[71] Eine Veränderung der biologischen Eigenschaften einer Rebe
Unter der Mutation ist eine von Natur aus aufgetretene oder künstlich herbeigeführte Veränderung der Erbinformationen, die an die nachfolgenden Generationen weitergegeben wird. Die bei Rebstöcken am häufigsten auftretenden Mutationen betreffen die Veränderungen der Beerenfarben.

[72] Ugni Blanc
Cognac gilt als eines der edelsten Destillate aus Wein und kommt aus einem genau abgegrenzten Gebiet in der Charente. Ugni Blanc ist dafür eine der wichtigsten Trauben. Dazu kommen noch Folle Blanche und Colombard.

Wein allgemein [Fragen]

[73] Wodurch kann im Weingarten Chlorose entstehen?
(1) Durch die Beregnung der Laubwände
(2) Durch Mineralstoffmangel
(3) Durch zuviel Feuchtigkeit
(4) Durch tierische Schädlinge

[74] Der Winzer kennt auch ein „Lyra-System". Was versteht man darunter?
(1) Eine besondere Anordnung der Rebzeilen in steilen Weinbergen
(2) Das Untertauchen des Tresterhutes mit der „Lyra"
(3) Ein Erziehungssystem im Weingarten
(4) Ein Trocknungsverfahren der Trauben für die Strohweingewinnung

[75] Was ist eine Irxentraube?
(1) Eine ganz besondere Rebkreuzung
(2) Eine Erdbeertraube
(3) Eine asiatische Urrebe
(4) Eine Traube aus einem zweiten Sommeraustrieb

[76] Im Weingarten können unzählige verschiedene Pilze Schäden anrichten. Welcher der folgenden Begriffe ist keine Pilzkrankheit?
(1) Phylloxera
(2) Peronospora
(3) Graufäule
(4) Oidium

[77] Wie nennt man das Entfernen des Hefedepots bei der klassischen Flaschengärmethode von Schaumweinen?
(1) Batonieren
(2) Degorgieren
(3) Konfektionieren
(4) Dosieren

[78] Welche Temperatur ist für die Rotweinvergärung ideal?
(1) 10 - 15 Grad C
(2) 15 - 20 Grad C
(3) 25 - 30 Grad C
(4) 35 - 45 Grad C

Wein allgemein [Antworten]

[73] Durch Mineralstoffmangel
Chlorose ist eine Gelbfärbung der Blätter des Rebstockes und kann verschiedene Ursachen haben: Vor allem der Mangel an lebenswichtigen Mineralstoffen führt dazu. Auch ein zu hoher Gehalt an Salzen (Natriumclorid) und Wassermangel können Schuld daran haben.

[74] Ein Erziehungssystem im Weingarten
Das „Lyra-System" ist eine besondere Erziehungsform im Weingarten. Dabei werden die Reben an zwei Stangen bzw. deren Drähten in einer Y-Form emporgezogen. Dadurch entstehen zwei Laubwände mit einer größeren Laubfläche für eine bessere Ausnützung der Sonnenenergie.

[75] Eine Traube aus einem zweiten Sommeraustrieb
Die Irxe ist der österreichische Ausdruck für einen Geiztrieb, und die Irxentraube ist eine Frucht, die aus diesem zweiten Sommeraustrieb entsteht. Die Beeren sind meist grün und säuerlich, und nur selten wird daraus Wein gekeltert.

[76] Phylloxera
Peronospora und Oidium sind zwei verschiedene Arten von Mehltau. Die Graufäule ist Botrytis Cinerea bzw. die Edelfäule. Nur die Phylloxera ist keine Pilzkrankheit, sondern ein tierischer Schädling: Es ist die Reblaus.

[77] Degorgieren
Nach der mehrmonatigen oder mehrjährigen Reifung von Schaumweinen muss der Hefesatz aus der Flasche entfernt werden. Diesen Vorgang kennt man allgemein als das Degorgieren. Dafür gibt es unterschiedliche Verfahren.

[78] 25 - 30 Grad C
Bei moderner Kellertechnik werden alle Weine temperaturkontrolliert vergoren. Weißweine kühler als Rotweine. Die ideale Gärtemperatur bei modernen Rotweinen liegt bei ca. 25 - 30 Grad C.

[79] Bei der malolaktischen Gärung wird Apfelsäure (Apfelsäure) in zwei Bestandteile zerlegt. In welche?
(1) In CO_2 und Bernsteinsäure
(2) In CO_2 und Aminosäure
(3) In Weinsäure und CO_2
(4) In Milchsäure und CO_2

[80] Wer hat die Klosterneuburger Mostwaage erfunden?
(1) Freiherr von Babo
(2) Fürst Metternich
(3) Fritz Zweigelt
(4) Lenz Moser

[81] Die gefürchtete Reblaus hat verschiedene Namen. Wie lautet die „botanisch-lateinische" Bezeichnung?
(1) Vasterix americano
(2) Phylloxera vastarix
(3) Rupestris vitis
(4) Peronospora riparia

[82] Welchen dieser Weine könnte man am ehesten zu gut gewürzten asiatischen Speisen servieren?
(1) Tannat aus Uruguay
(2) Steirischen Schilcher
(3) Halbtrockenen Gewürztraminer
(4) Blaufränkisch - Barrique

[83] Was versteht man in der Kellerwirtschaft unter Fortifikation?
(1) Das Konzentrieren des Mostes durch technische Geräte
(2) Das Zusetzen von Mostkonzentrat zur Alkoholerhöhung
(3) Ein schonendes Entsäuern des Weines
(4) Das Zusetzen von fremdem Alkohol zu Wein oder Most

[84] Die Behandlung des Weines mit Bentonit dient zur Entfernung bzw. Reduzierung eines Inhaltsstoffes. Es ist ...?
(1) Eiweiß
(2) Tannin
(3) Apfelsäure
(4) Farbe

Wein allgemein [Antworten]

[79] In Milchsäure und CO_2
Bei der Malolaktischen Gärung bzw. Milchsäuregärung wird die Apfelsäure in eine mild schmeckende Milchsäure und CO_2 (Kohlensäure oder Kohlendioxid) zerlegt.

[80] Freiherr von Babo
Die Klosterneuburger Mostwaage (KMW) ist ein Gerät zur Bestimmung des Zuckergehaltes. Diese Senkwaage wurde vom Feiherrn von Babo in Klosterneuburg entwickelt bzw. erfunden. Heute wird der Zuckergehalt überwiegend mit dem Refraktometer bestimmt, aber die KMW° werden in Österreich und z. B. auch in Italien noch verwendet.

[81] Phylloxera vastarix
Der lateinisch-botanische Name der Reblaus lautet Phylloxera vastarix. Es bedeutet soviel wie die „zerstörende Laus". Es gibt dafür auch noch andere Namen, die allerdings nicht sehr gebräuchlich sind. Ein üblicher wissenschaftlicher Name ist „Phylloxera vitifolii".

[82] Halbtrockenen Gewürztraminer
Wenn überhaupt, dann passt zu scharfen asiatischen Speisen fast nur ein halbtrockener, säurearmer und aromatischer Wein. So zum Beispiel ein Gewürztraminer.

[83] Das Zusetzen von fremdem Alkohol zu Wein oder Most
Fortifikation ist eine anderes Wort für das „Aufspriten", das heißt Zusetzen von fremdem Alkohol. Bekannt ist der Ausdruck im Englischen, denn dort werden die verstärkten Weine, wie Sherry, Port, Malaga oder Madeira, allgemein als „Fortified wines" bezeichnet.

[84] Eiweiß
Bentonit ist ein pulverisiertes, tonhaltiges Gestein, das in der Kellerwirtschaft für die so genannte Eiweiß-Schönung verwendet wird. Die sehr quellfähige Tonerde bindet das thermolabile Eiweiß, welches dann leicht entfernt werden kann.

Wein allgemein [Fragen]

[85] Die Knospen des Rebstockes sind für den Winzer die ...?
(1) Nippel
(2) Augen
(3) Nasen
(4) Warzen

[86] Welches Holz wird hauptsächlich für die Herstellung von kleinen Weinfässern verwendet?
(1) Lärche
(2) Eiche
(3) Kastanie
(4) Kirsche

[87] Wie könnte man die Farbe Tawny erklären, wenn man von Portwein spricht?
(1) Ein tiefes Schwarzrot
(2) Ein dunkles, gedecktes Granatrot
(3) Ein Rubinrot mit violetten Reflexen
(4) Braunrot bzw. wie bei Zwiebelschalen

[88] Als Jungfernwein gilt ...?
(1) Ein Wein aus der ersten Lese der Trauben
(2) Ein Wein aus einem neu angelegten Weingarten
(3) Ein Wein, der vor der Weintaufe (11.11.) getrunken wird
(4) Ein Weißwein mit wenig Alkohol und etwas Restzucker

[89] Welches ist der Hauptbestandteil des Weines?
(1) Alkohol
(2) Wasser
(3) Zucker
(4) Aromastoffe

[90] Wie viel Zucker müsste man 100 l Most zusetzen, um den Alkoholgehalt des Weines um 1 Vol.-% zu erhöhen?
(1) 2,5 kg
(2) 1,3 kg
(3) 1,7 kg
(4) 3,2 kg

Wein allgemein [Antworten]

[85] Augen
Die Triebknospen des Rebstockes werden vom Winzer als Augen bezeichnet. Beim Winterschnitt wird die Fruchtrute auf die gewünschte Anzahl von Augen zurückgeschnitten.

[86] Eiche
Barriques, die kleinen Holzfässer, werden überwiegend aus Hölzern verschiedener Eichen gefertigt. Kastanie wird eher für große Fässer verwendet. Fässer aus Kirsche und Lärche sind für die Weinlagerung nicht üblich. Kleine Kirschholzfässer werden jedoch für die Reifung von Aceto Balsamico eingesetzt.

[87] Braunrot bzw. wie bei Zwiebelschalen
Die Farbe Tawny wird gerne mit „lohefarben" oder „braunrot" beschrieben. Tawny ist der Typ des Portweines, der länger als Ruby im Fass gereift wird und daher seine braunrote Farbe annimmt.

[88] Ein Wein aus der ersten Lese der Trauben
Bei einem neu angelegten Weingarten dauert es in der Regel 4 Jahre bis zur ersten Ernte. Der Jungfernwein wird aus den Trauben der ersten Lese gekeltert. Die Qualitäten dieser Weine sind eher bescheiden.

[89] Wasser
Beim Weintrinken denkt man in erster Linie an den Alkohol und die Geschmacksstoffe. Der Hauptbestandteil jeden Weines ist jedoch Wasser. Bis zu etwa 88 % Wasseranteil ist normal.

[90] 1,7 kg
Es sind etwa 1,7 kg Zucker für die Aufbesserung bzw. Anreicherung notwendig, um den Alkoholgehalt von 100 Liter Most um 1 Vol.–% zu erhöhen. Oder anders erklärt: 1 % Zucker ergibt bei vollständiger Vergärung etwa 0,65 (bis 0,69) Vol.–% Alkohol.

Wein allgemein [Fragen]

[91] Sekt und Champagner tragen auf dem Etikett immer die Angabe der Geschmacksrichtung. Welcher dieser Bezeichnungen hat den geringsten Restzucker?
(1) Sec
(2) Demi-Sec
(3) Extra Sec
(4) Brut

[92] Eine Weinart wird oft nach dem Imprägnierverfahren hergestellt. Es sind die ...?
(1) Schaumweine
(2) Perlweine
(3) Wermutweine
(4) Fruchtweine

[93] Was ist Oenin in der Weintraube?
(1) Die wachsartige Beschichtung auf den reifen Trauben
(2) Die besonderen Tannine aus den Traubenkernen
(3) Ein Farbstoff in den Rotweintrauben
(4) Ein nicht vergärbarer Zucker im Traubenmost

[94] Einer dieser Weine hat nach langer Lagerung manchmal einen Petrolton. Es sind ...?
(1) Grüne Veltliner von Lössböden
(2) Chardonnays aus sehr kalkhältigen Böden
(3) Rotweine mit Cabernet–Franc–Anteilen
(4) Besondere Rieslinge

[95] Wie hoch ist der übliche Druck bei einer Sekt- oder Champagnerflasche?
(1) Zwischen 4 und 6 bar
(2) Zwischen 3 und 4 bar
(3) Zwischen 2 und 3 bar
(4) Zwischen 1 und 2 bar

[96] Während der Vegetationszeit der Rebe rechnet man von der Blüte bis zur Traubenreife etwa mit ...?
(1)   75 Tagen
(2) 100 Tagen
(3) 125 Tagen
(4) 150 Tagen

Wein allgemein [Antworten]

[91] Brut
Unter diesen Bezeichnungen ist „Brut" mit maximal 15 g Restzucker pro Liter die trockenste Variante. Noch weniger Restzucker haben „Extra Brut" mit bis zu 6 Gramm und „Ultra Brut" („Brut Nature", „Brut integral") mit nur 3 Gramm Restzucker pro Liter.

[92] Perlweine
Beim Imprägnierverfahren wird die erwünschte Kohlensäure (CO_2) bei der Abfüllung zugesetzt. Einfache Perlweine können auf diese Weise hergestellt werden. Schaumweine hingegen erhalten den CO_2-Druck durch eine zweite alkoholische Gärung, entweder im Tank oder in der Flasche.

[93] Ein Farbstoff in den Rotweintrauben
Oenin hilft mit, unseren Rotweinen die erwünschte Farbe zu geben. Es ist ein Pflanzenfarbstoff, der in den Schalen von roten und blauen Trauben enthalten ist. Oenin gehört zu den Anthozyanen.

[94] Besondere Rieslinge
Der Petrolton ist ein Zeichen von Reife. Besonders hochwertige Rieslinge aus dem Elsass können nach längerer Lagerung einen dezenten Petrolton entwickeln, der bei Kennern sehr geschätzt ist.

[95] Zwischen 4 und 6 bar
Eine fertige Flasche Champagner oder Sekt hat in der Regel einen Kohlensäure-Druck von 4 bis 6 bar (Atü), immer gerechnet bei einer Temperatur von 20° C. Für Schaumweine ist übrigens ein Druck von mindestens 3 bar vorgeschrieben. Perlweine hingegen haben höchstens 2,5 bar.

[96] 100 Tagen
Rebsorte, Lage und natürlich das Wetter spielen eine große Rolle. Aber man kann allgemein mit etwa 100 Tagen zwischen der Blüte und der Traubenreife rechnen.

Wein allgemein [Fragen]

[97] Das Rigolen ist eine Arbeit des Winzers im Weingarten. Was geschieht dabei?
(1) Das Kürzen der Wipfel der Rebstöcke
(2) Die letzte Laubarbeit vor der Weinlese
(3) Das maschinelle Auflockern des Bodens zwischen den Rebzeilen
(4) Das Aufbinden der Reben an Drähte und Stöcke

[98] Aus welchen Rebsorten wurde Sämling 88 bzw. die Scheurebe gekreuzt?
(1) Weißburgunder und Silvaner
(2) Riesling und Trollinger
(3) Welschriesling und Muskateller
(4) Silvaner und Riesling

[99] Welche dieser Weinarten darf nach dem Weingesetz am wenigsten freien Schwefel haben?
(1) Schaumwein
(2) Rotwein
(3) Weißwein
(4) Prädikatswein

[100] Was versteht der Winzer unter „Weingrünmachen"?
(1) Das Schönen von hochfärbigen Weißweinen
(2) Das Mähen des Grases zwischen den Rebstöcken
(3) Das Sähen besonderer Kleearten zwischen den Rebzeilen
(4) Das Vorbereiten neuer Holzfässer mit Wasser

[101] Es gibt unterschiedliche Alkoholarten. Welcher dieser Alkohole ist besonders gesundheitsschädlich?
(1) Glycerin
(2) Diäthylen-Glykol
(3) Äthanol
(4) Methanol

[102] Für welchen dieser Weine ist der Cassis-Ton besonders typisch?
(1) Für Riesling
(2) Für Pinot Noir
(3) Für Chardonnay
(4) Für Cabernet Sauvignon

Wein allgemein [Antworten]

[97] Das maschinelle Auflockern des Bodens zwischen den Rebzeilen
Besonders vor Neupflanzungen wird der Boden zwischen den Rebzeilen recht tief bearbeitet, um die verdichteten Schichten aufzulockern. Für den Winzer ist diese Tätigkeit das Rigolen.

[98] Silvaner und Riesling
Die Scheurebe, bzw. Sämling 88, wurde von Georg Scheu gezüchtet. Bis vor kurzem war man sicher, dass die Neuzüchtung aus Silvaner x Riesling entstand. Nach neuesten genetischen Untersuchungen war der Riesling sicher der „Vater", die „Mutter" dürfte aber eine unbekannte Wildrebe gewesen sein.

[99] Schaumwein
Schwefel verhindert die Oxidation bei allen unseren Weinen. Bei Schaumweinen wirkt auch die Kohlensäure (Kohlendioxid) schützend. Daher haben Schaumweine einen niedrigeren Gehalt an freiem Schwefel als andere Weine.

[100] Das Vorbereiten neuer Holzfässer mit Wasser
Das „Weingrünmachen" geschieht nicht im Weingarten, sondern im Keller. Dabei werden große, neue Fässer vor dem Erstgebrauch mit Wasser behandelt, um unreife Lohestoffe aus dem Holz teilweise zu entfernen.

[101] Methanol
Äthanol bzw. Äthylalkohol ist der „gesunde" bzw. erwünschte, normale Alkohol im Wein und anderen Getränken. Diäthylen-Glykol ist zweiwertiger und Glycerin dreiwertiger Alkohol. Methanol bzw. Methylalkohol ist der giftige Alkohol.

[102] Für Cabernet Sauvignon
Der Cassis-Ton im Wein erinnert an das süßherbe Aroma schwarzer Johannisbeeren, und dies ist für Weine aus Cabernet Sauvignon typisch. Der verwandte Cabernet Franc zeigt eher grasige Töne in der Nase.

Wein allgemein [Fragen]

[103] Engländer trinken gerne ihren „Claret" (Clairet). Was verstehen sie darunter?
(1) Einen roten Bordeauxwein
(2) Einen weißgepressten Bordeauxwein
(3) Eine Grundcuvée für Champagner
(4) Einen Roséwein aus Frankreich

[104] Wenn Traubenmost vergoren wird, entstehen unter anderem ...?
(1) Weinsäure und Schwefel
(2) Alkohol und Kohlensäure
(3) Apfelsäure und Kohlendioxid
(4) Zucker und Säuren

[105] Wozu kann in der Kellerwirtschaft Gelatine eingesetzt werden?
(1) Für die Schmierung der Kellereimaschinen
(2) Für die Behandlung der Korken
(3) Für die Schönung von Weinen
(4) Für das Abdichten der Holzfässer

[106] Histamin kann in vielen Lebensmitteln und leider auch im Wein enthalten sein. In welcher Weinart ist es am ehesten enthalten?
(1) In Apfelweinen
(2) In Weißweinen
(3) In Roséweinen
(4) In Rotweinen

[107] Welche dieser Eichen gibt großporiges Holz für Barriques?
(1) Limousin
(2) Trançais
(3) Allier
(4) Vosges

[108] In Weinen sind verschiedene Säuren. Kann auch Milchsäure enthalten sein?
(1) Ja, vor allem in Rotweinen
(2) Ja, aber nur in kohlensäurehaltigen Weinen
(3) Nur in fehlerhaften Weinen
(4) Eigentlich nein - und wenn, dann nur in Kleinstmenge

Wein allgemein [Antworten]

[103] Einen roten Bordeauxwein
„Claret" ist das anglisierte Wort für den französischen „Clairet". Der Engländer versteht darunter einen roten Bordeauxwein, allerdings einen einfachen und hellen Wein. Der Ausdruck stammt wohl noch aus der Zeit (ab dem 12. Jahrhundert), als Bordeaux unter englischer Herrschaft stand und große Mengen an Fassweinen nach England geliefert wurden.

[104] Alkohol und Kohlensäure
Bei der alkoholischen Gärung entstehen unzählige chemische Verbindungen. Wichtige Bestandteile sind auf jeden Fall der erwünschte Alkohol. Bei der Gärung entstehen große Mengen an Kohlensäure (CO_2), die allerdings im fertigen Wein nurmehr in kleinster Menge enthalten ist.

[105] Für die Schönung von Weinen
Gelatine ist ein durchsichtiger und leimiger Eiweißstoff, der vor allem aus Knochen und Knorpeln gewonnen wird. Durch die Schönung mit Gelatine kann Wein von unerwünschten Stoffen befreit und stabilisiert werden.

[106] In Rotweinen
Histamin entsteht vor allem durch den Abbau von Eiweißstoffen in Lebensmitteln und auch in Weinen. Generell ist es in einer höheren Konzentration am ehesten in Rotweinen enthalten. Histamin ist unter anderem für Kopfschmerzen verantwortlich und kann auch durch mangelnde Kellerhygiene entstehen.

[107] Limousin
Die angeführten sind nach ihrer Herkunft benannt, und alle werden für Barriques verwendet. Die besonderen Bodenverhältnisse in den Wäldern von Limousin liefern ein großporiges Holz, das seine Tannine schnell auslaugen lässt. Die daraus hergestellten Fässer werden vor allem für Cognac oder Armagnac und seltener für Weine verwendet.

[108] Ja, vor allem in Rotweinen
Bei Rotweinen wird fast generell ein biologischer Säureabbau gemacht, und dabei wird die scharf schmeckende Apfelsäure in eine milde Milchsäure umgewandelt. Sie kann also in Weinen – besonders in Rotweinen – enthalten sein.

Wein allgemein [Fragen]

[109] Welches ist der wesentlichste Unterschied zwischen Traubensaft und Traubenmost?
(1) Es ist genau das Gleiche
(2) Traubensaft ist haltbar gemacht und Traubenmost ist gärfähig
(3) Traubenmost ist ganz frisch, Traubensaft ist lange gelagert
(4) Traubensaft ist weiß, Traubenmost ist rot

[110] Ranker ist eine Bodenart, die für den Weinbau ideal ist. Was ist dabei die Besonderheit?
(1) Besteht aus einem Kalk-Lehm-Untergrund
(2) Es ist vor allem Schwarzerde mit Granitsteinen
(3) Besteht hauptsächlich aus kalkfreiem Urgestein
(4) Besteht aus grobem und feinerem Kies

[111] Was ist die Besonderheit bei der Bodenart Rendsinen bzw. Rendzina?
(1) Die Böden sind reich an braunem Humus
(2) Die Böden sind sehr kalkarm und stark lehmhaltig
(3) Die Böden sind reich an roter Erde
(4) Die Böden sind reich an Kalk

[112] Der französische Ausdruck „Assemblage" wird in verschiedenen Fachgebieten verwendet. Was ist es beim Wein?
(1) Ein Verschnitt verschiedener Weine
(2) Ein Zusammenschluss von Weinhändlern in Bordeaux
(3) Eine Gruppe von Musikern beim Heurigen bzw. Buschenschank
(4) Das Vermischen von Cognac mit Wasser

[113] Aus welchen Teilen der Weintrauben kommen die Farbstoffe?
(1) Aus dem Saft
(2) Bei Weißweinen aus den Stängeln, bei Rotweinen aus dem Saft
(3) Aus den Kernen und dem Saft
(4) Aus den Schalen

[114] Der Wein hat verschiedene Säuren. Welche dieser Säuren ist im Wein nicht enthalten?
(1) Salpetersäure
(2) Bernsteinsäure
(3) Milchsäure
(4) Buttersäure

Wein allgemein [Antworten]

[109] Traubensaft ist haltbar gemacht und Traubenmost ist gärfähig
Die generelle Unterscheidung ist einfach erklärt: Traubensaft wird durch das Pasteurisieren haltbar gemacht, während Traubenmost noch alle Hefebakterien hat und somit gärfähig ist. Natürlich kann es frischen Traubensaft beim Winzer geben, der nicht haltbar gemacht wurde, dann aber auch nicht lange alkoholfrei bleibt.

[110] Besteht hauptsächlich aus kalkfreiem Urgestein
Ranker ist ein trockener Boden, der zu einem großen Teil aus kalkarmem und kalkfreiem Urgestein besteht und einen guten Wärmehaushalt bietet. Es besteht allerdings die Gefahr des Austrocknens. Ranker ist zum Beispiel für Rieslinge gut geeignet.

[111] Die Böden sind reich an Kalk
Rendzina kommt aus dem Polnischen, bei uns ist der Ausdruck Rendsinen geläufiger. Diese Böden sind, meist über einer dicken Humusschicht, reich an Kalk. Trauben aus der Burgunderfamilie lieben zum Beispiel kalkhältige Böden.

[112] Ein Verschnitt verschiedener Weine
Eine Assemblage ist vergleichbar mit einer Cuvée – die Auswahl und kunstvolle Zusammenstellung verschiedener Weine, zum Beispiel für Champagner oder edle Bordeauxweine. Das Verschneiden einfacher Weine wird im französischen auch als „Coupage" bezeichnet.

[113] Aus den Schalen
Die Farbstoffe sind bei allen „edlen" Trauben in der Schale. Nur so genannte „Färbertrauben" haben einen roten Most. Diese Sorten gelten aber als minderwertig. Die Farbe der Weine entsteht durch Farbstoffe in den Schalen der Trauben, wie z. B. Anthozyane oder Flavone.

[114] Salpetersäure
Der fertige Wein hat unzählige Inhaltsstoffe, und darunter sind auch verschiedene Säuren – „nichtflüchtige" und „flüchtige". Salpetersäure ist im Wein allerdings nicht enthalten. Die übrigen angeführten Säuren können im Wein zu finden sein, teilweise aber nur in kleinster Menge.

Wein allgemein [Fragen]

[115] Was versteht der Winzer unter dem Winterschnitt?
(1) Das Verschneiden verschiedener Eisweine zu einer Cuvée
(2) Das Entfernen von altem Rebholz
(3) Das Ernten der gefrorenen Trauben für die Bereitung von Eiswein
(4) Das Trennen verschiedener Qualitäten beim Abstich des Weines

[116] Bei alten und wertvollen Weinen ist ein guter Füllstand sehr wichtig. Wie nennt man den Teil einer Bordeaux-Flasche unterhalb des Flaschenhalses?
(1) Achsel
(2) Rumpf
(3) Schulter
(4) Genick

[117] Was bedeutet die Bezeichnung „warm" bei einer Weinbeschreibung – abgesehen von der Temperatur?
(1) Der Wein hat zu hohe Säure und zu viel Tannin
(2) Der Wein ist üppig und aufdringlich im Geschmack
(3) Der Wein wurde zu warm vergoren und hat Marmeladetöne
(4) Der Wein hat einen sehr hohen Alkoholgehalt

[118] Die Bakterienkultur „Leuconostos Oenos" ist ein wertvoller Helfer in der Kellerwirtschaft. Was bewirken die Bakterien bei der Weinbereitung?
(1) Den biologischen Säureabbau
(2) Die alkoholische Gärung
(3) Die Doppel-Entsäuerung
(4) Die Bildung der Aromastoffe

[119] Wenn Weine einen übertriebenen biologischen Säureabbau durchgemacht haben, können Sie einen unerwünschten Geruch haben. Wonach?
(1) Nach Brennnessel und Sauerampfer
(2) Nach Joghurt, Buttermilch und Sauerkraut
(3) Nach Marmelade und gebranntem Zucker
(4) Nach Teer, Ruß und Jod

Wein allgemein [Antworten]

[115] Das Entfernen von altem Rebholz
Der Winterschnitt passiert nicht im Weinkeller, sondern im winterlichen Weingarten. Es ist das Entfernen von altem Rebholz beim Schneiden der Reben.

[116] Schulter
Der Teil unter dem Flaschenhals der Bordeaux-Flasche ist die Schulter. Die Füllmenge oberhalb der Schulter kann bei sehr alten Weinen ein Zeichen für korrekte Lagerung und somit ein Qualitätskriterium sein.

[117] Der Wein hat einen sehr hohen Alkoholgehalt
Auch bei perfekter Temperatur eines Weines kann ein Wein als „warm" beschrieben werden. Das sagt aus, dass der Wein einen sehr hohen Alkoholgehalt hat. Die nächsthöhere Stufe wäre „brandig".

[118] Den biologischen Säureabbau
Der gesteuerte Biologische Säureabbau wird durch das Zusetzen der Bakterienkultur Leuconostos Oenos eingeleitet und durchgeführt. Der Vorgang ist bei Rotweinen üblich, bei Weißweinen nur teilweise.

[119] Nach Joghurt, Buttermilch und Sauerkraut
Es kann ein Fehlton entstehen, der als „laktisch" bezeichnet wird und an Joghurt, Buttermilch und Sauerkraut erinnert. In der modernen Kellerwirtschaft geschieht dies kaum mehr.

Wein allgemein [Fragen]

[120] Ein Weinfehler wird oft als „brettig" bezeichnet. Was ist damit gemeint?
(1) Besonderer Ton im Wein, durch spezielle Hefe entstanden
(2) Zuviel Barriquegeschmack in einem Wein
(3) Ein sehr harter, unharmonischer Wein
(4) Ein Wein mit deutlichen Schwebestoffen

[121] Wozu dient Diäthylen-Glykol in der Kellerwirtschaft?
(1) Zur Stabilisierung der Farbe bei Rotweinen
(2) Zur geringfügigen Aufbesserung des Extraktes
(3) Zur Stabilisierung von Jungweinen
(4) Nur zu unerlaubten Weinverfälschungen

[122] „Echter" und „Falscher Mehltau" und auch die Reblaus wurden im 19. Jahrhundert aus Amerika eingeschleppt. Welches „Unglück" kam zuerst?
(1) Echter Mehltau
(2) Falscher Mehltau
(3) Falscher und echter Mehltau kamen gleichzeitig
(4) Reblaus

[123] Der „Codex luris Canonici" regelt unter anderem die Herstellung eines besonderen Weines. Um welchen Wein handelt es sich?
(1) Um den Wein der Mönchsrepublik Athos in Griechenland
(2) Um den katholischen Messwein
(3) Um den koscheren Wein strenggläubiger Juden
(4) Um italienischen Vin Santo

[124] Wer oder was ist Pedro Ximénez?
(1) Ein spanischer Weinbaupionier
(2) Eine portugiesische Großkellerei
(3) Eine spanische Rebsorte
(4) Das führende Weingut in Brasilien

[125] Wie nennt man eine Weinprobe, bei der verschiedene Jahrgänge des gleichen Weines verkostet werden?
(1) Horizontale Probe
(2) Diagonale Probe
(3) Vintage-Probe
(4) Vertikale Probe

Wein allgemein [Antworten]

[120] Besonderer Ton im Wein, durch spezielle Hefe entstanden
Es ist ein Wein mit einem möglichen Fehlton, der durch die Hefekultur Brettanomyces hervorgerufen wird. Die Praxis zeigt jedoch, dass diese Beurteilungen nicht immer ganz eindeutig sind.

[121] Nur zu unerlaubten Weinverfälschungen
Diäthylenglykol ist das berüchtigte „Glykol", das in den Jahren 1984/85 für einen Weinskandal gesorgt hat. Das Mittel ist zwar relativ ungefährlich, die Verwendung aber absolut verboten!

[122] Echter Mehltau
Es ist ziemlich sicher, dass der so genannte „Echte" Mehltau zuerst nach Europa kam. Die Pilzkrankheit wurde bereits um 1845 in England festgestellt. Dann kam die Reblaus und später noch der „Falsche Mehltau".

[123] Um den katholischen Messwein
Der „Codex Iuris Canonici" ist ein Gesetzbuch der katholischen Kirche in dem unter anderem die Herstellung des Messweines der katholischen Kirche geregelt wird.

[124] Eine spanische Rebsorte
Es klingt zwar nach einem Männernamen, aber Pedro Ximénez ist eine weiße spanische Rebsorte, die vor allem in Andalusien zu finden ist. Sie ist zum Beispiel ein wichtiger Bestandteil der süßen Sherry-Qualitäten.

[125] Vertikale Probe
Die Unterschiede verschiedener Jahrgänge von ein und demselben Wein sind interessant und können vieles aussagen. Diese Art der Verkostung gilt als eine Vertikalprobe.

Wein allgemein [Fragen]

[126] Französische Winzer sprechen schon seit mehr als 100 Jahren von ihrer Bordeaux-Brühe. Was meinen sie damit?
(1) Ein Spritzmittel gegen Pilzkrankheiten
(2) Einen algerischen Wein, der als Bordeaux-Wein verkauft wurde
(3) Eine regionale Weinsuppe
(4) Einen gepanschten, dunklen Rotwein

[127] Für einen jungen Weißwein ist der Duft nach Stachelbeeren und Kiwis typisch. Es ist ...?
(1) Muskateller
(2) Sauvignon Blanc
(3) Grüner Veltliner
(4) Sémillon

[128] „Kir" ist ein weit bekannter Wein-Aperitif. Es kreierte ihn ...?
(1) Der Abt des Klosters Vougeot, Benedict Kir
(2) Der Zeremonienmeister des Hospices de Beaune, Louis Kir
(3) Der Mönch und frühere Bürgermeister von Dijon, Kanonikus Kir
(4) Der Kellermeister des Château Bouzeron, Jacques Kir

[129] Welcher europäische Glashersteller leistete die größte Pionierarbeit bei der Entwicklung zeitgemäßer Weingläser?
(1) Stolzhof
(2) Lilienthal
(3) Spiegelberg
(4) Riedel

[130] In welchem Teil des Rebstockes findet die Zuckerproduktion statt?
(1) In den Blättern
(2) In den feinen Haarwurzeln
(3) In den vielen Ranken des Rebstockes
(4) Im Hauptstamm des Rebstockes

[131] Eine wichtige Tätigkeit bei der Weinbereitung ist die Remontage. Was ist unter diesem Fachausdruck gemeint?
(1) Das regelmäßige Kontrollieren und Auffüllen der Barrique-Fässer
(2) Das Übergießen des Tresterhutes mit Most
(3) Das Herausnehmen von Fässern, deren Qualität nicht entspricht
(4) Das Beenden bzw. Abstoppen der alkoholischen Gärung

Wein allgemein [Antworten]

[126] Ein Spritzmittel gegen Pilzkrankheiten
Die Bordeaux-Brühe hilft nicht gegen den Hunger der Winzer, aber es ist ein wirksames Spritzmittel gegen Pilzkrankheiten im Weingarten. Das Präparat besteht im Wesentlichen aus Kupfersulfat, Kalk und Wasser und ist schon seit Ende des 19. Jahrhunderts als Mittel gegen den „falschen Mehltau" bekannt.

[127] Sauvignon Blanc
Mit ausgeprägt fruchtigen Aromen, die sehr oft an Stachelbeeren und Kiwis erinnern, erfreuen uns vor allem Weine der Sorte Sauvignon Blanc. Besonders wenn die Weine aus warmen Ländern kommen, ist der Duft ein wichtiges Sortenmerkmal.

[128] Der Mönch und frühere Bürgermeister von Dijon, Kanonikus Kir
Das Originalrezept des „Kir" verlangt Crème de Cassis und den trockenen Weißwein Aligoté im Verhältnis 1:9. Der „Erfinder" des Wein-Aperitifs war der Mönch Kanonikus Kir, der einmal Bürgermeister der französischen Stadt Dijon war.

[129] Riedel
Schon vor mehr als 40 Jahren begann die Tiroler Firma Riedel mit der Entwicklung zeitgemäßer Weingläser. Der Glaspionier Prof. Claus Josef Riedel erforschte als erster den besonderen Einfluss der Glasformen auf die Eigenschaften und den Genuss verschiedener Weine.

[130] In den Blättern
Die gesunden Blätter gelten als die „Zuckerfabrik" des Rebstockes. Bei der so genannten Photosynthese werden durch das Zusammenspiel von Blattgrün, Sonnenenergie, Wasser, Kohlendioxid (und anderen Stoffen) Kohlehydrate wie z. B. Zucker gebildet.

[131] Das Übergießen des Tresterhutes mit Most
Um Farbe und Aromastoffe aus den Trauben besser auszulaugen, wird bei der Rotweinbereitung der Tresterhut immer wieder mit dem gärenden Most übergossen. Dieser Vorgang der Remontage wird während der Gärung in regelmäßigen Abständen gemacht. In der modernen Kellertechnik gibt es inzwischen verschiedene alternative Methoden dafür.

Wein allgemein [Fragen]

[132] Ein Großteil der Sekte wird nach dem Tankgärverfahren erzeugt. Eine andere Bezeichnung für diese Technik ist ...?
(1) Das Transvasier-Verfahren
(2) Das Imprägnier-Verfahren
(3) Die Charmat-Methode
(4) Das Russische Verfahren

[133] Wie nennt man das Destillat, welches aus den Heferückständen der Fässer gewonnen wird?
(1) Germbrand
(2) Hefegrappa
(3) Gluckser
(4) Gelägerbrand

[134] Welche Rebanlagen leiden bei längeren Hitzeperioden besonders unter Wassermangel?
(1) Junganlagen
(2) Rotweingärten
(3) Weißweingärten
(4) Alte Rebgärten

[135] Was glauben Sie, wie viele Liter Kohlendioxid (Kohlensäure) bei der Vergärung von einem Liter Traubenmost entstehen?
(1) Ca. 5 – 10 Liter
(2) Ca. 20 – 30 Liter
(3) Ca. 50 – 60 Liter
(4) Ca. 66 – 80 Liter

[136] Eines dieser „Leiden" kann ein Rebstock niemals haben. Es ist ...?
(1) Eutypiose
(2) Botrytis cinerea
(3) Phylloxera vitifollii
(4) Delirium tremens

[137] Wozu kann in der Weinwirtschaft die Gas-Chromatographie eingesetzt werden?
(1) Zur Analyse von Aromastoffen
(2) Zur Messung der Säure
(3) Zur genauen Untersuchung von Bodenproben
(4) Zur genauen Bestimmung des Alkohols im Wein

Wein allgemein [Antworten]

[132] Die Charmat-Methode
Die Sektherstellung im großen Drucktank wurde vom französischen Önologen Eugène Charmat entwickelt. Daher ist das Tankgärverfahren auch als Charmat-Methode bekannt. Es entstand zu Beginn des 20. Jahrhunderts an der Universität von Montpellier.

[133] Gelägerbrand
Aus den Heferückständen der großen Weinfässer wird Gelägerbrand destilliert. Er erinnert an einen Weinbrand, aber mit starkem Hefeton in Geruch und Geschmack.

[134] Junganlagen
Längere Hitzeperioden können bei Rebanlagen Stress und Schaden anrichten. Besonders Junganlagen leiden unter Wassermangel. Die Wurzeln junger Pflanzen sind noch nicht lang genug, um Feuchtigkeit aus großen Tiefen zu holen.

[135] Ca. 50 – 60 Liter
Bei der Vergärung von 1 Liter Traubenmost entstehen etwa 50 bis 60 Liter Kohlendioxid (CO_2). Wegen der großen Menge des Gases in den Weinkellern gab es schon zahlreiche Todesopfer. In zeitgemäß eingerichteten Kellern wird das Gas abgepumpt.

[136] Delirium tremens
Im Weingarten können verschiedene Krankheiten aufkommen. Aber Delirium Tremens kann der Rebstock nie bekommen. Es ist die lateinische Bezeichnung für den Säuferwahn. Eutypiose ist eine „Holzhartfäule", Botrytis die Edelfäule und Phylloxera die Reblaus.

[137] Zur Analyse von Aromastoffen
Mit dem Gas-Chromatographen werden die verschiedensten Inhaltsstoffe des Weines voneinander getrennt und bestimmt. So zum Beispiel Gesamt-Extrakt, Aromastoffe, Alkohole, Säuren und Schwefel.

Wein allgemein [Fragen]

[138] Was wird beim Messen in Öchsle-Graden eigentlich angezeigt?
(1) Das spezifische Gewicht
(2) Der Alkoholgehalt
(3) Der Zuckergehalt in Prozenten
(4) Die Säure in Promille

[139] Manchen Weinen wird Metaweinsäure zugesetzt. Zu welchem Zweck?
(1) Um Eiweißtrübungen zu verhindern
(2) Um Weinsteinausfällungen zu verhindern
(3) Um ihn haltbar zu machen
(4) Um die Gesamtsäure zu reduzieren

[140] Welches dieser Eichenhölzer gibt das „süßeste" Aroma an den Wein ab?
(1) Slawonische Wintereiche
(2) Französische Steineiche
(3) Kalifornische Weißeiche
(4) Portugiesische Korkeiche

[141] Noch vor einigen Jahrzehnten war es kein Thema, aber heute wird immer öfter von Brettanomyces gesprochen. Was versteht man darunter?
(1) Einen Holzton von zu frischen Fässern
(2) Den Kellerschimmel in alten Weinkellern
(3) Einen erwünschten Beigeschmack bei Prädikatsweinen
(4) Einen Hefepilz, der meistens unerwünscht ist

[142] Verschiedene Rebsorten wurden für die Verwendung als Deckweine gezüchtet. Was versteht man unter einem Deckwein?
(1) Wein, der zwischen Verkostungen den Gaumen „repariert"
(2) Geschmacksintensiven Wein zum Überdecken von Weinfehlern
(3) Einen farbintensiven Rotwein
(4) Einen besonders alkoholstarken Weißwein für Verschnitte

[143] Welche dieser Trauben ist keine Rotweinsorte?
(1) Rondinella
(2) Bacchus
(3) Pignola
(4) Spanna

Wein allgemein [Antworten]

[138] Das spezifische Gewicht
Die Öchsle-Grade definieren das spezifische Gewicht des Mostes und daraus resultiert der Zuckergehalt. Je mehr Zucker der Most enthält, desto schwerer wird eine bestimmte Menge. Ein Liter Most mit 100° Öchsle wiegt zum Beispiel genau 1.100 Gramm. In KMW° entspricht dies ungefähr 20 °.

[139] Um Weinsteinausfällungen zu verhindern
Zugesetzte Metaweinsäure kann, zumindest für eine gewisse Zeit, die Weinsteinausscheidung verhindern. Dies wird kurz vor der Abfüllung und vor allem bei einfachen Weinen gemacht.

[140] Kalifornische Weißeiche
Das Aroma das an den Barrique-Wein abgegeben wird, ist von der Art der Eiche und im Besonderen auch vom „Toasting" – dem Ausbrennen – abhängig. Unter den angeführten Hölzern verleiht die kalifornische Weißeiche dem Wein am meisten süßliches Aroma.

[141] Einen Hefepilz, der meistens unerwünscht ist
Brettanomyces kann schon auf den Trauben vorhanden sein, meistens existiert sie aber in alten Holzfässern. Es ist eine Hefeart, die meist unerwünscht ist. Weine, welche dadurch Veränderungen erfahren haben, gelten üblicherweise als fehlerhaft.

[142] Einen farbintensiven Rotwein
Mehrere Rotweinsorten wurden speziell mit dem Ziel gezüchtet, viel Farbe zu bekommen. Solche Deckweine werden besonders für Verschnittzwecke verwendet. In Österreich diente Blauburger und in Deutschland die Sorte Deckrot einst für zu helle Verschnitte. Auch so genannte Teinturier-Sorten – mit rotem statt hellem Fruchtfleisch – werden dazu verwendet.

[143] Bacchus
Rondinella, Pignola und Spanna sind italienische Rotweinreben. Bacchus ist allerdings eine Weißweinsorte, die in einigen Weinbaugebieten Deutschlands weit verbreitet ist.

Wein allgemein [Fragen]

[144] Cuve-Close ist die Fachbezeichnung für ein Schaumwein-Herstellungsverfahren. Für welches?
(1) Für die Méthode Rurale
(2) Für die Méthode Champenoise
(3) Für die Méthode Charmat
(4) Für die Méthode Diose

[145] Welches besondere Verfahren wird bei der Herstellung bzw. Reifung von Madeira angewandt?
(1) Estufagem
(2) Extraktion
(3) Perkulation
(4) Maceration

[146] Flavonoide sind Inhaltsstoffe von Weintrauben. Welche?
(1) Alle Extraktstoffe
(2) Gelbe Farbstoffe in den Weißweintrauben
(3) Alle Vitamine und Spurenelemente zusammen
(4) Die Aromastoffe, die in den Traubenschalen sitzen

[147] Glycerin wird mit Wein in Verbindung gebracht. Aber was ist es eigentlich?
(1) Ein verbotener Zusatz im Wein
(2) Ein Mittel zur Behandlung kranker Rebstöcke
(3) Ein wertvoller, dreiwertiger Alkohol
(4) Ein zweiwertiger, süßlicher Alkohol

[148] Was versteht man bei der Verkostung unter einem „Goût de Goudron"?
(1) Einen Geruch nach Blumen, besonders an Geranien
(2) Ein unsauberer Kellergeruch
(3) Ein Bouquet, das an Teer erinnert
(4) Ein Geruch nach Moos und Unterholz

[149] Mit dem Gerät Girasol kann die Arbeit bei der Sekt- und Champagnererzeugung erleichtert werden. Welcher Arbeitsgang wird damit vereinfacht?
(1) Das Keimfreimachen der Flaschen durch ein Gas
(2) Die automatische Zugabe der Dosage
(3) Das Entfernen der Eiweißrückstände
(4) Das Rütteln der Flaschen

Wein allgemein [Antworten]

[144] Für die Méthode Charmat
Cuve-Close ist eine andere Bezeichnung für die Schaumweinherstellung im großen Tank. Nach dem Önologen, der das Verfahren entwickelt hat, trägt es auch den Namen „Methode Charmat".

[145] Estufagem
Nur bei der Herstellung des Südweines Madeira wird das Verfahren „Estufagem" angewandt. Es ist ein Erwärmen des Weines über mehrere Monate bis auf 50° C. Dabei erhält Madeira seinen ganz besonderen Karamellgeschmack und seinen oxidativen Ton.

[146] Gelbe Farbstoffe in den Weißweintrauben
Sie zählen zur großen Gruppe der Phenole. Flavonoide sind Pigmente bzw. die gelben Farbstoffe in den Schalen der Weißweintrauben. Zusammen mit Carotinoiden geben sie den Weinen die mehr oder weniger gelbe Farbe.

[147] Ein wertvoller, dreiwertiger Alkohol
Im Wein finden sich verschiedene Alkoholarten. Glycerin ist wertvoller „dreiwertiger" Alkohol und ein wichtiges Nebenprodukt der alkoholischen Gärung. Der Anteil an Glycerin im Wein liegt bei etwa 5 bis 8 Gramm pro Liter. Er verleiht dem Wein den samtigen Körper und kann Säure und Tannin geschmacklich abrunden.

[148] Ein Bouquet, das an Teer erinnert
Der „Goût de Goudron" ist ein durchaus erwünschtes, sehr vielschichtiges Bouquet, das an Teer, Rauch, Ruß und auch Jod erinnern kann. Man findet es bei schweren Rotweinen, so zum Beispiel im Barolo oder Barbaresco.

[149] Das Rütteln der Flaschen
Girasol ist die in Spanien übliche Bezeichnung für Gyropalette. Die Geräte besorgen die aufwändige Remuage, das händische Rütteln der Sekt- oder Champagnerflaschen, bevor diese entheft werden. Beim Girasol stecken die Flaschen in einem käfigartigen Metallrahmen, der in regelmäßigen Abständen gedreht wird.

Wein allgemein [Fragen]

[150] Ein Fachausdruck in der Weinbeschreibung lautet „Persistenz". Was ist damit gemeint?
(1) Der Abgang
(2) Die Harmonie
(3) Das Süße-Säure-Spiel
(4) Die Alkoholstärke

[151] Arabinose ist ein Inhaltsstoff der Weintraube, aber was ist es?
(1) Ein Phenol
(2) Eine Zuckerart
(3) Eine Säure
(4) Ein Farbstoff

[152] Der Schädling Kräuselmilbe wird von einem Nützling auf dem Rebstock bekämpft. Wer ist der natürliche Feind?
(1) Die Ameise
(2) Der Rüsselkäfer
(3) Die Raubmilbe
(4) Der Marienkäfer

[153] Was versteht man beim Wein unter einem Lohegeschmack?
(1) Einen madeiraähnlichen Geschmack
(2) Ein zu aufdringliches Fruchtaroma
(3) Einen zu starken Alterston
(4) Zuviel Aroma von neuen Fässern

[154] Was sind Mercaptane beim Wein?
(1) Eine unerwünschte Alkoholart
(2) Stark flüchtige Säuren
(3) Wilde Hefekulturen
(4) Extraherbe Tannine

[155] Wo findet man üblicherweise einen Moussierpunkt?
(1) In der Abfüllmaschine
(2) Im Sektglas
(3) In der Mitte der Zunge
(4) Am Boden der Sektflasche

Wein allgemein [Antworten]

[150] Der Abgang
Die „Persistenz" ist ein Synonym für den Abgang bzw. den Nachhall bei der kritischen Weinverkostung. Es wird als „kurz", „mittel" oder „lang" gemessen und bezeichnet.

[151] Eine Zuckerart
Arabinose ist in der Weintraube in kleiner Menge vorhanden. Es ist eine Zuckerart, die durch die Hefe nicht vergoren werden kann und somit im Restzucker des Weines enthalten ist.

[152] Die Raubmilbe
Die Kräuselmilbe ist einer der tierischen Schädlinge im Weingarten und wird von der Raubmilbe erfolgreich bekämpft bzw. gefressen. Im naturnahen und biologischen Weinbau wird versucht, die Population der Raubmilbe groß zu halten.

[153] Zuviel Aroma von neuen Fässern
Lohegeschmack ist ein Ausdruck für den Holzgeschmack bzw. den „Neuerl" in Österreich. Der Geschmack kommt von Fässern, welche vor dem ersten Gebrauch nicht „weingrün" gemacht wurden und darf nicht mit dem Barrique-Ton verwechselt werden.

[154] Eine unerwünschte Alkoholart
Mercaptane sind unerwünschte, stark flüchtige Alkohole, die für den Weinfehler Böckser verantwortlich sein können.

[155] Im Sektglas
Der Moussierpunkt ist am inneren Boden eines guten Sektglases eingeschliffen. Die Kohlensäure (Kohlendioxid) kann sich daran binden und dann lange und gleichmäßig aus dem Glas entweichen.

Wein allgemein [Fragen]

[156] Unter französischem Vermouth versteht man in den Rezepturen von Standardcocktails einen besonderen Typ dieses Getränks ...?
(1) Es kann jede Farbe und jeder Geschmack sein
(2) Er ist weiß und süß
(3) Er ist rot und süß
(4) Er ist weiß und trocken

[157] Wie werden KMW (Klosterneuburger) Grade des Traubenmostes am einfachsten in Öchsle-Grade umgerechnet?
(1) 1° KMW sind ca. 2,5° Öchsle
(2) 1° KMW sind ca. 3,5° Öchsle
(3) 1° KMW sind ca.   5° Öchsle
(4) 1° KMW sind ca.   8° Öchsle

[158] Wie viel potenziellen Alkohol erzielt man aus 1 % Zucker im Traubenmost durch die alkoholische Gärung?
(1) Ca. 0,65 Vol.–%
(2) Ca. 0,95 Vol.–%
(3) Ca. 0,45 Vol.–%
(4) Ca. 1,25 Vol.–%

[159] Eine Tätigkeit im Weingarten ist das Mulchen. Was geschieht dabei?
(1) Das Entfernen des Graswuchses zwischen den Rebzeilen
(2) Ein oberflächliches Einarbeiten von organischem Material in den Boden
(3) Ein tiefgründiges Auflockern der Böden im Weingarten
(4) Die letzte Laubarbeit vor der Lese zum Freistellen der Trauben

[160] Wie nennt man das „Zusammenbacken" von Farb- und Gerbstoffen zu größeren Partikeln während der Flaschenreifung?
(1) Polemisierung
(2) Polyantisierung
(3) Polymerisierung
(4) Polarisierung

Wein allgemein [Antworten]

[156] Er ist weiß und trocken
Im Bar-Rezept ist französischer Vermouth weiß und sehr trocken. Die bekannteste Marke ist Noilly Prat. Das Besondere an dem Produkt ist die lange Lagerung der Grundweine vor der Aromatisierung. Ein Jahr lang werden die Grundweine in Holzfässern sogar unter freiem Himmel gelagert bzw. gealtert – Sommer und Winter.

[157] 1° KMW sind ca. 5° Öchsle
Die Umrechnung von KMW° und Öchsle-Graden ist einfach, wenn auch nicht ganz genau: 1° KMW = 5° Öchsle. Deutschland und die Schweiz rechnen in Öchsle, Österreich und Italien in KMW-Graden. Anstelle des Wortes „ Klosterneuburger" verwendet der Italiener aber meist den Ausdruck „Babo". Babo war der „Erfinder" der Mostwaage.

[158] Ca. 0,65 Vol.–%
Ein Prozent Zucker im Most ergibt rund 0,65 Vol.–% Alkohol. Eine leichte Abweichung ist bei edelsüßen Weinen bis etwa 0,69 % möglich.

[159] Ein oberflächliches Einarbeiten von organischem Material in den Boden
Das Mulchen ist ein schonendes, oberflächliches Einarbeiten von Gras, Rebschnitt und anderem Material. Durch Verrottung entsteht Dünger für die Reben.

[160] Polymerisierung
Wenn sich die natürlich ausfällenden Farb- und Gerbstoffe zu kleinen oder größeren Partikeln zusammenschließen, entsteht das Depot im Wein. Der Fachausdruck dafür ist Polymerisierung.

Wein allgemein [Fragen]

[161] Die verschiedenen Rebfamilien tragen in der Botanik unterschiedliche Namen. Welche dieser Bezeichnungen trägt die europäische Edelrebe?
(1) Vitis riparia
(2) Vitis labrusca
(3) Vitis berlanderia
(4) Vitis vinifera

[162] Die Flaschen moderner Weine tragen inzwischen sehr unterschiedliche Verschlüsse, doch Kork ist noch immer am wichtigsten. Welche Durchmesser haben Korken einer normalen 0,75 Liter-Flasche?
(1) 15 mm
(2) 19 mm
(3) 24 mm
(4) 27 mm

[163] Welcher dieser Inhaltsstoffe im Wein entsteht nicht durch die Vergärung des Zuckers?
(1) Das Glycerin
(2) Die Säure
(3) Der Alkohol
(4) Das Kohlendioxid

[164] Der Rohstoff mit der lateinischen Bezeichnung „Quercus suber" steht sehr oft in Verbindung mit Wein. Was wird daraus oft gemacht?
(1) Korken
(2) Die klassischen Bordeauxkistchen
(3) Rebstützen
(4) Ein Schönungsmittel für die Weißweinbereitung

[165] Was ist ein Oxhoft?
(1) Eine große Betonzisterne im Weinkeller
(2) Ein altes Fuhrwerk für den Transport von Fässern
(3) Ein englisches Fleischgericht
(4) Ein altes europäisches Hohlmaß

Wein allgemein [Antworten]

[161] Vitis vinifera
Der Name der europäischen Edelrebe bedeutet sinngemäß „die weintragende Rebe". Und Vitis vinifera ist die Sammelbezeichnung für Hunderte verschiedene Sorten, aus denen in Europa und in der ganzen Welt Weine gewonnen werden.

[162] 24 mm
Der Standardkork für 0,75-Liter-Flaschen hat einen Durchmesser von 24 mm, egal ob es ein Natur- oder Presskork oder ein Kunststoffstoppel ist.

[163] Die Säure
Alkohol und CO_2 entstehen durch die alkoholische Gärung. Die Säure ist jedoch schon in den Trauben enthalten und entsteht nicht durch die Gärung. Die Menge der Säure ist bei verschiedenen Traubensorten sehr unterschiedlich. Mit zunehmender Reife der Traube wird der Anteil geringer und der Zuckerwert höher.

[164] Korken
Quercus ist die lateinische Bezeichnung für die Eiche. Es gibt in der Natur sehr viele verschiedene Arten. Quercus suber ist im Mittelmeerraum weit verbreitet, und aus der Rinde dieser Eichenart werden unter anderem Korken gewonnen.

[165] Ein altes europäisches Hohlmaß
Der Name Oxhoft stammt von der „Ochsenhaut", die früher einmal in der Form von Lederschläuchen für die Aufbewahrung von Wein verwendet wurde. Gemeint ist damit ein altes europäisches Hohlmaß mit sehr unterschiedlichem Inhalt von etwa 2 bis 3 hl.

[166] Beim biologischen Säureabbau wandeln Bakterien die Apfelsäure in Milchsäure um und reduzieren die Gesamtsäure. Bei welchen Temperaturen funktioniert dieser Vorgang am besten?
(1) Bei Temperaturen um 20° C
(2) Bei möglichst niedrigen Temperaturen
(3) Bei Temperaturen über 30° C
(4) Es funktioniert immer von 10° bis 40° C

[167] Die Figur einer schwarzen Katze findet man noch immer in so manchem Weinkeller. Was symbolisiert die Katze?
(1) Das Fass mit dem besten Wein
(2) Den ältesten Wein
(3) Den jüngsten Wein
(4) Den Lieblingswein des „Alt-Winzers"

[168] Was ist im Weinbau ein Traubenwickler?
(1) Ein volkstümlicher Ausdruck für Vollerntemaschinen
(2) Ein schädliches Insekt im Weingarten
(3) Vogelschwärme, die die reifen Trauben fressen
(4) Kleines Gerät zum Befestigen der Rebstöcke an den Drähten

[169] Was ist, bzw. wozu dient, Metaweinsäure in der Kellerwirtschaft?
(1) Es ist ein Stabilisierungsmittel für Wein
(2) Es ist ein Aromaverstärker bei der Gärung
(3) Es ist ein Hefenährsalz und verbessert die Gärung
(4) Es ist der Weinstein

[170] Eines dieser Mittel ist ein zugelassenes Schönungsmittel für Wein. Welches?
(1) Rindergalle
(2) Hausenblase
(3) Traubenkernöl
(4) Fischflossen

[171] Die Sorte Rivaner ist eine der erfolgreichsten Rebzüchtungen in Europa. Wem wird die Züchtung der weißen Traube zugeschrieben?
(1) Prof. Dr. Hans Maier aus Geisenheim
(2) August-Wilhelm Freiherr von Babo
(3) Laurenz Moser aus Rohrendorf
(4) Dr. Hermann Müller aus Thurgau

Wein allgemein [Antworten]

[166] Bei Temperaturen um 20 ° C
Der biologische Säureabbau, auch als „Malolaktische Gärung" oder Milchsäuregärung bekannt, ist ein mikrobiologischer Vorgang, der am besten bei Temperaturen zwischen etwa 18 ° und 22 ° C vor sich geht. Außer der richtigen Temperatur sind auch andere Voraussetzungen für einen optimalen Ablauf notwendig.

[167] Das Fass mit dem besten Wein
Die Figur der schwarzen Katze sitzt traditionellerweise auf dem besten Fass des Weinkellers. Wenn aber lebendige Katzen auf einem Fass sitzen, dann auf jenem, indem es noch gärt. Schließlich lieben die Tiere Wärme die dabei entsteht.

[168] Ein schädliches Insekt im Weingarten
Der Traubenwickler ist ein tierischer Schädling im Weingarten. In bestimmten Stadien der Entwicklung wird er auch als Heuwurm, Sauerwurm oder Süßwurm bezeichnet. Die Insekten fressen am Rebstock Blüten, Blätter und Früchte. Die Bekämpfung erfolgt durch biologische Mittel oder durch die Verwirr-Methode der Weibchen.

[169] Es ist ein Stabilisierungsmittel für Wein
Metaweinsäure wird aus Weinsäure gewonnen und ist ein erlaubtes Stabilisierungsmittel im Wein. Sie verhindert im Wesentlichen das Ausscheiden von Weinstein und wird kurz vor der Flaschenfüllung zugesetzt. Das Mittel wird vor allem für nicht sehr hochwertige Weine verwendet.

[170] Hausenblase
Stark eiweißhaltige Mittel werden schon seit dem Mittelalter dazu verwendet, unerwünschte Stoffe im Wein zu binden. Die Hausenblase erfüllt diese Ansprüche besonders gut. Das natürliche Schönungsmittel wird aus der Luftblase verschiedener Fische, besonders von Stör-Arten, gewonnen.

[171] Dr. Hermann Müller aus Thurgau
Die Sorte Rivaner ist besser bekannt als Müller-Thurgau oder auch als Riesling-Silvaner. Die Sorte wurde Ende des 19. Jahrhunderts vom Schweizer Dr. Hermann Müller gezüchtet. Zuerst arbeitete er an der neuen Sorte in Geisenheim und später in Wädenswil am Züricher See.

Wein allgemein [Fragen]

[172] Das „Savioz-Fass" ist ein Novum bei der Lagerung und Reifung von Weinen. Was ist die Besonderheit von Savioz?
(1) Die Fässer sind eine Kombination von Holz und Edelstahl
(2) Es sind stehende Fässer
(3) Es sind kleine Betonfässer mit wechselbaren Holzeinlagen
(4) Die Holzfässer sind nicht rund, sondern eckig

[173] Besonders in Portugal wird bei der Weinbereitung noch die „Lagares-Methode" angewandt. Was ist das Besondere dabei?
(1) Das Antrocknen der Trauben vor dem Einmaischen
(2) Das Rebeln bzw. Entrappen der Trauben nur mit den Fingern
(3) Das Erhitzen der Rotweinmaische durch offenes Holzfeuer
(4) Das Stampfen der Maische mit bloßen Füßen

[174] Viel Zucker im Most ergibt hohen Alkoholgehalt. Wie viel Vol.–% Alkohol kann ein Wein durch natürliche Gärung höchstens erhalten?
(1) Etwa 17-18 Vol.–%
(2) Etwa 19-20 Vol.–%
(3) Etwa 13-14 Vol.–%
(4) Etwa 21-22 Vol.–%

[175] Der klassische Champagner-Cocktail wird mit einer Spirituose verstärkt. Was wird dazu verwendet?
(1) Grand Marnier
(2) Cognac
(3) Whisky
(4) Brauner Rum

[176] Eine dieser Bezeichnungen für eine Rebsorte gibt es nicht. Es ist ...?
(1) Weißer Riesling
(2) Rotriesling
(3) Goldriesling
(4) Schwarzriesling

[177] Die Tränen oder Bögen im Weinglas entstehen unter anderem ...?
(1) Durch unsaubere Gläser
(2) Durch einen hohen Glyceringehalt im Wein
(3) Durch viel Säure im Wein
(4) Durch CO_2 im Wein

Wein allgemein [Antworten]

[172] Die Holzfässer sind nicht rund, sondern eckig
Der Schweizer Crylle Savioz hat dem kleinen Holzfass eine neue Form gegeben: Die Fässer sind eckig, die Dauben werden mit modernster Technik vorgefertigt, genau nach Wunsch getoastet und dann zusammengebaut.

[173] Das Stampfen der Maische mit bloßen Füßen
Vor allem in der portugiesischen Douro-Region werden die hochwertigsten Rot- und Portweine noch durch das traditionelle Stampfen eingemaischt. Die Lagares sind die großen Granit-, Marmor- oder Edelstahltröge, in denen dies geschieht. So genannte Robos können inzwischen das Treten mit den Füßen ersetzen oder ergänzen.

[174] Etwa 17 – 18 Vol.-%
Nur besonders alkoholresistente Hefekulturen können bis zu einem Alkoholgehalt von etwa 17-18 Vol.-% überleben. Spätestens dann, stellen auch sie ihre Arbeit ein. Die meisten Hefen sterben schon früher ab.

[175] Cognac
Wie bei den meisten Cocktails gibt es auch für den Champagner-Cocktail viele verschiedene Rezepturen. Beim Original wird auf jeden Fall eine kleine Menge Cognac verwendet.

[176] Rotriesling
Namen von Rebsorten sorgen öfters für Verwirrungen. Daher eine kurze Aufklärung: Weißer Riesling ist die korrekte Bezeichnung für den Riesling; Schwarzriesling ist in Deutschland das Synonym für Pinot Meunier bzw. die Müllerrebe. Neuzüchtungen tragen den Namen Goldriesling. Einen Rotriesling gibt es allerdings nicht.

[177] Durch einen hohen Glyceringehalt im Wein
Verschiedene Inhaltsstoffe im Wein verändern sein Fließverhalten (Viskosität). Das Glycerin ist ein farbloser und dickflüssiger, dreiwertiger Alkohol, der unter anderem für die träge fließenden, engen Bögen im Glas verantwortlich ist. Hoher Gehalt an Glycerin rundet auch den Geschmack des Weines ab.

Wein allgemein [Fragen]

[178] Unter Oenomanie versteht man ...?
(1) Das Wissen um den Wein
(2) Den krankhaften Alkoholismus
(3) Eine allgemeine Alkoholallergie
(4) Den Säuferwahnsinn

[179] Alle angeführten Hölzer finden Verwendung im Weinbau oder in der Kellerwirtschaft. Welches gehört nicht zu den Eichen?
(1) Limousin
(2) Allier
(3) Akazie
(4) Nevers

[180] Reservatrol gilt als ein besonders wertvoller Inhaltstoff in Rotweinen. Was ist Resveratrol?
(1) Eine Phenol-Verbindung
(2) Eine Säure-Alkohol-Verbindung
(3) Eine Fett-Wasser-Verbindung
(4) Eine Alkohol-Wasser-Verbindung

[181] Welche dieser Weinbezeichnungen ist keine Rebsorte?
(1) Refosco
(2) Ribolla
(3) Rioja
(4) Rivaner

[182] Impériale klingt sehr adelig. Beim Wein ist es ...?
(1) Ein Schlossweingut in adeligem Besitz
(2) Ein französischer Kultwein
(3) Eine 6 Liter fassende Weinflasche
(4) Eine Sorte die einmal Königen und Kaisern vorbehalten war

[183] Das Bukett eines guten Gewürztraminers erinnert gerne an eine Blume bzw. Blüte. Es ist ...?
(1) Der Flieder
(2) Die Rose
(3) Der Holunder
(4) Das Veilchen

Wein allgemein [Antworten]

[178] Den Säuferwahnsinn
Unter der Oenomanie versteht die Wissenschaft den Säuferwahnsinn. Das Wissen um den Wein ist die Oenologie. Wer zu oft und zuviel Wein trinkt, kann schnell unter krankhaftem Alkoholismus leiden und wer allergisch gegen Wein ist, muss auf so manchen Genuss verzichten.

[179] Akazie
Allier, Limousin und Nevers sind Eichenarten aus verschiedenen Teilen Frankreichs und werden vor allem für die Herstellung von Barriques verwendet. Die Akazie gehört nicht zu den Eichen. Das Akazienholz wird gerne als Steher in den Weingärten verwendet, da es sehr resistent gegen Fäulnis ist.

[180] Eine Phenol-Verbindung
Resveratrol wird in den Blättern und Beerenschalen der Traube bei Stress-Bedingungen und Krankheiten als Abwehrreaktion gebildet. Es ist eine Phenol-Verbindung, die vor allem im Rotwein enthalten ist. Der Inhaltsstoff kann sich bei (mäßigem) Weingenuss positiv auf die Gesundheit auswirken. Resveratrol ist erst seit einigen Jahrzehnten wissenschaftlich erforscht.

[181] Rioja
Rivaner ist eine Weißweinsorte, die auch als Müller-Thurgau bekannt ist. Refosco und Ribolla sind zwei autochthone Sorten aus Friaul. Rioja ist der bekannteste Rotwein Spaniens, der allerdings nicht nach einer Rebsorte benannt ist. Roter Rioja wird hauptsächlich aus Tempranillo, Garnacha und Graciano gewonnen.

[182] Eine 6 Liter fassende Weinflasche
Großflaschen für Wein und Sekt haben nicht immer die gleichen Namen. Impériale ist die gebräuchliche Bezeichnung für eine Flaschen-Übergröße mit 6 Litern Inhalt bzw. 8 Normal-Flaschen bei Weinen. Bei Champagner wäre diese Großflasche eine „Methusalem".

[183] Die Rose
Gute Gewürztraminer haben einen würzigen und blumigen Duft. Das Blumige in den Weinen erinnert an Rosen, und die Würze kann mit Zimt, Nelken und anderen Küchengewürzen in Verbindung gebracht werden.

Wein allgemein [Fragen]

[184] Bei der Kaltmazeration einer Maische wird meist Trockeneis eingesetzt. Aber was ist Trockeneis eigentlich?
(1) Eiswürfel aus Sodawasser
(2) Stark gekühlte Glaskugeln
(3) Kühlschlangen im Gärbehälter
(4) Gefrorene Kohlensäure (CO_2)

[185] Was ist Vinotherapie?
(1) Eine Traubenkernkur für Gesund- und Schönheit
(2) Eine Fastenkur nur mit Weißweinen
(3) Eine Art Superlearnig für Weininteressierte
(4) Eine Rund-um-Behandlung mit Meraner Kurtrauben

[186] Wenn die Reben von Mehltau befallen werden, sind die Verursacher ...?
(1) Viren
(2) Würmer und Käfer
(3) Pilze
(4) Bakterien

[187] Eine Rebstock-Krankheit wird auch als „Gelbsucht" der Reben bezeichnet. Was ist damit gemeint?
(1) Mauke
(2) Welke
(3) Eutypiose
(4) Chlorose

Wein allgemein [Antworten]

[184] Gefrorene Kohlensäure (CO_2)
Bei der Kaltmazeration – auch als Accad-Methode bekannt – wird die Maische auf eine sanfte Art extrahiert. Ein gängiges Hilfsmittel für diese starke Kühlung ist Trockeneis bzw. gefrorene Kohlensäure (CO_2). Durch die Kälte wird die Gärung verzögert, Farb- und Aromastoffe werden aber ausgelaugt.

[185] Eine Traubenkernkur für Gesund- und Schönheit
Die Vinotherapie hat ihren Ursprung in Frankreich. Es sind verschiedene Kuranwendungen auf der Basis von Traubenkernen, Traubenkernöl und Traubenschalen. Dabei sollen sich die Polyphenole positiv auf verschiedene Organe des Menschen auswirken.

[186] Pilze
Die zwei Arten von Mehltau sind gefährliche Krankheiten im Weingarten und werden von Pilzen hervorgerufen. Man unterscheidet zwischen dem „echten"– (Oidium) und dem „falschen" – Mehltau (Peronospora).

[187] Chlorose
Mauke ist auch als Pflanzenkrebs bekannt, Eutypiose wird gerne als das Aids der Reben bezeichnet, und bei der Welke wird der Wasser- und Nährstofftransport im Rebstock behindert. Die Chlorose gilt als die „Gelbsucht" der Reben und entsteht meist durch Mangel bestimmter Nährstoffe oder Wasser.

Das Weinland Österreich

Schon seit der keltischen Besiedlung, vor fast 3.000 Jahren, wird in Österreich Weinbau betrieben. Gefundene Traubenkerne aus der Zeit um 900 v. Chr. konnten eindeutig der Spezies Vitis vinifera – der europäischen Edelrebe – zugeordnet werden.

Die Aufhebung des römischen Auspflanzverbotes außerhalb Italiens, durch Kaiser Probus im 3. Jahrhundert, wirkte sich entscheidend auf den Weinbau im heutigen Österreich aus. In den Provinzen Noricum und Pannonien entstand eine geordnete Weinbaukultur.

Österreich ist ein kleines Weinland. Auf knapp 50.000 Hektar werden Weine angebaut und diese zählen zu den Besten der Welt. Sie zeichnen sich durch betonte Frische und Fruchtigkeit mit angenehmer Säure aus und passen zum Charakter der modernen österreichischen Küche genauso gut wie zu Gerichten mit modernem asiatischem Trend.

Österreichs Weinbauzonen liegen zwischen dem 47. und dem 49. Breitengrad, also etwa auf gleicher Höhe wie das Elsass oder Tokaj, aber nördlicher als Bordeaux. Mit geringen Ausnahmen hat der Weinbau nur noch im Osten des Bundesgebietes Bedeutung. Dort finden sich ideale Voraussetzungen für die Reben: sanfte Hügel oder steile Terrassen, unterschiedlichste Böden – passend für verschiedene Rebsorten. Zirka 1.900 Sonnenstunden im Jahr garantieren eine gute Reife der Trauben. Die jährlichen Niederschläge liegen in den Weinbaugebieten bei idealen 450 bis 800 mm.

Der Anteil der Weißweine liegt bei etwa 70 Prozent, und 22 verschiedene Rebsorten sind für weiße Qualitätsweine zugelassen. Mit etwa 36 % ist Grüner Veltliner die Leitsorte, die auch in der internationalen Weinwelt immer mehr Freunde findet.

Für den stetig zunehmenden Rotweinanteil können 13 verschiedene Rebsorten angebaut werden. Dabei wachsen internationale Reben, wie Cabernet, Merlot oder Syrah (Shiraz), oft eng neben den typischen regionalen Rotweintrauben, wie Zweigelt und Blaufränkisch, oder die erfolgreichen Neuzüchtungen Ráthay und Roesler.

Die österreichische Weinlandschaft ist in die vier Regionen Bergland, Weinland, Steirerland und Wien eingeteilt. Die Regionen werden in Gebiete unterteilt.

Das Weinland Österreich

Die Qualitätsstufen des österreichischen Weins

Die Qualitätsstufen österreichischer Weine werden im Wesentlichen durch den natürlichen Zuckergehalt im unvergorenen Traubenmost bestimmt. Dieser wird in Graden nach der Klosterneuburger Mostwaage (KMW°) ausgedrückt und dabei entspricht 1° KMW 10 g Zucker in einem Liter Most. Die Umrechnung von KMW- in Öchsle-Grade ist einfach: 1 KMW° = ca. 5 Öchsle°.

Das österreichische Weingesetz unterscheidet drei Qualitätsklassen. Es sind Tafelweine, Qualitäts- und Prädikatsweine. Diese Stufen werden noch weiter unterteilt in:

Tafelwein
» wird von der EU geregelt;
» Mindestmostgewicht 10,7 KMW° (ca. 53,5° Ö);
» keine Jahrgangs- oder Sortenangabe auf dem Etikett.

Landwein
» ist die höhere Stufe der Tafelweine;
» als Most mindestens 14° KMW (ca. 70° Ö);
» muss aus einer Weinbauregion kommen;
» mindestens 9 Vol.–% Alkohol;
» nur zugelassene Qualitätsrebsorte;
» pro Hektar höchstens 9000 kg Trauben oder 6.750 l Wein.

Qualitätswein
» mindestens 15° KMW (ca. 75° Ö) Mostgewicht;
» nur aus einem Weinbaugebiet;
» mind. 9 % Alkohol;
» nur aus zugelassenen Qualitätsrebsorten;
» Hektarhöchstmenge darf nicht überschritten werden;
» muss staatl. Prüfnummer und Banderole am Verschluss aufweisen.

Kabinettwein
(fällt in die Kategorie Qualitätswein mit zusätzl. Anforderungen)
» muss den Bestimmungen des Qualitätsweins entsprechen;
» mindestens 17° KMW (ca. 85° Ö) Mostgewicht;
» maximal 13 % Alkohol, max. 9 g/l Restsüße;
» ab dieser Qualitätsstufe darf nicht mehr aufgebessert werden.

Prädikatsweine

(Qualitätswein besonderer Reife und Leseart)
Zusätzlich zu den Bestimmungen für Qualitätswein:
» Restsüße nur durch Gärungsunterbrechung;
» mind. 5 % Alkohol;
» Lesegut muss dem Mostwäger vorgeführt werden.

Die Stufen der Prädikatsweine:

Spätlese
» mindestens 19° KMW (ca. 95° Ö) Mostgewicht.
» aus vollreifen Trauben;
» Verkauf frühestens ab 1. März nach dem Erntejahr.
(Weine können auch trocken sein!)

Auslese
» mindestens 21° KMW (ca. 105° Ö) Mostgewicht.
» Positivauslese der Trauben;
» Verkauf frühestens ab 1. Mai nach dem Erntejahr.

Beerenauslese
» mindestens 25° KMW (ca. 125° Ö) Mostgewicht,
» aus überreifen und edelfaulen Beeren;
» Verkauf frühestens ab 1. Mai nach dem Erntejahr.

Eiswein
» mindestens 25° KMW (ca. 125° Ö) Mostgewicht;
» Trauben müssen bei der Lese und Kelterung gefroren sein (ca. -7° C)
» Verkauf frühestens ab 1. Mai nach dem Erntejahr.

Strohwein
» mindestens 25° KMW (ca. 125° Ö) Mostgewicht;
» aus Beeren, die mindestens 3 Monate lang angetrocknet wurden;
» Verkauf frühestens ab dem 1. Mai nach dem Erntejahr;.

Ausbruch
» mindestens 27° KMW (ca. 135° Ö) Mostgewicht;
» aus überreifen, edelfaulen und eingetrockneten Beeren;
» Beerenauslaugung mit Most oder Prädikatswein möglich;
» Verkauf frühestens ab dem 1. Mai nach dem Erntejahr.

Das Weinland Österreich

Trockenbeerenauslese
» mindestens 30° KMW (ca. 150° Ö) Mostgewicht;
» aus größtenteils edelfaulen, rosinenartig eingeschrumpften Beeren.
» Verkauf frühestens ab dem 1. Mai nach dem Erntejahr.

Die DAC-Regelung bei Österreichs Weinen

Erst seit wenigen Jahren findet man auf den Etiketten mancher österreichischer Weine ein „DAC". Die Abkürzug steht für „Districtus Austriae Controllatus" und ist die österreichische Bezeichnung für gebietstypische und herkunftskontrollierte Qualitätsweine. Zusätzlich zu den strengen Bestimmungen des Weingesetzes müssen DAC-Weine eine weitere sensorischen Prüfung durch regionale Kostkommissionen bestehen.

Diese neue Regelung wurde mit dem Jahrgang 2002 eingeführt und ist eine Anlehnung an das DOC in Italien oder das AOC in Frankreich.

Inzwischen haben vier Weinbaugebiete diesen DAC-Status erlangt:

WEINVIERTEL DAC seit dem Jahrgang 2002
Ein besonders sortentypischer Grüner Veltliner aus dem Weinviertel, mindestens 12 Vol.-% Alkohol, trockener Ausbau, kein Barrique, würzigpfeffriger Geschmack und hell- bis grüngelbe Farbe. Verkauf frühestens ab 1. März nach der Ernte.

MITTELBURGENLAND DAC ab dem Jahrgang 2006
Nur aus der Rebsorte Blaufränkisch gekeltert, Mindestalkohol 12,5 Vol.-%, maximal 2,5 Gramm Restzucker/Liter, kaum wahrnehmbarer Barriqueton, kann den Zusatz „Classic" tragen. Verkauf frühestens ab 1. März nach der Ernte.
Mit einer Riedenbezeichnung ist es ein klassischer Blaufränkischer mit einem Mindestalkoholgehalt von 13,0 Vol.-%. Verkauf erst ab September nach der Ernte.
Mittelburgenland Reserve DAC steht für gehaltvollere Weine der gleichen Sorte, die im kleinen Eichenfass ausgebaut werden können. Alkoholgehalt mindestens 13 Vol.-%. Verkauf frühestens am 1. März im zweiten Jahr nach der Ernte.

TRAISENTAL DAC ab dem Jahrgang 2006
Ist der dritte DAC-Wein und kann als Traisental DAC Grüner Veltliner oder Traisental DAC Riesling vermarktet werden. Kein Holz- oder Botrytiston im Wein und kein übermäßig hoher Alkoholgehalt, das heißt am Etikett 12 oder 12,5 Vol.-Prozent. Die Weine können ab Jänner nach der Ernte verkauft werden.
Mit der Zusatzbezeichnung „RESERVE" dürfen Weine ab 13 Vol.-% Alkohol deklariert werden. Sie müssen ebenfalls trocken sein, eine „ausgeprägte Sortenaromatik" und eine „kräftige Stilistik" aufweisen. Dezente Botrytis- und Holznoten sind erlaubt. Die Weine können erst ab dem 1. Mai nach der Ernte vermarktet werden.

KREMSTAL DAC seit dem Jahrgang 2007
Es ist der vierte DAC-Wein in Österreich. Es ist das erste DAC-Gebiet, das direkt an der Donau liegt. Die Weine können die Zulassung als Kremstal DAC Grüner Veltliner oder als Kremstal DAC Riesling erhalten. Diese Rebsorten dominieren im Weinbaugebiet. Zudem gibt es für beide Sorten noch zwei Qualitätsstufen: Die klassische Art ist trocken ausgebaut, mit einem Alkoholgehalt zwischen 12,0 und 12,5 Vol.-%. Die Weine dürfen weder Botrytisnote noch Holztöne aufweisen. Diese Qualitäten dürfen ab dem 1. Jänner nach der Ernte verkauft werden.
Als „RESERVE" können Weine ab 13 Vol.-% Alkohol bezeichnet werden. Sie müssen ebenfalls trocken sein, eine „ausgeprägte Sortenaromatik" und eine „kräftige Stilistik" aufweisen. Dezente Botrytis- und Holznoten sind erlaubt. Die Weine können erst ab dem 15. März zur Prüfung eingereicht und ab Mai nach der Ernte verkauft werden.

Die Geschmacksangaben auf dem Etikett

„Trocken"
bis 4 Gramm/Liter bzw. höchstens 9 Gramm/Liter (Säure + 2)

„Halbtrocken"
bis höchstens 12 Gramm/Liter

„Lieblich"
bis höchstens 45 Gramm/Liter

„Süß"
über 45 Gramm Restzucker/Liter

Das Weinquiz

Kategorie: Weinland Österreich

Weinland Österreich [Fragen]

[1] In den Weingärten der Steiermark stehen viele verschiedene Rebsorten. Welche ist die meistangebaute Sorte der Region?
(1) Grüner Veltliner
(2) Welschriesling
(3) Morillon
(4) Traminer

[2] Ganz und gar unabsichtlich kam die Reblaus nach Österreich. Wer brachte sie zusammen mit neuen Rebstöcken ins Land?
(1) Lenz Moser
(2) Robert Schlumberger
(3) Prof. Fritz Zweigelt
(4) Freiherr von Babo

[3] Gumpoldskirchner Königswein ist ein Markenwein einer Gruppe von Winzern. Aus welcher oder welchen Rebsorte(n) kann der Wein gewonnen werden?
(1) Aus Spätrot und Grünem Veltliner
(2) Aus Neuburger und den Burgundersorten
(3) Aus allen Weißweinsorten, aber nur reinsortig
(4) Aus Rotgipfler und Zierfandler

[4] Die weinbaurechtliche Großlage rund um die Freistadt Rust ist ...?
(1) Schilfberg
(2) Rosaliakapelle
(3) Schatzberg
(4) Vogelsang

[5] In welchem österreichischem Weinbaugebiet findet man die bekannte Lage Heiligenstein?
(1) Im Kamptal
(2) Im Kremstal
(3) In der Wachau
(4) Im Gebiet Donauland

[6] Im Weinbaugebiet Carnuntum dominiert der Weißwein. Flächenmäßig den größten Anteil hat ...?
(1) Der Grüne Veltliner
(2) Der Chardonnay
(3) Der Neuburger
(4) Der Müller-Thurgau

Weinland Österreich [Antworten]

[1] Welschriesling
Der Welschriesling ist in der Sortenvielfalt der steirischen Weine mit mehr als 20 % vertreten. Die Traube ist auch in allen anderen Weinbaugebieten zu finden und nach dem Grünen Veltliner die Nummer zwei der Weißweinsorten. Österreichweit sind etwa 4.300 Hektar mit Welschriesling bestockt.

[2] Freiherr von Babo
August-Wilhelm Friedrich Freiherr von Babo war der erste Direktor der Weinbauschule in Klosterneuburg. Im Jahr 1867 bekam er amerikanische Rebstöcke aus Deutschland geschenkt, und so wurde die Reblaus auch nach Österreich eingeschleppt.

[3] Aus Rotgipfler und Zierfandler
Der Gumpoldskirchner Königswein wird nur aus den zwei typischsten Sorten der Thermenregion gewonnen: Rotgipfler und Zierfandler (auch als Spätrot bekannt). Die Markenbezeichnung gibt es schon lange und erlebt seit einigen Jahren eine starke Wiedergeburt durch eine Gruppe von Winzern.

[4] Vogelsang
In Österreich gibt es etwa 30 Großlagen. Diese haben aber bei den Weinbezeichnungen nicht mehr sehr viel Bedeutung. Die Großlage rund um Rust heißt Vogelsang. Der Name kommt wohl durch die Vogelparadiese rund um den Neusiedlersee.

[5] Im Kamptal
Der unter Naturschutz stehende „Zöbinger Heiligenstein" zählt zu den absoluten Spitzenlagen Österreichs. Das weinbauliche Wahrzeichen liegt im Weinbaugebiet Kamptal. Der Weinberg besteht aus sehr unterschiedlichen Böden, die Reben wachsen an den Südhängen, und der Rest ist bewaldet.

[6] Der Grüne Veltliner
Das Gebiet Carnuntum in der Region Weinland hat zwar in den vergangenen Jahren durch seine Rotweine die Aufmerksamkeit auf sich gezogen, aber es dominiert noch immer der Weißwein. Mehr als 320 Hektar sind mit Grünem Veltliner bepflanzt, und es ist insgesamt die wichtigste Sorte des Gebietes.

Weinland Österreich [Fragen]

[7] Welches dieser österreichischen Weinbaugebiete hat die größte Weingartenfläche?
(1) Die Thermenregion
(2) Das Gebiet Donauland bzw. Wagram
(3) Das Kremstal
(4) Das Kamptal

[8] Mit dem Jahrgang 2002 konnten die ersten österreichischen Weine das DAC auf dem Etikett führen. Welcher Wein aus welchem Gebiet war es?
(1) Der Grüne Veltliner aus dem Weinviertel
(2) Der Zweigelt im Burgenland
(3) Der Welschriesling in der Steiermark
(4) Der Riesling in der Wachau

[9] Die Winzer-Vereinigung „Vinea Wachau Nobilis Districtus" hat eigene Gebietsmarken geschaffen. Smaragd ist die höchste Stufe. Unter welchem Namen wurden die Smaragd-Weine vor bzw. bis 1986 verkauft?
(1) Goldbecher
(2) Honifogl
(3) Singerriedel
(4) Himmelstiege

[10] Die Sorte Ruländer bzw. Grauburgunder wurde von einem französischen Orden nach Österreich gebracht. Es waren ...?
(1) Die Franziskaner
(2) Die Benediktiner
(3) Die Zisterzienser
(4) Die Kapuziner

[11] Eine Beerenauslese wird aus überreifen, edelfaulen Trauben gewonnen. Welches Mostgewicht muss der Saft dafür mindestens aufweisen?
(1) 27° KMW (135° Ö)
(2) 21° KMW (105° Ö)
(3) 25° KMW (125° Ö)
(4) 30° KMW (150° Ö)

Weinland Österreich [Antworten]

[7] Das Kamptal
Das Kamptal ist mit ca. 3.800 Hektar das größte dieser Gebiete. Die Thermenregion umfasst ca. 2.300 ha, das Kremstal ca. 2.200 ha und das Donauland ca. 2.700 ha. Das Gebiet Donauland trägt ab der Ernte 2007 den Namen Wagram. Alle diese Gebiete liegen im Bundesland Niederösterreich bzw. in der Weinbauregion Weinland.

[8] Der Grüne Veltliner aus dem Weinviertel
Das DAC steht für „Districtus Austriae Controllatus" und entspricht in etwa der AOC in Frankreich oder dem DOC in Italien. Der gebietstypische und herkunftskontrollierte Grüne Veltliner aus dem Weinviertel war der erste DAC-Wein in Österreich.

[9] Honifogl
Steinfeder, Federspiel und Smaragd sind die drei besonderen Qualitätsstufen in der Wachau – in aufsteigender Qualität nach den Mostgewichten. Die jetzigen Smaragd-Weine wurden bis 1985 als „Honifogl" bezeichnet. Beim Jahrgang 1986 gab es teilweise noch beide Bezeichnungen, dann nurmehr Smaragd.

[10] Die Zisterzienser
Aus dem französischen Burgund brachten die Zisterzienser-Mönche den Grauburgunder bzw. Ruländer nach Österreich. Da der Orden graue Arbeitskleidung trägt, wurde die Sorte – vor allem in Ungarn – auch als „Grauer Mönch" bekannt.

[11] 25° KMW (125° Ö)
Eine Beerenauslese hat in Österreich mindestens 25° KMW (ca. 125° Öchsle). Dies ist die Berechnung nach der Klosterneuburger Mostwaage und entspricht einem Zuckergehalt von 25 % im unvergorenen Traubenmost.

Weinland Österreich [Fragen]

[12] Für welche in Österreich angebaute Traubensorte verwendet man gelegentlich das Synonym Vöslauer?
(1) Für den Rotgipfler
(2) Für den Zierfandler
(3) Für den St. Laurent
(4) Für den Blauen Portugieser

[13] Smaragd" ist die höchste „Gewichtsklasse" für die gebietstypischen Weine der Wachau. Die Voraussetzungen dafür sind …?
(1) Mindestens 19° KMW (ca. 95° Ö) und 13 Vol.-% Alkohol
(2) Die gleichen Werte für eine trockene oder halbtrockene Auslesen
(3) Mindestens 18,5° KMW (ca. 92,5° Ö) und 12,5 Vol.-% Alkohol
(4) Die gleiche Werte wie für eine Spätlese in Österreich

[14] In der K & K-Monarchie wurde eine weiße Rebsorte als „Zapfner" bezeichnet. Für welche Sorte war es ein Synonym?
(1) Für Welschriesling
(2) Für Weißburgunder
(3) Für Rotgipfler
(4) Für Furmint

[15] Eine der nachstehenden Weinbaugemeinden der Wachau liegt am rechten Ufer der Donau. Es ist …?
(1) Joching
(2) Loiben
(3) Spitz
(4) Mautern

[16] Der erste urkundlich belegte Botrytiswein Europas stammt aus Österreich. Es war …?
(1) Der Kahlenberger aus Wien
(2) Der Haydnwein aus Eisenstadt
(3) Der Lutherwein aus Donnerskirchen
(4) Der Ruster Ausbruch

[17] Im Weinbaugebiet Traisental dominiert der Weißwein, aber fast 100 ha Weingärten sind mit Rotweinreben bestockt. Welche wird am meisten angebaut?
(1) Blauer Zweigelt
(2) Blauer Portugieser
(3) St. Laurent
(4) Blauburger

Weinland Österreich [Antworten]

[12] Für den Blauen Portugieser
Vöslau ist eine der bekannten Weinbaugemeinden in der Thermenregion. Nachdem dort die Rebsorte Blauer Portugieser traditionell sehr stark verbreitet ist, wird dafür gerne der Ausdruck „Vöslauer" verwendet. Blauer Portugieser ist die meistangebaute Rebsorte im Gebiet Thermenregion.

[13] Mindestens 18,5° KMW (ca. 92,5° Ö) und 12,5 Vol.-% Alkohol
Smaragd ist die höchste Qualitätsklasse für die Weine der Winzer-Vereinigung „Vinea Wachau Nobilis Districtus" und liegt mit seinen vorgegebenen Werten knapp unter der Stufe Spätlese. Nach heutigem Weingesetz sind die Weine immer trocken. Der Name stammt von den kleinen Smaragd-Eidechsen, die sich in den kargen, aber sonnenverwöhnten Weinbergen der Wachau besonders wohl fühlen.

[14] Für Furmint
In der Monarchie war die Weißweinsorte auch im heutigen Österreich mehr verbreitet. Inzwischen findet man sie vor allem rund um die Freistadt Rust am Neusiedlersee. Es war die Sorte Furmint, die früher als Zapfner bekannt war. Noch heute ist es die wichtigste Traube für den ungarischen Tokajer.

[15] Mautern
Die am meisten bekannten Weinbaugemeinden der Wachau liegen am linken Ufer der Donau. Mautern liegt jedoch am rechten Ufer und ist gleichzeitig der östliche Ein- bzw. Ausgang des Gebietes Wachau südlich der Donau. Ein Schriftstück aus dem 6. Jahrhundert weist Mautern als den ältesten Weinbauort auf österreichischem Boden aus.

[16] Der Lutherwein aus Donnerskirchen
Noch immer kommen die meisten edelsüßen Prädikatsweine aus den Weinbaugemeinden rund um den Neusiedlersee. Der Lutherwein aus Donnerskirchen war der erste edelsüße Botrytiswein und er entstand aus der Lese des Jahrganges 1526. Donnerskirchen liegt im Weinbaugebiet Neusiedlersee-Hügelland, am Westufer des großen Sees.

[17] Blauer Portugieser
Der Rotweinanteil beträgt im Traisental nur etwa 16 %. Die Sorte Blauer Portugieser ist der wichtigste Rotweinlieferant, gefolgt vom Blauen Zweigelt. Das Gebiet Traisental liegt etwa zwischen St. Pölten und der Donau im Norden.

Weinland Österreich [Fragen]

[18] Der Ursprung der Sorte Neuburger liegt in der Wachau und vermutlich ist es eine Zufallskreuzung. Aus welchen Sorten?
(1) Von Rotem Veltliner und Silvaner
(2) Von Riesling und Weißburgunder
(3) Von Weißburgunder und Grünem Veltliner
(4) Von Silvaner und Weißburgunder

[19] Deutsche Klöster hatten früher Weingüter und Lesehöfe auch in Österreich. Den Tegernseer Lesehof findet man ...?
(1) In der Wachau
(2) In der Thermenregion
(3) Im Donauland
(4) Im Traisental

[20] In welchem Weinbaugebiet findet man Mitglieder der Markengemeinschaft „Traditionsweingüter Österreich"?
(1) Im Traisental
(2) Im Weinviertel
(3) In der Thermenregion
(4) Im Kamptal

[21] Ein Weinbaugebiet wird gerne als „Burgund Österreichs" bezeichnet. Es handelt sich dabei ...?
(1) Um die Wachau
(2) Um die Weststeiermark
(3) Um die Thermenregion
(4) Um das Südburgenland

[22] Welche Voraussetzungen muss Kabinettwein in Österreich erfüllen?
(1) Mostgewicht mind. 15° KMW, höchstens 12,7 Vol.–% Alk.
(2) Mostgewicht mind. 17° KMW, höchstens 13,0 Vol.–% Alk.
(3) Mostgewicht nicht vorgeschrieben, Alkoholgehalt bis 13,0 Vol.–%
(4) Mostgewicht mind. 16° KMW, Restzucker höchstens 4 g/Liter

[23] Die Jubiläumsrebe ist eine weiße Sorte, die in Klosterneuburg gezüchtet wurde. Zu einem Schuljubiläum wurde sie präsentiert. Zu welchem?
(1) Zum 100-jährigen
(2) Zum 75-jährigen
(3) Zum 50-jährigen
(4) Zum 25-jährigen

Weinland Österreich [Antworten]

[18] Von Rotem Veltliner und Silvaner
Nach aktuellen Erkenntnissen ist Neuburger eine Zufallskreuzung aus den weißen Sorten Roter Veltliner x Silvaner. Die Rebe wird praktisch nur in Österreich angebaut und hat mit einem walnussartigen Bukett eine gewisse Ähnlichkeit mit dem Weißburgunder. Die Weine sind jedoch säureärmer.

[19] In der Wachau
Der Tegernseerhof liegt in Dürnstein in der Wachau. Das Weingut ist heute im Besitz der Familie Franz Mittelbach und bewirtschaftet rund 25 Hektar Weingärten. Etwa 90 % sind Weißweine, allen voran Grüne Veltliner und Rieslinge.

[20] Im Kamptal
Mitglieder der Vereinigung Traditionsweingüter findet man im Weinbaugebiet Kamptal, aber auch im angrenzenden Kremstal, das in dieser Auswahl nicht erwähnt ist.

[21] Um die Thermenregion
Die Rebsorten der Burgunderfamilie – wie Chardonnay, St. Laurent und Blauburgunder – erlangen hier immer mehr an Bedeutung. Das pannonische Klima und vielfach kalkhaltige Tegelböden sind ideal für die Sorten. Es ist die Thermenregion, südlich von Wien, die mit „Burgund Österreichs" gemeint ist.

[22] Mostgewicht mind. 17° KMW, höchstens 13,0 Vol.–% Alk.
Kabinettweine gelten in Österreich zu den Qualitätsweinen. Sie haben mindestens 17° nach der Klosterneuburger Mostwaage (84° Öchsle), der Alkoholgehalt darf höchstens 13,0 Vol.–% und der Restzucker 9 Gramm pro Liter betragen. In Deutschland zählt die Stufe Kabinett übrigens bereits zu den Prädikatsweinen.

[23] Zum 100-jährigen
Erst zum 100-jährigen Jubiläum der Höheren Lehranstalt in Klosterneuburg wurde die Rebsorte im Jahr 1960 offiziell vorgestellt. Die Kreuzung erfolgte bereits 1922 unter Prof. Fritz Zweigelt. Die weiße Traube ist eine Kreuzung aus Grauer Portugieser x Frühroter Veltliner und nicht wie lange angenommen aus Blauem Portugieser x Blaufränkisch.

Weinland Österreich [Fragen]

[24] Eine Gruppe von Kremser Winzern bietet einen Jungwein im Jahr der Ernte an. Er trägt den Namen ...?
(1) Kremser Lauser
(2) Junger Kremser
(3) Kremser Novum
(4) Kremser Jüngling

[25] Was versteht man unter einem Furmint?
(1) Einen Halbedelstein
(2) Einen Rotwein
(3) Eine Weißweinsorte
(4) Ein Schönungsmittel im Wein

[26] Eine Rotweinsorte dominiert nach der Anbaufläche in den Weingärten des österr. Weinbaugebietes Thermenregion. Es ist ...?
(1) Zweigelt
(2) Blauer Portugieser
(3) St. Laurent
(4) Blauburger

[27] Welches war der erste „geschützte Markenwein" in Österreich?
(1) Vöslauer Goldeck
(2) Alter Knabe
(3) Loibner Kaiserwein
(4) Roter Storch

[28] Die Weine der Sorte Müller-Thurgau werden in Österreich immer öfter unter einem anderen Namen angeboten. Unter welchem ...?
(1) Muskat-Silvaner
(2) Grüner Veltliner
(3) Weißburgunder
(4) Rivaner

[29] Unter der alten Bezeichnung Weißgipfler meinte man in Österreich ursprünglich die Rebsorte ...?
(1) Grüner Veltliner
(2) Muskat-Sylvaner
(3) Weißburgunder
(4) Grüner Sylvaner

Weinland Österreich [Antworten]

[24] Kremser Jüngling
Zehn Mitgliedsbetriebe des Vereins „Original Kremser Wein" erzeugen einen frischen Weißwein, der im November des Erntejahres auf den Markt kommt und jung getrunken werden soll. Der Wein kommt unter dem Namen „Kremser Jüngling" auf den Markt.

[25] Eine Weißweinsorte
Furmint ist eine klassische Weißweinsorte aus dem ungarischen Tokaj. Die Rebe ist auch in Österreich seit 1987 als Qualitätsrebe zugelassen und wird vor allem in der Gegend um Rust angebaut.

[26] Blauer Portugieser
Das Gebiet wird zwar gerne mit Burgund verglichen, aber es ist der Blaue Portugieser, der in der Thermenregion am meisten angebaut wird. Auch keine einzelne Weißweinsorte übertrifft ihre Anbaufläche von rund 380 Hektar. Die daraus gekelterten Weine können recht dunkel in der Farbe sein, im Geschmack sind sie jedoch weich und leicht.

[27] Vöslauer Goldeck
Schon im Jahr 1856 wurde von Robert Schlumberger in Bad Vöslau ein Markenwein geschaffen. Er ist nach der Riede „Goldeck" benannt. „Vöslauer Goldeck" ist der älteste geschützte Markenwein in Österreich.

[28] Rivaner
Vor allem seit die Bezeichnung „Riesling-Silvaner" nicht mehr aktuell ist, wird der Weißwein immer öfter als „Rivaner" bezeichnet. Es ist eines der Synonyme für den Müller-Thurgau. Bei genetischen Untersuchungen konnte festgestellt werden, dass die „Eltern" nicht Riesling und Silvaner sind. Statt Silvaner wurde eine besondere Spielart des Gutedels als „Vater" festgestellt.

[29] Grüner Veltliner
Viele autochthone Rebsorten waren früher unter anderen Synonymen bekannt. Weißgipfler war eine Bezeichnung für den Grünen Veltliner in Österreich. Heute wird der Ausdruck kaum mehr verwendet.

Weinland Österreich [Fragen]

[30] Große Weißweine verbergen sich oft hinter der Riedenbezeichnung „Achleiten". Wo liegt die Riede?
(1) Im Weinbaugebiet der Stadt Wien
(2) In der Wachau
(3) Im Gebiet Kamptal-Donauland
(4) In der Thermenregion

[31] Die Bezeichnung „Ausstich" wird in Österreich gelegentlich noch für Weine verwendet. Was versteht man darunter?
(1) Einen Prädikatswein
(2) Den Abzug vom Geläger
(3) Eine besondere Auswahl des Kellermeisters
(4) Eine besondere Qualität des Messweines

[32] Zweigelt bzw. Blauer Zweigelt ist die wichtigste Rotweinrebe in Österreich. Welche Rebsorten sind im Zweigelt gekreuzt?
(1) Blaufränkisch und Blauer Portugieser
(2) Blauburgunder und Blaufränkisch
(3) Blauer Portugieser und St. Laurent
(4) St. Laurent und Blaufränkisch

[33] Wie wird Sauvignon Blanc in der Steiermark vereinzelt noch genannt?
(1) Muskat-Sylvaner
(2) Klevner
(3) Morillon
(4) Riesling-Sylvaner

[34] Wo in Österreich findet die Bouvier-Traube die größte Verbreitung?
(1) In der Thermenregion
(2) Im Burgenland
(3) In der Steiermark
(4) Im Weinviertel

[35] Blauburger ist eine Kreuzung aus den Sorten ...?
(1) Blaufränkisch x Blauer Wildbacher
(2) Blauer Burgunder x St. Laurent
(3) Blauer Portugieser x Blaufränkisch
(4) Blauer Burgunder x Zweigelt

Weinland Österreich [Antworten]

[30] In der Wachau
Die Spitzen-Riede ist etwa 20 Hektar groß und liegt in der Gemeinde Weißenkirchen in der Wachau. Etliche Winzer – darunter einige große Namen der Wachau – teilen sich die steilen Terrassenanlagen. Die Grünen Veltliner und Rieslinge aus dem Weinberg zählen zu den besten und langlebigsten des ganzen Gebietes.

[31] Eine besondere Auswahl des Kellermeisters
Es ist eine tolerierte Bezeichnung auf den Etiketten österreichischer Weine. Unter dem Ausstich versteht man eine besondere Auswahl von Weinen, die vom Kellermeister getroffen wird. Oft ist es einfach das beste Fass. Der Begriff darf nicht mit „Auslese" oder „Ausbruch" verwechselt werden.

[32] St. Laurent und Blaufränkisch
Zweigelt oder Blauer Zweigelt ist eine österreichische Rebzüchtung, die in den 20er-Jahren des 20. Jahrhunderts in Klosterneuburg entstanden ist. Für die Kreuzung wurden vom Züchter Prof. Zweigelt die Sorten St. Laurent und Blaufränkisch herangezogen.

[33] Muskat-Sylvaner
Bis vor etwa 20 Jahren wurde Sauvignon Blanc in der Steiermark gerne als Muskat-Sylvaner bezeichnet. Heute wird nur mehr der französische Name der Rebsorte verwendet. Die ausdrucksstarken Sauvignons der Steiermark zählen zu den begehrtesten Weißweinen Österreichs.

[34] Im Burgenland
Bouvier ist eine Weißweinsorte, die besonders früh reift, aber nicht mehr sehr stark verbreitet ist. Aus der Sorte wird gerne der erste Most und Sturm des jeweiligen Jahrganges gewonnen. Am meisten ist die Traube im Burgenland zu finden.

[35] Blauer Portugieser x Blaufränkisch
Blauburger ist eine rote Rebsorte, die um 1925 in Klosterneuburg gezüchtet wurde. Sie ist praktisch nur in Österreich zu finden und wurde aus den Sorten Blauer Portugieser und Blaufränkisch gekreuzt. Sie bringt farbintensive, aber milde Weine und war ursprünglich als „Deckweinsorte" gedacht. Inzwischen wird sie auch reinsortig ausgebaut.

Weinland Österreich [Fragen]

[36] In einem österreichischen Bundesland ist Welschriesling die meist angebaute Rebsorte. Welches Bundesland ist es?
(1) Burgenland
(2) Niederösterreich
(3) Wien
(4) Steiermark

[37] In welchem österreichischen Weinbaugebiet ist die Weinbaufachschule Silberberg angesiedelt?
(1) Südsteiermark
(2) Südburgenland
(3) Weinviertel
(4) Kremstal

[38] Das Burgenland ist in vier Weinbaugebiete unterteilt. Das größte davon ist ...?
(1) Neusiedlersee-Hügelland
(2) Neusiedlersee
(3) Mittelburgenland
(4) Südburgenland

[39] Ein Flaschenwein aus dem Weinviertel trägt die Bezeichnung DAC. Welche Sorte kann dahinterstehen?
(1) Jeder sortentypische Weiß- und Rotwein ohne Barrique-Ausbau
(2) Weißweine der Sorten Welschriesling, Grüner Veltliner o. Chardonnay
(3) Nur ein Grüner Veltliner
(4) Jede Weißweincuvée mit mindestens 50 % Grünem Veltliner

[40] Welcher Wein wird normalerweise aus der Rebsorte Roter Veltliner gewonnen?
(1) Nur Rotwein
(2) Rot- bzw. Roséwein
(3) Hauptsächlich Schaumwein
(4) Nur Weißwein

[41] In Deutschland und in Österreich gibt es zwei Prädikatsweine mit etwa dem gleichen Mindestmostgewicht. Es sind ...?
(1) Eiswein und Beerenauslese
(2) Strohwein und Auslese
(3) Auslese und Ausstich
(4) Ausbruch und Trockenbeerenauslese

Weinland Österreich [Antworten]

[36] Steiermark
Den Welschriesling findet man in allen österreichischen Weinbauregionen. In der Steiermark hat die Sorte einen Anteil von mehr als 20 % und ist somit die meist angebaute Rebsorte des Bundeslandes bzw. der Weinbauregion, die den Namen Steirerland trägt.

[37] Südsteiermark
Der Name der Weinbauschule stammt vom Grafen Heinrich von Silberberg aus Kärnten, der einmal Besitzer des gleichnamigen Weingutes war. Im Jahr 1895 wurde es vom Land Steiermark gekauft, um dort eine Schule für die Weinbauern der Region zu errichten. Die Weinbauschule und das angeschlossene Landesweingut liegen im Weinbaugebiet Südsteiermark.

[38] Neusiedlersee
Das Burgenland ist nach Niederösterreich das zweitgrößte Weinbau treibende Bundesland Österreichs. Nach der Weinbaufläche ist das Gebiet Neusiedlersee mit mehr als 8.300 Hektar das größte. Es ist auch als der Seewinkel bekannt und liegt am Ostufer des großen Steppensees.

[39] Nur ein Grüner Veltliner
Die DAC bedeutet „Districtus Austriae Controllatus" und kann im österreichischen Weinviertel nur ein sortentypischer und herkunftskontrollierter Grüner Veltliner ohne Barrique-Ausbau sein. Der Wein wird einer besonderen sensorischen Prüfung unterzogen, und seine pfeffrige Würze ist ein wichtiges Merkmal.

[40] Nur Weißwein
Der Name ist irreführend, denn der Rote Veltliner ist eine Weißweintraube innerhalb der Veltliner-Familie. Daher werden daraus nur Weißweine gekeltert. Die namensähnliche Sorte Frühroter Veltliner ist übrigens eine Zufallskreuzung von Rotem Veltliner und Silvaner.

[41] Eiswein und Beerenauslese
Diese zwei Prädikatsstufen gibt es in Österreich und in Deutschland. Die vorgeschriebenen Mostgewichte sind dafür sehr ähnlich. In Österreich sind es 25° KMW, was ungefähr 125° Öchsle entspricht. Die deutschen Weinbaugebiete liegen allerdings in zwei verschiedenen Klimazonen und deshalb sind die vorgeschriebenen Öchslegrade nicht ganz gleich.

Weinland Österreich [Fragen]

[42] Was versteht man in den südlichen Bundesländern Österreichs unter einer Mischung?
(1) Wein mit Kräuterlimonade
(2) Wein mit Mineralwasser
(3) Wein mit Cola-Limonade
(4) Wein mit Sodawasser

[43] Wie in den meisten europäischen Ländern wird auch in Österreich in den letzten Jahren weniger, aber besserer Wein getrunken. Der Österreicher trinkt laut Statistik ...?
(1) 53 Liter/Jahr
(2) 23 Liter/Jahr
(3) 29 Liter/Jahr
(4) 34 Liter/Jahr

[44] Für welches österreichische Weinbaugebiet ist der Klapotetz – ein Lärm erzeugendes Windrad – typisch?
(1) Für das Weinviertel
(2) Für die Wachau
(3) Für die Thermenregion
(4) Für die Steiermark

[45] Welche weiße Traubensorte dominiert flächenmäßig im österreichischen Weinbaugebiet Thermenregion?
(1) Grüner Veltliner
(2) Chardonnay
(3) Rotgipfler
(4) Neuburger

[46] In einem österreichischen Weinbaugebiet werden vor allem Grundweine für die Sekterzeugung gewonnen. Es ist ...?
(1) Carnuntum
(2) Das Weinviertel
(3) Die Thermenregion
(4) Das Traisental

[47] Die Weinbaugemeinde Frauenkirchen ist nicht nur für den Weinbau, sondern auch wegen seiner Basilika bekannt. In welchem Gebiet findet man den Ort?
(1) Neusiedlersee-Hügelland
(2) Mittelburgenland
(3) Neusiedlersee
(4) Südburgenland

Weinland Österreich [Antworten]

[42] Wein mit Mineralwasser
Eine Mischung besteht in einigen Regionen Österreichs aus Wein und Mineralwasser, das nicht geschmacksneutral ist. Beim „Gespritzten" wird der Wein mit Sodawasser oder Mineralwasser ohne Geschmack aufgefüllt. Ein säurereicher Weißwein eignet sich dafür am besten.

[43] 29 Liter/Jahr
Vor 20 Jahren lag der Pro-Kopf-Verbrauch noch bei etwa 36 Liter. Inzwischen werden rund 29 Liter im Jahr getrunken. Die Mengen werden fast überall geringer, während die Qualitäten bzw. die Wertschöpfungen steigen. Man trinkt weniger, aber besser ...

[44] Für die Steiermark
Der Klapotetz hat eigentlich die Aufgabe, die gefräßigen Vögel von den Weingärten fernzuhalten. Dies gelingt zwar nicht wirklich, es ist aber ein typisches Symbol der gesamten steirischen Weinlandschaft mit den drei Anbaugebieten West-, Süd- und Südoststeiermark.

[45] Neuburger
Mit mehr als 350 Hektar ist Neuburger die am häufigsten angebaute Weißweinsorte in der Thermenregion. Die Sorte ist blütefrostempfindlich und findet hier ideale klimatische Bedingungen. Die daraus gekelterten Weine sind als vollmundig und mild bekannt und haben ein feines nussartiges Aroma.

[46] Das Weinviertel
Österreichs namhafte Sektproduzenten beziehen einen Großteil ihrer Grundweine aus dem östlichen Weinviertel. Nicht zu stark im Alkohol und säurereich sollen die Weine sein, und es ist vor allem Welschriesling, der hier angebaut wird.

[47] Neusiedlersee
Frauenkirchen mit der berühmten Basilika liegt im Weinbaugebiet Neusiedlersee. Es ist das Ostufer des Sees bis hin zur Grenze nach Ungarn. Das Gebiet kennt man auch als den „Seewinkel" und ist unter anderem für seine edelsüßen Weine berühmt.

Weinland Österreich [Fragen]

[48] Österreich ist in erster Linie ein Weißweinland, aber der Rotweinanteil nimmt stetig zu. Welche der nachstehenden Rotweinsorten wird am wenigsten angebaut?
(1) Blauer Portugieser
(2) Blauer Zweigelt
(3) Blaufränkischer
(4) Blauer Wildbacher

[49] Eine dieser vier Reben ist eine Weißweinsorte. Es ist ...?
(1) Roter Traminer
(2) Blauburger
(3) Trollinger
(4) Rotburger

[50] Eines dieser österreichischen Weinbaugebiete wurde erst mit der Weingesetznovelle 1994 geschaffen. Es ist ...?
(1) Kamptal
(2) Mittelburgenland
(3) Carnuntum
(4) Thermenregion

[50] Welche Neigung muss ein Weingarten haben, damit die dort wachsenden Weine „Bergweine" sein können?
(1) Mind. 30 %
(2) 15 bis 20 %
(3) 21 bis 25 %
(4) Mind. 26 %

[52] „Halbtrocken" ist eine Geschmacksbezeichnung, die im österreichischen Weingesetz definiert ist. Wie viel Restzucker darf der Wein haben?
(1) Max. 9 Gramm/Liter
(2) Max. 12 Gramm/Liter
(3) Max. 15 Gramm/Liter
(4) Max. 18 Gramm/Liter

[53] Die erlaubten Erntemengen pro Hektar sind geregelt. Wie viele kg Trauben dürfen für einen österreichischen Landwein pro Hektar geerntet werden?
(1) 9.000 kg
(2) 12.000 kg
(3) 15.000 kg
(4) 18.000 kg

Weinland Österreich [Antworten]

[48] Blauer Wildbacher
Bei den Rotweinsorten wird der Blaue Zweigelt in Österreich am meisten angebaut, gefolgt von Blaufränkisch und Blauem Portugieser. Der Blaue Wildbacher hat weniger als 500 Hektar Anbaufläche und ist somit eine rare Spezialität der Steiermark.

[49] Roter Traminer
Die Namensbezeichnungen so mancher Trauben sind etwas irreführend. Der zu Mutation neigende Traminer kennt verschiedene Spielarten mit unterschiedlicher Färbung der Trauben und verschiedener Aromatik. Der Rote Traminer ist aber auf jeden Fall eine Weißweinsorte, die allerdings bei voller Reife rötliche Beeren hat. Das Fruchtfleisch und der Saft sind hellgelb.

[50] Carnuntum
Östlich von Wien liegt das Weinbaugebiet Carnuntum, das erst 1994 als eigenes Gebiet geschaffen wurde. Die Jahre davor war das Gebiet zusammen mit dem Donauland als Donauland-Carnuntum bekannt. Carnuntum hat in den letzten Jahren einen gewaltigen Aufschwung erlebt. Die Weißweine überwiegen noch nach der Menge, aber die Rotweine aus Carnuntum werden immer beliebter.

[51] Mind. 26 %
Nach dem österreichischen Weingesetz kann ein Wein als „Bergwein" bezeichnet werden, wenn er aus einer Hanglage mit mindestens 26 % Neigung oder aus entsprechend steilen Terrassenlagen kommt. Durch die Steillage ist ein idealer Sonneneinstrahlungswinkel gegeben.

[52] Max. 12 Gramm/Liter
Ein Wein mit der Bezeichnung „Halbtrocken" darf in Österreich maximal 12 Gramm Restzucker pro Liter haben. In Deutschland ist die Regelung anders und geht unter bestimmten Voraussetzungen bis 18 Gramm/Liter.

[53] 9.000 kg
Für österreichische Landweine gilt die zugelassene Erntemenge gleich wie für Qualitätsweine. Dies sind maximal 9.000 kg Trauben oder 6.750 Liter Wein pro Hektar. Wird diese Menge überschritten, wird die gesamte Menge zu Tafelwein abgewertet.

Weinland Österreich [Fragen]

[54] Welches ist nach der Weingesetznovelle von 1999 Österreichs größtes Weinbaugebiet?
(1) Weinviertel
(2) Weinland
(3) Niederösterreich
(4) Neusiedlersee

[55] Unter einem Ausbruch-Wein versteht man in Österreich ...?
(1) Wein mit Alkoholzusatz um die Gärung zu unterbrechen
(2) Einen Süßwein, der nur aus der Stadt Rust kommen kann
(3) Einen Wein aus Trauben, die bei der Ernte übersehen wurden
(4) Wein aus überreifen Beeren mit einem Mostgewicht von mindestens 27° KMW

[56] Für den Blauen Zweigelt gibt es in Österreich noch eine andere Bezeichnung. Unter welchem Synonym ist die Sorte sonst noch bekannt?
(1) Rotburger
(2) Blauburger
(3) Vöslauer
(4) Klosterneuburger

[57] Im Verhältnis zur Größe hat Österreich sehr viele Rebsorten, die für Qualitätsweine zugelassen sind. Wie viele sind es etwa?
(1) 20 bis 30
(2) Mehr als 30
(3) Mehr als 40
(4) Etwa 20

[58] Schilcher-Weine sind eine österreichische Spezialität, die allerdings nicht aus allen Weinbaugebieten kommen kann. Aber aus welchem/welchen?
(1) Aus der gesamten Steiermark und dem Burgenland
(2) Nur aus der Weststeiermark
(3) Aus allen Gebieten der Steiermark
(4) Aus dem Südburgenland und der Südoststeiermark

Weinland Österreich [Antworten]

[54] Niederösterreich
Seit 1999 ist Niederösterreich ein Weinbaugebiet, vorher war es eine Weinbauregion. Daher ist Niederösterreich das größte Weinbaugebiet. Die bisherigen 8 Gebiete wie z. B. Wachau, Kamptal u.s.w. bleiben trotzdem erhalten. Niederösterreich ist seither ein Gebiet in der Region Weinland.

[55] Wein aus überreifen Beeren mit einem Mostgewicht von mindestens 27° KMW
Ausbruch-Weine erfahren eine besondere Herstellung. Den überreifen, edelfaulen Beeren wird Wein oder Most zum Auslaugen (Ausbrechen) von Zucker und Aroma zugesetzt. Nach einer bestimmten Standzeit wird abgepresst. Das Ergebnis ist ein edelsüßer Wein mit den Attributen einer Trockenbeerenauslese und gleichzeitig eines frischen Weines. Das Mostgewicht muss mindestens 27° KMW bzw. 138° Öchsle betragen.

[56] Rotburger
Die Sorte wurde um 1922 in Klosterneuburg gezüchtet und erhielt zuerst den Namen Rotburger. Erst später wurde der Wein nach dem Züchter Prof. Dr. Fritz Zweigelt benannt. In den 50er-Jahren wurde (aus politischen Gründen) versucht, wieder den Namen Rotburger statt Zweigelt zu verwenden.

[57] Mehr als 30
Auf die jeweiligen kleinklimatischen Bedingungen traditionell gut abgestimmt sind die vielen verschiedenen Traubensorten in Österreichs Weingärten. Es sind mehr als 30 rote und weiße Reben. Die meisten, aber nicht alle, dürfen in jedem Gebiet angebaut werden.

[58] Aus allen Gebieten der Steiermark
Die Heimat des Schilchers ist das Gebiet Weststeiermark und die Weine werden aus der Sorte Blauer Wildbacher gekeltert. Schilcher-Weine können jedoch überall in der Steiermark gewonnen werden. Das Bundesland Steiermark ist die Weinbauregion „Steirerland" und ist in 3 Gebiete unterteilt.

Weinland Österreich [Fragen]

[59] Welcher österreichische See schafft besonders ideale Klimabedingungen für die Ernte von hohen Prädikatsweinen?
(1) Der Wörthersee
(2) Der Wolfgangsee
(3) Der Bodensee
(4) Der Neusiedlersee

[60] Morillon ist in der Steiermark ein Synonym für eine bekannte internationale Rebsorte. Für ...?
(1) Chardonnay
(2) Pinot Blanc
(3) Ruländer
(4) Sauvignon Blanc

[61] Welche dieser Bezeichnungen ist der Fläche nach die größte Einheit nach dem Weingesetz in Österreich?
(1) Großlage
(2) Weinbauregion
(3) Weinriede
(4) Weinbaugebiet

[62] Klosterneuburg ist eine österreichische Weinstadt und Sitz der ersten Weinbauschule der Welt. Die Stadt liegt ...?
(1) Im Gebiet Kamptal
(2) Im Gebiet Wien
(3) Im Gebiet Wagram (früher Donauland)
(4) Im Gebiet Carnuntum

[63] Welcher Anteil der österreichischen Weine wird „Ab Hof" verkauft?
(1) 10 – 25 %
(2) 15 – 25 %
(3) 25 – 30 %
(4) 35 – 45 %

[64] Welche der folgenden Rebsorten ergibt bei gleicher Vergärung die farbkräftigsten Rotweine?
(1) Blauburger
(2) Blauer Portugieser
(3) St. Laurent
(4) Blauer Burgunder

Weinland Österreich [Antworten]

[59] Der Neusiedlersee
Der Neusiedlersee ist einer der größten Seen Europas und schafft zusammen mit dem pannonischen Klima ideale Bedingungen für die Gewinnung von edelsüßen Weinen. Es betrifft besonders die Weinbaugebiete Neusiedlersee und Neusiedlersee-Hügelland im Norden des Burgenlandes. Das Gebiet Mittelburgenland liegt nur wenige Kilometer vom Südufer des Sees entfernt und profitiert ebenfalls vom milden Klima. Allerdings werden hier hauptsächlich Rotweine angebaut.

[60] Chardonnay
Bei den Namen der Rebsorten hat die Steiermark einige Besonderheiten zu bieten: So ist z. B. „Morillon" das Synonym für den Chardonnay im Steirerland. Der Name entstand wahrscheinlich aus „Morion", dem Namen einer französischen Gemeinde, in der steirische Winzer Ende des 19. Jahrhunderts Reblaus-resistente Rebstöcke suchten.

[61] Weinbauregion
Riede, Großlage, das Weinbaugebiet und die Weinbauregion sind die Einteilung von der kleinsten zur größten Einheit nach dem Weingesetz. Österreich hat insgesamt 18 Weinbaugebiete in 4 Weinbauregionen.

[62] Im Gebiet Donauland bzw. Wagram
Bis 1985 war Klosterneuburg eine Gebietsbezeichnung in Österreich. Bei der damals neu geschaffenen Gebietseinteilung wurden die Ortsnamen (wie Rust, Retz, Krems u.s.w.) weggelassen, und heute wird die Stadt zum Weinbaugebiet Donauland bzw. Wagram gerechnet. Ab dem Jahrgang 2007 wird das Weinbaugebiet „Donauland" in „Wagram" umbenannt, und Klosterneuburg und Umgebung ist eine eigene Großlage innerhalb des Gebietes. Die historische Stadt ist auch Sitz des größten Weingutes in Österreich, dem Weingut des Stifts Klosterneuburg.

[63] 25 – 30 %
Der Trend, „Ab Hof" zu kaufen, ist rückläufig, es werden aber noch immer fast 30 % der Weine direkt bei den Winzern gekauft. Die Durchschnittspreise pro verkaufter Flasche sind stark gestiegen. Wein aus der Doppelliterflasche ist kaum noch gefragt. „Weniger, aber besser" ist seit Jahren das Motto.

[64] Blauburger
Der Name Blauburger hat schon für so manche Verwirrung gesorgt. Ursprünglich wurde die Traube gezüchtet, um einen möglichst farbstarken „Deckwein" zu erzielen. Inzwischen wird die Sorte gerne auch reinsortig ausgebaut und bringt bei gleicher Vergärung die farbkräftigsten Weine unter den angeführten Rebsorten hervor.

Weinland Österreich [Fragen]

[65] Die Bezeichnung Malvasier ist unter anderem ein Synonym für eine österreichische Traubensorte. Für ...?
(1) Grüner Silvaner
(2) Frühroter Veltliner
(3) Roter Veltliner
(4) Grüner Veltliner

[66] Schon rund 30 % von Österreichs Weingärten sind mit Rotweinreben bestockt. Welches ist die häufigste rote Sorte?
(1) Blauer Portugieser
(2) Blaufränkisch
(3) Blauer Zweigelt
(4) Blauburger

[67] In welchem der nachstehenden Weinbaugebiete ist der Grüne Veltliner die dominierende Sorte?
(1) Thermenregion
(2) Südsteiermark
(3) Weststeiermark
(4) Traisental

[68] „Rotes Tor" ist ein bekannter Weingarten in der Wachau. In welcher Gemeinde findet man die Lage?
(1) In Dürnstein
(2) In Mautern
(3) In Spitz
(4) In Joching

[69] Welche dieser Angaben ist am Etikett eines österreichischen Qualitätsweines zwingend vorgeschrieben?
(1) Lage des Weingartens
(2) Rebsorte
(3) Säuregehalt
(4) Prüfnummer

[70] Die Bezeichnung „Urkristall" wird in einem österreichischen Weinbaugebiet für besondere Weißweine verwendet. In welchem Gebiet?
(1) Wachau
(2) Kamptal
(3) Weinviertel
(4) In der Wachau

Weinland Österreich [Antworten]

[65] Frühroter Veltliner
Malvasier oder „Malvasia" gibt es in vielen Spielarten. Besonders in Italien haben mehrere Regionen verschiedene Klone und unterschiedliche Zusatzbezeichnungen. In Österreich ist es ein Synonym für den Frühroten Veltliner. Eine Verwandtschaft mit dem in Italien und Spanien verbreiteten Malvasia besteht allerdings nicht.

[66] Blauer Zweigelt
Die in Österreich gezüchtete Sorte ist auch die häufigst angebaute: Zweigelt bzw. Blauer Zweigelt ist mit rund 9 % an der gesamten Fläche die wichtigste Rotweinsorte in Österreich. Blaufränkisch, Blauer Portugieser und Blauburger sind weitere bedeutende Sorten.

[67] Traisental
In den steirischen Weingärten ist die Sorte praktisch nicht vertreten und in der Thermenregion ist Neuburger die wichtigste Weißweinsorte. Im Gebiet Traisental hat der Grüne Veltliner einen flächenmäßigen Anteil von mehr als 60 %.

[68] In Spitz
Das „Rote Tor" ist eine bekannte Bezeichnung, aber keine offizielle Riede und liegt in der Gemeinde Spitz. Der Name stammt aus dem 30-jährigen Krieg, denn an diesem Stadttor soll viel Blut geflossen sein.

[69] Prüfnummer
Unter den angeführten Möglichkeiten ist nur die Amtliche Prüfnummer auf dem Etikett von Qualitäts- oder Prädikatsweinen zwingend vorgeschrieben. Mit dieser Nummer werden die analytischen und sensorischen Vorgaben bestätigt. Außerdem können Herkunft der Trauben, Prüfstelle und Kostkommission rückverfolgt werden.

[70] Weinviertel
Eine Gruppe von Winzern im westlichen Weinviertel verwendet den Ausdruck „Urkristall" für trockene Weißweine im Kabinettbereich. Diese Bezeichnung ist nicht mehr sehr oft zu finden, existiert aber noch.

Weinland Österreich [Fragen]

[71] Welche Rebsorte dominiert im Weinbauzentrum Bad Vöslau?
(1) St. Laurent
(2) Grüner Veltliner
(3) Gewürztraminer
(4) Blauer Portugieser

[72] Ein „Weißes Pferd" findet man in der Schutzmarke eines österreichischen Weines. Bei welchem?
(1) Beim weststeirischen Schilcher
(2) Beim Mörbischer Opernballwein
(3) Bei der Serie Feenhaube
(4) Beim „Wiener Wein" von Vienna Classic

[73] Weinbau ist auf der Erde nur in gemäßigtem Klima möglich. Die EU hat zudem eigene Klimazonen geschaffen. Auf welcher nördlichen Breite bzw. Klimazone liegen die Weingärten Österreichs?
(1) Etwa am 47. und 48. Breitengrad, in der Klimazone B
(2) Etwa am 45. und 46. Breitengrad, in der Klimazone C
(3) Etwa zwischen dem 48. und 51. Breitengrad, in der Klimazone A
(4) Etwa am 50. bis 52. Breitengrad, in der Klimazone B

[74] Der „Andreaswein" kommt aus einer burgenländischen Weinbaugemeinde. Es ist ...?
(1) Neckenmarkt
(2) Gols
(3) Oggau
(4) Rust

[75] Im Gebiet Südoststeiermark wird praktisch die gesamte steirische Sortenpalette angebaut. Aber für welche Sorte ist das Gebiet besonders berühmt?
(1) Für Schilcher
(2) Für Morillon
(3) Für Grüner Veltliner
(4) Für Traminer

Weinland Österreich [Antworten]

[71] Blauer Portugieser
In der Gegend um Bad Vöslau - in der Thermenregion - ist die Sorte Blauer Portugieser besonders stark vertreten. Sie ist dort auch unter dem Synonym „Vöslauer" bekannt. Die Rebsorte soll ein Weinhändler aus Portugal nach Bad Vöslau gebracht haben.

[72] Beim weststeirischen Schilcher
Das weiße Pferd führt durch die Geschichte der Weststeiermark unter anderem durch den Sitz des Lippizaner-Gestüts. Nur beim weststeirischen Schilcher findet man das weiße Pferd in der Schutzmarke. Mit dem Symbol unterscheidet man sich von den Schilcher-Weinen aus anderen steirischen Weinbaugebieten.

[73] Etwa am 47. und 48. Breitengrad, in der Klimazone B
Auf der nördlichen Halbkugel konzentriert sich der Weinbau etwa zwischen dem 40. und 50. Breitengrad. Österreichs Weingärten liegen zwischen dem 47. und 48. Breitengrad und werden innerhalb der EU zur Klimazone B gerechnet.

[74] Oggau
Die Markengemeinschaft „Andreaswein" findet man in Oggau im Burgenland, Gebiet Neusiedlersee-Hügelland. Unter der Schutzmarke werden verschiedene Weiß- und Rotweine erzeugt.

[75] Für Traminer
Die Südoststeiermark ist auch als „Land der Burgen und Schlösser" bekannt. In einem Teil des Gebietes finden sich Böden vulkanischen Ursprungs. Darauf wachsen Traminer bzw. Gewürztraminer von besonderer Qualität. Mengenmäßig dominieren allerdings andere Sorten: Welschriesling, Weißburgunder, Müller-Thurgau u. a.

Weinland Österreich [Fragen]

[76] Wie viel natürlichen Zucker muss Landwein in Österreich mindestens haben?
(1) 14° KMW
(2) 13° KMW
(3) 12° KMW
(4) 15° KMW

[77] Viele österreichische Weißweinsorten sind von einer frischen Säure geprägt. Wer eine eher säurearme Sorte sucht, sollte eine der folgenden aussuchen. Am besten einen ...?
(1) Riesling
(2) Muskat-Silvaner
(3) Weißburgunder
(4) Neuburger

[78] Eine dieser Bezeichnungen darf auf dem Etikett eines österreichischen Weines nicht erscheinen. Es ist ...?
(1) Gutswein
(2) Barriquewein
(3) Naturwein
(4) Schilfwein

[79] Eine dieser Lagen bzw. Rieden liegt nicht in der Wachau. Es ist ...?
(1) Vorderseiber
(2) Kaisergarten
(3) Frauenweingarten
(4) Achleiten

[80] Die erlaubten Hektarerträge für Qualitätsweine sind in Österreich besonders gering. Welche Menge Wein darf aus einem Hektar gewonnen werden?
(1) 6.750 Liter
(2) 7.500 Liter
(3) 9.000 Liter
(4) 10.000 Liter

Weinland Österreich [Antworten]

[76] 14° KMW
Österreichs Weingesetz ist sehr streng, und so werden bereits an Landweine hohe Anforderungen gestellt: Mindestens 14° natürlicher Zucker nach der Klosterneuburger Mostwaage bzw. ca. 68° Öchsle oder 9,2° nach Baumé. Zudem sind die Hektarerträge mit 9.000 kg Trauben oder 6.750 Liter Wein begrenzt.

[77] Neuburger
Die vier angegebenen Trauben finden sich in Österreichs Weingärten, und eine davon ist eher säurearm: Es ist die Sorte Neuburger. Die daraus gekelterten Weine erinnern mit ihrem nussigen Ton an Weißburgunder, sind aber milder in der Säure.

[78] Naturwein
Alle zulässigen Angaben auf den Etiketten von Weinflaschen sind im Weingesetz geregelt. Die Bezeichnung „Naturwein" ist nicht zugelassen.

[79] Kaisergarten
Unter den vier angeführten Bezeichnungen sind zwei Lagen- und zwei Großlagen. Nur der Kaisergarten liegt nicht in der Wachau, sondern im burgenländischen Seewinkel. Dort ist es die Großlage im Bezirk Neusiedl bzw. im Gebiet Neusiedlersee.

[80] 6.750 Liter
Bereits ab der Stufe Landwein und natürlich für Qualitäts- und Prädikatsweine sind die Erntemengen begrenzt. Die Höchstgrenze liegt bei 6.750 Litern Wein bzw. 9.000 kg Trauben pro Hektar. Werden diese Mengen überschritten, wird nicht nur der Überschuss, sondern die ganze Menge zu Tafelwein abgewertet.

Weinland Österreich [Fragen]

[81] Die „Steinfeder" ist die leichteste der drei besonderen Weinkategorien der Wachau. Wie hoch darf der Gesamtalkohol einer „Steinfeder" sein?
(1) Höchstens 10,5 Vol.–%
(2) Höchstens 11 Vol.–%
(3) Höchstens 11,5 Vol.–%
(4) Höchstens 12 Vol.–%

[82] Eine dieser Weinbauregionen wurde erst im Jahre 2002 geschaffen. Es ist ...?
(1) Wien
(2) Bergland
(3) Steirerland
(4) Weinland

[83] Das Gebiet Wachau hat nur eine einzige Großlage - dafür aber mit schönem Namen. Es ist ...?
(1) Königsbach
(2) Donaugarten
(3) Nibelungenauen
(4) Frauenweingarten

[84] Wie hoch ist die Mindestgradation für Eisweine in Österreich?
(1) 25° KMW / 125° Öchsle
(2) 27° KMW / 135° Öchsle
(3) 30° KMW / 150° Öchsle
(4) 32° KMW / 160° Öchsle

[85] Für „liebliche" Weine ist der erlaubte Restzucker im Weinrecht vorgegeben. Wie viel Gramm/Liter darf der Wein in Österreich haben?
(1) Bis 12 Gramm/Liter
(2) Bis 45 Gramm/Liter
(3) Bis 55 Gramm/Liter
(4) Bis 18 Gramm/Liter

[86] Die Winzervereinigung „Vinea Wachau Nobilis Districtus" ist sehr erfolgreich. Wann wurde sie gegründet?
(1) 1986
(2) 1992
(3) 1983
(4) 1989

Weinland Österreich [Antworten]

[81] Höchstens 11,5 Vol.-%
Die leichten und frischen Steinfeder-Weine haben ihren Namen von einem unter Naturschutz stehenden Gras, das oberhalb der Weinterrassen auf Felsen wächst. Die Weine haben höchstens 11,5 Vol.-% Alk. und werden jung getrunken. Steifeder-Weine sind fast immer Weißweine, selten Rosés. Seit dem Jahrgang 2007 gilt die Änderung von 11,0 auf 11,5 Vol.-% Alkohol.

[82] Steirerland
Die neue Regionsbezeichnung für das Bundesland Steiermark lautet nunmehr „Steirerland" und gilt zum Beispiel für Landweine. Es gibt nun vier Gebietsbezeichnungen: Weststeiermark, Südsteiermark, Südoststeiermark und Steiermark (alle 3 bisherigen Gebiete zusammen) für Qualitätsweine. Es wurde praktisch eine neue größere Einheit geschaffen, nachdem der Weinbau sehr klein strukturiert ist.

[83] Frauenweingarten
Die gesamte Wachau mit etwa 1.400 Hektar Weingärten hat nur eine Großlage, den Frauenweingarten. Die Namen der Großlagen werden in Österreich allerdings nur sehr wenig verwendet.

[84] 25° KMW / 125° Öchsle
Eisweine erzielen die hohe Zuckerkonzentration im Most durch Kälte. Dabei werden Wasserkristalle gefroren, während Zucker, Säure und andere Inhaltsstoffe flüssig bleiben. Eisweine müssen mindestens 25° KMW im unvergorenen Most aufweisen. Dies entspricht 125° Öchsle.

[85] Bis 45 Gramm/Liter
Weine mit der Geschmacksbezeichnung „lieblich" dürfen in Österreich höchstens 45 Gramm Restzucker pro Liter haben. Alles was darüber liegt, gilt als „süß". Anstelle von „lieblich" wurde früher oft der Ausdruck „halbsüß" gebraucht.

[86] 1983
Der Name der Winzervereinigung stammt von Leuthold von Kuenring, der das Kernstück seiner Besitzungen so bezeichnete. Es entspricht dem heutigen Weinbaugebiet Wachau. „Vinea Wachau Nobilis Districtus" wurde im Jahre 1983 gegründet. Die Vereinigung hat drei besondere Weinkategorien geschaffen: „Steinfeder", „Federspiel" und „Smaragd".

[87] Wie hoch muss der Mindestalkohol bei österreichischen Prädikatsweinen sein?
(1) 10 Vol.–%
(2) 5 Vol.–%
(3) 7 Vol.–%
(4) 9 Vol.–%

[88] „Aufbessern" ist das Zusetzen von fremdem Zucker vor der Gärung. Ab welcher Qualitätsstufe darf dies in Österreich nicht mehr gemacht werden?
(1) Ab Landwein
(2) Ab Qualitätswein
(3) Ab Kabinett
(4) Ab Spätlese

[89] Mit welcher österreichischen Weinbaugemeinde wird der „Fahnenschwinger" – ein Wein der Sorte Blaufränkisch – in Verbindung gebracht?
(1) Mit Gols
(2) Mit Deutschkreuz
(3) Mit Deutsch-Schützen
(4) Mit Neckenmarkt

[90] Das „Fassl-Rutschen" am 15. November ist ein alter Brauch in einem österreichischen Weinbauzentrum. Wo wird diese Tradition noch gepflegt?
(1) In Retz
(2) In Klosterneuburg
(3) In Krems
(4) In Donnerskirchen

[91] Wie lange kann ein österreichischer Wein als „Heuriger" gelten?
(1) Nur im Abfülljahr
(2) Bis der „Buschen" am Eingang entfernt wird
(3) Bis zum 31.12. des nächsten Jahres
(4) Bis zum 11.11. (Martinitag) des nächsten Jahres

Weinland Österreich [Antworten]

[87] 5 % Vol
Österreichs Prädikatsweine müssen nicht mehr als 5 % Vol Alkohol aufweisen, in der Praxis sind sie aber meistens stärker. Prädikatsweine beginnen in Österreich mit der Spätlese. Die nächsten, höheren Stufen sind Auslese, Beerenauslese/Eiswein/Strohwein, Ausbruch und Trockenbeerenauslese. In Deutschland beginnen Prädikatsweine mit der Stufe Kabinett.

[88] Ab Kabinett
Die Qualitätsstufen bei Österreichs Weinen sind im Weingesetz verankert: Tafelwein (unterteilt in Tafel- und Landwein), Qualitätswein (unterteilt in Qualitäts- und Kabinettwein). Ab der Stufe Kabinett darf nicht mehr aufgebessert werden. Darüber liegen die Prädikatsweine Spätlese, Auslese, Beerenauslese u.s.w.

[89] Mit Neckenmarkt
Der Brauch des „Fahnenschwingens" wird am Sonntag nach Fronleichnam gefeiert und geht auf eine historische Schlacht im Jahre 1620 zurück. Der Blaufränkische unter dem Namen „Fahnenschwinger" kommt aus der Gemeinde Neckenmarkt im Gebiet Mittelburgenland.

[90] In Klosterneuburg
Das „Fasslrutschen" war ein historischer Brauch im Keller des Chorherrenstiftes Klosterneuburg über das „Tausendeimer-Fass". Das Fass steht zwar nicht mehr im tiefen Keller aber noch heute ist es „Recht", dass jeder, der das Riesenfass am 15. November (Leopolditag) besucht, es besteigen und hinunterrutschen darf.

[91] Bis zum 31. 12. des nächsten Jahres
Der „Heurige" ist der junge Wein, der vom 11. November des Erntejahres bis zum 31. Dezember des Folgejahres als solcher bezeichnet werden kann. Die Bezeichnung steht immer in Verbindung mit dem Jahrgang.

Weinland Österreich [Fragen]

[92] Die Qualitätsstufen bei Österreichs Weinen richten sich nach dem natürlichen Zuckergehalt im Most. Welche dieser Qualitäten hat am meisten Zucker?
(1) Kabinettwein
(2) Qualitätswein
(3) Bergwein
(4) Schilfwein

[93] In einem österreichischen Weinbaugebiet gibt es – allerdings weit ab von den Weingärten – auch Erdölförderung?
(1) Im Weinviertel
(2) In der Thermenregion
(3) Im Traisental
(4) Im Donauland

[94] Einer dieser Weine aus Dürnstein in der Wachau wurde 1955 anlässlich der Staatsvertrags-Unterzeichnung serviert. Es war ...?
(1) Dürnsteiner Katzensprung
(2) Dürnsteiner Flohaxn
(3) Dürnsteiner Himmelsstiege
(4) Dürnsteiner Kellerberg

[95] Tausende Winzerfamilien bewirtschaften Österreichs Weingärten. Welche Fläche kommt durchschnittlich auf eine Familie?
(1) Etwa 3 bis 5 Hektar
(2) Etwa 5 bis 9 Hektar
(3) Etwa 1 bis 2 Hektar
(4) Etwa 2 bis 3 Hektar

[96] In welchem österreichischen Weinbaugebiet gibt es die Schutzmarke „Berggericht"?
(1) In der Wachau
(2) In Südburgenland
(3) Im Kamptal
(4) Im Weinviertel

Weinland Österreich [Antworten]

[92] Schilfwein
Bei dieser Aufzählung hat „Schilfwein" – durch das Antrocknen der Tauben – den höchsten Zuckergehalt. „Schilfwein" entspricht dem „Strohwein", ist eine höhere Prädikatsstufe und muss mindestens 25° nach der Klosterneuburger Mostwaage (KMW) aufweisen. Dies sind ca. 125° Öchsle.

[93] Im Weinviertel
In der Gemeinde Zistersdorf, im östlichen Weinviertel, gibt es etwas Erdöl. Es war die erste Erdölfundstelle in Österreich. Der Weinbau wird dadurch aber in keiner Weise beeinträchtigt.

[94] Dürnsteiner Katzensprung
Anlässlich der Unterzeichnung des Staatsvertrages am 15.5.1955 war „Dürnsteiner Katzensprung" einer der offiziellen Weine. Es war ein Grüner Veltliner der Ernte 1954 aus einem kleinen Weingarten bei Dürnstein. 2005 gab es eine Wiedergeburt durch die Freien Weingärtner Wachau. Es war wieder ein Grüner Veltliner, der am 26.10.2004, dem österreichischen Nationalfeiertag, geerntet wurde.

[95] Etwa 1 bis 2 Hektar
Der Weinbau ist in Österreich sehr klein strukturiert. Im statistischen Durchschnitt hat eine Winzerfamilie nicht mehr als zirka 1,0 bis 1,5 Hektar Weingärten. Tausende Winzerfamilien liefern ihre Trauben an Genossenschaften oder an große private Weinproduzenten.

[96] Im Weinviertel
Die korrekte Bezeichnung lautet „Falkensteiner Berggericht" und ist eine Schutzmarke für Weine aus Falkenstein im östlichen Weinviertel. Das „Berggericht" war vom 13. bis zum 18. Jahrhundert für sämtliche Weinfragen zuständig. Die Vereinigung „Falkensteiner Berggericht" existiert zwar noch, ist allerdings nicht mehr sehr aktiv.

Weinland Österreich [Fragen]

[97] Eine dieser Rebsorten ist in Österreich für eine Qualitätsweinbereitung nicht zugelassen. Es ist ...?
(1) Furmint
(2) Gutedel
(3) Jubiläumsrebe
(4) Bouvier

[98] Das Joch ist ein altes österreichisches Flächenmaß. Wie viele Quadratmeter hat es?
(1) Zirka 2.500 m²
(2) Zirka 3.500 m²
(3) Zirka 5.700 m²
(4) Zirka 8.500 m²

[99] Eine umgangssprachliche österreichische Bezeichnung für eine Kellerarbeit ist das „Einschlag geben". Was ist damit gemeint?
(1) Die Weine verschneiden
(2) Das Zusetzen von fremdem Zucker bei Most oder Maische
(3) Das Einsetzen des Bodens bei der Herstellung neuer Fässer
(4) Die leeren Fässer schwefeln

[100] In manchen Ländern entsteht Eiswein im Tiefkühlhaus. Welche klimatischen Voraussetzungen sind für die Ernte von Eiswein bei uns notwendig?
(1) Frostdauer von -7° C über ca. 10 Stunden
(2) Frostdauer von mind. -12° C eine ganze Nacht
(3) Frostdauer von mind. -3° C über 2 Tage
(4) Mindestens -2° C und 5 Stunden im Tiefkühlhaus bei -20° C

[101] Langenlois im Weinbaugebiet Kamptal hat besonders viel Rebfläche in seinem Gemeindegebiet. Wie viele Hektar?
(1) Etwa   500
(2) Etwa 1.000
(3) Etwa 2.000
(4) Etwa 3.000

[102] Die „Feenhaube" ist eine Gemeinschaftsmarke für leichte Weißweine. In welchem Gebiet?
(1) Im Gebiet Neusiedlersee-Hügelland
(2) Im Kamptal
(3) Im Weinviertel
(4) Im Kremstal

Weinland Österreich [Antworten]

[97] Gutedel
Als Tafeltraube schmeckt sie sehr gut, aber sie steht nicht im österreichischen Sortenverzeichnis für Qualitätsweine: Es ist die Weißweintraube „Gutedel". Unter dem Synonym „Chasselas" ist es die am meisten angebaute Rebsorte der Schweiz.

[98] Zirka 5.700 m²
Das Joch ist ein altes, schon bei den Römern verwendetes Flächenmaß, das allerdings in den verschiedenen Ländern sehr unterschiedlich war. Ein Joch ist in Österreich eine landwirtschaftliche Fläche von ca. 5.700 m². Diese Fläche konnte man mit einem Gespann (Joch) Ochsen an einem Tag umpflügen.

[99] Die leeren Fässer schwefeln
Ganz ohne Schwefel geht es (fast) nicht. Mit dem „Einschlag geben" versteht man das Ausschwefeln der leerstehenden Fässer im Weinkeller. Diese werden dabei durch Abbrennen von Schwefelschnitten und dem dadurch entstehenden Schwefeldioxid für kurze Zeit konserviert.

[100] Frostdauer von -7° C über ca. 10 Stunden
Die Eisweinproduktion ist für den Winzer jedes Jahr ein Risiko. Eine Frostdauer von minus 7° Celsius über ca. 10 Stunden ist für die Eisweinlese unbedingt notwendig. Der Most muss mindestens 25° KMW oder ca. 125° Öchsle aufweisen.

[101] Etwa 2.000
Langenlois ist nach der Rebfläche die größte Weinstadt Österreichs mit rund 2.000 Hektar. Zur Stadtgemeinde gehören auch Gobelsburg, Zöbing, Schiltern und andere kleine Gemeinden. Der Weißweinanteil beträgt zirka 80 Prozent. Der Grüne Veltliner ist die Hauptsorte.

[102] Im Weinviertel
„Feenhaube" ist eine Gemeinschaftsmarke für verschiedene Weißweine mit höchstens 11,0 Vol.–% Alkohol im westlichen Weinviertel. Seit einigen Jahren haben sich Winzer der Gemeinschaften „Feenhaube" und „Matthias Corvinus" zum Verband „Weingüter Retzer Land" zusammengeschlossen.

Weinland Österreich [Fragen]

[103] Die größte Weinbaugemeinde Österreichs ist ...?
(1) Spitz
(2) Gamlitz
(3) Illmitz
(4) Gols

[104] Mit welchem Vogel müssen sich die burgenländischen Winzer ihre Weintrauben jedes Jahr „teilen"?
(1) Mit den Amseln
(2) Mit den Spatzen
(3) Mit den Tauben
(4) Mit den Staren

[105] In welcher österreichischen Weinbaugemeinde gibt es die geschützte Marke „Königswein"?
(1) Im Kahlenbergdorf
(2) In Gumpoldskirchen
(3) In Rust
(4) In Dürnstein

[106] Eine burgenländische Weinbaugemeinde feiert jährlich ein Weinblütenfest. Es ist in ...?
(1) Mörbisch
(2) Podersdorf
(3) Donnerskirchen
(4) Gols

[107] Was versteht man in Österreich unter einem Junker?
(1) Einen Weißwein aus einer Jungfernlese
(2) Einen jungen Winzer, der den Hof übernommen hat
(3) Einen frischgebackenen Absolventen einer Weinbauschule
(4) Einen Jungwein aus der Steiermark

[108] Podersdorf ist eine bekannte Weinbaugemeinde im Burgenland. In welchem Teil des Bundeslandes?
(1) Am Ostufer des Neusiedlersees
(2) Am Westufer des Neusiedlersees
(3) Am Nordufer des Neusiedlersees
(4) Am Südufer des Neusiedlersees

Weinland Österreich [Antworten]

[103] Gols
Zwei bekannte Orte rittern darum, wer die größte Weinbaufläche hat und beide haben recht: Gols im Weinbaugebiet Neusiedlersee ist die größte Weinbaugemeinde und Langenlois im Kamptal die größte Weinstadt Österreichs. Die Orte haben jeweils etwa 2.000 Hektar Weingärten in ihren Gemeindegebieten.

[104] Mit den Staren
In riesengroßen Schwärmen fallen die Stare fast jedes Jahr über die Weingärten Burgenlands her. In manchen Weingärten erreichen die Schäden ein Drittel der gesamten Ernte. Schrille Pfeifsignale, Böllerschüsse und sogar kleine Flugzeuge, die inzwischen als „Starfighter" bekannt sind, sollen die gefräßigen Vögel vertreiben.

[105] In Gumpoldskirchen
Einer der ältesten Markenweine Österreichs trägt den Namen „Königswein". Er kommt ausschließlich aus der Gemeinde Gumpoldskirchen in der Thermenregion. Die Marke erlebt gerade eine Wiederbelebung und die Weine werden nur aus Rotgipfler und Zierfandler – den zwei typischen autochthonen Rebsorten – gekeltert.

[106] Mörbisch
Ganz unauffällig geschieht im späten Frühjahr die Weinblüte in Österreichs Weingärten. Die Gemeinde Mörbisch feiert jedes Jahr im Juni ihr Weinblütenfest. Mörbisch liegt im Weinbaugebiet Neusiedlersee-Hügelland, am Westufer des Neusiedlersees. Der Ort ist auch wegen der Seefestspiele sehr bekannt.

[107] Einen Jungwein aus der Steiermark
Unter der Bezeichnung Junker kommen sehr bekannte Jungweine im Jahr der Ernte aus der Steiermark. Es sind vor allem Weißweine aus früh reifenden Sorten, reinsortig oder als Cuvée. Aber es gibt auch Schilcher, Rosé- und Rotweine. Die Weine sind bereits Anfang November auf dem Markt.

[108] Am Ostufer des Neusiedlersees
Podersdorf liegt im Bezirk Neusiedl am See bzw. im Weinbaugebiet Neusiedlersee. Es ist das weite und flache Gebiet am Ostufer des Neusiedlersees, im so genannten Seewinkel, an der Grenze zu Ungarn.

Weinland Österreich [Fragen]

[109] Was versteht man unter der altwienerischen Weinbezeichnung „Reifenbeißer"?
(1) Einen sehr dünnen, alkoholarmen Wein
(2) Einen Wein mit sehr hoher Säure
(3) Einen zu alten, überlagerten Wein
(4) Einen gemischten Satz

[110] Die Weinstadt Retz steht großteils auf einem für Weinbau sehr geeigneten Boden. Auf welcher Art von Boden?
(1) Auf kargem Urgesteinsboden
(2) Auf sehr kalkhältigem Schotterboden
(3) Auf Löss- und Sandboden
(4) Auf schwerem Kalk-Lehmboden

[111] Die westlichste dieser Wachauer Weinbaugemeinden ist ...?
(1) Joching
(2) Dürnstein
(3) Weißenkirchen
(4) Spitz

[112] Zierfandler ist eine der typischen bodenständigen Rebsorten der Thermenregion. Die Sorte ist aber auch unter einem anderen Namen bekannt. Unter welchem?
(1) Als Spätrot
(2) Als Rotstängler
(3) Als Rotgipfler
(4) Als Reifler

[113] Welches ist das kleinste Weinbaugebiet des Bundeslandes Niederösterreich?
(1) Die Wachau
(2) Das Traisental
(3) Carnuntum
(4) Die Thermenregion

[114] Die Weinberge der Südsteiermark reichen oft bis an die Grenze zu Slowenien. Welche dieser bekannten Weinbaugemeinden liegt am südlichsten?
(1) Gamlitz
(2) Stainz
(3) Leutschach
(4) Kitzeck

Weinland Österreich [Antworten]

[109] Einen Wein mit sehr hoher Säure
Solche Weine gibt es eigentlich nicht mehr, aber der Ausdruck ist noch nicht ganz vergessen: Unter einem „Reifenbeißer" verstand man früher einen besonders säurereichen Wein, der wegen seiner Säure sogar die Reifen angreifen könnte.

[110] Auf Löss- und Sandboden
Die Stadt Retz liegt im westlichen Weinviertel und steht vielfach auf Löss- und kompakten Sandböden. Endlos lange Keller unter der Stadt waren früher Weinlagerstätten. Ein Teil davon kann noch besichtigt werden. Die unterirdischen Keller sind länger als die Straßen und Gassen der Stadt.

[111] Spitz
Das Weinbaugebiet Wachau reicht eigentlich von Melk bis Krems. Die westlichste der bekannten Weinbaugemeinden ist Spitz. Der Ort ist um einen einzigen großen Weingarten, den so genannten Tausendeimerberg, herum gebaut worden.

[112] Als Spätrot
Die spätreifende Sorte färbt ihre Trauben rötlich, und dies hat ihr das Synonym „Spätrot" eingebracht. Die Sorte ist nur in der niederösterreichischen Thermenregion zu finden. Dort ist die Rebe ein Bestandteil der typischen Gumpoldskirchner Weine.

[113] Das Traisental
Das flächenmäßig kleinste Weinbaugebiet Niederösterreichs ist das „Traisental" mit rund 680 Hektar Weingärten. Es liegt im Bereich des Bezirks St. Pölten und des Gerichtsbezirks Herzogenburg – südlich der Donau. Bis 1994 wurde das Gebiet zum „Donauland" gerechnet.

[114] Leutschach
Es ist die einzige steirische Gemeinde, in der nicht nur Wein, sondern auch Hopfen angebaut wird. Die Hopfenplantagen liegen zu Füssen der steilen Weingärten. Es ist die Gemeinde Leutschach im Gebiet Südsteiermark. So manches Straßenstück in der Gegend ist gleichzeitig die Staatsgrenze zu Slowenien.

[115] In welchem österreichischen Weinbaugebiet liegt das Zentrum des Uhudlers?
(1) Im Schilchergebiet
(2) In der Südoststeiermark
(3) Im Traisental
(4) In Südburgenland

[116] Die Ausschankmenge bei Sherry und Portwein ist in Österreich üblicherweise ...?
(1) 4 cl
(2) 1/8 l
(3) 5 cl
(4) 1 dl

[117] Welches ist die vorherrschende Rotweinsorte rund um Bad Vöslau in der Thermenregion?
(1) St. Laurent
(2) Blauburgunder
(3) Blauer Zweigelt
(4) Blauer Portugieser

[118] Welche Weinbaugemeinde ist der tiefstgelegene Ort in Österreich?
(1) Rust
(2) Illmitz
(3) Jois
(4) Neusiedl

[119] „Vinum Cirka Montem" ist der Name einer Gruppe von Winzern, die rund um den Göttweiger Berg Weinbau betreiben. In welchem Weinbaugebiet?
(1) Im Gebiet Neusiedlersee
(2) In der Thermenregion
(3) Im Kremstal
(4) In der Weststeiermark

[120] Die Weinbauregion „Weinland" wurde 1999 geschaffen. In wie viele Gebiete ist die Region unterteilt?
(1) 8
(2) 10
(3) 14
(4) 12

Weinland Österreich [Antworten]

[115] In Südburgenland
Der Uhudler ist ein Tafelwein, der aus verschiedenen Hybriden (Direktträgerreben bzw. Erdbeertrauben) gekeltert wird. Das „Uhudler-Zentrum" ist Heiligenbrunn im Gebiet Südburgenland. Der Wein ist eine Kuriosität, die von der EU vorläufig noch toleriert wird. Die Gegend mit seinen idyllischen Kellergassen ist auf jeden Fall einen Besuch wert, egal ob man Uhudler mag oder nicht.

[116] 5 cl
Früher wurde hauptsächlich die Menge von 1/16 Liter bei Südweinen und aromatisierten Weinen ausgeschenkt. Heute ist das übliche Ausschankmaß 5 cl bzw. 1/20 Liter.

[117] Blauer Portugieser
Wegen seiner Weine wird das Gebiet immer öfter mit Burgund verglichen. Nach wie vor ist aber der Blaue Portugieser die wichtigste Rotweinsorte in der Gegend von Vöslau in der Thermenregion. Ein Synonym für die Sorte ist „Vöslauer".

[118] Illmitz
Mit nur 117 Metern über dem Meer ist die burgenländische Gemeinde Illmitz der tiefst gelegene Ort in Österreich. Die bekannte Weinbaugemeinde liegt im Gebiet Neusiedlersee und ist vor allem für ihre edelsüßen Weine berühmt. Rund 120 Winzer bewirtschaften mehr als 1.100 Hektar Weingärten.

[119] Im Kremstal
Die Vereinigung „Vinum Cirka Montem" ist eine aktive Gruppe von Winzern, die den Weinbau rund um den Göttweiger Berg noch bekannter machen will. Es ist ein Teilbereich des Weinbaugebietes Kremstal und liegt südlich der Donau.

[120] 14
„Weinland" ist nach der Novelle von 1999 die größte Weinbauregion und besteht aus insgesamt 14 Gebieten. Es sind die bisherigen 8 Gebiete von Niederösterreich und die 4 Gebiete des Burgenlandes. Zusätzlich sind die Bundesländer Niederösterreich und Burgenland jetzt auch Weinbaugebiete. Früher galten die zwei Bundesländer als Weinbauregionen.

Weinland Österreich [Fragen]

[121] Die Rebsorte Isabella ist die Kreuzung aus einer amerikanischen Urrebe mit einer europäischen Rebe. Welcher Wein wird in Österreich aus der Traube gewonnen?
(1) Fruchtwein
(2) Uhudler
(3) Schilcher
(4) Bergwein

[122] Welche dieser Rebsorten wurde in Österreich zuletzt für die Qualitätsweinbereitung zugelassen?
(1) Syrah
(2) Trollinger
(3) Merlot
(4) Cabernet

[123] Die nachstehenden Bundesländer haben durchwegs nur geringe Rebflächen. Am meisten hat aber ...?
(1) Vorarlberg
(2) Kärnten
(3) Salzburg
(4) Tirol

[124] Was versteht man in Österreich unter einem Gleichgepressten?
(1) Einen „Gemischten Satz" aus weißen und blauen Trauben
(2) Einen hellroten Sturm
(3) Einen Roséwein, nur aus blauen Trauben gewonnen
(4) Einen Primeur-Wein

[125] Die Weinbaugemeinde Pöttelsdorf erinnert sich gerne an eine historische Persönlichkeit, die den Wein aus dem Ort liebte. Es war ...?
(1) Der Walzerkönig Johann Strauß
(2) Kaiser Franz Josef
(3) Der Komponist Josef Haydn
(4) Der Fürst Otto v. Bismarck

[126] Welche dieser Trauben reift üblicherweise am frühesten?
(1) Frühroter Veltliner
(2) Bouvier
(3) Furmint
(4) Riesling

Weinland Österreich [Antworten]

[121] Uhudler
Die Isabella-Traube ist eine Hybride, und aus ihr wird Uhudler gewonnen. Dies ist eine regionale Spezialität aus dem südlichen Burgenland. In der EU ist die Weinerzeugung aus Hybriden nicht erlaubt, aber der originelle „Uhudler" wird vorläufig noch geduldet.

[122] Syrah
Merlot und Cabernet sind schon seit den 80er-Jahren Qualitätsrebsorten in Österreich. Syrah ist erst seit dem Jahre 2000 in dieser Liste. Die Rebe wird vor allem im Burgenland vermehrt angebaut. Dornfelder ist in Österreich für die Qualitätsweinbereitung nicht zugelassen.

[123] Vorarlberg
Die vier Bundesländer werden zur Weinbauregion Bergland gerechnet. Davon hat Vorarlberg eindeutig die größte Weinbaufläche. Das Vorarlberger Rheintal und Bereiche am Bodensee sind klimatisch gesehen bevorzugt.

[124] Einen Roséwein, nur aus blauen Trauben gewonnen
Im Volksmund ist es der „Gleichgepresste" und damit ist ein Roséwein aus blauen Trauben gemeint. Der Wein entspricht etwa einem „Weißherbst" in Deutschland oder einem „Süßdruck" in der Schweiz.

[125] Der Fürst Otto v. Bismarck
Bei den Friedensverhandlungen in Nikolsburg in Mähren, im Jahr 1866, lernte Fürst Otto von Bismarck die Weine von Pöttelsdorf kennen und schätzen. In der Folge blieb der „Eiserne Kanzler" dem Pöttelsdorfer Wein Zeit seines Lebens treu. Viele Jahre lang trug der Winzerkeller des Ortes den Namen „Fürst Bismarck".

[126] Bouvier
In den Weingärten des Burgenlandes und der Steiermark ist die früh reifende Traube Bouvier zu finden. Es ist eine zugelassene Qualitätsrebe, aus der hauptsächlich Most, Sturm und die ersten Weine des Jahres gewonnen werden.

Weinland Österreich [Fragen]

[127] Eine Wachauer Weinbaugemeinde wird mit dem „Tausendeimerberg" in Verbindung gebracht. Der Weinberg liegt in ...?
(1) Weißenkirchen
(2) Spitz
(3) Joching
(4) Loiben

[128] Diese vier Rotweinsorten findet man in Österreichs Weinbergen. Welche Sorte reift am frühesten?
(1) Blauer Wildbacher
(2) Blaufränkischer
(3) Blauer Zweigelt
(4) Blauer Burgunder

[129] Wien ist die einzige Weltstadt, in der es noch gewerblichen Weinbau gibt. Wie viele Hektar sind es noch (ungefähr)?
(1) Ca. 300 Hektar
(2) Ca. 700 Hektar
(3) Ca. 1.000 Hektar
(4) Ca. 1.500 Hektar

[130] Die ältesten Traubenkerne, die in Österreich je gefunden wurden, stammen aus der Hallstattzeit. Man fand die Kerne bei Ausgrabungen ...?
(1) In der weststeirischen Gemeinde Stainz
(2) In Retz im Weinviertel
(3) Im burgenländischen Zagersdorf
(4) In Göttlesbrunn – Gebiet Carnuntum

[131] Welche Weinoasen Österreichs wurden von der Reblaus nicht zur Gänze zerstört?
(1) Das Gebiet um Retz
(2) Die Kremser Sandgrube
(3) Die „Tattendorfer Steinhölle" in der Thermenregion
(4) Der burgenländische Seewinkel

[132] An einem kirchlichen Namenstag wird in der Steiermark der Klapotetz in Betrieb genommen. Es ist ...?
(1) Am Jakobitag – 25. Juli
(2) Am Festtag des Hl. Urban – 25. Mai
(3) Am Tag des St. Vitus – 15. Juni
(4) Zu Peter und Paul – 30. Juni

Weinland Österreich [Antworten]

[127] Spitz
Einst wurde die Gemeinde Spitz rund um den bekannten „Tausendeimerberg" gebaut, der in guten Jahren bis zu 1.000 Eimer Wein bringen sollte. Der Inhalt eines Eimers war in den verschiedenen Ländern sehr unterschiedlich. In Österreich-Ungarn entsprachen die 1.000 Eimer etwa 57.000 Litern.

[128] Blauer Zweigelt
Schon Mitte September beginnt in der Regel die Rotweinernte in Österreich. Blauer Zweigelt reift unter diesen Sorten am frühesten. Auch die daraus gewonnenen Weine bedürfen keiner besonders langen Lagerung bis zu einer angenehmen Trinkreife.

[129] Ca. 700 Hektar
Wien hat noch immer eine Weinbaufläche von fast 700 Hektar. Fast 500 Winzer betreiben hauptsächlich im Westen und Norden der Stadt den Weinbau. Rund 85 % sind Weißweine, und ein großer Teil der Weine wird in den Heurigenbetrieben der Weinbauern ausgeschenkt.

[130] Im burgenländischen Zagersdorf
Die Traubenkerne aus der Hallstattzeit (700 v.Chr.) wurden in Zagersdorf im Burgenland gefunden. Zagersdorf ist eine Weinbaugemeinde im Gebiet Neusiedlersee-Hügelland, Region Weinland.

[131] Der burgenländische Seewinkel
Die Reblaus kann sich auf sehr sandigen Böden nicht vermehren und daher keinen größeren Schaden anrichten. Im burgenländischen Seewinkel stehen in einigen Weingärten die Reben auf Sand.

[132] Am Jakobitag – 25. Juli
Der Klapotetz ist das lärmerzeugende Windrad, das die Vögel aus den steirischen Weingärten vertreiben soll. Traditionellerweise wird das Gerät am Jakobitag – 25. Juli – in Betrieb genommen. Ende Juli ist die Zeit, in der sich langsam die ersten Trauben verfärben, und dann sollten die Vögel verscheucht werden.

Weinland Österreich [Fragen]

[133] „Regio Tragisana" ist eine Markengemeinschaft im niederösterreichischen Weinbaugebiet ...?
(1) Thermenregion
(2) Traisental
(3) Weinviertel
(4) Carnuntum

[134] Prädikatsweine müssen länger beim Produzenten lagern als Qualitätsweine. Ab wann darf in Österreich eine Spätlese verkauft werden?
(1) Frühestens am 1. Januar nach der Lese
(2) Frühestens am 1. Februar nach der Lese
(3) Frühestens am 1. März nach der Lese
(4) Frühestens am 1. Juni nach der Lese

[135] Eine österreichische Weinbaugemeinde hat schön öfter – als alle anderen – den inoffiziellen Titel „World Wine Champion" erhalten. Es ist die Gemeinde ...?
(1) Gols
(2) Rust
(3) Illmitz
(4) Krems

[136] In einer Wachauer Gemeinde liegt die bekannte Riede „Ritzling". Wo findet man die Lage?
(1) In Weißenkirchen
(2) In Loiben
(3) In Dürnstein
(4) In Mautern

[137] Seit sich Österreichs Winzer auch nach dem Weinrecht der EU richten müssen, gibt es im Volksmund „Euro-trocken". Was ist damit gemeint?
(1) Der Restzucker richtet sich nach der Säure, bis max. 9 g/Liter
(2) Trocken ist ein Wein immer bis 6 Gramm Restzucker pro Liter
(3) Der Restzuckergehalt ist nicht mehr genau festgelegt
(4) Der Restzucker geht bis 12 g/Liter

Weinland Österreich [Antworten]

[133] Im Gebiet Traisental
Das Gebiet ist gleichzeitig das jüngste nach dem Weingesetz und eines der ältesten in Österreich. Es ist das Traisental in Niederösterreich und hat seit 1995 eine eigene Gebietsbezeichnung. Mit dem Jahrgang 2006 wurde im Gebiet die DAC-Traisental für Grüne Veltliner und Rieslinge eingeführt.

[134] Frühestens am 1. März nach der Lese
Prädikatsweine brauchen, je nach Stufe, eine längere Reifezeit, um ihre volle Harmonie zu erlangen. Eine Spätlese darf nicht vor dem 1. März nach dem Erntejahr verkauft werden.

[135] Illmitz
Schon am Ortseingang kann man es lesen: Illmitz ist „Weltmeistergemeinde". Es sind die außergewöhnlichen edelsüßen Prädikatsweine, die zu dem Titel verholfen haben. Winzer aus Illmitz zählen zu den international renommiertesten Weinmachern der Welt.

[136] In Weißenkirchen
Die Riede hat den Namen von einem Weiler und dem Bach, der vorbeifließt, und liegt im Gemeindegebiet von Weißenkirchen. Mit dem Namen wurde früher einmal der Ursprung der Riesling-Rebe in Verbindung gebracht, was aber sicher nicht stimmt.

[137] Der Restzucker richtet sich nach der Säure, bis max. 9 g/Liter
Offiziell existiert der Ausdruck „Euro-trocken" natürlich nicht. Man meint damit die neuen Bestimmungen, seit Österreich Mitglied der EU ist. Österreichs „trockene" Weine hatten früher höchstens 4 g/Liter Restzucker, egal mit welcher Säure. Nun kann der Restzucker bis zu 9 Gramm pro Liter gehen, wenn die Säure 7 Gramm beträgt (Formel: Säure +2).

Weinland Österreich [Fragen]

[138] Die Sorte Rotburger ist eine Kreuzung aus ...?
(1) St. Laurent x Blaufränkisch
(2) Blauburgunder x Blaufränkisch
(3) Blauburger x Blauer Portugieser
(4) Roter Veltliner x Roter Traminer

[139] Eine dieser Rotweinreben ist in Österreich für die Qualitätsweinbereitung nicht zugelassen. Welche ist es?
(1) Roessler
(2) Rathay
(3) Syrah
(4) Carignan

[140] Auf einer alten Flasche ist nur noch das Wort „Zierfandler" zu lesen. Aus welchem österreichischen Weinbaugebiet kann der Wein stammen?
(1) Aus der Thermenregion
(2) Aus der Südsteiermark
(3) Aus dem Gebiet Neusiedlersee
(4) Aus dem Gebiet Carnuntum

[141] Der Begriff „Alkoholarmer Wein" ist im Weingesetz geregelt. Wie viel Alkohol dürfen diese Weine in Österreich haben?
(1) Bis maximal 4 Vol.–%
(2) Bis maximal 5 Vol.–%
(3) Bis maximal 0,5 Vol.–%
(4) Bis maximal 2 Vol.–%

[142] Zu welchem Weinbaugebiet gehören die Weinbaugemeinden des Gerichtsbezirkes Mödling?
(1) Zum Gebiet Wagram
(2) Zum Gebiet Carnuntum
(3) Zur Thermenregion
(4) Zum Weinviertel

[143] „Aufbessern" ist das Zusetzen von fremdem Zucker, und dies ist nicht unbegrenzt erlaubt. In weclhem Maße dürfen Qualitätsweine in Österreich aufgebessert werden?
(1) Bis zirka 4,2 kg Zucker pro Hektoliter Most oder Maische
(2) Bis zu 2,5 kg Zucker pro Hektoliter Most oder Maische
(3) Für Qualitätswein ist kein fremder Zucker erlaubt
(4) Generell bis zu höchstens 19 ° KMW

Weinland Österreich [Antworten]

[138] St. Laurent x Blaufränkisch
Rotburger ist ein Synonym für den Blauen Zweigelt bzw. Zweigelt und dieser wurde aus den Sorten St. Laurent und Blaufränkisch gekreuzt. Es ist eine sehr erfolgreiche österreichische Züchtung, die in den 20er Jahren des 20. Jahrhunderts in Klosterneuburg gelungen ist.

[139] Carignan
Rathay, Roessler und Syrah sind zwar noch nicht weit verbreitet, aber seit der Ernte 2000 im Sortenverzeichnis der Qualitätsreben enthalten. Carignan hingegen ist in Österreich nicht zugelassen, im Süden Frankreichs aber sehr weit verbreitet.

[140] Aus der Thermenregion
Ein Wein der Sorte Zierfandler kann nur aus der Thermenregion kommen. Es ist eine der autochthonen Rebsorten, die nur hier angebaut wird. Zierfandler ist - zusammen mit dem Rotgipfler - ein Teil des traditionellen „Gumpoldskirchners". Mit dem namensähnlichen „Zinfandel" gibt es keinerlei Verwandtschaft.

[141] Bis maximal 5 Vol.–%
Es ist weit weniger, als bei einem normalen Qualitätswein. Denn ein „Alkoholarmer Wein" hat höchstens 5 Vol.–%, aber mindestens 0,5 Vol.–%. Üblicherweise haben die Weine einen Alkoholgehalt zwischen etwa 10 und 14 Volumprozent.

[142] Zur Thermenregion
Die Weingärten des Bezirkes Mödling - nahe Wien - werden zum Gebiet Thermenregion gerechnet. Die bekanntesten Weinorte sind Gumpoldskirchen, Guntramsdorf und Perchtoldsdorf.

[143] Bis zirka 4,2 kg Zucker pro Hektoliter Most oder Maische
Bis zur Stufe Qualitätswein dürfen höchstens 4,2 kg fremder Zucker pro Hektoliter Most oder Maische zugesetzt werden. Aber bereits bei Kabinettweinen ist ein Aufbessern nicht mehr erlaubt. Es sind noch zusätzliche Vorschriften zu berücksichtigen. Generell darf Rotwein mehr aufgebessert werden als Weißwein.

Weinland Österreich [Fragen]

[144] Ab dem Jg. 2005 gibt es den ersten Rotwein mit DAC. Fruchtig und würzig muss er sein und kommt aus dem Mittelburgenland. Aus welcher/welchen Rebsorten wird er gewonnen?
(1) Aus Zweigelt und Blaufränkisch
(2) Nur aus Blaufränkisch
(3) Aus Blaufränkisch, Zweigelt und Cabernet
(4) Aus mind. 51 % Blaufränkisch und anderen Rotweinsorten

[145] Trockenbeerenauslese ist die höchste Prädikatsstufe in Österreich und die Weine benötigen eine längere Reifezeit. Wann dürfen die Weine verkauft werden?
(1) Ab 1. Februar nach der Ernte
(2) Ab 1. März nach der Ernte
(3) Ab 1. April nach der Ernte
(4) Ab 1. Mai nach der Ernte

[146] Eine dieser bekannten Rieden liegt nicht im Weinbaugebiet Südsteiermark. Es ist ...?
(1) Bärenreiser
(2) Czamillonberg
(3) Grassnitzberg
(4) Zieregg

[147] St. Laurent ist eine typische österreichische Sorte, hat aber eine edle Verwandte in der Weinwelt. Es ist ...?
(1) Syrah
(2) Pinot Noir
(3) Cabernet Franc
(4) Merlot

[148] In welchem österreichischen Weinbaugebiet nennt sich eine Vereinigung von Winzern „Collegium Vinum Wachrain"?
(1) Im Kremstal
(2) Am Wagram
(3) Im Traisental
(4) In der Wachau

Weinland Österreich [Antworten]

[144] Nur Blaufränkisch
"Districtus Austriae Controllatus" – kurz DAC – kann für regionstypische Weine bestimmter Gebiete vergeben werden. Der erste Rotwein mit DAC kommt aus dem Mittelburgenland, wird reinsortig aus Blaufränkisch gekeltert und der erste Jahrgang war 2005. Die zwei möglichen Qualitäten sind "Mittelburgenland DAC" und "Mittelburgenland Reserve DAC".

[145] Ab 1. Mai nach der Ernte
Die Ernte ist später, die Gärung geht langsamer vor sich, und diese hochwertigen Weine brauchen eine längere Reifezeit, um die erwünschte Harmonie zu erlangen. Daher können Trockenbeerenauslesen (kurz TBA) nicht vor dem 1. Mai nach dem Erntejahr in den Verkehr gebracht werden.

[146] Bärenreiser
Drei dieser vier Rieden zählen zu den besten Lagen der gesamten Steiermark. Czamillonberg liegt in der Gemeinde Leutschach, der Grassnitzberg in Spielfeld und Zieregg in der Gemeinde Berghausen. Den "Bärenreiser" findet man allerdings nicht in der Steiermark, sondern in der Gemeinde Höflein im Weinbaugebiet Carnuntum.

[147] Pinot Noir
Österreich hat die größte St. Laurent-Anbaufläche der Welt. Die berühmte verwandte Rebsorte ist Pinot Noir bzw. Pinot Nero, Blauburgunder oder Blauer Spätburgunder. Die Weine der Sorte St. Laurent sind meistens gerbstoffreicher als die Blauburgunder.

[148] Am Wagram
Das "Collegium Vinum Wachrain" ist eine Winzervereinigung, die nach einer Neuformierung aus der Vereinigung "Wagramer Selektion" hervorgegangen ist. Bei der Gründung der Initiative war es das Gebiet Donauland, trägt aber ab dem Jahrgang 2007 die Bezeichnung Wagram. Das Gebiet liegt zwischen Krems- und Kamptal im Westen und Wien im Osten. Der Teil Wagram liegt nördlich der Donau, und der Bereich Klosterneubug und Umgebung, der südlich des Stroms liegt, ist nunmehr als Großlage Klosterneuburg benannt. Beides zusammen ist das neue Weinbaugebiet Wagram.

Weinland Österreich [Fragen]

[149] Mit der Weingesetznovelle von 1999 wurden die österreichischen Weinbauregionen neu geregelt. Die kleinste Region ist ...?
(1) Weinland
(2) Bergland
(3) Wien
(4) Steiermark

[150] Welche dieser Rotweintrauben ist in Österreich für Qualitätsweine zugelassen?
(1) Refosco
(2) Nebbiolo
(3) Teroldego
(4) Ráthay

[151] Die Kellergasse von Hadres ist eine der schönsten in Österreich. Hadres liegt im ...?
(1) Weinviertel
(2) Burgenland
(3) Traisental
(4) Kremstal

[152] Für welche Rebsorte verwendet man in der Steiermark das Synonym Klevner?
(1) Für Sylvaner
(2) Für Weißburgunder
(3) Für Sauvignon Blanc
(4) Für Blauburgunder

[153] In einer idyllischen österreichischen Landschaft liegt die Weinlage „Engelweingarten". In welchem Weinbaugebiet?
(1) Im Südburgenland
(2) In der Weststeiermark
(3) In der Wachau
(4) Im Gebiet Carnuntum

[154] Vulkanisches Urgestein mit Basalt findet sich in einem österreichischen Weinbaugebiet, aus dem ausdrucksstarke Traminer kommen. Es ist ...?
(1) Die Thermenregion
(2) Die Wachau
(3) Die Südoststeiermark
(4) Das Südburgenland

Weinland Österreich [Antworten]

[149] Bergland
Die westlichen Bundesländer, die nur sehr wenig Weinbau betreiben, sind Vorarlberg, Tirol, Salzburg, Oberösterreich und Kärnten. Diese Länder gelten zusammen als Weinbauregion Bergland und diese hat die kleinste Anbaufläche.

[150] Ráthay
Weine aus der Sorte Ráthay sind noch schwer zu finden, aber es ist eine Erfolg versprechende Neuzüchtung aus Österreich. Seit dem Jahrgang 2000 ist Ráthay zugelassen. Die Züchtung kommt aus der Weinbauschule Klosterneuburg und wurde nach einem früheren Direktor der Schule benannt.

[151] Weinviertel
Hadres mit seiner besonders langen und schönen Kellergasse ist eine Weinbaugemeinde im Weinviertel. Der Ort liegt im Bezirk Hollabrunn, im westlichen Teil des Weinviertels. Gleich nach der Umstellung auf den Euro schmückte sich eine österreichische Briefmarke mit dem Motiv.

[152] Für Weißburgunder
Das Synonym Klevner wird in der Steiermark noch immer für den Weißburgunder bzw. Pinot Blanc verwendet. Klevner oder Clevner hat in anderen Ländern aber auch andere Bedeutungen.

[153] In der Weststeiermark
Die berühmte Riede liegt in der Gemeinde Kothvogl, einer Katastralgemeinde von Stainz in der Weststeiermark. Der Engelweingarten ist sehr eng mit der Geschichte des steirischen „Schilchers" verbunden.

[154] Die Südoststeiermark
Die aromatische Rebsorte Traminer – in all seinen Spielarten – liebt warme vulkanische Böden, und diese findet sie besonders rund um Klöch in der Südoststeiermark. Traminer, Gewürztraminer, Weißer- und Roter Traminer sind Mitglieder in der sehr alten Traminer-Familie.

Weinland Österreich [Fragen]

[155] In der warmen Jahreszeit sind leichte Weißweine im Trend. Die leichtesten gebietstypischen Weine der Wachau tragen die Bezeichnung ...?
(1) Lightwine
(2) Federspiel
(3) Pfauenfeder
(4) Steinfeder

[156] Die meisten Prädikatsweine erzielen ihre hohen Zuckerwerte durch Edelfäule. Die Reihenfolge der Prädikate bis zur höchsten Stufe ist in Österreich ...?
(1) Auslese, Spätlese, Ausbruch
(2) Ausstich, Ausbruch, Trockenbeerenauslese
(3) Auslese, Strohwein, Beerenlese
(4) Beerenauslese, Ausbruch, Trockenbeerenauslese

[157] Welche dieser weißen Rebsorten ist in Österreich für Qualitätsweine nicht zugelassen?
(1) Bacchus
(2) Furmint
(3) Jubiläumsrebe
(4) Roter Veltliner

[158] Der größte St. Laurent-Weingarten Österreichs liegt im Weinbaugebiet ...?
(1) Kamptal
(2) Carnuntum
(3) Thermenregion
(4) Gebiet Neusiedlersee

[159] Welches österreichische Weinbaugebiet hat - in der Relation zur Fläche – den größten Anteil an blauen Trauben?
(1) Das Gebiet Carnuntum
(2) Die Weststeiermark
(3) Die Thermenregion
(4) Das Gebiet Neusiedlersee

Weinland Österreich [Antworten]

[155] Steinfeder
Für die Wachau hat die Produzentengemeinschaft „Vinea Wachau Nobilis Districtus" drei besondere Weinkategorien geschaffen. Die leichtesten Weine tragen „Steinfeder" auf dem Etikett, sind nicht aufgebessert und haben höchstens 11,5 Vol.–% Alkohol.

[156] Beerenauslese, Ausbruch, Trockenbeerenauslese
Die Prädikatsweine beginnen in Österreich mit der Stufe Spätlese, Auslese, Beerenauslese, Ausbruch, und die höchste Stufe ist Trockenbeerenauslese. Die zwei Weinarten Strohwein und Eiswein liegen auf der gleichen Stufe mit der Beerenauslese, haben aber ihren hohen Zuckergehalt nicht durch die Edelfäule.

[157] Bacchus
Furmint und Jubiläumsrebe sind wenig bekannt, Roten Veltliner kennt man schon eher, und trotz des irreführenden Namens ist es eine Weißweinsorte. Die Sorte Bacchus ist eine deutsche Neuzüchtung und in Österreich für die Qualitätsweinbereitung nicht zugelassen.

[158] Thermenregion
Der größte zusammenhängende Weingarten Österreichs, der mit St. Laurent bestockt ist, liegt in Tattendorf in der Thermenregion und ist im Besitz des Chorherrenstiftes Klosterneuburg. Österreich ist auch der größte St. Laurent-Produzent der Welt.

[159] Die Weststeiermark
Nachdem in den Weingärten der Weststeiermark mehr als 80 % Reben der Sorte Blauer Wildbacher stehen, ist hier die größte Konzentration. Dazu kommen noch einige Hektar Blauer Zweigelt und andere Sorten. Das gesamte Gebiet hat rund 430 Hektar Weingärten, die fast durchwegs echte „Weinberge" sind.

Weinland Österreich [Fragen]

[160] Ab dem Jahrgang 2006 gibt es in Österreich den dritten gebietstypischen Herkunftswein mit DAC – die DAC Traisental. Für welche Rebsorte(n)?
(1) Für alle Weißweine des Gebietes
(2) Für alle Weiß- und Rotweine des Gebietes
(3) Nur für Grünen Veltliner und Riesling
(4) Nur für Grünen Veltliner und Roten Veltliner

[161] Eines dieser österreichischen Weinbaugebiete ist noch immer für den „Gemischten Satz" bekannt. Es ist ...?
(1) Die Wachau
(2) Das Weinviertel
(3) Das Mittelburgenland
(4) Wien

[162] Ein praktisch fertig vergorener, aber noch trüber Wein ist in Österreich bekannt als ...?
(1) Brauser
(2) Staubiger
(3) Rauscher
(4) Sauser

Weinland Österreich [Antworten]

[160] Nur für Grünen Veltliner und Riesling
DAC ist die Abkürzung für „Districtus Austriae Controllatus" und wird an gebietstypische und herkunftskontrollierte Qualitätsweine vergeben. Für das Weinbaugebiet Traisental in Niederösterreich wurde die dritte DAC geschaffen und gilt nur für die Weißweine der Sorten Grüner Veltliner und Riesling. Die zwei Weinbezeichnungen dazu: „Traisental DAC Grüner Veltliner" und „Traisental DAC Riesling".

[161] Wien
Anders als bei einer Cuvée, werden für den „Gemischten Satz" die Traubensorten gemischt angebaut, gemeinsam geerntet und vergoren. Einst wollte man dadurch das Risiko minimieren und eine gleich bleibende Qualität erreichen. Traditionell und wieder sehr aktuell sind diese Weißweine im Weinbaugebiet Wien.

[162] Staubiger
Direkt nach Beendigung der alkoholischen Gärung ist der sehr junge Wein milchig trüb, weil sich die Hefebakterien noch nicht abgesetzt haben. In diesem Zustand wird er in Österreich als „Staubiger" bezeichnet.

Das Weinland Deutschland

Auch in das heutige Deutschland wurde der Weinbau von den Römern gebracht, und somit hat das Land eine rund 2000 Jahre alte Weinkultur. Die Rebstöcke kamen aus ihrer Heimat nach Germanien. Den Wein dort herzustellen, wo man ihn in großen Mengen genießen wollte, war einfacher, als ihn in Amphoren über die Alpen zu schleppen. Aber schon bevor im heutigen Deutschland Wein entstand, wurden importierte Weine getrunken. Eine griechische Weinflasche aus Ton, die in einem keltischen Grab gefunden wurde, beweist dies.

Die ältesten Weinberge befanden sich in den Tälern von Rhein, Neckar und Mosel. Diese Flüsse mit ihren Seitentälern sind auch heute noch einige der klassischen Anbaugebiete Deutschlands. Schon im 3. Jahrhundert n. Chr. berichtete der römische Dichter Ausonius von den Reben an den Ufern der Mosel. Welche Sorten es damals waren, ist nicht bekannt. Vom Elbling, der dort als heimisch gilt, weiß man aber, dass die Rebe sehr alt ist. Wahrscheinlich war es kein Riesling, denn ein „Ruesseling" fand erstmals im Mittelalter Erwähnung, und die Bedeutung der edlen Traube wurde erst viel später erkannt. Als im 18. Jahrhundert der Fürstbischof zu Trier, Clemens Wenzeslaus, verfügte, an der Mosel Riesling zu pflanzen, begann in Deutschland die Goldene Zeit des Weines. Bald danach zählten Rieslinge aus den guten Lagen des Rheingaus zu den teuersten Weinen der Welt.

Starke Impulse für den deutschen Weinbau kamen von Kaiser Karl dem Großen, als er im 8. Jahrhundert dichte Wälder roden und mit Rebstöcken aus verschiedenen Ländern bepflanzen ließ. Es schuf auch die ersten Gesetze zur Weinbereitung und gab die Erlaubnis, die selbst erzeugten Weine auch zu verkaufen. Die Buschenschänken waren geboren.

Große Verdienste für Weingartenpflege, Auswahl der Rebsorten und Kellerwirtschaft erwarben sich die Mönche des Ordens der Zisterzienser, die in ganz Europa Tausende Klöster gründeten. Mönche aus Burgund erbauten im 12. Jahrhundert das berühmte Kloster Eberbach im heutigen Rheingau. In den darauf folgenden Jahrhunderten waren die vielen Klöster in ihrer Gesamtheit die größten Weinbauunternehmer der Welt.

Als Napoleon zu Beginn des 19. Jahrhunderts die linksrheinischen Gebiete eroberte, wurden die Weinberge der Kirche säkularisiert. Vor allem Adelige übernahmen diese und begannen damit, den Weinbau auf den heutigen Standard zu bringen.

Das Weinland Deutschland

Vielleicht nicht nach der Größe der Rebflächen, aber doch nach der Bekanntheit, zählt Deutschland zu den größeren Weinländern auf der Erde und ist eine besondere Weinnation. Die deutschen Anbaugebiete gehören zu den nördlichsten der Welt nahe dem 51. Breitengrad, der als äußerste Klimagrenze für den Rebenanbau gilt. In dem eher kühlen, kontinentalen Klima können die Trauben natürlich nur in besonderen Zonen ausreifen. Aber solche Klimaoasen gibt es doch viele in dem großen Land.

Deutschland steht mit über 100.000 Hektar Weingärten weltweit an 19. Stelle, aber mit den produzierten Mengen etwa am 6. Platz. Dies weist darauf hin, dass die erlaubten Hektarerträge recht großzügig sind.

Gebiete, Großlagen und Lagen
Deutschland wird in 13 Weinbaugebiete unterteilt. Diese Gebiete sind in Bereiche, Großlagen und rund 2.600 Einzellagen unterteilt. Den Großteil der Anbauflächen findet man entlang der bekannten Flüsse und deren Seitentäler.

Reben und Trauben
Mit einem Anteil von rund 70 Prozent dominieren in Deutschland die Weißweine. Riesling, Müller-Thurgau, Silvaner und Kerner sind dabei die wichtigsten Reben.

Die deutschen Rotweine werden überwiegend aus Blauem Spätburgunder gekeltert, gefolgt von den Sorten Dornfelder, Portugieser und Trollinger.

Deutsches Weinrecht

Das deutsche und das österreichische Weinrecht haben viele Gemeinsamkeiten. So werden die Güteklassen und Qualitätsstufen vor allem nach dem natürlichen Zuckergehalt in den Trauben bzw. im Most unterschieden. Allerdings sind die deutschen Weinbaugebiete in zwei EU-Klimazonen eingeteilt, und daraus ergeben sich unterschiedliche Mindestwerte für gleiche Qualitätsstufen. Baden, das südlichste Weinbaugebiet Deutschlands liegt in der Zone „B", während die übrigen 12 Gebiete zur Zone „A" gerechnet werden.

Die einzelnen Qualitätsstufen

Die nachstehend angeführten niedrigeren Werte gelten für die Gebiete in der Klimazone „A" und die höheren Werte für das Gebiet Baden, das als Einziges in der Zone „B" liegt:

Deutsche Tafelweine
» werden ausschließlich aus deutschem Lesegut gewonnen;
» mindestens 44 bis 50° Öchsle;
» natürlicher Mindestalkohol 5 bis 6 Vol.–%;
» Gesamtalkohol der Weine zwischen 8,5 und höchstens 15 Vol.–%.

Landwein
» ist eine gehobene Stufe des Tafelweines;
» mindestens 47 bis 53° Öchsle;
» Angabe aus welchem der 20 Landweingebiete der Wein kommt;
» Alkohol um mind. 0,5 Vol.–% höher als beim Tafelwein des Gebietes;
» ist stets trocken oder halbtrocken – höchstens 18 g/l Restzucker.

Qualitätswein bestimmter Anbaugebiete (Q.b.A.)
» kommen zu 100 % aus einem der 13 Anbaugebiete;
» mindestens 51 bis 72° Öchsle;
» Erhöhung des Alkoholgehaltes durch Anreicherung erlaubt.

Prädikatsweine bzw. Qualitätsweine mit Prädikat

Ab diesen Qualitäten darf dem Most oder der Maische kein fremder Zucker mehr zugesetzt werden. Die sechs Prädikatsstufen beginnen in Deutschland – anders als in Österreich – mit „Kabinett". Je nach Anbaugebiet und Rebsorte gelten leicht unterschiedliche Mindestmostgewichte.

Kabinettwein
» ist in Deutschland die unterste Stufe der Prädikatsweine;
» feiner leichter Wein aus reifen Trauben mit geringem Alkoholgehalt;
» mindestens 67 bis 82° Öchsle.

Spätlese
» gewonnen aus vollreifen Trauben einer späten Lese;
» mindestens 76 bis 90° Öchsle.

Auslese
» aus besonders verlesenen, vollreifen Beeren gewonnen;
» mindestens 83 bis 100° Öchsle.

Beerenauslese
» aus überreifen und edelfaulen Beeren;
» mindestens 110 bis 128° Öchsle;
» Mindestalkohol 5,5 Vol.–%.

Eiswein
» wird aus gefrorenen Trauben bei mind. -7° C gekeltert;
» mindestens 110 bis 128° Öchsle;
» Mindestalkohol 5,5 Vol.–%.

Trockenbeerenauslese
» aus rosinenartig eingeschrumpften, edelfaulen Beeren;
» mindestens 150 bis 154° Öchsle;
» Mindestalkohol 5,5 Vol.–%.

Classic & Selection
Zwei besondere Bezeichnungen

Der Classic Weintyp
» steht für trockene Weine, deren Restzuckergehalt höchstens doppelt so hoch sein darf wie der Säuregehalt. Die Säure im Wein ist ein wichtiger Aromaträger und bestimmt, zusammen mit dem Zucker, ganz wesentlich das Geschmacksbild des Weines. Aus welchem Anbaugebiet ein „Classic-Wein" auch kommen mag, sein Restzuckergehalt ist niemals höher als 15 Gramm pro Liter.
» Ein „Classic" ist immer ein Jahrgangswein und typisch für das jeweilige Anbaugebiet, sei es Silvaner aus Rheinhessen oder ein Riesling von der Mosel.

Der Selection Weintyp

» garantiert ausgesuchte Weine der Spitzenklasse in der Geschmacksrichtung „Trocken". „Selection" hat höchstens 9 Gramm Restzucker, lediglich beim säurebetonten Riesling sind bis zu 12 Gramm pro Liter möglich. Der natürliche Alkoholgehalt muss bei mindestens 12,2 Vol.–% liegen.
» Geringer Ertrag und Handlese, Trauben aus besonderen Standorten bringen die hohen Qualitäten. Die Weine dürfen erst am 1. September im Jahr nach der Ernte verkauft werden.
» Für die einzelnen Gebiete sind unterschiedliche und nur gebietstypische Rebsorten zugelassen.

Von „Trocken" bis „Süß"

„Trocken"
bis 4 Gramm/Liter bzw. bis maximal 9 Gramm/Liter (Säure +2).

„Halbtrocken"
bis 12 Gramm/Liter bzw. bis höchstens 18 Gramm/Liter, wenn der Restzucker nicht mehr als 10 Gramm über dem Wert der Gesamtsäure liegt (Säure +10).

„Lieblich"
liegt über „Halbtrocken" und kann bis 45 Gramm/Liter haben.

„Süß"
für Weine mit mehr als 45 Gramm Restzucker pro Liter.

Die vielen Gebiete und Lagen mit den sehr unterschiedlichen Bodenverhältnissen und dem sehr großen Sortenspektrum bringen naturgemäß die unterschiedlichsten Weine hervor.

Das Weinquiz

Kategorie: Weinland Deutschland

Weinland Deutschland [Fragen]

[1] Pinot Gris wird auch in Deutschland angebaut, aber unter dem Namen ...?
(1) Grauburgunder
(2) Chardonnay
(3) Neuburger
(4) Auxerrois

[2] Dornfelder ist eine erfolgreiche Rotweinrebe in Deutschlands Weingärten. Die Kreuzung gelang aus zwei Neuzüchtungen ...?
(1) Dunkelfelder x Samtrot
(2) Domina x Ehrenfelser
(3) Huxelrebe x Regent
(4) Helfensteiner x Heroldrebe

[3] Was versteht man in Deutschland - besonders in Hessen - unter einem Babbelwasser?
(1) Einen Hybridenwein
(2) Einen Apfelwein
(3) Einen Tresterwein
(4) Einen unfertigen Jungwein

[4] Wie lange gab es „Deutschen Champagner"?
(1) Bis 1925
(2) Bis 1909
(3) Bis 1934
(4) Bis 1919

[5] Das deutsche Weinsiegel gibt es in verschiedenen Farben. Für welche Geschmacksrichtung steht das Grüne Siegel?
(1) Für Diabetikerwein
(2) Für lieblichen Wein
(3) Für trockenen Wein
(4) Für halbtrockenen Wein

[6] In Luxemburg wird eine alte deutsche Rebsorte angebaut und als Räifrench bezeichnet. Welche Sorte ist damit gemeint?
(1) Grüner Silvaner
(2) Blauer Elbling
(3) Weißer Elbling
(4) Weißer Riesling

Weinland Deutschland [Antworten]

[1] Grauburgunder
Pinot Gris ist die französische Bezeichnung für Grauburgunder oder Ruländer. Der Name Pinot Gris wird zum Beispiel im Elsass verwendet, nachdem der frühere Ausdruck „Tokay d'Alsace" nicht mehr erlaubt ist. Die Sorte hat aber auch noch andere Synonyme, wie Pinot Grigio in Italien.

[2] Helfensteiner x Heroldrebe
Helfensteiner war die Mutter- und Heroldrebe die Vaterrebe. Die Kreuzung erfolgte an der Lehr- und Versuchsanstalt Weinsberg in Württemberg durch August Herold. Beide „Eltern" sind auch Neuzüchtungen, die in Deutschland entstanden sind.

[3] Einen Apfelwein
Als Babbelwasser wird gerne ein Apfelwein bezeichnet. Er lockert die Zungen und es wird mehr „gebabbelt" (dahergeredet). Nach dem Einmaischen – dem Zerkleinern der Früchte – wird gepresst, und der Most wird vergoren, ähnlich wie bei der Weißweinbereitung. Der Alkoholgehalt ist deutlich geringer als bei Weinen aus Trauben und liegt bei etwa 5 bis 6,5 Vol.-%.

[4] Bis 1919
Um 1826 wurden die ersten Sektkellereien in Deutschland gegründet, und die Schaumweine wurden gerne als „Deutsche Champagner" bezeichnet. Durch den Versailler Vertrag von 1919 wurde die Bezeichnung Champagner für Frankreich geschützt.

[5] Für halbtrockenen Wein
Das Grüne Siegel auf den Flaschen gilt für halbtrockene Weine mit höchstens 18 g Restzucker pro Liter. Eine generelle Voraussetzung, um ein Siegel zu erhalten, ist die Bewertung mit mindestens 2,5 von 5 Punkten.

[6] Weißer Elbling
Im luxemburgischen Teil des Moseltales ist der Weiße Elbling eine wichtige Sorte und wird dort Räifrench genannt. Elbling gilt als eine der ältesten Rebsorten Mitteleuropas und wurde wahrscheinlich von den Römern an die Mosel gebracht.

Weinland Deutschland [Fragen]

[7] Drachenblut ist die Bezeichnung für einen hellen und gefälligen, aber eher seltenen deutschen Rotwein. Aus welchem Weinbaugebiet kommt er?
(1) Von der Nahe
(2) Vom Mittelrhein
(3) Aus Baden
(4) Von der Ahr

[8] „Schick mir doch einige Würzburger, denn kein anderer Wein will mir schmecken", schrieb Goethe seiner Frau aus Weimar. Welches war damals der wichtigste Wein des Frankengebietes?
(1) Scheurebe
(2) Silvaner
(3) Müller-Thurgau
(4) Chardonnay

[9] Einst wurde französischer Rotwein im Tank nach Norddeutschland geliefert und in den Hanse-Städten zur Trinkreife gebracht. Unter welchem Namen ist (war) der Wein bekannt?
(1) Rotspon
(2) Blauspund
(3) Rotlaus
(4) Rotkelch

[10] Wie hoch sind die Jahresdurchschnittstemperaturen in den deutschen Weinbaugebieten?
(1) Etwa 15 Grad
(2) Etwa 12–14 Grad
(3) Etwa 7–8 Grad
(4) Etwa 9–11 Grad

[11] Die Faberrebe ist eine deutsche Neuzüchtung. Aus welchen Sorten wurde sie gekreuzt?
(1) Aus Ruländer x Silvaner
(2) Aus Gutedel x Lemberger
(3) Aus Weißem Burgunder x Müller-Thurgau
(4) Aus Spätburgunder x Riesling

Weinland Deutschland [Antworten]

[7] Vom Mittelrhein
Das Drachenblut wird aus Spätburgunder- oder Portugieser-Trauben gewonnen und kommt aus dem Gebiet Mittelrhein. Die Weingärten liegen im Siebengebirge, an den Abhängen des Drachenfelsens. Von dem Wein gibt es nicht sehr viel und er wird hauptsächlich dort getrunken, wo er wächst.

[8] Silvaner
Es war natürlich die Sorte Silvaner, denn Müller-Thurgau und Scheurebe existierten damals noch nicht, und Chardonnay war in Deutschland nicht zugelassen. Woher die Rebsorte stammt, ist nicht eindeutig geklärt. Nach neuesten Untersuchungen liegt ihr Ursprung eher in Österreich und nicht, wie lange vermutet, in Transsilvanien.

[9] Rotspon
Besonders in Bremen, Hamburg und Lübeck war der französische Rotwein sehr bekannt und er wurde allgemein als Rotspon bezeichnet. Es war aber auch ein allgemeines Synonym für Rotweine. Das österreichische Weingut Jurtschitsch erzeugt einen sehr populären Rotwein unter dem Namen Rotspon.

[10] Etwa 9–11 Grad
Die deutschen Weinbaugebiete liegen im internationalen Vergleich doch weit im Norden, und die Jahresdurchschnittstemperaturen liegen bei 9 bis 11 Grad C. Unter 9 Grad würden die Trauben in vielen Jahren nicht richtig ausreifen. Die deutschen Gebiete – außer Baden – liegen alle in der Klimazone „A".

[11] Aus Weißem Burgunder und Müller-Thurgau
Die Faberrebe ist eine Weißweinsorte, die durch Georg Scheu aus Weißem Burgunder x Müller-Thurgau gekreuzt wurde. Die früh reifende und ertragreiche Rebe ist hauptsächlich in Rheinhessen verbreitet, teilweise auch in der Pfalz und an der Nahe.

Weinland Deutschland [Fragen]

[12] Auf welchen Böden wachsen die kraftvollen, aromatischen Weißweine Deutschlands am besten?
(1) Auf Schieferböden
(2) Auf Vulkanböden
(3) Auf Kalkböden
(4) Auf Sandböden

[13] Die Heroldrebe ist eine Neuzüchtung in Deutschland. Aus welcher Kreuzung entstand die Rotweinrebe?
(1) Trollinger x St. Laurent
(2) Müllerrebe x Merlot
(3) Portugieser x Lemberger
(4) Spätburgunder x Lemberger

[14] Wie hoch muss der tatsächlich vorhandene Alkoholgehalt in Vol.–% bei deutschem Sekt sein?
(1) 11 Vol.–%
(2) 11,5 Vol.–%
(3) 9 Vol.–%
(4) 10 Vol.–%

[15] Weine aus Steillagen profitieren durch den steilen Sonneneinstrahlungswinkel. Welche Neigung muss ein deutscher Weinberg aufweisen, damit er als Steillage gilt?
(1) 26 %
(2) 28 %
(3) 30 %
(4) 32 %

[16] Ab welcher Qualitätsstufe bzw. Güteklasse ist das Anreichern oder Aufbessern in Deutschland nicht mehr erlaubt?
(1) Ab QbA
(2) Ab Kabinett
(3) Ab Spätlese
(4) Ab Auslese

[17] Weinstraßen sind überall beliebte Touristenattraktionen. Wo in Deutschland entstand die erste Weinstraße?
(1) In der Pfalz
(2) Am Kaiserstuhl in Baden
(3) Im Ahrtal
(4) Im Bereich Johannisberg im Rheingau

Weinland Deutschland [Antworten]

[12] Auf Vulkanböden
Die kraftvollen und aromatischen Weißweinsorten wachsen besonders gut auf den warmen vulkanischen Böden, wie etwa am Kaiserstuhl. Die Aromasorten werden auch als Bukettsorten bezeichnet und bekannte Beispiele dafür sind Traminer, Muskateller, Muskat-Ottonel und Morio-Muskat.

[13] Portugieser x Lemberger
Die Heroldrebe entstand aus einer Kreuzung von Portugieser (Mutterrebe) und Lemberger (Vaterrebe). Die Sorte ist nach dem Rebzüchter August Herold benannt. Die Kreuzung erfolgte an der Lehr- und Versuchsanstalt Weinsberg in Württemberg. Die Anbaufläche in Deutschland beträgt nur etwa 200 Hektar.

[14] 10 Vol.–%
Deutscher Sekt muss einen tatsächlichen Alkoholgehalt von mindestens 10 Vol.–% aufweisen. Zudem wird „Deutscher Sekt" zu 100 % aus deutschen Weinen gewonnen. Dies ist übrigens nicht so selbstverständlich, denn ein großer Teil der in Deutschland produzierten Schaumweine basiert auf importierten EU-Weinen.

[15] 30 %
Eine Steillage muss in Deutschland eine Neigung von mindestens 30 % aufweisen. Dies bedeutet, dass ein 100 Meter entfernter (horizontaler) Punkt 30 Meter höher oder tiefer liegt. Es entspricht einem Winkel von 16,69 Grad. Den steilsten Weinberg Deutschlands mit bis zu 75 % findet man in der Gemeinde Bremm an der Mosel.

[16] Ab Kabinett
Das Anreichern bzw. Aufbessern ist ab der Stufe Kabinett nicht mehr erlaubt. Diese Regelung gilt auch für das österreichische Weingesetz. Allerdings sind die Mindestmostgewichte für Kabinettweine in Deutschland und Österreich unterschiedlich.

[17] In der Pfalz
Im Jahre 1935 wurde die Idee für eine Weinstraße geboren und diese erste „Deutsche Weinstraße" in der Pfalz ist zu einem Begriff geworden. Sie beginnt bei Bockenheim im Norden und erstreckt sich über 85 km bis an die deutsch-französische Grenze bei Schweigen-Rechtenbach.

Weinland Deutschland [Fragen]

[18] In welcher Stadt hat das Deutsche Weininstitut seinen Sitz?
(1) In Mainz
(2) In Rüdesheim
(3) In Bad Kreuznach
(4) In Koblenz

[19] Ein deutsches Weinbaugebiet hat die größte Silvaner-Anbaufläche der Welt. Um welches Gebiet handelt es sich dabei?
(1) Pfalz
(2) Württemberg
(3) Rheinhessen
(4) Franken

[20] Ein sehr erfolgreicher deutscher Sekt trägt den Namen eines bekannten Märchens. Es ist ...?
(1) Hänsel und Gretel
(2) Rotkäppchen
(3) Rumpelstilzchen
(4) Dornröschen

[21] „Hades" ist ein Zusammenschluss von deutschen Weingütern, die bei der Produktion ihrer Weine ein besonderes Verfahren anwenden. Was steckt hinter den Hades-Weinen?
(1) Der Ausbau der Weißweine ausschließlich in Stahltanks
(2) Die Bewirtschaftung der Weingärten nach Bio-Regeln
(3) Ausschließlich trockene Rieslinge und Silvaner werden gewonnen
(4) Der Ausbau der Weine in Barriques

[22] Der beste Wein des Jahres einer deutschen Weinbaugemeinde erhält den Namen „Käthchenwein". Er ist aus ...?
(1) Heilbronn
(2) Rüdesheim
(3) Klingenberg
(4) Bingen

[23] Wann und von wem wurde in Deutschland die Sektsteuer eingeführt?
(1) 1888 – von Kaiser Friedrich III.
(2) 1928 – von Paul von Hindenburg
(3) 1902 – von Kaiser Wilhelm II.
(4) 1890 – von Reichskanzler Otto von Bismarck

Weinland Deutschland [Antworten]

[18] In Mainz
Das Deutsche Weininstitut hat seinen Sitz in Mainz, im „Haus des Deutschen Weines".

[19] Rheinhessen
Das deutsche Weinbaugebiet Rheinhessen hat die größte Silvaner-Anbaufläche der Welt. Mit fast 3.000 Hektar Anbaufläche ist der Silvaner dort unter den vielen verschiedenen Rebsorten am zweithäufigsten zu finden (nach Müller-Thurgau).

[20] Rotkäppchen
Das Märchen, das dem Sekt den Namen gab, ist „Rotkäppchen". Der Ursprung der Marke liegt in Freyburg an der Unstrut. Nach der Wiedervereinigung erlebte die Marke eine Erfolgs-Story. Heute firmiert das Unternehmen als Rotkäppchen-Mumm Sektkellereien GmbH.

[21] Der Ausbau der Weine in Barriques
Hinter „Hades" steht die Studiengruppe „Neues Eichenfass" im Anbaugebiet Württemberg, die sich mit dem Ausbau von Rot- und Weißweinen im Barrique befasst. Der Name entstand aus den Anfangsbuchstaben der Gründungsmitglieder Hohenlohe, Adelmann, Drautz, Ellwanger und Sonnhof.

[22] Heilbronn
„Käthchenwein" ist jeweils der beste Wein des Jahres in der Weinbaugemeinde Heilbronn in Württemberg. Die Bezeichnung wurde vom Drama „Das Käthchen von Heilbronn" abgeleitet.

[23] 1902 - von Kaiser Wilhelm II.
Die Sektsteuer wurde in Deutschland 1902 von Kaiser Wilhelm II. zur Finanzierung des Kaiser-Wilhelm-Kanals und der kaiserlichen Flotte eingeführt. Im Volksmund war sie daher auch als „Flottensteuer" bekannt.

[24] Welche Traube ist in Deutschland auch als Jakobstraube oder Jakobitraube bekannt?
(1) Trollinger
(2) Müllerrebe
(3) Blauer Frühburgunder
(4) St. Laurent

[25] Deutschlands „Classic-Weine" werden in den jeweilgen Gebieten aus regionaltypischen Rebsorten gewonnen. In Württemberg sind es ...?
(1) Portugieser und Dornfelder
(2) Trollinger und Lemberger
(3) Riesling und Spätburgunder
(4) Rivaner und Gutedel

[26] Eine der nachstehend angeführten Rebsorten kann für „Selection" aus dem Gebiet Mittelrhein nicht verwendet werden. Welche ist es?
(1) Chardonnay
(2) Grauburgunder
(3) Weißburgunder
(4) Spätburgunder

[27] Für deutsche Weine der Serien „Selection" sind nur klassische, gebietstypische Rebsorten der einzelnen Gebiete zugelassen. Welche der nachstehenden ist an der Ahr dafür nicht zugelassen?
(1) Riesling
(2) Frühburgunder
(3) Spätburgunder
(4) Blauer Portugieser

[28] Ein deutsches Weinbaugebiet wurde von der Unesco als Weltkulturerbe anerkannt. Es ist ...?
(1) Ahr
(2) Obermosel
(3) Rheingau
(4) Mittelrhein

Weinland Deutschland [Antworten]

[24] Blauer Frühburgunder
Weil die Sorte schon am Jakobitag - dem 25. Juli - zu reifen beginnt, wird der Blaue Frühburgunder oft als Jakobitraube oder Jakobstraube bezeichnet. Es ist eine Mutation des Pinot Noir und zählt somit zur großen Familie der Burgundertrauben.

[25] Trollinger und Lemberger
In Württemberg sind es zwei rote Rebsorten. Trollinger und Lemberger können in Württemberg auch zusammen einen „Classic-Wein" ergeben. Sonst sind die Weine dieser Kategorie reinsortig. Die Weine sind immer trocken ausgebaut, ohne dass dies aber auf dem Etikett stehen muss.

[26] Chardonnay
Die drei angeführten Burgundersorten und auch Riesling sind für „Selection" im Gebiet Mittelrhein zugelassen, Chardonnay aber nicht. Der Begriff „Selection" auf dem Etikett steht für trockene Weine aus gebietstypischen Rebsorten in exzellenter Qualität.

[27] Blauer Portugieser
Die Traube hat an der Ahr eine gewisse Bedeutung, ist jedoch für die „Selection-Weine" nicht zugelassen: Es ist der Blaue Portugieser, der hier immerhin einen Anteil von rund 12 % an der Weingartenfläche hat.

[28] Mittelrhein
Wegen seiner einzigartigen Kombination von Rebbau und Burgen an steilen Hängen wurde das Gebiet Mittelrhein im Jahr 2002 von der Unesco zum Weltkulturerbe erklärt. Es betrifft das schöne Gebiet entlang des Rheins etwa von Bingen bis Koblenz.

Weinland Deutschland [Fragen]

[29] „Selection" ist eine besondere Qualität bei deutschen Weinen. Ab welchem Zeitpunkt, nach dem Erntejahr, dürfen die Weine verkauft werden?
(1) Es gibt keine Vorschrift dafür, der Winzer entscheidet
(2) Ab 1. September
(3) Ab 1. Juli
(4) Ab 1. März

[30] Welche dieser Reben-Spezies dominiert in den deutschen und europäischen Weingärten?
(1) Vitis riparia
(2) Vitis berlandieri
(3) Vitis vinifera
(4) Vitis rupestris

[31] Eine dieser Rebsorten wird praktisch nur in Württemberg angebaut. Welche ist es?
(1) Trollinger
(2) Gewürztraminer
(3) Huxelrebe
(4) Schwarzriesling

[32] Aus welchem (welchen) deutschen Weinbaugebiet(en) kommt der „Charta-Wein"?
(1) Aus dem Rheingau und dem Mittelrhein
(2) Aus Rheinhessen und der Pfalz
(3) Nur aus dem Rheingau
(4) Aus Rheinhessen und dem Rheingau

[33] Die weiße Bacchus-Traube wird in Deutschland auf mehr als 2.700 Hektar Weingärten angebaut. Wo ist die Anbaufläche am größten?
(1) In der Pfalz
(2) In Franken
(3) In Baden
(4) In Rheinhessen

[34] Darf Traubensaft in Deutschland Alkohol enthalten ...?
(1) Ja, aber nur 0,3 Vol.–% und nur, wenn er offen ausgeschenkt wird
(2) Ja, aber höchstens 0,7 Vol.–%
(3) Ja, aber höchstens 1 Vol.–%
(4) Nein, Traubensaft muss komplett alkoholfrei sein

Weinland Deutschland [Antworten]

[29] Ab 1. September
„Selection" ist in Deutschland eine Kategorie für trockene Weine der Spitzenklasse. Diese Qualitäten dürfen nicht vor dem 1. September des auf die Ernte folgenden Jahres in Verkehr gebracht werden.

[30] Vitis vinifera
Es ist natürlich Vitis Vinifera – die Europäische Edelrebe. Die drei übrigen Arten zählen zu den amerikanischen Urreben. Kreuzungen daraus bilden die reblausresistenten Unterlagsreben für unsere Keltertrauben.

[31] Trollinger
Die Württembergische Spezialität ist natürlich der Trollinger. Die Rotweinsorte ist mit dem Vernatsch in Südtirol, der dort schon seit der Römerzeit bekannt ist, identisch. Der Name entstand vermutlich aus dem Wort „Tirolinger".

[32] Nur aus dem Rheingau
Die „Charta-Weine" kommen ausschließlich aus den Weingütern einer besonderen Vereinigung im Rheingau. Es sind trockene und typische Riesling-Weine, die einer besonderen Prüfung unterzogen werden.

[33] In Rheinhessen
Fast die Hälfte der Bacchus-Trauben wachsen in den Weingärten von Rheinhessen. Das Gebiet wird gerne als „Land der 1.000 Hügel" bezeichnet und ist mit rund 26.000 Hektar das größte deutsche Weinbaugebiet.

[34] Ja, aber höchstens 1 Vol.–%
Traubensaft darf in Deutschland tatsächlich etwas Alkohol haben, aber nicht mehr als 1 Vol.–%. Auch in anderen Ländern dürfen alkoholfreie Säfte etwas Alkohol beinhalten.

Weinland Deutschland [Fragen]

[35] Welches deutsche Weinbaugebiet produziert die größte Menge Spätburgunder?
(1) Pfalz
(2) Württemberg
(3) Baden
(4) Ahr

[36] Was versteht man in Deutschland unter einem Schwarzriesling?
(1) Den Blauen Frühburgunder
(2) Die Müllerrebe (Pinot Meunier)
(3) Den St. Laurent
(4) Den „Kerner" (Kreuzung Riesling x Trollinger)

[37] Welches deutsche Weinbaugebiet liegt zwischen Eifel und Hunsrück?
(1) Mosel
(2) Ahr
(3) Hessische Bergstraße
(4) Saale-Unstrut

[38] Deutschland erzeugt mehr als 70 % Weißweine. In welchem Gebiet ist dieser Anteil prozentual am höchsten?
(1) Im Rheingau
(2) An der Mosel
(3) In Rheinhessen
(4) In der Pfalz

[39] Ein altes Flächenmaß im deutschsprachigen Raum ist der „Morgen". Wie viele m² ergeben einen „Morgen"?
(1) 1.000 m²
(2) 1.850 m²
(3) 2.500 m²
(4) 3.750 m²

[40] Ein besonderer Typ eines deutschen Weißweines trägt auf dem Etikett ein großes „RS". Es ist ...?
(1) Ruwer-Sämling
(2) Rheinhessen Silvaner
(3) Rheinland-Sekt
(4) Riesling-Selection

Weinland Deutschland [Antworten]

[35] Baden
In allen angeführten Weinbaugebieten hat der Spätburgunder eine gewisse Bedeutung. Mit mehr als 5.000 Hektar hat jedoch das Weinbaugebiet Baden mit Abstand die größte Anbaufläche für den edlen Spätburgunder.

[36] Die Müllerrebe (Pinot Meunier)
Trotz des Namens handelt es sich um eine Rotweintraube. Das Synonym Schwarzriesling wird in Deutschland gerne für die Müllerrebe bzw. den Pinot Meunier verwendet. Die Traube wird zur Burgunderfamilie gerechnet und ist durch Mutation aus dem Pinot Noir entstanden.

[37] Mosel
Einer der schönsten Weinflüsse Deutschlands windet sich zwischen den Gebirgszügen Eifel und Hunsrück und gibt dem Gebiet seinen Namen: Mosel. Mit mehr als 10.000 Hektar ist es das fünftgrößte deutsche Weinbaugebiet. Lange Zeit trug das Gebiet den Namen Mosel-Saar-Ruwer.

[38] An der Mosel
Riesling, Müller-Thurgau, Elbling und Kerner sind die wichtigsten Sorten, die an den teils extrem steilen Weinbergen angebaut sind. Insgesamt erzeugen die Winzer an der Mosel mehr als 90 % Weißweine.

[39] 2.500 m²
Ein „Morgen" hat eine Fläche von 2.500 m². Das Maß war im deutschsprachigen Raum weit verbreitet und entsprach etwa der Größe eines Ackers, der an einem Vormittag gepflügt werden konnte. Vier „Morgen" ergaben ein Hektar.

[40] Rheinhessen Silvaner
Das große „RS" auf dem Etikett steht für Rheinhessen-Silvaner. Er war einer der ersten Gebietsweine in Deutschland und ist als Rebsortenwein konzipiert. Das deutsche Weinbaugebiet Rheinhessen hat die größten Silvaner-Weingärten der Welt.

Weinland Deutschland [Fragen]

[41] Wie lautet die Reihenfolge bei der Einteilung der deutschen Weinbaugebiete von der kleinsten bis zur größten Einheit?
(1) Großlage–Lage–Gemeinde–Gebiet
(2) Lage–Großlage–Bereich–Anbaugebiet
(3) Gemeinde–Bereich–Lage–Anbaugebiet
(4) Gebiet-Lage-Großlage-Bereich

[42] Welche Rebsorten sind für den Typenwein „Moseltaler" zugelassen?
(1) Alle in Deutschland zugelassenen weißen Qualitätsrebsorten
(2) Alle Weißweinsorten und Spätburgunder
(3) Nur Riesling, Silvaner und Rivaner
(4) Nur Riesling, Rivaner, Elbling und Kerner

[43] Das Deutsche Weinsiegel nach einem 5-Punkte-System vergeben. Wie viele Punkte muss ein Wein dafür mindestens erreichen?
(1) Mindestens 2,0
(2) Mindestens 2,5
(3) Mindestens 3,0
(4) Mindestens 3,5

[44] In einem dieser Weinbaugebiete hat der Riesling einen Anteil von mehr als 50 %. Es ist ...?
(1) Baden
(2) Hessische Bergstraße
(3) Pfalz
(4) Ahr

[45] Das Ahr-Gebiet hat nur eine einzige Großlage. Sie trägt den Namen ...?
(1) Klosterberg
(2) Kaiserberg
(3) Doktorberg
(4) Himmelberg

[46] Die nördlichst gelegene Weinlage der Welt befindet sich in Deutschland, nördlich des 52. Breitengrades. Es ist der ...?
(1) Werderaner Wachtelberg im Gebiet Saale-Unstrut
(2) Drachenfels am Mittelrhein
(3) Burgberg im Ahrtal
(4) Rheingoldberg am Mittelrhein

Weinland Deutschland [Antworten]

[41] Lage–Großlage–Bereich–Anbaugebiet
Die richtige Reihenfolge bei der Einteilung der Weinbaugebiete Deutschlands nach ihrer Größe lautet: Lage–Großlage–Bereich–Anbaugebiet. Derzeit gibt es mehr als 2.600 (Einzel-)Lagen, rund 170 Großlagen, 40 Bereiche und 13 Weinbaugebiete.

[42] Nur Riesling, Rivaner, Elbling und Kerner
„Moseltaler" ist ein „Typenwein besonderer Herkunft" aus dem deutschen Anbaugebiet Mosel. Für den Wein sind die vier Sorten Riesling, Rivaner, Elbling und Kerner - aber ohne Sortenangabe - zugelassen.

[43] Mindestens 2,5
Für die Erlangung des Deutschen Weinsiegels muss ein Wein nach einem amtlichen Prüfungsverfahren mindestens 2,5 von 5,0 Punkten erreichen. Das Siegel wird in 3 Farben vergeben: gelb für trockene, grün für halbtrockene und rot für liebliche bzw. süße Weine.

[44] Hessische Bergstraße
Mit rund 53 % Riesling in den Weingärten ist die Hessische Bergstraße noch immer ein klassisches Gebiet für die edle Sorte. Der Anteil ist jedoch leicht rückläufig, und die Nummer zwei ist Müller-Thurgau mit mehr als 10 % Anteil.

[45] Klosterberg
Mit einem Anteil von mehr als 80 % blauer Rebsorten ist die Ahr „die" Rotweinregion Deutschlands. Die einzige Großlage des Ahr-Tales trägt den Namen Klosterberg. Innerhalb dieser Großlage gibt es insgesamt 43 Einzellagen.

[46] Werderaner Wachtelberg im Gebiet Saale-Unstrut
Im 14. Jahrhundert legten Zisterzienser-Mönche hier die ersten Weinberge an. Die Lage umfasst heute etwa 4 Hektar Rebfläche, war aber einmal viel größer. Diese nördlichste, gesetzlich erfasste Weinlage der Welt ist der Werderaner Wachtelberg im Gebiet Saale-Unstrut.

Weinland Deutschland [Fragen]

[47] Welches ist die mengenmäßig wichtigste Rebsorte für das Weinbaugebiet Baden?
(1) Müller-Thurgau
(2) Spätburgunder
(3) Grauburgunder
(4) Blauer Portugieser

[48] Das Gebiet Baden ist in neun Bereiche unterteilt. Der nördlichste davon ist ...?
(1) Breisgau
(2) Kraichgau
(3) Tauberfranken
(4) Ortenau

[49] Welches ist die wichtigste Rebsorte im Bereich Obermosel?
(1) Müller-Thurgau
(2) Auxerrois
(3) Riesling
(4) Elbling

[50] Welcher Teil des Gebietes Mosel (-Saar-Ruwer) kennt man auch als die „Terrassenmosel"?
(1) Saar und Ruwer
(2) Obermosel
(3) Mittelmosel
(4) Untermosel

[51] Fast 80 % der Rebfläche des Rheingaus sind mit Riesling bestockt. Die Nummer zwei nach der Anbaufläche ist ...?
(1) Spätburgunder
(2) Müller-Thurgau
(3) Frühburgunder
(4) Weißburgunder

[52] „Moseltaler" ist ein Qualitätswein eines bestimmten Anbaugebietes. Welche Geschmacksrichtung kann er haben?
(1) Süß
(2) Extratrocken
(3) Halbtrocken und lieblich
(4) Trocken

Weinland Deutschland [Antworten]

[47] Spätburgunder
Baden ist das drittgrößte Weinbaugebiet Deutschlands, und Spätburgunder ist die meist angebaute Rebsorte mit einem Anteil von rund 30 % der gesamten Rebfläche. Die Sorte ist mit Pinot Noir, Pinot Nero und Blauburgunder identisch.

[48] Tauberfranken
Außer den hier angeführten umfasst das Weinbaugebiet Baden auch noch die Bereiche Badische Bergstraße, Bodensee, Tuniberg, Markgräflerland und Kaiserstuhl. Tauberfranken ist der nördlichste Bereich des Gebietes.

[49] Elbling
An der Obermosel ist der weiße Elbling die wichtigste Sorte. Die Rebe ist hier schon seit mehr als 2.000 Jahren beheimatet. Elbling wird wegen seiner frischen Säure besonders gerne als Grundwein für die Sektproduktion verwendet.

[50] Untermosel
Wegen der vielen besonders steilen Weinberglagen an der Untermosel nennt sich dieser Teil des Flusstales gerne die „Terrassenmosel". Hier finden sich auch einige der steilsten Weinberge Deutschlands.

[51] Spätburgunder
Außer Riesling gibt es im Rheingau fast nur noch Spätburgunder. Von den übrigen Sorten ist höchstens noch Müller-Thurgau mit etwa 2 % erwähnenswert. Das Gebiet Rheingau hat insgesamt zirka 3.200 Hektar Weingärten.

[52] Halbtrocken und lieblich
Ein „Moseltaler" kann aus Riesling, Müller-Thurgau, Elbling oder Kerner gewonnen werden. Der vorgeschriebene Restzucker liegt zwischen 15 und 30 Gramm pro Liter. Dies entspricht den Geschmacksbezeichnungen „halbtrocken" oder „lieblich".

Weinland Deutschland [Fragen]

[53] Die Huxelrebe ist in einigen Weinbaugebieten Deutschlands schon ziemlich stark verbreitet. Wo gilt die Sorte fast als regionale Spezialität?
(1) In Baden
(2) Am Mittelrhein
(3) In Rheinhessen
(4) An der Ahr

[54] In welchem deutschen Weinbaugebiet liegt das Weingut „Villa Sachsen"?
(1) Im Rheingau
(2) In Sachsen
(3) Im Gebiet Saale-Unstrut
(4) In Rheinhessen

[55] „Liebfraumilch" (Liebfrauenmilch) ist ein lieblicher Qualitätswein, der aus verschiedenen Gebieten kommen kann. Allerdings nicht aus, bzw. vom ...?
(1) Mittelrhein
(2) Rheinhessen
(3) Pfalz
(4) Rheingau

[56] „Affentaler Spätburgunder" ist ein deutscher Qualitätswein und kommt ...?
(1) Aus der Pfalz
(2) Aus Baden
(3) Aus Württemberg
(4) Aus dem Ahrtal

[57] Welches deutsche Weinbaugebiet hat die größte Anbaufläche?
(1) Mosel (-Saar-Ruwer)
(2) Rheinhessen
(3) Baden
(4) Pfalz

[58] Das deutsche Weingütesiegel in verschiedenen Farben kann eine Orientierungshilfe für Konsumenten sein. Das Siegel für „trockene" Weine ist ...?
(1) Rot
(2) Blau
(3) Grün
(4) Gelb

Weinland Deutschland [Antworten]

[53] In Rheinhessen
Die Huxelrebe hat zwar nicht die größte Fläche, gilt aber schon fast als Spezialität in Rheinhessen. Die Rebsorte wurde von Georg Scheu gezüchtet und nach dem Weingutsbesitzer Fritz Huxel benannt, der mit der Sorte große Erfolge erzielte.

[54] In Rheinhessen
Das Weingut „Villa Sachsen" liegt, obwohl der Name etwas anderes vermuten lässt, im Gebiet Rheinhessen, in der Nähe von Bingen. Das Gebäude und das Weingut haben nicht mehr den gleichen Besitzer.

[55] Mittelrhein
Der weitaus größte Teil kommt aus der Pfalz und aus Rheinhessen. Die „Liebfrau(en)milch" ist ein deutscher Markenwein und kann nicht aus dem Gebiet Mittelrhein kommen. Der Wein muss zu mindestens 70 % aus den Sorten Riesling, Silvaner, Müller-Thurgau oder Kerner hergestellt werden.

[56] Aus Baden
Der „Affentaler Spätburgunder" kommt aus dem Gebiet Baden, Bereich Ortenau. In Anlehnung an das „Ave Maria" eines nahe gelegenen Klosters wurde der Ort im Volksmund „Ave Tal" genannt. Daraus wurde das heutige Affental.

[57] Rheinhessen
Mit mehr als 26.000 Hektar Weingärten ist Rheinhessen das größte deutsche Weinbaugebiet. Flächenmäßig ist das Gebiet Pfalz die Nummer zwei in Deutschland.

[58] Gelb
Die Deutsche Landwirtschafts-Gesellschaft – kurz DLG – vergibt unter anderem das Deutsche Weinsiegel in drei Farben. Das „Gelbe Siegel" steht für trockene Weine. Ein blaues Siegel gibt es übrigens nicht.

Weinland Deutschland [Fragen]

[59] **Welches ist die meist angebaute Rebsorte des Weinbaugebietes Ahr?**
(1) Müller-Thurgau
(2) Portugieser
(3) Riesling
(4) Spätburgunder

[60] **Wie viel Restzucker darf deutscher Winzersekt in der Geschmacksrichtung „Trocken" haben?**
(1) Bis zu   9 Gramm/Liter
(2) Bis zu 35 Gramm/Liter
(3) Bis zu 18 Gramm/Liter
(4) Bis zu 12 Gramm/Liter

[61] **Seit der „Wende" hat Deutschland neue Weinbaugebiete. Wie viele waren es vorher?**
(1)   9 Gebiete
(2) 10 Gebiete
(3) 11 Gebiete
(4) 12 Gebiete

[62] **Welches war das kleinste deutsche Weinbaugebiet vor der Wiedervereinigung?**
(1) Die Ahr
(2) Franken
(3) Die Nahe
(4) Die Hessische Bergstraße

[63] **In deutschen Weingärten werden überwiegend Weißweintrauben angebaut. Die größte Anbaufläche belegt die Sorte ...?**
(1) Riesling
(2) Kerner
(3) Silvaner
(4) Scheurebe

[64] **Welchen dieser Prädikatsweine gibt es nach dem deutschen Weingesetz nicht?**
(1) Eiswein
(2) Ausbruch
(3) Auslese
(4) Trockenbeerenauslese

Weinland Deutschland [Antworten]

[59] Spätburgunder
Die Ahr ist ein typisches Rotweingebiet. Die meistangebaute Rebsorte ist Spätburgunder. Der Anteil an der edlen Traube legt weiter zu, während Riesling und Portugieser leicht rückläufig sind. Das Gebiet Ahr liegt im Bundesland Rheinland-Pfalz und hat eine Rebfläche von knapp über 500 Hektar.

[60] Bis zu 35 Gramm/Liter
Sekte und auch Champagner mit der Bezeichnung „Trocken" haben in der EU einen Restzuckergehalt zwischen 17 und max. 35 Gramm pro Liter. Bei Stillweinen sind diese Werte deutlich niedriger.

[61] 11 Gebiete
Bis zur Wiedervereinigung hatte Deutschland 11 Weinbaugebiete. Nun sind es 13. Die zwei neuen Gebiete sind „Saale-Unstrut" und „Sachsen". Seit April 2004 ist auch das „Stargarder Land" zugelassen. Nachdem dort aber kein Qualitätswein erzeugt wird, kann der Bereich, der etwa 100 km nördlich von Berlin liegt, nicht als 14. Weinbaugebiet gerechnet werden.

[62] Die Hessische Bergstraße
Mit rund 450 Hektar Weingärten war die Hessische Bergstraße einmal das kleinste deutsche Weinbaugebiet. Inzwischen ist Sachsen das kleinste Gebiet.

[63] Riesling
Unter den angeführten Sorten ist der Riesling in Deutschlands Weingärten am meisten vertreten. Die weiteren Plätze – bei den Weißweinen - belegen die Sorten Müller-Thurgau, Silvaner und Kerner. Der Blaue Spätburgunder liegt nach seiner Anbaufläche zwischen Müller-Thurgau und Silvaner.

[64] Ausbruch
Die meisten Stufen der Prädikatsweine tragen in Deutschland und Österreich die gleichen Bezeichnungen. Ausbruchweine gibt es in Deutschland allerdings nicht. Sie sind eine österreichische bzw. ungarische Spezialität mit einem Mostgewicht, das zwischen Beerenauslese und Trockenbeerenauslese liegt.

Weinland Deutschland [Fragen]

[65] Bei deutschen Weinen kann man die Bezeichnung „Kaiserstuhl" finden. In welchem Zusammenhang?
(1) Für Weine aus einer besonderen Steillage an der Mosel
(2) Bei Weinen aus früheren kaiserlichen Besitzen
(3) Für Weine aus einem bestimmten Bereich
(4) Bei Krönungsweinen der deutschen Kaiser

[66] Welchen Wein versteht der Engländer unter einem „Hock"?
(1) Einen halbsüßen Weißwein aus Deutschland
(2) Alle deutschen Weißweine
(3) Die deutschen Frankenweine
(4) Weine aus dem Rheingau

[67] Für Moselweine ist eine Flaschenfarbe sehr typisch. Es ist ...?
(1) Grün
(2) Braun
(3) Farblos
(4) Alles ist möglich

[68] Mindestens 6 Rotweinsorten haben in Deutschland Bedeutung. Welches ist die häufigst angebaute rote Rebe?
(1) Blauer Portugieser
(2) Spätburgunder
(3) Trollinger
(4) Lemberger

[69] Wie groß ist die Ertragsfläche im deutschen Weinbau ungefähr?
(1) Rund   50.000 Hektar
(2) Rund   70.000 Hektar
(3) Rund 100.000 Hektar
(4) Rund 120.000 Hektar

[70] Zwei dieser Prädikatsstufen kennt man vielleicht aus Österreich, sind im deutschen Weingesetz aber nicht vorgesehen. Es sind ...?
(1) Spätlese und Trockenbeerenauslese
(2) Auslese und Eiswein
(3) Kabinett und Beerenauslese
(4) Strohwein und Ausbruch

Weinland Deutschland [Antworten]

[65] Für Weine aus einen bestimmten Bereich
Der „Kaiserstuhl" hat nichts mit dem deutschen Adel zu tun. Es ist einer der Bereiche im Weinbaugebiet Baden und gleichzeitig eine der wärmsten Gegenden Deutschlands. Hier verarbeiten Winzergenossenschaften einen großen Teil der Trauben.

[66] Weine aus dem Rheingau
„Hock" ist für Engländer das Synonym für einen Rheingauer Weißwein. Der Name ist durch eine verkürzte Wiedergabe von „Hochheimer" entstanden. Nach dem deutschen Weingesetz kann der Name „Hock" unter bestimmten Voraussetzungen auch für Weine aus anderen Gebieten verwendet werden.

[67] Grün
In Deutschland ist die lang gezogene, schlanke Schlegelflasche sehr weit verbreitet, und Moselweine werden üblicherweise in grüne Flaschen gefüllt. Im Rheingau hingegen wird die braune Flasche in der gleichen Form verwendet.

[68] Spätburgunder
Mit deutlichem Abstand zu den übrigen Rotweinsorten dominiert in Deutschlands Weingärten der Spätburgunder. Die Sorte ist identisch mit Blauburgunder, Pinot Noir oder Pinot Nero. Allerdings gibt es davon unzählige verschiedene Klone.

[69] Rund 100.000 Hektar
Deutschlands Weingärten sind zusammen etwa 100.000 Hektar groß. Nach der Rebfläche liegt Deutschland in der Weinwelt etwa an 19. oder 20. Stelle. Mit einer jährlichen Weinproduktion von knapp 10 Millionen Hektolitern im Jahr (Stand 2000) nimmt Deutschland den 6. oder 7. Platz in der Weinwelt ein.

[70] Strohwein und Ausbruch
Alle angeführten Prädikatsstufen – außer Strohwein und Ausbruch – gibt es nach dem deutschen Weingesetz. Strohwein und Ausbruch gibt es jedoch in Österreich, und die Stufe Kabinett zählt dort noch nicht zu den Prädikatsweinen.

Weinland Deutschland [Fragen]

[71] Sie gilt als eine der ältesten Weißweinreben Europas und wurde schon von den Römern an der Mosel angebaut. Um welche Sorte handelt es sich?
(1) Elbling
(2) Muskateller
(3) Riesling
(4) Silvaner

[72] Aus welcher deutschen Weinlage kommen die „echten" Steinweine?
(1) Von der Lage Durbacher Steinberg
(2) Von der Lage Würzburger Stein
(3) Von der Lage Steinbacher Yburgberg
(4) Von der Lage Kallstadter Steinacker

[73] Die echte „Liebfrau(en)milch" stammte aus ...?
(1) Dem Pfarrgarten in Zell an der Mosel
(2) Der Lage Bürgerspital in Würzburg
(3) Dem Klostergarten in Worms
(4) Der Lage Doctorberg in Bernkastel

[74] Zu welcher Weinart wird „Badisch Rotgold" gerechnet?
(1) Zu den Prädikatsweinen
(2) Zu den Landweinen
(3) Zu den Schillerweinen
(4) Zu den Rotlingen

[75] In welchem deutschen Weinbaugebiet ist der Pro-Kopf-Verbrauch an Wein bei der einheimischen Bevölkerung am höchsten?
(1) In Württemberg
(2) Im Rheingau
(3) Am Mittelrhein
(4) In Baden

[76] Hohe Prädikatsweine haben in der Regel wenig Alkohol. Wie hoch ist der Mindestalkohol bei deutschen Beeren- und Trockenbeerenauslesen?
(1) Mind. 5,0 Vol.–%
(2) Mind. 5,5 Vol.–%
(3) Mind. 7,5 Vol.–%
(4) Mind. 8,0 Vol.–%

Weinland Deutschland [Antworten]

[71] Elbling
Schon vor 2000 Jahren beschäftigten sich die Römer mit dem Weinbau an der Mosel. Eine der wichtigen Sorten war bereits damals der Elbling. Die Traube wird auch heute noch – besonders im oberen Teil der Mosel - angebaut.

[72] Von der Lage Würzburger Stein
Die Franken-Weine aus der Lage „Würzburger Stein" gelten als die „echten Steinweine". In den mehr als 2.600 deutschen Einzellagen kommt das Wort Stein auch sonst noch vor.

[73] Aus dem Klostergarten in Worms
Ursprünglich stammte die „Liebfrau(en)milch" aus dem Klostergarten in Worms in der heutigen Region Rheinhessen. Der Wein aus der Lage „Liebfrauenmilch-Kirchenstück" ist die „echte" Liebfrau(en)milch.

[74] Zu den Rotlingen
Diese hellroten, rosé-ähnlichen Weine werden aus weißen und roten Trauben gekeltert und sind Rotlinge. Bei „Badisch Rotgold" sind es die Sorten Grauburgunder (überwiegend) und Blauer Spätburgunder. Die Trauben oder die Maische werden vor der Gärung gemischt.

[75] In Württemberg
Vor allem die heimischen Weine sind es, die im Gebiet Württemberg so beliebt sind. Dies ist der Grund, warum so wenig Württembergischer Wein außer Landes geht. Trollinger, Riesling und Schwarzriesling (Müllerrebe) sind die drei Sorten, die am meisten angebaut werden.

[76] Mind. 5,5 Vol.–%
Deutsche Prädikatsweine ab der Stufe Beerenauslese müssen einen tatsächlichen Mindestalkohol von 5,5 Vol.–% aufweisen. Übrigens: In Österreich beträgt der Mindestalkohol für diese Qualitäten nur 5,0 Vol.–%.

Weinland Deutschland [Fragen]

[77] Ein deutscher Weißwein trägt den Namen „Kröver Nacktarsch". Aus welchem Gebiet kommt der Wein?
(1) Aus Württemberg
(2) Aus dem Rheingau
(3) Von der Mosel
(4) Aus Rheinhessen

[78] Eine alte Fassgröße mit zirka 1.000 Litern ist an der Mosel bekannt als ...?
(1) Doppelstück
(2) Stück
(3) Oxhoft
(4) Fuder

[79] Das südlichste Weinbaugebiet Deutschlands ist ...?
(1) Baden
(2) Württemberg
(3) Franken
(4) Pfalz

[80] Eine bekannte Weinsorte im Gebiet Baden ist der „Klingelberger". Welcher Wein ist damit gemeint?
(1) Der Weißburgunder
(2) Der Riesling
(3) Der Ruländer
(4) Der Gutedel

[81] Was versteht man in Deutschland unter einem Weißherbst?
(1) Einen noch in Gärung befindlichen Traubenmost
(2) Einen Roséwein aus weißen und blauen Trauben
(3) Einen Roséwein nur aus blauen Trauben
(4) Einen weißgekelterten Wein aus blauen Trauben

[82] Offiziell wurde 1775 Deutschlands erste Spätlese aus edelfaulen Trauben gekeltert. Wo geschah es?
(1) In Bensheim an der Hessischen Bergstrasse
(2) Am Tunigberg in Baden
(3) Am Doctorberg an der Mosel
(4) In Johannisberg im Rheingau

Weinland Deutschland [Antworten]

[77] Von der Mosel
„Nacktarsch" ist eine bekannte Großlage an der Mosel, rund um den Ort Kröv. Der Wein ist vor allem wegen seines Namens bekannt. Über dessen Ursprung gibt es verschiedene Legenden.

[78] Fuder
Eine alte Fassgröße an der Mosel mit einem Inhalt von ungefähr 1.000 Litern ist als Fuder bekannt. Es war die ursprüngliche Ladung eines zweispännigen Wagens. Die Fassbezeichnung ist noch in einigen Gebieten gebräuchlich, allerdings mit variierendem Inhalt.

[79] Baden
In mehrere Teilbereiche zerrissen, ist Baden das südlichste Weinbaugebiet Deutschlands. Das Gebiet ist in 9 Bereiche unterteilt, wobei Tauberfranken der nördlichste und Bodensee der südlichste ist. Baden ist das einzige deutsche Weinbaugebiet in der EU-Klimazone „B", gleich wie zum Beispiel das Elsass, die Champagne oder Österreich.

[80] Der Riesling
Im Weinbaugebiet Baden, besonders im Bereich Ortenau, ist der Riesling auch als „Klingelberger" bekannt. Der Name leitet sich von einem sehr steilen Weinberg ab, auf dem seit dem 18. Jahrhundert Riesling reinsortig angebaut wird.

[81] Einen Roséwein nur aus blauen Trauben
Weißherbst ist in Deutschland die Bezeichnung für einen Roséwein, der reinsortig aus blauen Trauben gekeltert wird. Meistens sind es Weine aus Spätburgunder, manchmal aus Blauem Portugieser. Weißherbst entspricht einem Süßdruck in der Schweiz oder einem Gleichgepressten in Österreich.

[82] In Johannisberg im Rheingau
Weil man auf die schriftliche Ernteerlaubnis aus Fulda so lange warten musste, konnten 1775 die Trauben auf Schloss Johannisberg im Rheingau erst gelesen werden, als sie bereits von Edelfäule befallen waren. Somit kommt die erste Spätlese Deutschlands aus dem heutigen Weingut „Weinbau-Domäne Schloss Johannisberg".

Weinland Deutschland [Fragen]

[83] In einem deutschen Weinbaugebiet ist die Bocksbeutel-Flasche sehr typisch. Es ist ...?
(1) In Franken
(2) An der Mosel
(3) In Württemberg
(4) In Baden

[84] Welches ist die unterste Stufe der Prädikatsweine in Deutschland?
(1) Ausstich
(2) Kabinett
(3) Spätlese
(4) Auslese

[85] Eine alte deutsche Weinbezeichnung lautet „Frankenriesling". Damit meint(e) man ...?
(1) Eine Cuvée aus verschiedenen bodenständigen Weißweinsorten
(2) Einen einfachen weißen Schankwein
(3) Den fränkischen Silvaner
(4) Den sehr trockenen fränkischen Riesling

[86] Unter einem „Federweißer" versteht man in Deutschland ...?
(1) Einen sehr jungen Weißburgunder
(2) Einen Weißwein mit wenig Alkohol
(3) Einen leichten Silvaner aus Franken
(4) Einen Traubenmost, der noch nicht ganz durchgegoren ist

[87] Welche dieser nachstehenden Rebsorten ist in Deutschland am meisten verbreitet?
(1) Müller Thurgau
(2) Silvaner
(3) Scheurebe
(4) Kerner

[88] Bad Kreuznach ist eines der Weinbauzentren Deutschlands. In welchem Weinbaugebiet liegt die Stadt?
(1) In Rheinhessen
(2) An der Nahe
(3) In der Pfalz
(4) An der Hessischen Bergstraße

Weinland Deutschland [Antworten]

[83] In Franken
Der Bocksbeutel ist die typische Flasche des Frankengebietes. Ob sich der Name vom Hodensack des Ziegenbocks ableitet oder einen anderen Ursprung hat, ist nicht ganz eindeutig geklärt.

[84] Kabinett
Prädikatsweine bzw. Qualitätsweine mit Prädikat (bis 2007) beginnen in Deutschland bei der Stufe Kabinett. In Österreich sind die Qualitätseinstufungen sehr ähnlich, der Prädikatswein beginnt allerdings erst bei der Stufe Spätlese. Die Bezeichnung „Ausstich" ist im deutschen Weingesetz nicht vorgesehen.

[85] Der fränkische Silvaner
Unter der alten Bezeichnung „Frankenriesling" meinte man den Silvaner im Gebiet Franken. Es war einmal die wichtigste Rebsorte in Franken. Inzwischen hat die Sorte Müller-Thurgau mit mehr als 40 % Anteil die größte Bedeutung.

[86] Einen Traubenmost, der noch nicht ganz durchgegoren ist
Der „Federweiße" ist ein Traubenmost der sich noch in Gärung befindet. Die noch aktiven Hefebakterien lassen den Most milchig-trüb erscheinen. In der Schweiz und in Südtirol ist der Federweiße als „Suser" und in Österreich als „Sturm" bekannt.

[87] Müller Thurgau
Insgesamt dominiert der Riesling in den deutschen Weingärten. Unter den angeführten Sorten ist jedoch Müller-Thurgau mit etwa 18 % an der gesamten Fläche, am meisten verbreitet.

[88] An der Nahe
Bad Kreuznach gilt als das weinbauliche „Zentrum" des Gebietes Nahe. Es trägt den Namen des Flusses, der einen großen Teil der Weinberge begleitet, bis er in den Rhein fließt. In dem breiten Sortenspektrum des Gebietes führt der Riesling mit etwa 25 %.

Weinland Deutschland [Fragen]

[89] Was versteht man in Deutschland unter einem „Bitzler"?
(1) Einen weißen Haustrunk bzw. Tresterwein
(2) Einen säurereichen Frankenwein
(3) Einen „Federweißen" bzw. „Sturm" oder „Suser"
(4) Einen Wein aus Hybriden

[90] Die vielen Einzellagenbezeichnungen Deutschlands schufen schon so manche Verwirrung. Wie viele Lagen sind es offiziell?
(1) Rund 500
(2) Zwischen 500 und 1.000
(3) Zwischen 1.000 und 2.000
(4) Mehr als 2.000

[91] Die Eisweinerzeugung wurde in Deutschland schon im 18. Jahrhundert dokumentiert. In welchem der heutigen Weinbaugebiete?
(1) In Franken
(2) In Baden
(3) Am Mittelrhein
(4) Im Rheingau

[92] Welches deutsche Weinbaugebiet liegt zwischen den Städten Koblenz und Trier?
(1) Ahr
(2) Mosel
(3) Nahe
(4) Mittelrhein

[93] In welchem deutschen Weinbaugebiet liegt der bekannte Weinort Achkarren?
(1) In Württemberg
(2) In Franken
(3) In Baden
(4) In der Pfalz

[94] Nicht alle Weingärten der Stadt Bingen werden zum gleichen Weinbaugebiet gerechnet. Aber der größte Teil liegt im Gebiet ...?
(1) Rheingau
(2) Nahe
(3) Mittelrhein
(4) Rheinhessen

Weinland Deutschland [Antworten]

[89] Einen „Federweißen" bzw. „Sturm" oder „Suser"
„Bitzler" ist in einigen Gegenden Deutschlands der Ausdruck für den „Federweißen". Dies ist ein in Gärung befindlicher Most, der in Österreich als „Sturm" und in der Schweiz und Südtirol als „Suser" bekannt ist.

[90] Mehr als 2.000
Auf den Etiketten deutscher Weine könnte man rund 2.600 Einzellagenbezeichnungen finden. So viele gibt es offiziell und diese schaffen so manche Verwirrung. Die meisten Lagenbezeichnungen findet man im Gebiet Mosel.

[91] In Franken
Schon im Jahr 1794 soll die erste Eisweinernte in Deutschland erfolgt sein. Es war im Frankengebiet. Heutige Voraussetzungen für Eisweine sind Zuckerwerte, die mindestens einer Beerenauslese entsprechen, und Frost von mindestens -7° über mehrere Stunden.

[92] Mosel
Zwischen den bekannten Städten Koblenz und Trier liegt die Mosel. Das Gebiet trägt den Namen des Flusses. Bis 2007 lautet die offizielle Bezeichnung „Mosel-Saar-Ruwer" und dann nur mehr „Mosel".

[93] In Baden
Achkarren ist eine bedeutende Weinbaugemeinde des Kaiserstuhls im Gebiet Baden. Die zwei Einzellagen der Gemeinde sind Castellberg und Schlossberg. Die örtliche Winzergenossenschaft vermarktet die Trauben von mehr 300 Mitgliedern.

[94] Rheinhessen
Fast alle Lagen von Bingen am Rhein liegen im Weinbaugebiet Rheinhessen. Nur die Lagen des Stadtteiles Bingerbrück auf dem gegenüberliegenden Naheufer gehören zum Gebiet Nahe.

[95] Die berühmte Lage „Doctor" liebt im Weinbaugebiet ...?
(1) Mosel
(2) Rheingau
(3) Pfalz
(4) Ahr

[96] Wo in Deutschland muss eine Beerenauslese den höchsten natürlichen Zuckergehalt haben?
(1) Im Rheingau
(2) In Baden
(3) An der Mosel
(4) An der Hessischen Bergstraße

[97] Wann wurde die erste offizielle Spätlese mit Edelfäule im Rheingau gelesen?
(1) 1560
(2) 1650
(3) 1775
(4) 1855

[98] Das Bewirtschaften von steilen Weinbergen ist mühsam und kostenintensiv. Den steilsten Weinberg Deutschlands findet man ...?
(1) An der Ahr
(2) Im Rheingau
(3) In Franken
(4) An der Mosel

[99] Mit welcher Moselgemeinde wird die Weinbezeichnung „Nacktarsch" in Verbindung gebracht?
(1) Mit Kröv
(2) Mit Wehlen
(3) Mit Bernkastel
(4) Mit Zell

[100] Eines der nachstehenden kann als Rotweingebiet angesehen werden. Es ist ...?
(1) Die Hessische Bergstraße
(2) Die Ahr
(3) Die Nahe
(4) Der Rheingau

Weinland Deutschland [Antworten]

[95] An der Mosel
Die berühmte Lage „Doctor" liegt an der Mosel und zwar innerhalb der Großlage Badstube in der Gemeinde Bernkastel. Auf dem sehr steilen Weinberg wird ausschließlich Riesling auf Einzelpfählen kultiviert. Der Wein ist auch als „Bernkastler Doktor" bekannt.

[96] In Baden
Das Gebiet Baden liegt in der Klimazone „B" und hat daher für die Beerenauslese und auch die anderen Prädikatsweine höhere Mindestmostgewichte als die übrigen Gebiete, die alle in der Klimazone „A" liegen.

[97] 1775
Eigentlich mehr durch Zufall als mit Absicht wurde im Jahr 1775 die erste offizielle Spätlese aus edelfaulen Trauben gewonnen. Es geschah auf Schloss Johannisberg im Rheingau. Nach dem heutigen Weingesetz wäre es wahrscheinlich zumindest eine Auslese oder sogar eine Beerenauslese.

[98] An der Mosel
Der steilste Weinberg Deutschlands liegt im Gebiet Mosel. Es ist die Lage „Calmont" in der Gemeinde Bremm an der unteren Mosel. Der mehr als 20 Hektar große Weinberg hat eine Neigung von 65 bis 75 %.

[99] Mit Kröv
„Nacktarsch" ist eine Großlage an der Mosel, Bereich Bernkastel und wird mit der Gemeinde Kröv in Verbindung gebracht. Der Wein ist wohl wegen des Namens bekannt und ein beliebtes Souvenir für Weintouristen.

[100] Die Ahr
Mit mehr als 80 % blauer Trauben in den Weingärten kann die Ahr auf jeden Fall als Rotweingebiet angesehen werden. Blauer Spätburgunder ist mit fast 60 % die wichtigste Sorte, gefolgt von Portugieser und einigen anderen Sorten mit kleineren Anteilen.

Weinland Deutschland [Fragen]

[101] In welcher deutschen Weinbauregion findet man die meisten Einzellagen?
(1) In der Pfalz
(2) Im Rheingau
(3) In der Region Mosel
(4) In Rheinhessen

[102] In einem Rheingauer Ort wurde zu Ehren der englischen Königin Victoria ein Weinberg umbenannt und ein Denkmal errichtet. Es geschah in ...?
(1) Assmannshausen
(2) Rüdesheim
(3) Geisenheim
(4) Hochheim

[103] Mit einer Ausnahme liegen alle deutschen Weinbaugebiete in der EU-Weinbauzone „A". In der Zone „B" liegt nur ...?
(1) Baden
(2) Württemberg
(3) Franken
(4) Hessische Bergstraße

[104] In welchem (welchen) deutschen Weinbaugebiet(en) ist die Bezeichnung „Erstes Gewächs" offiziell erlaubt?
(1) In allen Gebieten, aber nur für den Riesling
(2) Im Rheingau
(3) An der Mosel
(4) In Baden

[105] Welche dieser Bezeichnungen ist nach dem deutschen Weingesetz die unterste Qualitätsstufe?
(1) Tischwein
(2) Schankwein
(3) Trinkwein
(4) Tafelwein

[106] Die Rebsorte Kerner ist eine sehr erfolgreiche Neuzüchtung. Aus welchem deutschen Weinbau-Institut stammt die Sorte?
(1) Aus Weinsberg in Württemberg
(2) Aus Geisenheim im Rheingau
(3) Aus Würzburg in Franken
(4) Aus dem Geilweilerhof in der Pfalz

Weinland Deutschland [Antworten]

[101] In der Region Mosel
Mit mehr als 500 offiziellen Namen hat das Gebiet Mosel die meisten Einzellagen in Deutschland. Diese sind auf 19 Großlagen und mehrere Bereiche verteilt. Mit mehr als 50 % Anteil ist die Mosel ein typisches Riesling-Gebiet.

[102] In Hochheim
Als Erinnerung an den Besuch der jungen Queen Victoria mit ihrem Prinzgemahl Albert von Sachsen-Coburg-Gotha (1850) gibt es in Hochheim einen „Königin Viktoria–Berg". Hochheim ist eine bekannte Weinberggemeinde im Rheingau. Hochheimer Weine genossen am englischen Hofe größte Beliebtheit und waren u. a. als „Hock" bekannt.

[103] Baden
Nur Baden liegt in der Weinbauzone „B" und hat daher teilweise höhere Mindestmostgewichte für bestimmte Qualitäten zu erfüllen. Auch das Elsass, die Champagne und Österreich liegen in der Zone „B".

[104] Im Rheingau
Die Klassifizierung „Erstes Gewächs" wurde im Jahre 1999 eingeführt und gilt nur für das Weinbaugebiet Rheingau und ausschließlich für Riesling und Spätburgunder. Andere Gebiete verwenden sinngemäß ähnliche Bezeichnungen, wie zum Beispiel „Erste Lage" oder „Großes Gewächs".

[105] Tafelwein
Nur eine dieser Bezeichnungen ist im deutschen Weinrecht offiziell vorgesehen. Es ist der „Tafelwein" und steht für die unterste Stufe. So ist es auch im EU-Weinrecht.

[106] Aus Weinsberg in Württemberg
Die erfolgreiche Weißweintraube wurde um 1929 aus den Sorten Trollinger (rot) und Riesling gezüchtet. Die Kreuzung gelang in der Staatlichen Lehr- und Versuchsanstalt für Obst und Weinbau (aktueller Name) Weinsberg, in der Weinbauregion Württemberg.

Weinland Deutschland [Fragen]

[107] Auf welchen Böden wachsen die frischen Mosel-Rieslinge überwiegend?
(1) Auf vulkanischen Böden
(2) Auf Sandböden
(3) Auf Schieferböden
(4) Auf schweren Lehmböden

[108] Württembergs Winzer nennt man gerne auch ...?
(1) Weinbauern
(2) Weinhauer
(3) Vigneron
(4) Weingärtner

[109] Ein bekannter deutscher Wein ist der „Escherndorfer Lump". Aus welchem Weinbaugebiet kommt er?
(1) Aus dem Frankengebiet
(2) Aus dem Gebiet Hessische Bergstraße
(3) Von der Ahr
(4) Aus der Pfalz

[110] Eine Lage „Sonnenuhr" gibt es an der Mosel - in Verbindung mit dem Ort - mehrfach. Welches ist die bekannteste Lage?
(1) Die Zeltinger Sonnenuhr
(2) Die Brauneberger Sonnenuhr
(3) Die Neumagener Sonnenuhr
(4) Die Wehlener Sonnenuhr

[111] „Riesling Hochgewächs" ist in Deutschland ein „Typenwein besonderer Herkunft". Aus welchen Weinbaugebieten kann er kommen?
(1) Aus allen Gebieten mit einem Rieslinganteil von mind. 33 %
(2) Unter gewissen Voraussetzungen aus allen Weinbaugebieten
(3) Nur aus dem Rheingau und der Mosel
(4) Aus Baden, Hessische Bergstraße und Rheingau

[112] Der Badische Winzerkeller ist einer der größten Weinbaubetriebe Deutschlands. Er steht in ...?
(1) Müllheim
(2) Breisach
(3) Offenburg
(4) Freiburg

Weinland Deutschland [Antworten]

[107] Auf Schieferböden
Die besten Riesling-Weine der Mosel wachsen überwiegend auf sehr mineralhaltigen Schieferböden. Die Böden ergeben elegante und rassige Weine.

[108] Weingärtner
Besonders im Weinbaugebiet Württemberg wird die Berufsbezeichnung Weingärtner gerne verwendet. Unter dem Namen kennt man auch Winzergenossenschaften des Gebietes. In Österreich sind vor allem die Freien Weingärtner Wachau bekannt.

[109] Aus dem Frankengebiet
Einst war die Lage „Am Lumpen" nur 1 Hektar groß. Inzwischen sind es durch den Zuschlag anderer Lagen mehr als 30 Hektar bester Weingärten in Steillagen. Der „Escherndorfer Lump" kommt aus der Gemeinde Escherndorf, Bereich Maindreieck im Anbaugebiet Franken. Silvaner und Riesling sind die wichtigsten Sorten.

[110] Die Wehlener Sonnenuhr
Die Sonnenuhren entstanden an der Mosel in Zeiten, als die Winzer noch keine Armbanduhren trugen. Die bekannteste Sonnenuhr steht wohl in Wehlen, einem Ortsteil von Bernkastel-Kues. Sie wurde Mitte des 19. Jahrhunderts von Jodokus Prüm aus der gleichnamigen Winzer-Dynastie gebaut. Die „Wehlener Sonnenuhr" ist eine Einzellage und umfasst etwa 45 Hektar.

[111] Unter gewissen Voraussetzungen aus allen Weinbaugebieten
„Riesling Hochgewächs" muss ein höheres Mostgewicht von mindestens 10° Öchsle und 1,5 Vol.–% mehr Alkohol aufweisen, als in dem jeweiligen Gebiet allgemein vorgeschrieben ist. Unter diesen (und anderen) Voraussetzungen kann der Typenwein in allen deutschen Weinbaugebieten erzeugt werden.

[112] Breisach
Badische Winzer schufen schon im Jahr 1952 eine leistungsstarke Kellerei in Breisach. Anfangs war es eine reine Bezirkskellerei, die schon bald zur Zentralkellerei Badischer Winzer wurde.

Weinland Deutschland [Fragen]

[113] Eine Traubensorte ist in Deutschland auch als „Augustclevner" bekannt. Es ist ...?
(1) Chardonnay
(2) Frühburgunder
(3) St. Laurent
(4) Weißburgunder

[114] Das Weinbaugebiet Mittelrhein ist in zwei Bereiche unterteilt. Einer davon trägt den Namen einer blonden Sagengestalt. Es ist ...?
(1) Kriemhild
(2) Freya
(3) Loreley
(4) Schwanhild

[115] Die Elbe ist der zweitlängste Fluss Deutschlands, und an dessen Ufer liegt ein kleines Weinbaugebiet. Es ist ...?
(1) Elbling
(2) Sachsengau
(3) Mittelelberg
(4) Sachsen

[116] Welche der nachstehenden Weinstädte Deutschlands hat die größte Rebfläche?
(1) Rüdesheim
(2) Neustadt an der Weinstraße
(3) Bernkastel-Kues
(4) Nierstein

[117] Spätburgunder ist die wichtigste Rotweinsorte in Deutschlands Weingärten. International trägt die Sorte den Namen ...?
(1) Pinot Noir
(2) Pinot Bleu
(3) Pinot Rouge
(4) Pinot Gris

[118] Nicht überall auf der Welt ist das Klima für die Rebe ideal. Auf welche Breitengrade konzentriert sich der Weinbau in Deutschland?
(1) 43° bis 45°
(2) 45° bis 48°
(3) 48° bis 50°
(4) 50° bis 53°

Weinland Deutschland [Antworten]

[113] Frühburgunder
„Augustclevner" wird in Deutschland auf etwa 120 Hektar, besonders in den Gebieten Ahr, Baden, Württemberg und Reinhessen, angebaut. Gemeint ist damit der Frühburgunder – ein Vertreter aus der großen Burgunderfamilie.

[114] Loreley
Das kleine Weinbaugebiet liegt im Bundesland Rheinland-Pfalz und erstreckt sich ungefähr von Bingen am Rhein bis in die Nähe von Bonn. Der gefragte Bereich ist die bekannte Loreley. Siebengebirge ist der zweite Bereich im Gebiet Mittelrhein.

[115] Sachsen
Es ist das kleinste und am weitesten östlich gelegene Weinbaugebiet Deutschlands: das Gebiet Sachsen. Die Weißweinsorten, allen voran Müller-Thurgau, haben hier einen Anteil von rund 85 % auf etwa 440 Hektar Rebfläche.

[116] Neustadt an der Weinstraße
Deutschland hat etliche bedeutende Weinstädte mit großen Anbauflächen. Unter den angeführten Städten ist Neustadt an der Weinstraße, Gebiet Pfalz, mit zirka 2.000 Hektar führend.

[117] Pinot Noir
Die Spätburgunderrebe kommt aus dem französischen Weinbaugebiet Burgund und ist weltweit unter verschiedenen Namen bekannt. International trägt die Sorte auf jeden Fall den Namen Pinot Noir.

[118] 48° bis 50°
Die deutschen Weinbaugebiete liegen bekannterweise im Norden der europäischen Möglichkeiten. Die meisten Weingärten Deutschlands findet man zwischen dem 48. und dem 50. Breitengrad, teilweise auch weiter nördlich. Übrigens verläuft genau durch die Weingärten des Schlosses Johannisberg im Rheingau der 50. Breitengrad.

Weinland Deutschland [Fragen]

[119] Weinbaugebiete sind oft von Flüssen durchzogen. Einer der nachstehenden Flüsse ist nicht Namensgeber für ein deutsches Weinbaugebiet. Es ist ...?
(1) Die Unstrut
(2) Die Saale
(3) Die Donau
(4) Der Rhein

[120] Die Pfalz hat 2005 als erstes deutsches Weinbaugebiet ein neues Gütezeichen eingeführt: Die „DC Pfalz". Es wird für 5 klassische Rebsorten vergeben, aber nicht für ...?
(1) Grauburgunder und Dornfelder
(2) Weißburgunder und Spätburgunder
(3) Silvaner und Regent
(4) Riesling und Weißburgunder

[121] Die legendäre „Drosselgasse" findet man in der Weinstadt ...?
(1) Bernkastel-Kues
(2) Rüdesheim
(3) Bingen am Rhein
(4) Bad Dürkheim

[122] Ein deutscher Weinbau-Bereich wird gerne als „Gutedel-Land" bezeichnet. Es ist ...?
(1) Das Maindreieck in Franken
(2) Das Markgräflerland in Baden
(3) Der Mittelhaardt in der Pfalz
(4) Der Wonnegau in Rheinhessen

[123] Die Hessische Bergstraße ist als Riesling-Gebiet bekannt, aber es werden auch kleinere Mengen Rotwein angebaut. Welche Rotweinsorte dominiert?
(1) Portugieser
(2) Spätburgunder
(3) Regent
(4) Dornfelder

Weinland Deutschland [Antworten]

[119] Die Donau
Saale und Unstrut sind ein Weinbaugebiet, und der Rhein wird mit drei Gebieten in Verbindung gebracht. Die Donau ist allerdings in keinem deutschen Weinbaugebiet erwähnt. Weiter flussabwärts ist die Donau in Österreich allerdings der große „Weinfluss".

[120] Silvaner und Regent
Das Gütezeichen „DCP" (Districtus Controllatus Pfalz) soll der Region mehr Profil und dem Verbraucher ein typisches und wiederholbares Geschmackserlebnis garantieren. Nur 5 Rebsorten sind dafür zugelassen: Riesling, Grauburgunder und Weißburgunder sowie Spätburgunder und Dornfelder – Silvaner und Regent können also nicht DCP sein.

[121] In Rüdesheim
Die „Drosselgasse" ist ein Weinzentrum der besonderen Art: eine drei Meter breite, 144 Meter lange, kopfsteingepflasterte Straße, die jährlich von geschätzten 3 Millionen Menschen besucht wird. Man findet sie in Rüdesheim am Rhein.

[122] Das Markgräflerland in Baden
Nachdem der Großherzog Karl-Friedrich von Baden die Sorte Gutedel im 18. Jahrhundert in der Schweiz (dort als Chasselas) kennen lernte, verordnete er den Anbau in Baden. Heute findet man die Sorte vor allem im Bereich Markgräflerland.

[123] Spätburgunder
Zu fast 90 % werden hier Weißweine erzeugt. Neben dem Riesling haben Müller-Thurgau und Ruländer noch eine gewisse Bedeutung. Die wichtigste Rotweinsorte ist der Spätburgunder und hat einen Anteil von etwa 6 % an der Gesamtfläche von 450 Hektar.

Weinland Deutschland [Fragen]

[124] Das Gebiet Franken hat mehr als 6.000 Hektar Weingärten in 3 Bereichen. Einen der nachstehenden gibt es aber nicht ...?
(1) Maindreieck
(2) Mainviereck
(3) Steigerwald
(4) Böhmerwald

[125] „Fränkisch trocken" ist eine Geschmacksbezeichnung, die es zwar im Weingesetz nicht gibt, aber doch verwendet wird. Es steht für ...?
(1) Weine mit höchstens 4 Gramm Restzucker
(2) Weine mit höchstens 2 Gramm Restzucker
(3) Weine mit mindestens 8 Gramm Säure und max. 6 Gramm Restzucker
(4) Weine mit mindestens 6 Gramm Säure und max. 8 Gramm Restzucker

[126] Hinter dem Namen „Cabernet Dorio" verbirgt sich ...?
(1) Ein Roséwein aus Cabernet Franc und Muskateller
(2) Ein Markenname für eine Cabernet-Merlot-Cuvée
(3) Eine rote Rebsorte
(4) Die Bezeichnung gibt es noch nicht

Weinland Deutschland [Antworten]

[124] Böhmerwald
Das Gebiet liegt am Nordrand des Bundeslandes Bayern und wird vom Main durchflossen. Die Bereiche Maindreieck, Mainviereck und Steigerwald sind in mehr als 20 Großlagen unterteilt. Einen Bereich Böhmerwald gibt es aber nicht. Müller-Thurgau ist die häufigste Sorte, gefolgt von Silvaner, der einmal als „Frankens König" galt.

[125] Weine mit höchstens 4 Gramm Restzucker
Deutsche Weine der Geschmacksrichtung „Trocken" können, wenn die Säure 7 Gramm beträgt, bis zu 9 Gramm Restzucker aufweisen. In Franken verwendet man das „Fränkisch trocken" gerne für sehr trockene Weine, mit nur 4 Gramm Zucker. Der Ausdruck hat weinrechtlich keine Bedeutung und darf auch nicht auf dem Flaschen-Etikett verwendet werden.

[126] Eine rote Rebsorte
Die Sorte gibt es wirklich und es ist eine Neuzüchtung zwischen Dornfelder x Cabernet Sauvignon. Die Rotweinrebe entstand an der Lehr- und Versuchsanstalt Weinsberg (Württemberg) und hat in Deutschland seit 2003 eine Zulassung. Die Rebe reift spät und ist sehr frostfest. Die daraus gekelterten Weine sind fruchtig und samtig, mit deutlicher Cabernet-Note.

Die Schweiz als Weinland

Die meisten Menschen sehen die Schweiz nicht unbedingt als Weinland, sondern eher als Land von Banken, Uhren, Schokolade oder Käse. Von Schweizer Weinen hört man im Ausland nur selten, und dies hat einen ganz einfachen Grund: Das Land ist glücklich darüber, keinen Überschuss zu haben und fast die gesamte Produktion wird im Inland konsumiert. Nur etwa 1 Prozent geht in den Export. Dies liegt allerdings nicht nur an der verfügbaren Menge, sondern auch den relativ hohen Preisen. Schweizer Weißweine sind in der Regel sehr mild in der Säure und entsprechen auch nicht immer dem allgemeinen europäischen Geschmack. Bei den Rotweinen findet man ausgezeichnete Blauburgunder aus verschiedenen Teilen der Schweiz und dichte Merlots aus dem Tessin. Wäre nicht eine Handvoll Winzer, die außergewöhnliche Weine erzeugen und auch exportieren, wüsste niemand, welches Potenzial im Land der Eidgenossen existiert.

Auch in der Schweiz waren die Römer die Pioniere im Weinbau. Um die Zeitenwende pflanzten sie die ersten Rebstöcke im Raum Basel und Windisch und legten damit den Grundstein für die Weinkultur. Einige Jahrhunderte später waren es – wie fast überall in Europa – die Klöster, die den Anbau erweiterten und verbesserten. Die ersten terrassierten Weingärten am Genfer See wurden im 12. Jahrhundert durch Zisterziensermönche angelegt.

Im 19. Jahrhundert erlebte der Weinbau in der Schweiz seine Blütezeit, und die Weinberge hatten eine Ausbreitung von etwa 35.000 Hektar. Aber bald erlitt der Weinbau wegen massiver ausländischer Konkurrenz drastische Einbussen. Durch die Probleme mit dem Mehltau und der Reblaus brach die Weinwirtschaft Anfang des 20. Jahrhunderts fast zusammen.

Die Schweiz ist in 26 Kantone eingeteilt, und in den meisten davon gibt es Weinbau. Derzeit hat das Land rund 15.000 Hektar Weingärten, und die größten Flächen findet man in den Kantonen Wallis, Waadt, Genf und Tessin.
Die jährliche Produktion liegt bei etwa 1,3 Millionen Hektolitern und diese Zahlen sagen aus, dass die erlaubten Hektarerträge sehr hoch sind. Ohne Zweifel zuviel für Qualitätsweinbau, aber die Topproduzenten ernten natürlich deutlich weniger als die zugelassenen Mengen.

Etwas mehr als die Hälfte der gesamten Weingärten wird von Rotweinsorten belegt. Die häufigsten davon sind Blauburgunder bzw. Pinot Noir und Gamay. Im Tessin, der italienischen Schweiz, dominiert der Merlot.

Bei den weißen Sorten herrscht eindeutig Chasselas (Gutedel) vor, gefolgt von Müller-Thurgau.

Was sagt das Schweizer Weingesetz?

Kurz gesagt: Nicht sehr viel, denn die Regelungen sind ziemlich großzügig gehalten. Das Weingesetz basiert auf der Schweizer Lebensmittelordnung, und der Begriff „Wein" wird darin definiert. So zum Beispiel in Perlwein, Schaumwein, Süßdruck (Roséwein) und Luxuswein. Einige Kantone begannen damit, AOC-Statute nach französischem Vorbild einzuführen. Diese werden allerdings nicht in allen Kantonen gleich gehandhabt.

Die Höchsterträge sind nicht in Hektar, sondern in Kilogramm Trauben pro Quadratmeter festgelegt. Die erlaubten Mengen sind 1,4 kg/m² bei Weißweinen und 1,2 kg/m² bei Rotweinen. Umgerechnet in fertigem Wein bedeutet dies zwischen 84 und 110 Hektoliter Ertrag pro Hektar. Ein Anreichern mit Trockenzucker zur Erhöhung des Alkohols ist üblich.
Die Bezeichnung „Leicht süß" und „Mit Restzucker" auf dem Etikett gilt für Weine, deren Gärung künstlich gestoppt wurde und die mehr als 4 Gramm Restzucker pro Liter haben. Für Weine mit natürlicher Restsüße ist diese Angabe nicht vorgesehen. Rotweine dürfen mit bis zu 30 % ausländischem Wein verschnitten werden.

Nur wenige Angaben sind auf dem Etikett vorgeschrieben, allerdings muss alles wahrheitsgetreu sein und jegliche Täuschung ausschließen. Der Konsument kann davon ausgehen, dass die Qualität umso höher ist, je genauer die Angaben des Produzenten sind.

Bekannte Schweizer Weine

AIGLE
Weißwein aus der gleichnamigen Gemeinde im Kanton Waadt, Chasselas-Traube (Gutedel).

CALAMIN
Weißwein aus Chasselas (Gutedel) im Bereich Lavaux, Kanton Waadt.

CHABLAIS
Bereich im Kanton Waadt, Weißweine aus Chasselas (Gutedel).

DÉZALEY
Weißwein aus Chasselas (Gutedel) im Bereich Lavaux, Kanton Waadt.

DÔLE
Rotwein aus dem Kanton Wallis, mindestens 51 % Pinot Noir (Blauburgunder) und Gamay.

DÔLE BLANCHE
Weißgekelterter Dôle aus Pinot Noir und Gamay.

ERMITAGE
Weißwein aus der Sorte Marsanne im Kanton Wallis.

FÉCHY
Weißwein aus Chasselas (Gutedel) im Kanton Waadt, Gebiet La Côte.

FENDANT
Walliser Weißwein aus Chasselas (Gutedel).

GORON
Eine einfacher, leichter Rotwein aus dem Wallis, der die Anforderungen eines Dôle nicht erreicht. Aus Pinot Noir (Blauburgunder) und Gamy.

JOHANNISBERG
Sylvaner mit Ursprungsbezeichnung aus dem Wallis.

LAVAUX
Weißwein aus dem gleichnamigen Bereich im Kanton Waadt aus der Sorte Chasselas (Gutedel).

MERLOT DEL TICINO
Merlot-Weine aus dem Kanton Tessin.

OEIL-DE-PERDRIX
Roséwein nur aus der Sorte Pinot Noir (Blauburgunder) im Kanton Wallis.

PERLAN
Geschützte Bezeichnung für Weißwein aus dem Kanton Genf, der aus Chasselas (Gutedel) gewonnen wird.

Weinland Schweiz

RÄUSCHLING
Ein Weißwein aus einer alten heimischen Rebsorte, die vor allem rund um den Zürichsee angebaut wird.

SALVAGNIN
Qualitäts-Rotwein aus dem Kanton Waadt aus Pinot Noir (Blauburgunder) und Gamay. Entspricht etwa dem Dôle im Wallis.

SÜSSDRUCK
Ein Ursprungswein aus der Ostschweiz, der einem Roséwein entspricht. Aus der Blauburgunderrebe.

Das Weinquiz

Kategorie: Weinland Schweiz

Weinland Schweiz [Fragen]

[1] Gutedel zählt zu den ältesten nachgewiesenen Rebsorten der Welt. In der Schweiz ist die Sorte bekannt als ...?
(1) Chasselas
(2) Träubling
(3) Räuschling
(4) Chancellor

[2] Der Beerliwein ist eine regionale Spezialität in der Ostschweiz und wurde früher auf besondere Art hergestellt. Was war das Besondere?
(1) Weiße und blaue Trauben wurden gemischt verarbeitet
(2) Mindestens 3 Rotweintrauben wurden verwendet
(3) Die Trauben wurden entrappt, bzw. gerebelt oder abgebeert
(4) Die Beeren wurden bis Silvester angetrocknet

[3] Was versteht der Schweizer Weinfreund unter einem Roten Veltliner?
(1) Einen hellen Südtiroler Wein
(2) Einen österreichischen Rotwein
(3) Einen Rotwein aus Rumänien oder Ungarn
(4) Einen Rotwein aus Norditalien

[4] Dôle ist ein sehr bekannter Schweizer Wein. Gewonnen wird er aus der/den Rebsorte(n) ...?
(1) Gamay und Müller-Thurgau
(2) Chasselas und Pinot Noir
(3) Pinot Noir und Aligoté
(4) Pinot Noir und Gamay

[5] Welche dieser Rebsorten wird in der Schweiz flächenmäßig am meisten angebaut?
(1) Müller-Thurgau
(2) Silvaner
(3) Pinot Noir
(4) Chasselas

[6] Das Tessin ist der südlichste Schweizer Kanton mit idealem Klima für den Weinbau. Welches ist die heute typische Rebsorte für das Tessin?
(1) Gamay
(2) Pinot Noir
(3) Chasselas
(4) Merlot

Weinland Schweiz [Antworten]

[1] Chasselas
In der Schweiz ist die weiße Rebsorte als Chasselas bekannt, und daraus werden etliche Qualitätsweine gekeltert. So zum Beispiel Fendant, Dorin, Dézaley und Perlan. In Deutschland wird die Sorte vor allem in Baden angebaut. In Österreich ist Gutedel für Qualitätsweine nicht zugelassen, wird aber vereinzelt als Tafeltraube kultiviert.

[2] Die Trauben wurden entrappt bzw. gerebelt oder abgebeert
Der Ausdruck „Beerliwein" entstand, weil die dafür verwendeten Trauben entrappt (gerebelt oder abgebeert) wurden. Heute ist dies eine ganz normale Herstellungsmethode. Blauburgunder ist in der Ostschweiz die wichtigste Rotweinsorte und wird üblicherweise auch für den Beerliwein verwendet.

[3] Einen Rotwein aus Norditalien
Unter Rotem Veltliner versteht man in der Schweiz einen Rotwein aus dem italienischen Valtelintal, im Norden der Region Lombardei. Die Weine werden reinsortig oder zumindest hauptsächlich aus der Sorte Chiavennasca – einer Spielart der Nebbiolo-Traube – gekeltert.

[4] Pinot Noir und Gamay
Dôle-Weine kommen aus dem Westschweizer Kanton Wallis und werden zu mindestens 51 % aus Pinot Noir (Blauburgunder) gekeltert. Die zweite wichtige Sorte ist Gamay, die international als die Traube der Beaujolais-Weine bekannt ist. Zudem können kleine Anteile anderer Rotweintrauben mitverwendet werden.

[5] Chasselas
Die Schweiz produziert mehr Weiß- als Rotwein, und die weiße Chasselas-Traube ist am meisten vertreten. Sie wird besonders in den großen Weinbaugebieten der Westschweiz angebaut. In anderen Ländern kennt man die Sorte als Gutedel. Die Traube ist schon seit Jahrtausenden bekannt und stammt vermutlich aus dem Nahen Osten.

[6] Merlot
Nach der Reblauskatastrophe im 19. Jahrhundert wurde die Rebfläche in der „Italienischen Schweiz" deutlich kleiner, als sie vorher war. Zu Beginn des 20. Jahrhunderts begann man mit großem Erfolg Merlot auszupflanzen. Heute hat die Traube einen Anteil von rund 80 % an der gesamten Weinbaufläche des Kantons. Die Weine sind als „Merlot del Ticino" bekannt und geschätzt.

Weinland Schweiz [Fragen]

[7] Unter einem Süßdruck kennt man in der Schweiz ...?
(1) Einen Roséwein nur aus roten Trauben
(2) Einen Roséwein aus weißen und roten Trauben
(3) Eine süße Spät- oder Auslese
(4) Einen frischen Traubenmost – auch Suser oder Sauser genannt

[8] In der Westschweiz gibt es eine Spezialität mit dem Namen Ermitage. Es ist ...?
(1) Ein weißgepresster Wein aus Pinot Noir
(2) Ein Weißwein aus der Sorte Viognier
(3) Die Bezeichnung für einen Rotwein
(4) Ein Weißwein aus der Sorte Marsanne

[9] Flétri-Weine sind eine Schweizer Spezialität. Was versteht man darunter?
(1) Einen Weißwein aus dem Tessin
(2) Den Gletscherwein aus dem Wallis
(3) Eine süße, weiße Auslese
(4) Einen weiß gekelterten Blauburgunder

[10] Auch im Fürstentum Liechtenstein wird Weinbau betrieben. Wie groß ist die Rebfläche ungefähr?
(1) Unter 50 Hektar
(2) Zwischen 50 und 100 Hektar
(3) Zwischen 100 und 150 Hektar
(4) Zwischen 150 und 200 Hektar

[11] Der Ausdruck „Tessin-Aroma" (oder Tessiner Aroma) ist zwar heute nicht mehr oft zu hören, aber was versteht (verstand) man darunter?
(1) Einen Fox-Ton im fertigen Wein
(2) Einen zu süßen Weißwein
(3) Merlot-Weine mit zuviel Holzgeschmack
(4) Rotweine mit deutlicher Restsüße

[12] Mehrere bekannte Weinbaugemeinden westlich und östlich von Sion, im Kanton Wallis, werden von einem „Weinfluss" begleitet. Welcher ist es?
(1) Ticino
(2) Rhône
(3) Reuss
(4) Rhein

Weinland Schweiz [Antworten]

[7] Einen Roséwein nur aus roten Trauben
Der Name für diese Schweizer Weine täuscht, denn sie sind meistens trocken ausgebaut. Süßdruck ist eine Bezeichnung für Roséweine. Der Saft bzw. die Maische wird praktisch ohne Angärung gepresst und ist daher noch süß. Süßdruck kann aus verschiedenen roten Trauben gewonnen werden.

[8] Ein Weißwein aus der Sorte Marsanne
In der Westschweiz versteht man darunter einen Weißwein, der aus der weißen Marsanne-Traube gekeltert wird. Die Rebsorte stammt ursprünglich aus der nördlichen Côte du Rhône in Frankreich, wo sie zusammen mit Rousanne bedeutungsvoll ist.

[9] Eine süße, weiße Auslese
Flétri (oder Flétry) ist eine regionale Bezeichnung für einen Süßwein im Wallis. Flétri bedeutet soviel wie „angewelkt" und sagt aus, dass der Wein von angetrockneten Beeren gewonnen wird. Dies entspricht etwa einem Passito in Italien, einem Strohwein in Österreich oder einer Beerenauslese in Deutschland und Österreich.

[10] Unter 50 Hektar
Die Weinbaufläche im Fürstentum Liechtenstein ist sehr klein und beträgt nur etwa 20 Hektar. Es werden verschiedene Sorten, wie Chardonnay, Müller-Thurgau (noch als Riesling-Silvaner bekannt), Ruländer und Blauburgunder angebaut. Die Weingärten der Fürstenfamilie Lichtenstein im österreichischen Weinviertel sind mehr als doppelt so groß.

[11] Einen Fox-Ton im fertigen Wein
Den Ausdruck Tessin-Aroma verwendet man gelegentlich noch für Weine, die aus Hybriden (Erdbeertrauben bzw. Amerikanerreben) gekeltert werden. International nennt man es „Fox-Ton". Der Sammelbegriff für diese Traubensorten – die immer weniger werden – ist hier „Americano".

[12] Rhône
Viele bekannte Weinbaugebiete Europas liegen an klimaregulierenden Flüssen, so auch die Weingärten des schweizerischen Wallis. Von Visp über Martigny bis in den Genfer See begleitet die Rhône die vielen Weinbaugemeinden. Die Rhône ist dann in weiterer Folge, wenn sie den See verlässt, auch einer der wichtigsten Weinflüsse in Frankreich.

Weinland Schweiz [Fragen]

[13] Der Fendant ist im schweizerischen Wallis ein sehr bekannter Weißwein. Aus welcher oder welchen Trauben wird er gewonnen?
(1) Aus Chardonnay
(2) Aus Pinot Blanc und Pinot Gris
(3) Aus Chasselas (Gutedel)
(4) Aus Müller Thurgau

[14] Der höchstgelegene Weinberg Europas liegt in der Schweiz. Man findet ihn ...?
(1) In Alesheim im Baselland
(2) In Visperterminen im Wallis
(3) In Rothenbrunnen im Bündnerland
(4) In Brugnasco im Tessin

[15] Im schweizerischen Wallis wird aus roten Trauben auch ein süffiger Weißwein erzeugt. Unter welchem Namen ist er bekannt?
(1) Dôle blanche
(2) Vaud blanc
(3) Blanc du Lac
(4) Blanc de Blanc

[16] Das Gebiet „Bündner Herrschaft" erzeugt hauptsächlich Rotweine aus der Sorte Blauburgunder. Der „Traubenkocher" hilft dabei. Es ist ...?
(1) Eine nahe gelegene Zuckerfabrik
(2) Ein Pilz, der die Trauben rosinenartig eintrocknen lässt
(3) Der erlaubte Zusatz von Traubenkonfitüre vor der Gärung
(4) Ein Föhnwind

[17] Was versteht man in der Schweiz bei Weinfreunden unter einem Suser oder Sauser?
(1) Ein kühler Herbstwind in den Weingärten am Zürisee
(2) Eine Art Nouveau bzw. Primeur-Wein
(3) Ein erst halb vergorener Traubenmost
(4) Ein durchgegorener Wein, der noch nicht filtriert ist

[18] Das Waadtland in der Westschweiz ist in fünf Weinbauregionen unterteilt. Die Größte nach der Anbaufläche ist ...?
(1) Les Côtes-de l'Orbe
(2) La Côte
(3) Chablais
(4) Lavaux

Weinland Schweiz [Antworten]

[13] Aus Chasselas (Gutedel)
Fendant ist im Wallis eine geschützte Bezeichnung für Weißweine aus der Chasselas-Traube. Die Rebsorte selbst ist eher neutral im Geschmack. Die verschiedenen Anbauzonen bringen jedoch sehr unterschiedliche und interessante Weine hervor. Die besten Qualitäten kommen aus den Weinbergen rund um die Kantonshauptstadt Sion.

[14] In Visperterminen im Wallis
Die Weingärten liegen in Höhen von über 1.000 Metern – hoch über der Rhône, in der Gemeinde Visperterminen im Kanton Wallis. Es gibt viel Sonne, und so erreichen die Trauben recht beachtliche Zuckerwerte. Die klassische Traube in dem Gebiet ist Savagnin Blanc aus der großen Familie der Traminer. Die Trauben und die daraus gekelterten Weine sind hier als „Heida" bekannt.

[15] Dôle blanche
Der weiß gekelterte Wein hat die gleichen Trauben, die auch für die roten Dôle-Weine Verwendung finden: Mindestens 51 % Pinot Noir und die zweite wichtige Sorte ist Gamay. Der Name des Weines ist Dôle blanche.

[16] Ein Föhnwind
In manchen Teilen des Weinbaugebietes würden die Trauben nicht jedes Jahr ausreifen, wäre da nicht der „Traubenkocher" – ein durch das Rheintal blasender Südföhn. Zusammen mit vielen Sonnenstunden wird die Zuckerbildung positiv beeinflusst.

[17] Ein erst halb vergorener Traubenmost
Ein „Suser" oder „Sauser" ist in der Schweiz etwa das Gleiche wie der „Sturm" in Österreich oder ein „Federweißer" in Deutschland. Es ist ein in Gärung befindlicher Most, der durch die Hefebakterien milchig-trüb und auf jeden Fall noch süßlich ist.

[18] La Côte
Nordwestlich des Genfer Sees, zwischen Genf und Lausanne, ist der größte Weinbaubereich des Waadtlandes. Es ist La Côte mit mehr als 1.900 Hektar Weingärten in idyllischer Landschaft. Mindestens zwei Drittel sind mit Chasselas bestockt.

Weinland Schweiz [Fragen]

[19] Ein Schweizer Weinbaugebiet wird gerne als das „Tor zum Wallis" bezeichnet. Welche Gegend ist damit gemeint?
(1) La Côte
(2) Das Chablais
(3) Die Bündner Herrschaft
(4) Das Berner Oberland

[20] Die Schweiz ist eines der kleinen Weinbauländer in Europa. Wie groß ist die Weinbaufläche ungefähr?
(1) Etwa 7.000 ha
(2) Etwa 10.000 ha
(3) Etwa 15.000 ha
(4) Etwa 20.000 ha

[21] Der „Churer Schiller" ist eine Schweizer Rarität. Es handelt sich dabei ...?
(1) Um einen Süßwein mit oxidativem Ausbau
(2) Um einen einfachen Landwein aus Blauburgundertrauben
(3) Um einen hellen, roséartigen Wein
(4) Um einen weißgepressten Wein aus roten Trauben

[22] Ein Schweizer Wein verbirgt sich hinter der Bezeichnung Salvagnin. Es ist ...?
(1) Ein Rotwein aus dem Wallis
(2) Ein Rotwein aus dem Waadt
(3) Ein Weißwein aus dem Wallis
(4) Ein Weißwein aus dem Waadt

[23] Klevner bzw. Clevner sind Bezeichnungen, die in den Ländern Europas für verschiedene Traubensorten verwendet werden. Welche Sorte ist in der Schweiz damit gemeint?
(1) Blauburgunder bzw. Pinot Noir
(2) Weißburgunder bzw. Pinot Blanc
(3) Pinot Gris bzw. Grauer Burgunder
(4) Chardonnay bzw. Feinburgunder

[24] Eine dieser Rebsorten ist eine alteingesessene „Walliserin". Welche ist es?
(1) Merlot Noir
(2) Chasselas Noir
(3) Humagne Rouge
(4) Syrah Blanc

Weinland Schweiz [Antworten]

[19] Das Chablais
Zwischen dem westlichen Ende des Genfersees und dem beginnenden Wallis liegt der Bereich Chablais, der gerne als das „Tor zum Wallis" bezeichnet wird. Etwa 550 Hektar Weingärten liegen am rechten Ufer der Rhône.

[20] Etwa 15.000 ha
Die Schweiz ist zwar ein kleines, aber feines Weinland in Europa und hat Weine, die sich von den Nachbarländern deutlich unterscheiden. Alle Schweizer Weingärten zusammen haben eine Fläche von ungefähr 15.000 Hektar. In der Mitte des 19. Jahrhunderts – und vor der Reblauskatastrophe - hatte die Schweiz etwa 35.000 Hektar Rebfläche.

[21] Um einen hellen, roséartigen Wein
Churer Schiller ist eine Spezialität, gilt bei seinen Anhängern als „Markenzeichen" von Chur und wird aus weißen und blauen Trauben gekeltert. Der Wein wird aus Blauburgunder, Müller-Thurgau (hier Riesling x Sylvaner), Pinot Gris und anderen Sorten gewonnen.

[22] Ein Rotwein aus dem Waadt
Der Name lässt vielleicht auf die Weißweinsorte Savagnin schließen, die unter anderem im höchst gelegenen Weingarten der Schweiz (und Europas) angebaut wird. Es ist aber ein Rotwein aus dem Waadtland und entspricht etwa dem „Dôle" im Wallis. Salvagnin wird entweder aus Gamay, Pinot Noir oder einer Assemblage beider Sorten gewonnen.

[23] Blauburgunder bzw. Pinot Noir
Für Auxerrois im Elsass bis zu Weißburgunder in der Steiermark wird die Bezeichnung Klevner (Clevner) in Europas Weinbaugebieten als Synonym für Rebsorten ganz unterschiedlich verwendet. In der Schweiz, vor allem in der Westschweiz, meint man darunter den Blauburgunder.

[24] Humagne Rouge
Im Wallis gibt es noch mehr als 50 verschiedene Rebsorten. Dabei dominieren die Weißweine ganz deutlich, aber es werden auch noch alte Rotweinsorten gehegt und gepflegt. Eine davon ist Humagne Rouge, die vermutlich aus dem italienischen Aosta-Tal stammt.

Weinland Schweiz [Fragen]

[25] Ein bekannter Schweizer Wein trägt meist ein Etikett das eine Eidechse ziert. Welcher Wein könnte dies sein?
(1) Espesse
(2) Morges
(3) Bex
(4) Aigle

[26] „Oeil de Perdrix" (Rebhuhnauge) ist eine Schweizer Spezialität. Was versteht man darunter?
(1) Einen Roséwein aus gemeinsam gekelterten weißen und roten Trauben
(2) Ein Früchtetörtchen mit weißen und blauen Trauben
(3) Einen Roséwein aus Pinot Noir
(4) Eine Rebhuhnpastete in Olivenöl aus dem Waadtland

[27] Die am häufigsten angebaute Rebsorte im Kanton Tessin ist ...?
(1) Merlot
(2) Americano
(3) Nostrano
(4) Pinot Nero

[28] Einem Walliser Weißwein wird eine salzige Note nachgesagt. Welcher Wein ist damit gemeint?
(1) Johannisberg
(2) Ermitage
(3) Petit Arvine
(4) Amigne

[29] Cornalin ist eine alte Rebsorte in der Schweiz, die allerdings nur im Wallis angebaut wird. Welche Weine werden daraus gekeltert?
(1) Trockene Weißweine
(2) Edelsüße Weißweine
(3) Hauptsächlich Schaumweine
(4) Nur Rotweine

[30] Die Sorte Sylvaner trägt im Wallis meistens den Namen ...?
(1) Johannisberg
(2) Ermitage
(3) Dorin
(4) Traminer

Weinland Schweiz [Antworten]

[25] Aigle
Weil die besten Weine aus Trauben gewonnen werden, die ganz in der Nähe von Steinmauern viel Sonne bekommen, ziert eine Eidechse oft das Etikett. Gemeint ist Aigle, der bekannte Weißwein aus dem Bereich Chablais im Schweizer Kanton Waadt.

[26] Einen Roséwein aus Pinot Noir
Oeil de Perdrix ist eine Spezialität, die vorwiegend aus dem Kanton Neuenburg und teilweise aus dem Wallis kommt: Es ist ein Roséwein aus Pinot Noir-Trauben. Die helle Farbe entsteht durch einen kurzen Kontakt mit den Trauben vor dem Keltern.

[27] Merlot
Der Kanton Tessin ist die so genannte „Italienische Schweiz" und gleichzeitig das südlichste Weinbaugebiet des Landes. Hier ist Merlot die wichtigste Rebsorte. Zwei Überbleibsel aus alter Zeit sind Americano, ein Sammelbegriff für Weine aus Hybriden (Erdbeertrauben) und Nostrano - der legendäre „Bauernwein" aus Edelreben und Hybriden.

[28] Petit Arvine
Es ist eine spätreifende, alte Rebsorte, die eine pikante salzige Note aufweist. Gemeint ist Petit Arvine. Die Weine haben meistens eine höhere Säure und oft auch etwas Restsüße, was die Weine lagerfähiger macht als viele andere Weißweine.

[29] Nur Rotweine
Es ist eine der ältesten und nur mehr wenig angebaute Rebsorte im Wallis und aus ihr werden dunkelrote komplexe Weine gewonnen. Sie haben eine gute Lagerfähigkeit und können im Alter eine große Finesse entwickeln. Die Sorte bzw. die Weine sind auch als „Landrote" bekannt.

[30] Johannisberg
Wie praktisch überall in Westeuropa ist Sylvaner auch in der Schweiz nicht mehr oft zu finden. Trotzdem gibt es Synonyme dafür. Im Wallis ist die Sorte vor allem als Johannisberg bekannt.

Weinland Schweiz [Fragen]

[31] Welcher Schweizer Kanton führte für sich als erstes die kontrollierte Ursprungsbezeichnung AOC – nach französischem Vorbild - ein?
(1) Wallis
(2) Neuenburg
(3) Zürich
(4) Genf

[32] Der Name Malvoisie ist in europäischen Ländern ein Synonym für unterschiedliche Rebsorten. Welche Trauben versteht man unter dem Namen im schweizerischen Wallis?
(1) Veltliner
(2) Müller-Thurgau
(3) Pinot Gris bzw. Grauburgunder
(4) Pinot Blanc bzw. Blauburgunder

[33] Salvagnin ist ein Waadtländer Qualitäts-Rotwein. Aus welchen Trauben kann er gekeltert werden?
(1) Pinot Noir und Gamay
(2) Nur Gamay
(3) Gamaret und Gamay
(4) Pinot Noir und Pinot Gris

[34] Rund 500 Hektar Weingärten hat die größte Weinbaugemeinde der Schweiz. Es ist ...?
(1) Satigny im Kanton Genf
(2) Hallau im Kanton Schaffhausen
(3) Sierre im Kanton Wallis
(4) Mendrisio im Kanton Tessin

[35] Auf der ganzen Welt gibt es unzählige Weinmessen. Wie heißt die größte, jährlich wiederkehrende Weinmesse der Schweiz?
(1) Schlaraffia
(2) Olma
(3) Expovina
(4) Muba

Weinland Schweiz [Antworten]

[31] Genf
Nach dem Vorbild Frankreichs hat der erste Schweizer Kanton im Jahr 1988 das System der Appellation d'Origine Contrôlée (AOC) eingeführt. Der Kanton Genf war dabei der Vorreiter.

[32] Pinot Gris bzw. Grauburgunder
In Frankreich, Italien, Österreich, England und in der Schweiz – überall gibt es Reben die den Namen Malvoisie oder Malvasier tragen, mit sehr unterschiedlichen Bedeutungen. In der Westschweiz ist unter dem Namen die Sorte Pinot Gris (Ruländer oder Grauburgunder) bekannt.

[33] Pinot Noir und Gamay
Salvagnin aus dem Waadtland kann dem Dôle im Wallis ähneln, wenn er aus Pinot Noir und Gamay gewonnen wird. Der Wein kann aber auch reinsortig aus einer dieser zwei Sorten gekeltert werden. Eine amtliche Kostkommission muss ihm eine bestimmte Qualität mit einer Punktezahl bescheinigen.

[34] Satigny im Kanton Genf
In der gesamten Schweiz ist der Weinbau eher klein strukturiert und so gibt es auch nur wenige Gemeinden mit beachtlichen Rebflächen. Im Kanton Genf befassen sich 35 von den 45 Gemeinden ganz oder teilweise mit dem Weinbau. Satigny ist hier und in der gesamten Schweiz die größte Weinbaugemeinde.

[35] Expovina
Die vier angeführten Schweizer Messen haben alle mehr oder weniger mit Wein zu tun. Die größte reine Weinmesse ist allerdings die Expovina in Zürich. Die außergewöhnliche „Zürcher Wein-Ausstellung" gibt es seit mehr als 50 Jahren und als Ausstellungsgelände dienen 12 Schiffe beim Bürkliplatz in Zürich.

Weinland Schweiz [Fragen]

[36] Der Klettgau hat die größte zusammenhängende Rebbaufläche der Ostschweiz. Zu welchem Kanton gehört der Klettgau?
(1) Zu Schaffhausen
(2) Zu Zürich
(3) Zu Aargau
(4) Zu Thurgau

[37] Für einen Nichtschweizer mag die Weinbezeichnung „Bündner Rheinwein" etwas verwirrend sein. Im Kanton Graubünden kennt man darunter ...?
(1) Einen trockenen Riesling
(2) Eine trockene Weißweincuvée
(3) Einen roséartigen hellen Wein aus Pinot Noir
(4) Einen kraftvollen Blauburgunder

[38] Ein meist einfacher Schweizer Wein trägt den Namen Goron. Welche Art von Wein ist es?
(1) Ein weißer Waadt-Wein aus verschiedenen Rebsorten
(2) Ein Weißwein aus einem kleinen Gebiet im Kanton Genf
(3) Ein einfacher Rotwein mit niedriger Mostgradation aus dem Wallis
(4) Eine Phantasiebezeichnung für einen Markenwein

[39] Weine der Sorte Completer sind in der Schweiz seit mehr als 1.000 Jahren bekannt, aber heute eine Rarität. Es handelt sich dabei ...?
(1) Um Süßwein aus dem Wallis
(2) Um Rotwein aus dem Waadt
(3) Um Weißwein aus Graubünden
(4) Um Rotwein aus dem Tessin

[40] In der Deutschschweiz gibt es eine eher seltene Weißweintraube mit dem Namen „Zürirebe". Es ist ein Synonym für ...?
(1) Müller-Thurgau
(2) Kerner
(3) Bacchus
(4) Räuschling

Weinland Schweiz [Antworten]

[36] Zu Schaffhausen
Mehr als 2 Dutzend verschiedene Rebsorten werden in dem Gebiet angebaut, aber Blauburgunder ist die dominierende Rebe im Klettgau, der zum Kanton Schaffhausen gehört. Das mehr oder weniger zusammenhängende Rebareal umfasst eine Fläche von etwa 130 Hektar.

[37] Einen kraftvollen Blauburgunder
Der Kanton Graubünden hat weniger als 400 Hektar Weingärten, bringt aber einige beachtliche Weine hervor. Das besondere Mikroklima lässt die Trauben gut ausreifen. Unter „Bündner Rheinwein" ist ein kräftiger Blauburgunder gemeint. Die Traube ist hier auch als Klevner oder Klävner bekannt.

[38] Ein einfacher Rotwein mit niedriger Mostgradation aus dem Wallis
Wenn der bekannte Rotwein Dôle aus dem Wallis aus irgendwelchen Gründen nicht die vorgeschriebene Mindestgradation erreicht, wird er zu einem „Goron" abgewertet. Die Trauben sind Pinot Noir und Gamay.

[39] Um Weißwein aus Graubünden
Die weiße Rebsorte ist seit mehr als 1.000 Jahren in Malans, im Kanton Graubünden bekannt und urkundlich erwähnt. Heute wird aus der Rebe ein aromatischer, kraftvoller und gut lagerfähiger Wein gewonnen. Kleine Mengen davon werden auch im Kanton Zürich und Tessin erzeugt.

[40] Räuschling
Einst war sie in den Weingärten rund um den Zürichersee – vor der Zeit des Müller-Thurgau – eine der wichtigsten Rebsorten. Heute ist es eine Spezialität, und der korrekte Name der Traube ist Räuschling.

Weinland Schweiz [Fragen]

[41] Hermann Müller war einer der großen Weinpioniere und Rebzüchter des 19. und 20. Jahrhunderts sowie Direktor der Weinbauschule in ...?
(1) Weinsheim in Deutschland
(2) Montpellier in Frankreich
(3) Wädenswil in der Schweiz
(4) Klosterneuburg in Österreich

[42] Eine der nachstehenden Sorten wird fast nur noch im Kanton Zürich angebaut und erbringt frische, meist säurebetonte Weißweine. Es ist ...?
(1) Petit Arvine
(2) Räuschling
(3) Rivaner
(4) Elbling

[43] Was meint der Schweizer Winzer mit „Wümme"?
(1) Die Weinlese
(2) Die Weinsegnung
(3) Die Freigabe des jeweiligen Jahrganges
(4) Die Weinbewertung

Weinland Schweiz [Antworten]

[41] Wädenswil in der Schweiz
Professor Dr. Hermann Müller stammte aus dem Schweizer Kanton Thurgau und wirkte und forschte an verschiedenen Instituten. Nach seiner Tätigkeit in Geisenheim (Rheingau) wurde er der erste Direktor der neu gegründeten „Eidgenössischen Forschungsanstalt" in Wädenswil im Kanton Zürich.

[42] Räuschling
In den Weingärten des Kantons Zürich werden überwiegend Müller-Thurgau (Riesling-Sylvaner) und Blauburgunder angebaut. Unter den regionalen Spezialitäten findet man aber auch den Räuschling, der bei den dortigen Winzern noch als „Zürirebe" bekannt ist.

[43] Die Weinlese
Nach einem hoffentlich guten Sommer freut sich der Winzer auf die Weinlese. Viele Faktoren während der Vegetationsperiode bestimmen die Qualität der Trauben und somit der Weine.

Frankreich

„Grande Nation" des Weines

Frankreich gilt allgemein als das bedeutendste Weinland der Welt. Niemand wird den führenden Platz bestreiten, den das Land in der internationalen Weinwelt einnimmt. Wenn auch Spanien mehr Anbauflächen hat und Italien etwa die gleichen Mengen an Wein erzeugt wie Frankreich, so ist doch Frankreich „La Grande Nation" des Weines.

Dies gilt nicht nur wegen der Vielfalt der erzeugten Weinsorten, die französische Weinkultur ist sprichwörtlich. Weinerzeugung und Weinhandel sind letzten Endes auch ein bedeutender Wirtschaftsfaktor des Landes. Über 3 Millionen Franzosen leben direkt oder indirekt vom Wein.

Frankreich besitzt eine Anbaufläche von etwa 920.000 Hektar und erzeugt jährlich zwischen 55 und 60 Millionen Hektoliter Wein. So beeindruckend diese Zahlen auch sein mögen, ist die Gesamtanbaufläche seit 1979 um 15 % und seit 1970 um 22 % kleiner geworden. Verglichen mit 1962 ist die Anbaufläche sogar nur noch halb so groß. Dies liegt in erster Linie daran, dass der Rückgang des Weinkonsums im Inland durch den steigenden Export nicht ausgeglichen werden konnte. Die Verkleinerungen der Weinbauflächen finden vor allem dort statt, wo Weine einfacher Qualität für den Massenverbrauch erzeugt werden.

Die Geschichte des französischen Weinbaues

Entlang der französischen Mittelmeerküste wird Wein schon seit etwa 500 v. Chr. angebaut. Den Grundstein dafür legten die Römer, die das damalige Gallien besiedelten und alle klimatisch geeigneten Hänge der großen Flusstäler nutzten. Im Laufe des 1. Jahrhunderts verbreitete sich die Weinkultur im Rhônetal, danach in Burgund und dem Bordelais, um dann im 3. Jahrhundert das Loiretal zu erreichen. Einige Jahrzehnte später waren die Champagne und das Moseltal erreicht.

Später waren Kirchen und Klöster Förderer der Weinkultur. Im Mittelalter schließlich gehörten Rebstöcke zum Landschaftsbild ganz Frankreichs. Schon im 12. Jahrhundert war französischer Wein ein Exportprodukt, und die wichtigsten Abnehmer saßen in England, Flandern und den germanischen Landen.

Im 18. Jahrhundert, konnte durch die allgemeine Verbreitung der Glasflasche und des Flaschenkorkens das Vertriebsnetz bis hin zum Verbraucher vergrößert werden. Gleichzeitig übernahmen vor allem Großgrundbesitzer und Weingroßhändler die Arbeit der Mönche.

Das Weingesetz der „Grande Nation"

Das System der „Appellation d´Origine Contrôlée" wurde 1935 eingeführt. Um den Hintergrund dieses Gesetzes zu verstehen, ist es notwendig, den französischen Weinmarkt nach der Zerstörung der europäischen Weingärten durch die Phylloxera (Reblaus) im späten 19. Jahrhundert zu betrachten. In dieser Zeit herrschte gravierende Weinknappheit, und die Nachfrage übertraf das Angebot bei weitem. Einige skrupellose Weinproduzenten zogen daraus ihre Vorteile und verkauften ihre oft minderwertigen Produkte unter dem Namen berühmter französischer Weinbauregionen. Tatsächlich aber stammten die Weine vielfach aus Gebieten in Mittelfrankreich, die ursprünglich für den Getreideanbau gedacht waren.

Um 1905 waren solch verfälschte Weine so verbreitet, dass ein Eingriff der Regierung notwendig wurde. Maßnahmen zum Schutz von Herkunftsbezeichnungen wurden erlassen und stellten dann die Basis für die Definition und Abgrenzung von Weinbauregionen dar.

Die Fortschritte waren vorerst schleppend, bis Baron Roy und andere im Jahr 1923 die Gebietskriterien für die Weinbauflächen von Châteauneuf-du-Pape schufen. Dies war die Grundlage für das System von 1935, das noch heute gültig ist. Interessant ist in dem Zusammenhang die Tatsache, dass diese Gesetze ursprünglich nicht die Konsumenten, sondern die Produzenten schützen sollten!

Die Qualitätsstufen

Sie sind ähnlich wie in anderen Ländern der Europäischen Union:

Vin de table
Die einfachen Tischweine können aus allen europäischen Edelreben gewonnen werden und sollen den Qualitätsstandard der „Trinkbarkeit" erfüllen. Es gibt keine Höchstertragsgrenzen, aber eine Produktionsmenge über 100 hl/Hektar muss der Destillation zugeführt werden. Weder Jahrgang noch Rebsorten dürfen auf dem Etikett angeführt werden.

Vin de Pays
Die Landweine bzw. Vins de Pays wurden 1979 mit dem Ziel eingeführt, Qualitätsverbesserungen und Quantitätsbeschränkungen von Massenweinen aus manchen Anbaugebieten zu erzielen. Die Weine dürfen ihre geographische Herkunft nennen und müssen dafür gewisse Qualitätskriterien erfüllen:

Die Höchsterträge pro Hektar sind immer auf 90 hl begrenzt. Zugelassene und empfohlene Trauben wurden für jedes Gebiet festgelegt. Erlaubt sind fast immer auch die hochqualitativen Sorten – wie Chardonnay, Sauvignon Blanc, Cabernet, Merlot und andere „Cépages nobles", was zu sehr interessanten Entwicklungen geführt hat.

VDQS – Vin Délimité de Qualité Supérieure
Dies ist die untere Stufe der Qualitätsweine. VDQS wurde für Gebiete eingeführt, die überdurchschnittliche Weinqualität produzieren, aber nicht die Qualität für die volle AOC erreichen. Die Gesetze beinhalten etwa dieselben Bestimmungen wie für AOC, sind aber weniger restriktiv bei Erträgen und Sortenauswahl.
Weniger als 1 % der französischen Weine haben diese Qualitätsstufe und der Anteil nimmt weiter ab, da sie nach und nach in AOC (AC) aufgewertet werden.

AOC oder AC – Appellation d'Origine Contrôlée
Diese Bezeichnungen tragen die französischen Qualitätsweine auf dem Etikett. Jede AOC-Region hat ihre eigenen spezifischen Regeln in Bezug auf Rebsorten, Höchsterträge, Vinifizierung, Erziehungsformen und einiges mehr.

Frankreich hat etwa ein Dutzend bekannte und etliche weniger wichtige Weinbaugebiete. In mehr als 300 Appellationen, in sehr unterschiedlichen Größen, gelten jeweils eigene Regelungen bezüglich zugelassener Rebsorten, Erziehungssystemen und Ertragsgrenzen. Große allgemeine Verwirrungen schaffen die besonderen Klassifizierungen, die in den Gebieten sehr unterschiedlich sein können. So ist zum Beispiel das „Grand Cru" die höchste Qualitätsstufe in Burgund, während die Top-Weine von Haut-Médoc „Premier Grand Cru" sind. In Burgund ist „Premier Cru" die zweithöchste Stufe in der Klassifizierung. Auch innerhalb der Teilbereiche der Region Bordeaux sind Klassifizierungen nicht einheitlich.

Frankreich, die „Grande Nation" des Weines

Nicht jeder Wein, der aus Frankreich kommt ist Top! Weit mehr als die Hälfte der französischen Weine fallen in die Kategorie der Tafel- und Landweine. Nur etwa ein Drittel gelten als Qualitätsweine mit AOC-Status, und auch dabei sind die Unterschiede noch sehr groß.

Reben und Weine in Frankreich

Frankreich ist mit einem Anteil von mehr als 60 % eines der klassischen Rotweinländer in Europa. Nachdem die größten Mengen nicht in den bekanntesten Gebieten, sondern im Süden des Landes angebaut werden, sind nicht Cabernet oder Pinot Noir die Hauptsorten.
Mit mehr als 160.000 Hektar ist Carignan die meist angebaute Rotweinrebe Frankreichs und etwa halb soviel Fläche bedeckt Grenache Noir. Danach kommen Merlot, Syrah, Cinsault, Gamay und Cabernet.
Chardonnay und Sauvignon Blanc sind die bekanntesten Weißweintrauben, aber am meisten verbreitet ist Ugni Blanc. Allerdings wird die Sorte mehr für die Destillation als für die Weinbereitung verwendet.

Die bekanntesten Weinbauregionen Frankreichs sind Bordeaux, Burgund, Côte du Rhône, Loire, Champagne und Elsass. Die größten Weinbauflächen belegen jedoch die südlichen Regionen, allen voran Languedoc und Roussillon, mit zusammen etwa 400.000 Hektar.

Etikettensprache bei französischen Weinen

APPELLATION CONTRÔLÉE – AC oder AOC
Staatlich kontrolliertes Anbaugebiet.

CAVE
Weinkeller, Weinunternehmen.

CHÂTEAU
Frz.: Schloss; kleines oder großes Weingut, vor allem in Bordeaux.

CLOS
Bezeichnung für einen mit Mauern umgebenen Weinberg. Heute auch oft für ein Weingut; besonders in Burgund.

CRU
Weinlage, Gewächs, Hochgewächs. Hat je nach Weinbaugebiet unterschiedliche Bedeutung.

DOMAINE
Weingut, besonders in Burgund.

M.C. oder MISE EN BOUTEILLE AU CHÂTEAU
Flaschenabfüllung auf dem Weingut (Erzeugerabfüllung).

NÉGOCIANT
Weingroßhändler;

PÉTILLANT
Leicht schäumender Wein - Perlwein - bis 2,5 bar CO_2-Druck.

RÉCOLTE
Ernte bzw. Ernte.

SÉLECTION DE GRAINS NOBLES
Beerenauslese, speziell im Elsass.

SUR LIE
Hefeabzug, besonders bei Muscadet von der Loire.

VENDANGE TARDIVE
späte Lese, Spätlese, vor allem im Elsass.

VIEILLES VIGNES
Alte Reben, teilweise auch wurzelecht.

VIN GRIS
Sehr heller Roséwein, nur aus blauen Trauben.

VIN JAUNE
„gelber Wein" - im franz. Jura erzeugter, an Sherry erinnernder Wein.

VINS DE LIQUEUR

Likörweine – durch echtes Weindestillat stumm gemachter Traubenmost, zum Beispiel Pineau de Charente.

VIN DOUX NATUREL
AOC-Weine, werden durch Stummmachen des Mostes während der Gärung hergestellt, Mindestzuckergehalt 252 g/l, z. B. Banjuls.

VIN LIQUOREUX
Süßer, nicht aufgespriteter Weißwein, z. B. Sauternes-Weine.

VIN MOUSSEUX
Schaumwein, bei dem verschiedene Herstellungen möglich sind.

VIN DE PAILLE
Strohwein, z. B. im Jura.

VIN DE PAYS
Landwein.

VITICULTEUR
Winzer.

Das Weinquiz

Kategorie: Weinland Frankreich

Weinland Frankreich [Fragen]

[1] Geprüfter französischer Qualitätswein trägt auf dem Etikett die Bezeichnung ...?
(1) Appellation Contrôlée
(2) Qualité Supérieure de France
(3) Produit en France
(4) Mise en bouteille au Château

[2] Champagner wird durch das Rütteln von seiner Hefe befreit. Aber müssen die Flaschen von Hand gerüttelt werden?
(1) Nein
(2) Ja
(3) Nur Jahrgangschampagner muss handgerüttelt werden
(4) Grand Crus werden von Hand gerüttelt

[3] Die kleinste Appellation Contrôlée Frankreichs heißt ...?
(1) Corton-Charlemagne
(2) La Romanée
(3) Château Grillet
(4) Romanée-Conti

[4] Château Chalon ist ...?
(1) Eine Appellation in der französischen Jura
(2) Ein Weingut im Bordelais
(3) Ein Weingut an der Loire
(4) Ein bekanntes Weingut in Burgund

[5] Gibt es einen Unterschied zwischen Sauternes und Haut Sauternes?
(1) Die Bezeichnung Hâut Sauternes gibt es nicht mehr
(2) Es gibt keinen Unterschied
(3) Hâut Sauternes ist besser
(4) Sauternes ist besser

[6] Französischer Qualitätswein trägt auf dem Etikett eine dieser Bezeichnungen – abgekürzt oder ausgeschrieben. Es ist ...?
(1) DOCV
(2) VQSPF
(3) AOC
(4) MC

Weinland Frankreich [Antworten]

[1] Appellation Contrôlée
Französische Qualitätsweine tragen ein AOC oder AC, und dies bedeutet Appellation Contrôlée bzw. Appellation d'Origine Contrôlée. Eine kleinere Stufe darunter ist VDQS – „Vin Délimité de Qualité Supérieure". Es ist praktisch die Vorstufe zum AOC. Diese Klassifizierung wird immer seltener, und die Weine werden nach und nach aufgewertet.

[2] Nein
Champagner muss nicht von Hand gerüttelt werden. Für alle Champagner-Qualitäten werden vermehrt moderne Rüttelmaschinen – so genannten Gyropalettes – eingesetzt. Das Verfahren wurde in den 1970-er-Jahren von einem spanischen Cava-Produzenten entwickelt.

[3] La Romanée
Nur ungefähr 0,85 Hektar groß, ist sie die kleinste Appellation in Frankreich. Es ist die Grand-Cru-Lage „La Romanée" in der Gemeinde Vosne-Romanée in Burgund, gleich oberhalb des etwas größeren „Climats" Romanée-Conti. Es werden ausschließlich Rotweine aus Pinot Noir gewonnen. Der Wein zählt zu den teuersten der Welt, nicht nur wegen der Qualität, sondern auch wegen der geringen Verfügbarkeit.

[4] Eine Appellation in der französischen Jura
Anders, als man dem Namen nach schließen könnte, ist es kein Weingut, sondern eine Orts- bzw. Gebietsbezeichnung im französischen Jura. Besonders bekannt ist die AOC durch den Vin jaune, den „Gelben Wein". Dies ist ein oxidativ ausgebauter Savagnin, ein Verwandter des Traminers.

[5] Es gibt keinen Unterschied
Die AOC heißt offiziell Sauternes und bringt unter dieser Bezeichnung nur edelsüße Weine hervor. Eine AOC Haut Sauternes gibt es nicht, daher auch keinen Unterschied. Die wenigen trockenen Weine, die aus dem Sauternes kommen, können nur die allgemeine AOC Bordeaux tragen.

[6] AOC
Französischer Qualitätswein trägt die Bezeichnung AC bzw. AOC. Es sind die Abkürzungen für „Appellation Contrôlée" bzw. „Appellation d'Origine Contrôlée". Eine dieser Bezeichnungen steht in Verbindung mit dem Namen des Weines, der in den meisten Fällen das Gebiet (Region), eine Gemeinde oder nur eine Lage angibt.

Weinland Frankreich [Fragen]

[7] Montrachet ist einer der großen Weißweine Frankreichs. Aus welcher Region kommt er?
(1) Aus Bordeaux
(2) Aus dem Rhône-Gebiet
(3) Von der Loire
(4) Aus Burgund

[8] Schaumweine werden aus verschiedensten Trauben gewonnen. Aber aus welchen wird Champagner hergestellt?
(1) Aus weißen und roten Trauben
(2) Weiße Champagner nur aus weißen, Rosé-Champagner nur aus roten
(3) Nur aus weißen Trauben
(4) Nur aus roten Trauben

[9] An welchem Fluss liegt das Sancerre-Gebiet?
(1) An der Saône
(2) An der Rhône
(3) An der Marne
(4) An der Loire

[10] Manche Champagnerflaschen tragen historische Namen. Die Flasche mit dem größten Inhalt ist ...?
(1) Nebukadnezar
(2) Salmanasar
(3) Balthasar
(4) Methusalem

[11] Aus welcher Region kommen die Pouilly-Fumé-Weine?
(1) Aus der Provence
(2) Von der Loire
(3) Aus dem Elsass
(4) Aus dem Mâconnais

[12] Rosé d'Anjou ist einer der bekanntesten Roséweine Frankreichs und er kommt ...?
(1) Aus der Côte du Rhône
(2) Aus der Provence
(3) Aus dem Vallée de la Loire
(4) Aus dem französischen Jura

Weinland Frankreich [Antworten]

[7] Aus Burgund
Montrachet kommt aus Burgund. Es ist auch der Name zweier Gemeinden – Chassagne-Montrachet und Puligny-Montrachet. La Montrachet ist die bekannteste, aber nicht die einzige Grand Cru-Lage, die in beiden Gemeinden liegt. Montrachet-Weine zählen zu den besten weißen Burgundern und werden aus Chardonnay gekeltert.

[8] Aus weißen und roten Trauben
Alle Champagnertypen und Qualitäten können aus weißen und blauen Trauben gewonnen werden. Zugelassen sind jedoch nur Chardonnay sowie Pinot Noir und Pinot Meunier. Die Cuvées der einzelnen Marken sind sehr unterschiedlich zusammengesetzt. Bei Rosé-Champagner ist für die Farbe ausschließlich Pinot Noir verantwortlich.

[9] An der Loire
Sancerre ist der Name einer historischen Stadt und des Weines im Gebiet der oberen Loire. Die Appellation Sancerre hat einen sehr bekannten Weißwein aus Sauvignon Blanc und dem weniger bekannten Rotwein aus Pinot Noir.

[10] Nebukadnezar
Eine Schaumwein-Flaschengröße mit 15 Litern Inhalt trägt den Namen Nebukadnezar. Die Größe entspricht dem Inhalt von 20 normalen Flaschen und wird nur sehr selten verwendet, am ehesten bei werbewirksamen Sportveranstaltungen. Der Name leitet sich vom babylonischen König Nebukadnezar II. ab.

[11] Von der Loire
Die Anbauzone liegt an der oberen Loire am rechten Ufer, rund um die Stadt Pouilly sur Loire. Auf der anderen Seite des Flusses findet sich die Appellation Sancerre. Pouilly-Fumé wird reinsortig aus Sauvignon Blanc gekeltert.

[12] Aus dem Vallée de la Loire
Der Rosé d'Anjou kommt aus dem Loire-Tal. Genauer gesagt aus dem Bereich Anjou-Saumur. Er hat eine eigene AOC und wird aus Cabernet Franc/Cabernet Sauvignon, Gamay und anderen roten Sorten gekeltert. Der fruchtige und süffige Wein zählt zu den beliebtesten Roséweinen Frankreichs.

Weinland Frankreich [Fragen]

[13] Beaujolais ist fast immer ein Rotwein. Aus welcher Rebsorte wird er gekeltert?
(1) Gamay
(2) Merlot
(3) Pinot noir
(4) Chardonnay

[14] Was versteht man in Frankreich unter einem Edelzwicker?
(1) Einen sehr säurereichen Weißwein aus dem Gebiet Savoyen
(2) Eine alte goldene Nasenbrille des Weinauktionärs
(3) Einen speziellen Magenschnaps aus Traubentrester
(4) Einen Weißwein aus mehreren Rebsorten

[15] Château d'Yquem erzeugt einen der hochwertigsten Süßweine der Welt. Die Hauptrebe dafür ist ...?
(1) Muscadet
(2) Sémillon
(3) Sauvignon Blanc
(4) Muscat

[16] In welchem französischen Weinbaugebiet werden die Weine großteils in einer Flasche abgefüllt, die als „Flûte" bekannt ist?
(1) Im Bordelais
(2) In der Provence
(3) Im Elsass
(4) In Burgund

[17] Petite Champagne ist eine besondere Anbauzone. Wo in Frankreich findet man sie?
(1) In der Charente
(2) In der Champagne
(3) In der Gascogne
(4) Im Marnetal

[18] Aus welcher französischen Weinbauregion kommt der Sancerre?
(1) Vom Val de Loire
(2) Von der Champagne
(3) Von der Côte du Rhône
(4) Von der Côte-de-Provence

Weinland Frankreich [Antworten]

[13] Gamay
Im Gebiet Beaujolais ist Gamay auf jeden Fall die wichtigste Rebsorte, aus der die sehr unterschiedlichen Qualitäten gekeltert werden. Von einfachsten Schankweinen bis hin zu den Crus – alles ist Gamay. Wegen seines hellen Fruchtfleisches lautet die korrekte Bezeichnung „Gamay Noir à Jus Blanc". Die kleine Menge von weißem Beaujolais wird aus Chardonnay gekeltert.

[14] Einen Weißwein aus mehreren Rebsorten
Es ist ein Qualitäts- oder Tafelwein des Elsass und ein Verschnitt aus verschiedenen weißen Rebsorten. Früher war er als „Zwicker" nur ein einfacher Tafelwein, der hauptsächlich aus Chasselas und Sylvaner bestand. Inzwischen kann er auch Qualitätswein sein.

[15] Sémillon
Für die Erlangung von edelsüßen Weinen ist Edelfäule sehr wichtig. Die Sorte Sémillon hat eine dünne Schale und eignet sich daher ganz besonders für die Gewinnung von Sauternes-Weinen. Château d'Yquem hat in seinen Weingärten etwa 80 % Sémillon und 20 % Sauvignon Blanc gepflanzt. Muscadelle wäre zusätzlich erlaubt.

[16] Im Elsass
Elsässer Qualitätsweine werden fast ausschließlich in der grünen „Flûte" (der Flöte) abgefüllt. Es ist die Flaschenform, die auch als Schlegel- oder Moselflasche bekannt ist. Die gleiche Form, jedoch aus braunem Glas, verwendet auch Château Grillet an der Rhône.

[17] In der Charente
Die Petite Champagne ist die zweitbeste der sechs Anbauzonen der Charente. Es ist das Gebiet, aus dem der Cognac kommt. Grand Champagne ist die wertvollste Zone. Die kreisförmige Einteilung rund um die Stadt Cognac richtet sich nach der Qualität der Böden. Je mehr Kreide bzw. Kalk im Boden, umso wertvoller sind die Weinberge.

[18] Vom Val de Loire
Sancerre kommt vom linken Ufer der „Oberen Loire" rund um die gleichnamige historische Stadt. Unter der Appellation wird großteils trockener Weißwein aus Sauvignon Blanc gewonnen. Ein kleiner Anteil an rotem Sancerre wird aus Pinot Noir gekeltert.

Weinland Frankreich [Fragen]

[19] Ein Vin Pétillant ist ...?
(1) Ein überkritischer Weinverkoster
(2) Ein französischer Kellereiinspektor
(3) Ein französischer Weinkritiker
(4) Ein französischer Perlwein

[20] Unter welchem Synonym ist die Rebsorte Malbec im Gebiet Cahors bekannt?
(1) Als Cahorais
(2) Als Auxerrois
(3) Als Argentino
(4) Als Cot

[21] Wie bezeichnet man den Wein, der aus Riesling, Gewürztraminer und den anderen Sorten des Elsass hergestellt werden kann?
(1) Riesling-Traminer
(2) Coupage
(3) Edelzwicker
(4) Mischling

[22] Das größte Anbaugebiet für Qualitätsweine in Frankreich ist ...?
(1) Burgund
(2) Languedoc-Roussillon
(3) Provence
(4) Bordeaux

[23] Das Champagnerhaus Mumm ist heute französisch. Die Gründer kamen aber aus ...?
(1) Südtirol
(2) Trier an der Mosel
(3) Dem Rheinland
(4) Wien

[24] Welche dieser Gruppen von Trauben ist für die Champagner-Herstellung zugelassen?
(1) Pinot Blanc, Chardonnay, Malbec
(2) Pinot Noir, Pinot Meunier, Chardonnay
(3) Pinot Gris, Pinot blanc, Pinot Noir
(4) Chardonnay, Cabernet, Sauvignon Blanc

Weinland Frankreich [Antworten]

[19] Ein französischer Perlwein
Vin Pétillant ist die französische Bezeichnung für Perlwein. Der Wein ist vergleichbar mit dem „Frizzante" in Italien. Der CO_2-Druck – bei einer Temperatur von 20° C – darf höchstens 2,5 bar (Atü) betragen. Meist ist es zugesetzte „Kohlensäure".

[20] Als Auxerrois
Das Gebiet Cahors in Südwestfrankreich ist wahrscheinlich die Urheimat der Rebsorte Malbec. Dort wird sie hauptsächlich Auxerrois genannt. Der daraus gekelterte Wein ist farbintensiv und kraftvoll und gelangte im Laufe der Geschichte als „Schwarzer Wein von Cahors" zu legendärem Ruf.

[21] Edelzwicker
Es ist eine Cuvée, die recht bekannt, aber nicht immer einen großen Trinkgenuss verspricht: der Edelzwicker. Der Wein hat, wenn er überwiegend aus zugelassenen Trauben gekeltert wird, eine AOC-Anerkennung. Oft ist er auch als einfacher Tafelwein in der Liter-Flasche im Handel.

[22] Bordeaux
Auf über mehr als 100.000 Hektar erstrecken sich die Weinberge von Bordeaux. Es ist somit das größte Anbaugebiet für Qualitätsweine in Frankreich und auch in der gesamten Weinwelt. Languedoc-Roussillon im Süden Frankreichs ist zwar viel größer, aber dort werden nicht nur Qualitäts-, sondern auch große Mengen an Land- und Tafelweinen gewonnen.

[23] Dem Rheinland
Die Begründer – die Gebrüder Mumm – kamen aus Rüdesheim im Rheingau. Die Firma wurde 1827 gegründet. Mumm zählt heute zu den bekannten Champagnerhäusern und hat mehr als 200 Hektar eigene Weingärten. Hunderte Vertragswinzer liefern die restlichen Trauben. „Cordon Rouge" ist die Standardmarke, die den größten Teil der Produktion ausmacht.

[24] Pinot Noir, Pinot Meunier, Chardonnay
Ausschließlich die zwei Rotweinsorten Pinot Noir (Blauburgunder bzw. Blauer Spätburgunder) und Pinot Meunier (Müllerrebe bzw. Schwarzriesling) und die weiße Sorte Chardonnay sind für die Herstellung von Champagner zugelassen.

[25] Für die Region Burgund gilt ein besonderes Appellationssystem. Die höchste Stufe in der Qualitätspyramide ist ...?
(1) Premier Cru
(2) Grand Premier Cru
(3) Grand Cru
(4) Grand Cru Exeptionel

[26] Sind die in Frankreich angebauten Rebsorten Muscadet und Muskateller miteinander verwandt?
(1) Nur die zwei weißen Arten sind verwandt
(2) Ja, ganz bestimmt
(3) Vielleicht, es ist nicht sicher
(4) Nein, sicher nicht

[27] Bekannte Weinbaugebiete liegen sehr oft in breiten Flusstälern. Welcher Fluss verläuft parallel zum Beaujolais-Gebiet?
(1) Die Rhône
(2) Die Marne
(3) Der Rhein
(4) Die Saône

[28] Durch die idyllische Landschaft und direkt vorbei am Hauptort Chablis windet sich ein kleiner Fluss. Es ist die ...?
(1) Drôme
(2) Marne
(3) Serein
(4) Seine

[29] Wie nennt man das Enthefen des Champagners von Hand, also ohne das Einfrieren des Flaschenhalses?
(1) En dégorgement
(2) En palette
(3) En suite
(4) À la volée

[30] Das Mâconnais ist Teil eines großen Weinbaugebietes ...?
(1) Côte du Rhône
(2) Burgund
(3) Bordeaux
(4) Loire

Weinland Frankreich [Antworten]

[25] Grand Cru
Bei den Burgunderweinen ist Grand Cru die höchste Qualitätsstufe. Die nächstkleinere Qualität ist Premier Cru. Die zwei anderen angeführten Bezeichnungen gibt es in Burgund nicht. Burgund hat andere Klassifizierungen als beispielsweise Bordeaux.

[26] Nein, sicher nicht
Die beiden Trauben sind nicht miteinander verwandt. Es ist nur eine Namensähnlichkeit. Muskateller gehört zu einer großen Rebfamilie und ist schon seit vielen Jahrhunderten bekannt. Es ist meistens eine weiße Traube, es existieren aber auch rote Muskateller. Die Sorte Muscadet heißt eigentlich Melon de Bourgogne.

[27] Die Saône
Viele Weinbaugebiete werden von Flüssen begleitet. Die Saône begleitet einen großen Teil des Burgundergebietes und somit auch Beaujolais. Südlich von Beaujolais fließt die Saône in die Rhône und diese mündet nach einigen hundert Kilometern in das Mittelmeer.

[28] Serein
Die Serein fließt durch die kleine Stadt bzw. durch das Gebiet von Chablis. Chablis liegt in der so genannten Basse-Bourgogne und ist von der Côte d'Or, bzw. dem übrigen Burgund geografisch getrennt. Der Bereich liegt näher zur Champagne.

[29] À la volée
„Mit Schwung" – den Champagner von seinem Hefesatz zu befreien, ist die ursprüngliche Methode und wird „À la Volée" genannt. Heute wird dies meist durch den Einsatz einer eiskalten Lösung gemacht. Für Großflaschen wird die ursprüngliche Methode des Enthefens noch am ehesten angewandt.

[30] Burgund
Der Bereich Mâconnais ist nach der Stadt Mâcon benannt und wird zu Burgund gerechnet. Das Mâconnais ist vor allem für Weißweine bekannt. Pouilly-Fuissé ist einer davon und wird aus Chardonnay gekeltert.

Weinland Frankreich [Fragen]

[31] Das Beaujolais hat 10 besondere Cru-Lagen. Welches ist die kleinste davon?
(1) Moulin-à-Vent
(2) Fleurie
(3) St-Amour
(4) Chénas

[32] Eine der nachstehenden Sorten ist im Elsass für Qualitätsweine nicht zugelassen. Es ist ...?
(1) Pinot Blanc
(2) Auxerrois
(3) Silvaner
(4) Müller-Thurgau

[33] Es sind oft bekannte Flüsse, die mit Wein in Verbindung stehen. Der längste „Wein-Fluss" Frankreichs ist ...?
(1) Die Gironde
(2) Die Loire
(3) Die Saône
(4) Die Rhône

[34] In welchem Teil von Bordeaux liegt das berühmte „Château Cheval Blanc"?
(1) In St-Emilion
(2) In Médoc
(3) In Graves
(4) In Pomerol

[35] Welche Bedeutung hat die Bezeichnung „Réserve" bei französischen Weinen?
(1) Gilt nur für Weine mit einer längeren Barrique-Lagerung
(2) Ist rechtlich nicht definiert
(3) Gilt nur für Burgunderweine mit besonderer Prüfung
(4) Gilt nur für Bordeaux-Weine mit zweijähriger Fasslagerung

[36] Nur drei Rebsorten können für Sauternes-Weine verwendet werden. Eine der folgenden Sorten ist nicht zugelassen. Es ist ...?
(1) Sauvignon Blanc
(2) Sémillon
(3) Chardonnay
(4) Muscadelle

Weinland Frankreich [Antworten]

[31] Chénas
Mit weniger als 300 Hektar Rebfläche ist Chénas der kleinste Cru in Beaujolais. Die größte Cru-Lage ist übrigens Brouilly mit rund 1.300 Hektar Weingärten. Alle Beaujolais-Weine werden aus der Rebsorte Gamay gekeltert.

[32] Müller-Thurgau
Die Sorte Müller-Thurgau (Rivaner bzw. früher auch Riesling-Silvaner) gilt im Elsass nicht als zugelassene Traube für Qualitätsweine. Sie wird aber teilweise angebaut und für einfache Tafelweine verwendet. Zum Beispiel für den Edelzwicker.

[33] Die Loire
Der längste „Wein-Fluss" in Frankreich ist die Loire, gilt als der „königliche Fluss" und ist etwa 1.000 km lang. Er entspringt südwestlich von Lyon, fließt zuerst in Richtung Norden und wendet sich in der Gegend von Orléans in Richtung Westen, bis er den Atlantik erreicht. Das Loire-Tal wird in vier Bereiche eingeteilt, und darin finden sich etliche Weinbauzonen.

[34] In St-Emilion
Das Château Cheval Blanc ist eines der bekanntesten Weingüter im Bereich St-Emilion. Das Weingut liegt knapp an der Grenze zu Pomerol und ist eines der zwei Spitzengewächse von St-Emilion, die als Premier Grand Cru Classé „A" eingestuft wurde.

[35] Ist rechtlich nicht definiert
Der Zusatz Réserve auf dem Etikett eines französischen Weines hat keine rechtliche Bedeutung. Wenn es verwendet wird, ist es höchstens eine firmeninterne Bezeichnung.

[36] Chardonnay
In Bordeaux und somit im Bereich Sauternes ist Chardonnay generell nicht zugelassen. An den edelsüßen Sauternes-Weinen hat Sémillon mengenmäßig den größten Anteil. Ergänzungen sind die Sorten Sauvignon Blanc und Muscadelle.

Weinland Frankreich [Fragen]

[37] Die nördlichste Weinbauregion Frankreichs ist ...?
(1) Loire
(2) Burgund
(3) Elsass
(4) Champagne

[38] In Burgund hat das kleine Eichenfass einen besonderen Namen. Wie wird es bezeichnet?
(1) Pièce
(2) Barrique
(3) Tonneau
(4) Cûve

[39] Welches ist die höchste Qualitätsstufe bei Chablis-Weinen?
(1) Chablis Supérieur
(2) Chablis Grand Cru
(3) Chablis Premier Cru
(4) Chablis AOC Géant

[40] Ein Vin de Paille ist in Frankreich ...?
(1) Ein ländlicher Obstwein
(2) Ein Strohwein
(3) Ein Landwein
(4) Ein einfacher Hauswein

[41] Ist der französische Mâcon ein Weiß-, Rot- oder Roséwein?
(1) Es kann nur Weißwein sein
(2) Es kann nur ein Schaumwein der Art Crémant sein
(3) Es kann Weiß-, Rot- und Roséwein sein
(4) Es kann nur Rotwein sein

[42] In welcher französischen Weinbauregion liegt Château-Chalon?
(1) Im Jura
(2) In Burgund
(3) In Bordeaux
(4) In der Provence

Weinland Frankreich [Antworten]

[37] Champagne
Die nördlichste Weinbauregion in Frankreich und liegt im so genannten Pariser Becken, etwa 140 km östlich von Paris und es ist die Champagne. Die dort angebauten Rebsorten Chardonnay, Pinot Noir und Pinot Meunier gedeihen hier gut und erzielen eine ausreichende Reife.

[38] Pièce
Was Barrique in Bordeaux, ist das Pièce für Burgund: das gebräuchliche kleine Eichenfass. Hier fasst die Standardgröße 228 Liter und ergibt 300 Flaschen Wein. Ein Pièce kann aber in anderen Gebieten Frankreichs unterschiedliche Inhalte haben.

[39] Chablis Grand Cru
Nicht nur im Bereich von Chablis, sondern auch an der Côte d'Or ist Grand Cru die höchste Qualitätsstufe. Premier Cru ist die zweithöchste Stufe bei der Klassifizierung. Der Anteil an Grand Cru-Weinen beträgt nur etwa 5 % an der Gesamtmenge. Der größte Teil ist AOC Chablis ohne Zusatzbezeichnung.

[40] Ein Strohwein
Vin de Paille ist ein „Strohwein" und eine Spezialität in einigen französischen Regionen, vor allem im Jura. Er kann aus den verschiedenen regionalen Rebsorten gewonnen werden. Im 19. Jahrhundert war die Technik, Süßweine aus rosinierten Trauben zu gewinnen, weit verbreitet.

[41] Es kann Weiß-, Rot- und Roséwein sein
Die AOC Mâcon kann ein Weiß-, Rosé- oder Rotwein sein. Chardonnay ist die Traube für die Weißweine. Rot- und Roséweine werden aus Gamay und Pinot Noir gekeltert. Unter der Bezeichnung Mâcon-Villages können es nur Weißweine sein.

[42] Im Jura
Château-Chalon findet man in der französischen Weinbauregion Jura. Es ist nicht der Name eines Weingutes, sondern eines Ortes. Gleichzeitig ist es eine AOC für den so genannten „Gelben Wein", der aus der Sorte Savagnin (eine Spielart des Traminers) gewonnen wird.

Weinland Frankreich [Fragen]

[43] Frankreich kennt eine AOC Bourgogne Passetoutgrain. Welcher Wein kann es sein?
(1) Ein Rot- oder Roséwein aus Pinot Noir und Chardonnay
(2) Es kann ein Rot- oder Weißwein sein, der nicht reinsortig ist
(3) Ein roter Burgunderwein aus Gamay und Pinot Noir
(4) Ein einfacher roter Burgunderwein aus weißen und roten Sorten

[44] In einem französischen Weinbaugebiet gibt es eine ungewöhnliche Flaschenform, die Clavelins. Um welche Region handelt es sich?
(1) Elsass
(2) Provence
(3) Jura
(4) Savoyen

[45] Eine der nachstehenden Bezeichnungen existiert in Frankreich für Schaumweine nicht. Es ist ...?
(1) Crémant de Jura
(2) Crémant du Rhône
(3) Crémant de Limoux
(4) Crémant de Bourgogne

[46] Das Gebiet Champagne hat auch einen stillen Roséwein. Er nennt sich ...?
(1) Rosé de Riceys
(2) Rosé de Bugey
(3) Rosé de Tavel
(4) Rosé de Mailly

[47] Ein bekanntes Bordeaux-Château hat eine eigene Flaschenform. Welches dieser Weingüter füllt nicht die Standard-Bordeaux-Flasche?
(1) Château Pétrus
(2) Château Cheval-Blanc
(3) Domaine de Chevalier
(4) Château Haut-Brion

Weinland Frankreich [Antworten]

[43] Ein roter Burgunderwein aus Gamay und Pinot Noir
Passetoutgrain (Passe-Tout-Grains) ist ein roter Burgunderwein – meistens in kleineren Qualitäten. Er gilt in Frankreich als leichter, gefälliger Durstlöscher, der jung zu trinken ist. Der Wein wird aus Gamay und Pinot Noir gekeltert, wobei der Pinot Noir-Anteil mindestens ein Drittel beträgt. Genau genommen heißt die AOC „Bourgogne Passetoutgrain".

[44] Jura
Die Clavelin-Flasche wird im Jura für den Vin Jaune (Gelber Wein) verwendet und hat einen Inhalt von 62 cl. Die ungewöhnliche Flaschengröße ergibt sich durch die Tatsache, dass durch die lange Reifung im Fass von einem Liter Grundwein nur 62 cl Vin Jaune übrig bleiben. In Geruch und Geschmack erinnert der Wein an trockenen Sherry.

[45] Crémant du Rhône
Crémants gibt es in verschiedenen französischen Weinbauregionen. Diese Schaumweine werden jeweils aus den lokalen Rebsorten nach dem klassischen Flaschengärverfahren gewonnen. Einen Crémant du Rhône gibt es aber nicht. Innerhalb der Côte du Rhône gibt es aber einen Crémant de Die.

[46] Rosé de Riceys
Der einzige stille Roséwein der Champagne ist Rosé de Riceys. Er kommt aus der gleichnamigen Weinbaugemeinde im südlichen Teil der Champagne. Der seltene Wein wird aus Pinot Noir gewonnen, ist eher wegen der geringen Verfügbarkeit als wegen der Qualität bekannt.

[47] Château Haut-Brion
Nur das Château Haut-Brion in der Appellation Pessac-Léognan im Bereich Graves hat eine eigene Flaschenform. Hâut-Brion ist seit 1855 ein „Premier Cru Classé" und der einzige Rotwein außerhalb von Médoc, der so hoch eingestuft wurde.

Weinland Frankreich [Fragen]

[48] Die AOC Clairette de Die bringt einen außergewöhnlichen, aromatischen und süßen Schaumwein. An welchem Fluss liegt die Anbauzone für diesen Wein?
(1) An der Drôme
(2) An der Rhône
(3) An der Saône
(4) An der Vienne

[49] Frankreich produziert verschiedene Arten von Süßweinen. Mit fremdem Alkohol verstärkt wird ...?
(1) Vin liquoreux
(2) Sélection de grains nobles
(3) Vin doux naturel
(4) Vendange tardive

[50] Wie lange gärt ein traditionell hergestellter Rotwein in Bordeaux auf der Maische?
(1) Bis zu 6 Tage
(2) 10 – 20 Tage
(3) 20 – 30 Tage
(4) Mehr als 30 Tage

[51] Die Cuvée Cristal zählt zu den Top-Champagnern. Die Köstlichkeit in der glasklaren Flasche kommt von ...?
(1) Louis Roederer
(2) Palmers
(3) Krug
(4) Pommery

[52] Welchen Namen trägt die Prestige-Cuvée des Champagnerhauses Veuve Clicquot?
(1) La Grande Cuvée
(2) Le Grand Siècle
(3) La Grande Dame
(4) La Belle Epoque

[53] Auch Champagner ohne Jahrgang hat eine lange Reifezeit auf der Hefe hinter sich. Wie viele Monate dauert es mindestens bis zum Enthefen der Flasche?
(1) 12 Monate
(2) 9 Monate
(3) 20 Monate
(4) 15 Monate

Weinland Frankreich [Antworten]

[48] An der Drôme
Die Anbauzone für den Clairette de Die liegt an der Drôme, einem Nebenfluss der Rhône. Die AOC wird zum großen Gebiet Côtes du Rhône gerechnet. Die kleine Anbauzone liegt zwischen dem nördlichen und südlichen Teil und östlich des Rhône-Tales. Der Schaumwein wird aus Muscat und Clairette gewonnen. Der süße Geschmack und die Kohlensäure stammen aus der ersten alkoholischen Gärung.

[49] Vin doux naturel
Die verschiedenen weißen und roten „Vins doux Naturel" werden durch Zugabe von hochprozentigem Destillat in der Gärung gestoppt. Bekannte Beispiele dafür sind Maury, Banyuls und die verschiedenen Muscat-Weine aus Languedoc-Roussillon. Aus der südlichen Rhône sind Rasteau und Muscat de Beaumes-de-Venise zu dieser Gruppe zu zählen.

[50] 10 – 20 Tage
Rote Bordeauxweine werden in der Regel 10 bis 20 Tage auf der Maische vergoren. Dies ist meistens die optimale Zeit um genügend Farbe und Tannine aus Schalen und Kernen in einem ausgewogenen Verhältnis herauszulösen.

[51] Louis Roederer
Die bekannte Cuvée Cristal kommt aus dem Hause Louis Roederer in Reims. Der Name entstand, weil die Firma einst auf Wunsch des Zaren Alexander II. den Champagner in klaren Bleikristallflaschen an den russischen Hof lieferte. Die Sorte zählt zu den begehrtesten Prestigecuvées.

[52] La Grande Dame
Die Prestige-Cuvée des Hauses Veuve Clicquot trägt den Namen „La Grande Dame". Nicole-Barbe Clicquot – geborene Ponsardin – führte nach dem frühen Tod ihres Gatten das Unternehmen sehr erfolgreich weiter. Sie galt als die Begabteste unter den „Champagnerwitwen".

[53] 15 Monate
Champagner ohne Jahrgang muss mindestens 15 Monate in der Flasche auf der Hefe reifen. Früher waren es 12 Monate. Im Sinne einer Qualitätsverbesserung (vielleicht auch aus als Mittel der Marktregulierung) wurde diese Zeit verlängert. Vielleicht auch deswegen, weil italienischer DOCG Spumante Franciacorta sogar 18 Monate reifen muss.

Weinland Frankreich [Fragen]

[54] Jahrgangs-Champagner reifen besonders lange in der Flasche vor ihrer Fertigstellung. Es sind ...?
(1) Mindestens 3 Jahre
(2) Mindestens 4 Jahre
(3) Mindestens 6 Jahre
(4) Mindestens 2 Jahre

[55] Das Gebiet, aus dem Armagnac kommt, ist in drei Zonen unterteilt. Gibt es eine besonders gute Zone; wenn ja, welche ist es?
(1) Es gibt praktisch keine Unterschiede
(2) Bas-Armagnac ist die Beste
(3) Haut-Armagnac ist die Beste
(4) Ténarèze ist die Beste

[56] Welches Gewässer fließt durch die Stadt Cognac?
(1) Die Saône
(2) Die Charente
(3) Die Loire
(4) Die Marne

[57] Bei der Cognac-Herstellung bedeutet die Mariage ...?
(1) Die Verwendung von Grundweinen aus den besten Anbauzonen
(2) Die Zugabe von Zusätzen zum Färben des Brandes
(3) Das Vermischen verschiedener Destillate
(4) Das Vermischen der Grundweine vor dem Brennen

[58] Welches ist der einzige weiße Grand Cru an der Côte de Nuits?
(1) Clos-de-Vougeot Blanc
(2) Grand Echézeaux Blanc
(3) Charlemagne Blanc
(4) Les Musigny Blanc

[59] Eine französische Rebsorte ist als Muscadet bekannt. Wie lautet ihr korrekter Name?
(1) Melon de Bourgogne
(2) Muscat jaune
(3) Muscat à petits grains
(4) Muscadelle

Weinland Frankreich [Antworten]

[54] Mindestens 3 Jahre
Jahrgangschampagner oder „Champagne Millésime" müssen mindestens 3 Jahre auf der Hefe bzw. in der Flasche reifen, bevor diese degorgiert werden können. Die besten Qualitäten reifen aber oftmals noch viel länger. So bekommt der Champagner seine „cremige" Struktur und den erwünschten hefigen Brotton.

[55] Bas-Armagnac ist die Beste
Wegen der besonderen Böden – Lehm und Sand – gilt die Anbauzone Bas-Armagnac als die beste Anbauzone. Armagnac ist um einige hundert Jahre älter als Cognac, aber trotzdem nicht so bekannt. Das gesamte Gebiet ist als die Gascogne bekannt und liegt südlich von Bordeaux.

[56] Die Charente
Mitten durch die die Stadt Cognac fließt die Charente und gibt dem Gebiet bzw. dem Département den Namen. Die Charente liegt nördlich von Bordeaux. Die hier angebauten Weißweine werden fast zur Gänze destilliert. Neben Cognac ist Pineau de Charente, ein „Vin de liqueur", ein bekanntes Produkt des Gebietes.

[57] Das Vermischen verschiedener Destillate
Die Mariage ist die „Vermählung" bzw. das Verschneiden der verschiedenen Destillate. Dafür stehen Brände aus den 6 unterschiedlichen Anbauzonen sowie unterschiedlicher Reifezeit zur Verfügung. Die Qualität und der Preis bestimmen das Mischungsverhältnis der einzelnen Chargen.

[58] Les Musigny Blanc
Die einzige weiße Grand Cru Lage in der Côte de Nuits – dem nördlichen Teil der Côte d'Or – ist Musigny Blanc. Im südlichen Teil, der Côte de Beaune gibt es mehrere weiße Grand Cru-Lagen. Alle „großen" weißen Burgunderweine werden aus Chardonnay gekeltert.

[59] Melon de Bourgogne
Muscadet ist die wichtigste Rebsorte im Bereich Nantais an der Loire. Sie gehört, trotz Namensähnlichkeit, nicht zur großen Familie der Muskateller-Trauben. Ursprünglich stammt die Rebe aus Burgund, und die korrekte Bezeichnung dafür ist Melon de Bourgogne.

Weinland Frankreich [Fragen]

[60] Roter Sancerre ist viel weniger bekannt als weißer. Aus welcher Rebsorte wird die rote Variante gekeltert?
(1) Cabernet Franc
(2) Pinot Noir
(3) Cabernet Sauvignon und/oder Cabernet Franc
(4) Gamay

[61] Der Name der Rebsorte Merlot wurde vom Bordelaiser Dialektwort eines Vogels abgeleitet und zwar ...?
(1) Von der kleinen Amsel
(2) Von der kleinen Schwalbe
(3) Von der kleinen Möwe
(4) Von der kleinen Taube

[62] Der bekannte Wein ist nach einer alten Windmühle benannt. In welchem französischen Weinbaugebiet liegt die AOC Moulin-à-Vent?
(1) Im Mâconnais
(2) In der Côte Chalonnais
(3) Im Beaujolais
(4) In Chablis

[63] Klevener de Heiligenstein ist ein sehr rarer Weißwein aus dem Elsass. Aus welcher Rebsorte wird er gewonnen?
(1) Aus einer Pinot Noir Spielart
(2) Aus verschiedenen Burgundersorten
(3) Aus einer Spielart des Weißburgunders
(4) Aus einem Verwandten des Gewürztraminers

[64] Eine dieser Rebsorten ist für die Herstellung von Champagner nicht zugelassen. Es ist ...?
(1) Pinot Noir
(2) Sauvignon Blanc
(3) Pinot Meunier
(4) Chardonnay

[65] Wie hoch ist der Mindestalkohol-Gehalt bei fertigem Cognac nach dem Gesetz?
(1) 32 Vol.–%
(2) 35 Vol.–%
(3) 42 Vol.–%
(4) 38 Vol.–%

Weinland Frankreich [Antworten]

[60] Pinot Noir
Sancerre ist vor allem als weißer Loire-Wein bekannt. Der Rotwein hat einen Anteil von weniger als 25 % an der Gesamtproduktion der Appellation und wird ausschließlich aus Pinot Noir gekeltert. Generell sind Cabernet Franc, Cabernet Sauvignon und Gamay an der Loire stark verbreitet. Vor allem in den mittleren Bereichen Anjou-Saumur und Touraine.

[61] Von der kleinen Amsel
Die Amsel (franz. merle) ist der Namensgeber für die Rebsorte Merlot. Für alle roten Bordeaux-Weine ist Merlot eine der wichtigsten Trauben. Nicht nur in Frankreich, auch in der übrigen Weinwelt zählt Merlot zu den „großen" Rotweinsorten.

[62] Im Beaujolais
Moulin-à-Vent ist einer der 10 Crus im Beaujolais-Gebiet. Der Wein ist kraftvoll und gut lagerfähig und wird unter Kennern gerne als „König des Beaujolais" benannt. Die besonderen Bodenverhältnisse, die mit rotem Sandstein und manganhaltigem Granit durchsetzt sind, unterscheiden die Anbauzone von den übrigen.

[63] Aus einem Verwandten des Gewürztraminers
Klevener de Heiligenstein wird aus Savagnin gekeltert. Es ist eine mit dem Gewürztraminer verwandte Rebsorte, die auch als Savagnin Rosé bekannt ist. Der Wein wird nur rund um die Ortschaft Heiligenstein im Elsass produziert und hat eine eigene Appellation.

[64] Sauvignon Blanc
In der Champagne ist Sauvignon Blanc als Rebsorte nicht zugelassen. Einerseits sind die daraus gekelterten Weine zumindest als „halbaromatisch" einzustufen und andererseits wäre auch das Klima im nördlichsten Weinbaugebiet Frankreichs für Sauvignon Blanc nicht wirklich ideal.

[65] 38 Vol %
Cognac kommt mit mindestens 38 Vol % in den Handel. Das viel stärkere Destillat verliert durch die Lagerung einen Teil seines Alkohols. Vor der Abfüllung wird mit entmineralisiertem Wasser auf die gewünschte Stärke eingestellt.

Weinland Frankreich [Fragen]

[66] Die Grundweine für die Herstellung von Cognac können nur aus einer geschützten Region kommen. Es ist ...?
(1) Die Normandie
(2) Die Gascogne
(3) Die Charente
(4) Die Bretagne

[67] Aus wie vielen Rebsorten können Grand Crus im Elsass gekeltert werden?
(1) Aus 4
(2) Aus 8
(3) Aus 10
(4) Aus 6

[68] Wie viele Rebsorten sind für roten Châteauneuf-du-Pape zulässig?
(1) 3 Sorten
(2) 13 Sorten
(3) 5 Sorten
(4) 9 Sorten

[69] Eine Cru-Bezeichnung im Beaujolais gibt es erst seit 1988/89. Es ist ...?
(1) Régnié
(2) Brouilly
(3) Morgon
(4) St-Amour

[70] Corton-Charlemagne ist eine große und bekannte Appellation. Für welche Weinart?
(1) Nur für Rotwein
(2) Für Rot- und Weißwein
(3) Für Weiß-, Rot- und Roséwein
(4) Nur für Weißwein

[71] Burgund hat zahlreiche Grand Cru-Lagen. Wie viele sind es etwa?
(1) Zirka 20
(2) Zirka 30
(3) Zirka 40
(4) Zirka 50

Weinland Frankreich [Antworten]

[66] Aus der Charente
Das Ursprungsgebiet für den Cognac ist die Charente. Das Gebiet ist nach dem gleichnamigen Fluss benannt, die Hauptstadt ist Cognac. Der Name ist seit dem Friedensvertrag von 1919 geschützt. Vorher wurde Weinbrand in Deutschland und Österreich ebenfalls als Cognac bezeichnet.

[67] Aus 4
Nur aus den 4 „edlen Sorten" Riesling, Gewürztraminer, Pinot Gris und Muscat können im Elsass Grand Cru-Weine gewonnen werden. Die Trauben dafür können nur aus einer der 50 Cru-Lagen kommen.

[68] 13 Sorten
Für die Herstellung von rotem Châteauneuf-du-Pape sind insgesamt 13 Sorten zugelassen. Es sind 8 rote und 5 weiße Sorten. Die wichtigste Traube ist Grenache. Der Ruhm des Weines ist hauptsächlich auf die Menge und nicht unbedingt auf die Qualität begründet. Hier gilt es ganz besonders, die guten Erzeuger auszuwählen. Das Verhältnis der einzelnen Sorten zueinander ist nicht vorgegeben.

[69] Régnié
Die jüngste Cru-Bezeichnung im Beaujolais, die erst mit dem Jahrgang 1988/89 von der INAO (Institut National des Appellations d'Origine) geschaffen wurde ist Régnié. Die AOC umfasst rund 500 Hektar und die Weine werden, wie alle roten Beaujolais, aus Gamay gekeltert.

[70] Nur für Weißwein
Corton-Charlemagne kann nur ein Weißwein sein und er ist einer der besten Weine Burgunds. Der Weinberg war einst im Besitz von Kaiser Karl dem Großen und „Charlemagne" leitet sich davon ab. Wie alle großen Burgunder kann der Wein nur aus Chardonnay gekeltert werden.

[71] Zirka 30
Burgund hat rund 30 Grand Cru-Lagen, die alle den Anspruch auf eine eigene Appellation besitzen. Nachdem sich manche Lage über mehr als eine Gemeinde erstreckt, werden fallweise mehr als 30 Grand Crus gezählt. Übrigens werden die 7 Lagen von Chablis nur als ein Grand Cru gerechnet.

[72] Im Elsass ist nur eine Rebsorte zugelassen, aus der Rot- und Roséwein mit AOC gekeltert werden kann. Welche Rebe ist es?
(1) Pinot Meunier
(2) Pinot Noir
(3) Gamay
(4) Cabernet Franc

[73] Aus einer dieser Rebsorten kann im Elsass kein Grand Cru-Wein gewonnen werden. Es ist ...?
(1) Pinot Gris
(2) Muscat
(3) Pinot Blanc
(4) Riesling

[74] Ein Fluss im Sauternes-Gebiet ist verantwortlich für die Nebelbildung und die erwünschte Edelfäule der Trauben. Welcher Fluss bewirkt dies?
(1) Serein
(2) Gave
(3) Ciron
(4) Yonne

[75] Nach burgundischem Appellationssystem ist die höchste Qualitätsstufe ...?
(1) Premier Grand Cru
(2) Côte d'Or
(3) Premier Cru
(4) Grand Cru

[76] Die Weinberge an der Côte d'Or sind natürlich der Sonne zugewandt. In welche Richtung?
(1) Gegen Südosten und Süden
(2) Nur gegen Süden
(3) Gegen Südosten und Südwesten
(4) Gegen Südwesten

[77] Welchen Wein bzw. welche Weine betrifft die AOC Coteaux Champenois?
(1) Stillweine aus Grand Cru-Lagen
(2) Stillweine aus weißen und roten Trauben
(3) Besondere Weinqualitäten mit Jahrgangsbezeichnung
(4) Champagner, die nur aus Grand Cru-Lagen kommen

Weinland Frankreich [Antworten]

[72] Pinot Noir
Nur eine einzige Rotweinsorte ist im Elsass für Qualitätsweine zugelassen: Pinot Noir. Sie wird für die Rot-, Rosé- und Schaumweinbereitung eingesetzt. Pinot Noir ist in Deutschland als Spätburgunder und in Österreich als Blauburgunder bekannt.

[73] Pinot Blanc
Grand Cru-Weine des Elsass können nur aus den so genannten vier „edlen" Rebsorten gekeltert werden: Riesling, Gewürztraminer, Pinot Gris und Muscat. Es gibt zurzeit genau 50 Grand Cru-Lagen. Aus Pinot Blanc kann jedoch Qualitätswein gewonnen werden. Auch für die regionalen Schaumweine ist die Sorte wichtig.

[74] Ciron
Der kleine Fluss, der im Bereich von Sauternes das besondere Mikroklima für die Edelfäule schafft, ist Le Ciron. Von ihm fließt das kalte Wasser in die wärmere Garonne und bewirkt die herbstliche Nebelbildung. Durch diese Wechselwirkung zwischen feuchter Kühle und Sonnenwärme wird die Edelfäule gefördert.

[75] Grand Cru
Die Qualitätspyramide von Burgund ist anders als in Bordeaux. Grand Cru ist in Burgund die höchste Qualitätsstufe, sowohl in Chablis als auch an der Côte d'Or. Die Stufe darunter ist Premier Cru. Danach kommen die AOC Communale (Gemeindeappellationen), Gebietsappellationen (mehrere Dörfer), wie z. B. Côte de Beaune Villages und die allgemeine Appellation. Dies ist AOC Bourgogne für Weiß-, Rosé- und Rotweine.

[76] Gegen Südosten und Süden.
Die berühmten Weinberge der Côte d'Or sind großteils gegen Südosten gerichtet, ein Teil gegen Süden. Die Bezeichnung „Côte d'Or" bedeutet soviel wie „dem Orient zugewandt", wird aber auch als „Goldener Hang" bezeichnet. Die Côte d'Or ist in zwei Bereiche unterteilt: Die Côte de Nuits im Norden und die Côte de Beaune im Süden. Anschließend weiter im Süden liegen die Bereiche Chalonnaise, Mâconnais und Beaujolais. Alles zusammen gehört zu Burgund.

[77] Stillweine aus weißen und roten Trauben
Die Weine der AOC Coteaux Champenois sind Stillweine aus den drei zugelassenen Rebsorten der Champagne. Sie können als Weiß-, Rosé und auch als Rotweine auf den Markt kommen, werden meistens ohne Jahrgang abgefüllt und sind wie Champagner das Ergebnis eines Verschnitts aus mehreren Jahrgängen. Diese Weine sind sehr selten, weil das Lesegut bevorzugt in die Schaumweinproduktion geht.

[78] Nur eine dieser bekannten Reben kann für Bordeaux-Weine verwendet werden. Es ist ...?
(1) Cinsault
(2) Grenache
(3) Malbec
(4) Syrah

[79] In welchem Monat findet die traditionelle, jährliche Auktion im Hospice de Beaune in Burgund statt?
(1) Dezember
(2) März
(3) Juni
(4) November

[80] Für welchen dieser Weine ist der Bereich Saumur an der Loire besonders bekannt?
(1) Vendange tardive
(2) Vin doux
(3) Mousseux
(4) Muscadet

[81] Eine dieser Rebsorten kann nicht für weiße Bordeauxweine verwendet werden. Es ist ...?
(1) Muscadelle
(2) Viognier
(3) Sauvignon blanc
(4) Sémillon

[82] Die Region Bordeaux ist sehr groß und liegt an drei Flüssen. An welchem Fluss oder Ufer liegt St-Emilion?
(1) Zwischen Garonne und Dordogne
(2) Am linken Ufer der Garonne
(3) Am linken Ufer der Gironde
(4) Am rechten Ufer der Dordogne

[83] Die Region Loire ist groß, die Anbauzonen weit verstreut und in vier Bereiche unterteilt. Einer der nachstehenden gehört nicht zur Loire. Es ist ...?
(1) Garonne
(2) Touraine
(3) Anjou-Saumur
(4) Nantais

Weinland Frankreich [Antworten]

[78] Malbec
Unter den angeführten Sorten ist nur Malbec eine zugelassene Bordeaux-Rebe. Die übrigen Trauben findet man alle an der Rhône. Auch Malbec hat in Bordeaux nur mehr wenig Bedeutung, weil die Sorte nicht jedes Jahr richtig ausreift. Die wichtigsten Trauben für die roten Bordeaux-Blends sind nach wie vor Cabernet Sauvignon, Cabernet Franc und Merlot. Auch Petit Verdot, die fünfte zugelassene Rotweintraube, hat nur einen geringen Anteil.

[79] November
Die berühmte Auktion, die auch ein Preisbarometer des jeweiligen Jahrganges darstellt, findet jeweils am 3. Sonntag im November statt. Das Hospice de Beaune, das auch Hôtel-Dieu (Hotel Gottes) genannt wird, wurde im 14. Jahrhundert für karitative Zwecke gegründet. Heute ist es ein Zentrum des Weines und eine Art Museum.

[80] Mousseux
Von den angeführten Weinen sind die Schaumweine - die Vins Mousseux – besonders bekannt. Unter der AOC Saumur Mousseux werden weiße Schaumweine hauptsächlich aus Chenin blanc und Chardonnay und Rosés aus Cabernet Franc/Sauvignon und anderen Rotweinsorten gewonnen.

[81] Viognier
Sie ist der „Star" an der nördlichen Rhône und auch in einigen Ländern der „Neuen Welt". In Bordeaux ist die Sorte Viognier allerdings nicht zugelassen. Sémillon und Sauvignon Blanc sind die zwei Hauptsorten für die weißen Bordeauxweine, und Muscadelle gibt den Süßweinen ihre besondere Würze.

[82] Am rechten Ufer der Dordogne
Der Bereich St-Emilion liegt am rechten Ufer der Dordogne und grenzt an Pomerol. Unter der AOC St-Emilion können nur Rotweine gekeltert werden. Bei den meisten Weinen dominiert die Sorte Merlot in der Cuvée. Von den zwei Cabernet–Varietäten ist hier Cabernet Franc bedeutender als Cabernet Sauvignon.

[83] Garonne
Die Garonne ist einer der zwei großen Flüsse in Bordeaux und kein Bereich an der Loire. Vom Atlantik im Westen, in Richtung flussaufwärts, sind die vier Bereiche: Nantais, Anjou-Saumur, Touraine und die so genannte „Obere Loire" bzw. Zentralfrankreich.

Weinland Frankreich [Fragen]

[84] Die wichtigste Traube für die roten Cahors-Weine ist ...?
(1) Merlot
(2) Malbec
(3) Cabernet Sauvignon
(4) Cabernet Franc

[85] Pineau de la Loire ist das Synonym für eine französische Weißweinsorte. Für welche?
(1) Chenin Blanc
(2) Pinot Blanc
(3) Chardonnay
(4) Sauvignon Blanc

[86] Die Hauptstadt Bordeaux ist von Weingärten umgeben. Innerhalb welcher AOC liegt die Stadt?
(1) In der AOC Entre-deux-Mers
(2) In der AOC Haut-Médoc
(3) In der AOC Graves
(4) In der AOC Médoc

[87] Innerhalb der Côte Chalonnaise liegen auch Gemeinde-Appellationen. Eine der nachstehenden aber nicht. Es ist ...?
(1) Mercurey
(2) St-Vérain
(3) Montagny
(4) Givry

[88] Welche dieser Weißweinreben wird in Bordeaux angebaut?
(1) Muscadelle
(2) Muscardin
(3) Muscadet
(4) Muskat-Ottonel

[89] Eine dieser Rhône-Appellationen erzeugt keinen Rotwein. Es ist ...?
(1) St-Joseph
(2) Gigondas
(3) Cornas
(4) Condrieu

Weinland Frankreich [Antworten]

[84] Malbec
Das Gebiet Cahors wird zu Südwestfrankreich gerechnet. Dort ist Malbec die Hauptsorte und trägt die regionale Bezeichnung Auxerrois. In anderen Gebieten kann Auxerrois aber auch eine weitere Bedeutung haben. So ist es zum Beispiel im Elsass eine Weißweinsorte, die mit dem Pinot Blanc verwandt ist.

[85] Chenin Blanc
Pineau de la Loire ist eine lokal verwendete Bezeichnung für die Rebsorte Chenin Blanc, die an der Loire stark verbreitet ist. Es ist eine säurereiche Weißweintraube, die für verschiedene Weine verwendet wird: für trockene oder liebliche Weißweine, Schaumweine und im Bereich Coteaux du Layon für großartige edelsüße Weine.

[86] In der AOC Graves
Rund um die Hauptstadt Bordeaux liegen die Weingärten von Graves. Noch genauer gesagt ist es Pessac-Léognan, der nördliche Teil von Graves. Bordeaux ist nicht nur Weinhauptstadt, sondern auch die Hauptstadt des Départements Gironde, in dem die gesamte Weinbauregion Bordeaux liegt. Durch die Vergrößerung der Stadt kamen die Vororte immer näher zu den Weingärten.

[87] St-Vérain
Die Côte Chalonnais liegt südlich der Côte de Beaune. St-Vérain liegt nicht in Chalonnais, sondern im Mâconnais. Beides sind Teilbereiche von Burgund. Die Appellation St-Vérain gilt nur für trockene Weißweine aus Chardonnay-Trauben.

[88] Muscadelle
Nur in kleiner Menge wird Muscadelle in Bordeaux angebaut, um den edelsüßen Sauternes-Weinen eine feine Würze zu verleihen. Ob die Rebe zur großen Familie der Muskateller gerechnet werden kann, ist nicht ganz gesichert. Die Traube hat ein muskatähnliches, traubiges Aroma.

[89] Condrieu
Die Appellation Condrieu im Norden des Rhône-Tales erzeugt nur Weißweine, die ausschließlich aus der edlen Sorte Viognier gewonnen werden. Die AOC erstreckt sich entlang des rechten Ufers der Rhône über sieben Gemeinden und etwa 100 Hektar Weinberge.

Weinland Frankreich [Fragen]

[90] Wo in Frankreich liegt die AOC Saint-Estèphe?
(1) In Burgund
(2) An der Loire
(3) In Médoc
(4) In der Côte du Rhône

[91] Château Pape Clément ist ein bekanntes Weingut in Bordeaux. In welchem Bereich liegt es?
(1) In St-Emilion
(2) In Pomerol
(3) In Médoc
(4) In Graves

[92] Das Bestehen des berühmten Weinberges Clos de Vougeot ist einem Orden zu verdanken. Welchem?
(1) Den Zisterziensern
(2) Den Kapuzinern
(3) Dem Benediktinerorden
(4) Den Kartäusermönchen

[93] Der AOC Pouilly-Fumé wird aus einer einzigen Rebsorte gekeltert. Es ist ...?
(1) Chenin Blanc
(2) Sauvignon Blanc
(3) Chardonnay
(4) Sémillon

[94] Aus welchem Teil Frankreichs kommt der Champagner?
(1) Aus dem Nordwesten des Landes
(2) Aus dem Nordosten des Landes
(3) Aus verschiedenen Weinbaugebieten
(4) Aus dem Südwesten des Landes

[95] Clos de Vougeot ist ein berühmter Weinberg in Burgund. Er liegt ...?
(1) An der Côte de Beaune
(2) An der Côte Chalonnais
(3) An der Côte de Nuits
(4) An der Hautes-Côtes de Nuits

Weinland Frankreich [Antworten]

[90] In Médoc
Saint-Estèphe ist eine der 6 Gemeinde-Appellationen in Médoc, in der Region Bordeaux. Die übrigen Gemeinden mit eigener AOC sind Pauillac, St-Julien, Margaux, Moulis und Listrac. Sowohl Médoc, Haut Médoc als auch die 6 Gemeindeappellationen haben nur Rotweine.

[91] In Graves
Das Château Pape Clément liegt im nördlichen Teil von Graves, in Pessac-Léognan. Es zählt zu den ältesten Weingütern in Bordeaux, denn es wurde schon im Jahre 1300 gegründet. Das Château erzeugt sehr langlebige Rotweine aus etwa 60 % Cabernet Sauvignon und 40 % Merlot. Die Weißweine haben nur einen sehr geringen Anteil von weniger als 5 %.

[92] Den Zisterziensern
Die berühmte Grand Cru-Lage Clos de Vougeot wurde von den Zisterzienser-Mönchen vor etwa 900 Jahren auf ursprünglich brachliegendem Boden angelegt. Ein „Clos" ist ein Weingarten, der an mindestens 3 Seiten von Mauern umgeben ist oder es einmal war. In Vougeot sind die Mauern noch weitgehend erhalten.

[93] Sauvignon Blanc
Pouilly- Fumé ist einer der bekanntesten Weißweine an der oberen Loire. Er wird reinsortig aus Sauvignon Blanc, der hier auch „Blanc Fumé" genannt wird, gekeltert. Die Weinberge liegen rund um Pouilly-sur-Loire am rechten Ufer der Loire. Die Appellation hat eine Größe von etwa 1.000 Hektar.

[94] Aus dem Nordosten des Landes
Die Champagne ist das nördlichste Weinbaugebiet Frankreichs. Es liegt im so genannten Pariser Becken östlich von Paris. Die Region ist in mehrere Bereiche unterteilt, und alle Weingärten zusammen haben eine Fläche von mehr als 30.000 Hektar. Die drei bedeutendsten Bereiche sind: Montages de Reims, das Marne-Tal und die Côte des Blancs.

[95] An der Côte de Nuits
Clos de Vougeot liegt in der Gemeinde Vougeot an der Côte de Nuits in Burgund. Mit ca. 50 Hektar, ohne das Schlossareal, ist es die größte Grand Cru-Lage für Rotweine in der Côte de Nuits. Der Weinberg wurde im 14. Jahrhundert von den Zisterziensern angelegt und mit einer kilometerlangen Mauer – die heute noch steht – eingefriedet.

Weinland Frankreich [Fragen]

[96] Welcher dieser Weine aus Saint-Emilion ist am höchsten klassifiziert?
(1) Château Figeac
(2) Château Pavie
(3) Château Canon
(4) Château Ausone

[97] Die roten Trauben der Côte Rôtie könnten auch für eine der nachstehenden Appellationen Verwendung finden. Aber für welche?
(1) Nur für Côte Roannaise
(2) Nur für Côtes du Rhône
(3) Nur für Côtes du Rhône Villages
(4) Nur für Côte de Brouilly

[98] Die Weine der AOC Côte Roannaise werden aus einer Rebsorte gekeltert. Es ist ...?
(1) Gamay
(2) Aligoté
(3) Chardonnay
(4) Pinot Noir

[99] In welchem Bereich von Bordeaux liegt die Gemeinde Saint-Julien?
(1) In Sauternes
(2) In Graves
(3) In Haut-Médoc
(4) In Canon-Fronsac

[100] Einer dieser Weißweine kommt nicht aus Burgund. Es ist ...?
(1) Montrachet
(2) Meursault
(3) Pouilly-Fuissé
(4) Pouilly-Fumé

[101] Für den Nachgeschmack bei der Weinverkostung gibt es eine französische „Maßeinheit". Welche ist es?
(1) Caudalie
(2) Goudron
(3) Palais
(4) Goût

Weinland Frankreich [Antworten]

[96] Château Ausone
Die höchsten Qualitätsstufen in Saint-Emilion sind Premier Grand Cru Classé „A" und „B". Nur Château Ausone ist ein „A". Die anderen angeführten Weingüter sind als Premier Grand Cru Classé „B" eingestuft. St-Emilion hat eine andere Klassifizierung als das übrige Bordeaux.

[97] Nur für Côtes du Rhône
Für einen Côtes du Rhône können die Trauben aus dem gesamten Rhône-Tal kommen, etwa von Vienne im Norden bis Avignon im Süden. In der Praxis beschränkt sich die Anbauzone aber auf den Süden. Côte Rôtie ist die nördlichste Appellation und genießt ein hohes Ansehen. Dort ist Syrah die einzige zugelassenen Rotweinsorte, aber ein kleiner Anteil an Viognier (weiß) ist möglich, um die Weine trinkfreundlicher zu machen.

[98] Gamay
Die Côte Roannaise liegt westlich des Gebietes Beaujolais und bringt nur Rotweine aus Gamay. In dieser für französische Verhältnisse eher kleinen Appellation (ca. 170 ha) wachsen die Trauben überwiegend auf Granitböden, und es werden fruchtige Rotweine und süffige Roséweine gewonnen.

[99] In Haut-Médoc
St-Julien ist eine Weinbaugemeinde mit eigener Appellation und liegt in Haut-Médoc direkt an der Gironde. Weil keine Premier Grand Crus innerhalb des Gemeindegebietes liegen, ist der Ort vielleicht nicht so bekannt wie die Nachbargemeinden Pauillac oder Margaux. Historisch gesehen gehörte aber Château Latour (Pauillac) einmal zu St-Julien.

[100] Pouilly-Fumé
Die Namensähnlichkeit schafft oft Verwirrung, aber Pouilly-Fumé kommt nicht aus Burgund, sondern von der Loire. Pouilly-Fumé wird aus Sauvignon Blanc und Pouilly-Fuissé aus Chardonnay gekeltert. Montrachet und Meursault sind bekannte Weinbaugemeinden an der Côte de Beaune in Burgund.

[101] Caudalie
Alles wird gemessen und Caudalie ist eine Maßeinheit für die Nachhaltigkeit des Geschmacks der Weine im Mund bzw. am Gaumen. Bei 20 Caudalies müsste der Nachgeschmack etwa 20 Sekunden lang anhalten. Stark vereinfacht wird gerne auch von einem kurzen, mittleren oder langen Abgang gesprochen.

Weinland Frankreich [Fragen]

[102] Kann man einen Bordeaux- von einem Burgunderwein immer an der Flaschenform unterscheiden?
(1) Nicht an der Form, aber an der Farbe der Flasche
(2) Ja, immer
(3) Nur bei Rotweinen
(4) Nein, nicht immer

[103] Roter Châteauneuf-du-Pape wird aus verschiedenen Trauben gewonnen, doch eine von diesen ist nicht zugelassen. Es ist ...?
(1) Syrah
(2) Grenache Blanc
(3) Viognier
(4) Mourvèdre

[104] Einer der bekanntesten Bordeauxweine ist Château Haut-Brion. Zu welchem Teil von Bordeaux wird er gerechnet?
(1) Zu Médoc
(2) Zu St-Emilion
(3) Zu Pomerol
(4) Zu Graves

[105] Ursprünglich hieß die Traube Melon de Bourgogne. Der daraus gekelterte Weine ist inzwischen bekannt als ...?
(1) Muscadet
(2) Montagny
(3) Aligoté
(4) Mercurey

[106] Wie lange wird der „Gelbe Wein" von Château-Chalon im Fass gelagert, bis er seinen typischen Charakter erreicht hat?
(1) Mindestens 2 Jahre
(2) Mindestens 3 Jahre
(3) Zirka 6 Jahre
(4) Zirka 8 Jahre

[107] Jeroboam ist eine der großen Champagnerflaschen. Wie viele Standardflaschen fasst sie?
(1) 8 Flaschen
(2) 12 Flaschen
(3) 4 Flaschen
(4) 6 Flaschen

Weinland Frankreich [Antworten]

[102] Ja, immer
Der Unterschied in der Flaschenform ist gegeben: Die Bordeauxflasche hat eine „Schulter" um beim Rotwein das Depot zurückzuhalten. Die Burgunderflasche ist breiter und mit lang gezogenem Hals. Burgunderflaschen sind grün, weißer Bordeaux wird in farblosen und roter Bordeaux in grünen Flaschen abgefüllt.

[103] Viognier
Die edle weiße Sorte Viognier ist nicht zugelassen. Sie ist an der Rhône zwar heimisch, für den Châteauneuf-du-Pape im Weingesetz aber nicht vorgesehen. Vielleicht wäre Viognier auch zu schade in einer Cuvée, die aus 13 verschiedenen roten und weißen Trauben zusammengestellt werden kann.

[104] Zu Graves
Das bekannte Weingut findet man in der Gemeinde-Appellation Pessac-Léognan im nördlichen Teil von Graves. Es ist ein Premier Grand Cru Classé und wurde 1855 gleich hoch klassifiziert wie zum Beispiel die Médoc-Weingüter Ch-Lafite-Rothschild, Ch-Latour und Ch-Margaux.

[105] Muscadet
An der Loire, im Bereich Nantais, wurde der Name auf Muscadet geändert. Insgesamt wächst die Rebsorte auf etwa 14.000 Hektar und diese Fläche ist in vier eigene Appellationen unterteilt. Die größte davon ist die AOC Muscadet de Sèvre-et-Maine mit rund 11.000 Hektar Weingärten. Muscadet ist ein jung zu trinkender Weißwein.

[106] Zirka 6 Jahre
Vin Jaune – der „Sherry Frankreichs" – wird in großen Holzfässern zirka 6 Jahre lang gelagert, bis er seinen sherryähnlichen Charakter erreicht. Er kommt aus der Region Jura und wird aus Savagnin (einer Traminer-Variante) gewonnen. Château-Chalon ist kein Weingut, sondern eine AOC, die sich über vier Gemeinden erstreckt.

[107] 4 Flaschen
Eine Jeroboam fasst den Inhalt von 4 Normalflaschen und hat somit 3 Liter Inhalt. Verwirrend ist, dass die Bezeichnung fallweise auch für übergroße Bordeauxflaschen verwendet wird. Dann allerdings mit 4,5 Litern Inhalt, was 6 Normalflaschen bedeutet. Der Name „Jeroboam" leitet sich von einer biblischen Gestalt ab.

[108] Ein Climat ist in Burgund ...?
(1) Die Streitigkeit zwischen Winzern verschiedener Parzellen
(2) Eine große Riede, die nur einen Besitzer hat
(3) Das besondere Problem mit viel Niederschlag
(4) Eine besondere Einzellage

[109] Eine dieser Appellationen erzeugt nur Roséwein. Es ist die AOC ...?
(1) Tavel
(2) Listrac
(3) Talbot
(4) Lirac

[110] Zu welchem Gebiet gehören die französischen Weinbaugemeinden Barsac und Preignac?
(1) Zu Médoc
(2) Zu Sauternes
(3) Zum Mâconnais
(4) Zur Touraine

[111] Für welchen Wein steht die AOC Crozes-Hermitage?
(1) Nur für Rotwein
(2) Für Rosé- und Rotwein
(3) Für Rot- und Weißwein
(4) Nur für Weißwein

[112] Die Klassifizierung von 1855 sollte eigentlich für die gesamte Region Bordeaux gemacht werden. Für welche Bereiche wurde sie dann tatsächlich geschaffen?
(1) Für Bourg und Canon-Fronsac
(2) Für Pomerol und St-Emilion
(3) Für Fronsac und Entre-deux-Mers
(4) Für Sauternes und Médoc

[113] Aus welchem Teilbereich von Burgund kommen die Weine der AOC Mercurey?
(1) Aus Chalonnaise
(2) Aus dem Beaujolais
(3) Aus Mâconnais
(4) Aus Chablis

Weinland Frankreich [Antworten]

[108] Eine besondere Einzellage
Der Begrifft Climat wird vor allem in Burgund verwendet und es ist eine besondere Einzellage, manchmal auch eine Grand-Cru oder Premier-Cru-Lage. Es kann ebenso ein Teil einer Appellation sein, die durch Teilung entstanden ist oder ein Teilstück mit besonderen klimatischen oder geographischen Bedingungen.

[109] Tavel
Die einzige Appellation an der Rhône, die nur Roséweine erzeugt, ist Tavel und liegt im südlichen Teil des Rhône-Tales, am rechten Ufer. Der Wein zählt zu den besten Roséweinen Frankreichs und wird aus bis zu 8 verschiedenen roten und auch weißen Rebsorten gekeltert. Die wichtigste Sorte ist jedoch Grenache Noir.

[110] Zu Sauternes
Es sind zwei der fünf Dörfer innerhalb der AOC Sauternes. Sauternes ist die namensgebende Gemeinde der Appellation. Barsac kann seine edelsüßen Weine unter dem eigenen Namen, unter Sauternes oder als Sauternes-Barsac abfüllen. Es können immer nur edelsüße Weißweine mit mindestens 13 Vol.–% Alkohol sein.

[111] Für Rot- und Weißwein
Die Appellation liegt an der nördlichen Côte du Rhône und umschließt die noch berühmtere AOC Hermitage. Es werden Rot- und Weißweine unter der Appellation gewonnen. Rund 90 % sind Rotweine aus der Sorte Syrah. Bis zu 15 % weiße Trauben sind jedoch zugelassen. Die Weißweine der AOC werden aus Marsanne und Rousanne gekeltert.

[112] Für Sauternes und Médoc
Die Klassifizierung von 1855 wurde auf Wunsch Napoleons III. von der Vereinigung der Weinhändler erstellt. Eigentlich sollte eine solche Einstufung für ganz Bordeaux geschaffen werden. Tatsächlich entstand sie damals nur für Médoc und Sauternes. Einhundert Jahre später wurde die Klassifizierung für St-Emilion geschaffen. Nicht alle Bereiche von Bordeaux haben eine Cru-Klassifizierung.

[113] Aus Chalonnais
Die Appellation Mercurey kommt aus dem Bereich Chalonnaise. Es sind zu etwa 85 % Rotweine aus Pinot Noir. Die Weißweine werden aus Chardonnay gewonnen. Die Côte Chalonnaise liegt zwischen der Côte d'Or im Norden und dem Mâconnais im Süden.

[114] Nebuchadnezzar ist eine der Champagner-Großflaschen. Wie viele Normalflaschen fasst sie?
(1) 6 Flaschen
(2) 20 Flaschen
(3) 12 Flaschen
(4) 8 Flaschen

[115] In welcher dieser Weinbauregionen haben Strohweine eine gewisse Bedeutung?
(1) In Roussillon
(2) Im Elsas
(3) Im Jura
(4) In Savoyen

[116] AOC oder AC steht bei französischen Weinen für „Kontrollierte Herkunft". Seit wann gibt es diese weingesetzliche Regelung?
(1) Seit 1915
(2) Seit 1945
(3) Seit 1855
(4) Seit 1935

[117] Das berühmte Château Mouton-Rothschild liegt in Bordeaux. Aber in welcher Gemeinde?
(1) In Pauillac
(2) St-Julien
(3) In St-Estèphe
(4) In Margaux

[118] Woher kommt der berühmte Rotwein Chambertin?
(1) Aus dem Vallée du Rhône
(2) Aus der Côte de Nuits
(3) Aus Chablis
(4) Aus der Côte de Beaune

[119] Die Weine aus dem Departement Gers werden größtenteils destilliert. Daraus entsteht ...?
(1) Marc
(2) Cognac
(3) Armagnac
(4) Eau de Vie

Weinland Frankreich [Antworten]

[114] 20 Flaschen
Nebuchadnezzar (Nebukadnezar) ist die größte Champagnerflasche mit dem Inhalt von 15 Litern oder 20 Normalflaschen. Diese Flaschengröße ist sehr selten und meist nur ein Schaustück. Der Name leitet sich von einem babylonischen König ab. Inzwischen werden fallweise auch noch größere Flaschen erzeugt und mit Champagner gefüllt.

[115] Im Jura
Vor allem in der kleinen Weinbauregion Jura werden Strohweine aus Chardonnay und Savagnin gewonnen. Der Süßwein wird dort in den Appellationen Arbois, Côtes de Jura und L'Etoile produziert. Strohwein ist in Frankreich als Vin de Paille bekannt.

[116] Seit 1935
Das französische Appellations-System – abgekürzt AC oder AOC – wurde 1935 geschaffen. Als einer der ersten Weine erhielt Châteauneuf-du-Pape 1935/36 eine AOC. Derzeit gibt es in Frankreich mehr als 400 gesetzliche Appellationen unter der (nur) ca. 30 % der Weine produziert werden.

[117] In Pauillac
Das legendäre Ch-Mouton-Rothschild liegt in der Gemeinde Pauillac, im Bereich von Haut-Médoc. Die Gemeinde hat noch weitere bekannte Weingüter, wie z. B. Ch-Lafite-Rothschild oder Ch-Latour. Pauillac ist der bekannteste Ort am so genannten „linken Ufer" und die heimliche „Wein-Hauptstadt".

[118] Aus der Côte de Nuits
Chambertin ist eine von mehreren Grand Cru-Lagen in der Gemeinde Gevrey-Chambertin. Die Lage ist ca. 13 ha groß und nimmt den besten Teil des Hanges in der Gemeinde ein. Die AOC Chambertin kennt nur Rotweine aus Pinot Noir. Die Côte de Nuits ist der nördliche Teil der Côte d'Or.

[119] Armagnac
Das Departement Gers ist auch als die Gascogne bekannt. Das Gebiet liegt südlich von Bordeaux und hier wird der Großteil der Weine schon seit dem 12. Jahrhundert zu Armagnac destilliert. Die Gascogner erlernten die Kunst der Destillation wahrscheinlich von den Mauren.

[120] Wo widmete sich Louis Pasteur seinen Versuchen zur Stabilisierung von Wein?
(1) In Bordeaux
(2) In der Champagne
(3) Im Elsass
(4) Im Jura

[121] Wie wurde Château Mouton-Rothschild bei der Klassifizierung von 1855 eingestuft?
(1) 1er Grand Cru Classé
(2) 2ème Grand Cru Classé
(3) Grand Cru Classé B
(4) Cru Bourgeois Exceptionnel

[122] Alle weißen Grand Cru Weine Burgunds werden aus der gleichen Rebsorte gekeltert. Es ist ...?
(1) Pinot Gris
(2) Chardonnay
(3) Sauvignon Blanc
(4) Pinot Blanc

[123] Welches Getränk wird in einem Gebiet erzeugt, das als Grande Champagne bekannt ist?
(1) Nur Grand Cru-Champagner
(2) Ein besonderer Jahrgangschampagner
(3) Vor allem ein Weindestillat
(4) Eine Mistella

[124] Einer dieser Roséweine kommt von der Loire und es ist ...?
(1) Tavel Rosé
(2) Vin Gris
(3) Lirac Rosé
(4) Rosé d'Anjou

[125] Welche dieser Appellationen liegt nicht in der Provence?
(1) Lirac
(2) Palette
(3) Cassis
(4) Bellet

Weinland Frankreich [Antworten]

[120] Im Jura
Der bekannte Biochemiker Louis Pasteur lebte und wirkte im französischen Jura. Er gewann etliche Erkenntnisse über die Behandlung von Wein, die noch heute Gültigkeit haben. Von ihm stammt auch die Aussage: „Wein ist das gesündeste und hygienischste Getränk überhaupt."

[121] 2ème Grand Cru Classé
Mouton-Rothschild ist erst seit dem Jahrgang 1973 ein 1er Grand Cru de Médoc. Bei der Klassifizierung von 1855 wurde der Wein noch in ein „zweites Hochgewächs" eingestuft. Dies war die einzige Veränderung, die bisher in der Liste der GCC von Médoc durchgeführt wurde.

[122] Chardonnay
Alle „großen" weißen Burgunder werden aus Chardonnay gekeltert. Der Ursprung der Rebe ist nicht ganz geklärt, aber der im Mâconnais liegende Ort Chardonnay lässt die Vermutung zu, dass das Mâconnais die Heimat sein könnte. Die zweite, als „kleiner" eingestufte Weißweinsorte Burgunds ist Aligoté.

[123] Vor allem ein Weindestillat
Die Grande Champagne ist die beste der sechs Anbauzonen der Charente, dem Gebiet, aus dem die Cognacs kommen. Es liegt nördlich von Bordeaux. Die Trauben werden zum größten Teil zu Brennwein verarbeitet. Die wichtigsten Trauben sind Folle Blanche, Ugni Blanc und Colombard.

[124] Rosé d'Anjou
Er ist einer der bekanntesten Roséweine Frankreichs und kommt aus der Anbauzone Anjou-Saumur an der Loire. Cabernet Franc, Cabernet Sauvignon, Groslot (Grolleau) und anderen Trauben sind die Basis für die jung zu trinkenden Roséweine, die trocken, halbtrocken oder lieblich sein können.

[125] Lirac
Palette, Cassis und Bellet sind Gebiete in der Provence. Aber Lirac liegt in der südlichen Côte du Rhône, am rechten Ufer des Flusses. Die Appellation bringt 80 % Rot-, 15 % Rosé- und 5 % Weißweine. Etliche verschiedene Trauben sind zugelassen, wobei Grenache Noir die wichtigste ist. In dem Gebiet wird seit mehr als 2.000 Jahren Weinbau betrieben.

Weinland Frankreich [Fragen]

[126] Der Hermitage-Berg liefert die Trauben für kraftvolle Rotweine. Wo in Frankreich findet man die Appellation?
(1) An der südlichen Côte du Rhône
(2) An der nördlichen Côte du Rhône
(3) Im Beaujolais
(4) An der Côte d'Or

[127] Die Minervois-Weine kommen aus dem französischen Departement ...?
(1) Nîmes
(2) Aude
(3) Hérault
(4) Gard

[128] Welche dieser AOC kann keinen Vin Jaune – einen „Gelben Wein" – erzeugen?
(1) Arbois
(2) Château-Châlon
(3) L'Etoile
(4) Régnié

[129] Welche Rebsorten – nach der Farbe – sind für rote Châteauneuf du Pape-Weine zugelassen?
(1) 2 rote und 1 weiße Sorte
(2) 6 rote Sorten
(3) 8 rote und 5 weiße Sorten
(4) 8 rote und 2 weiße Sorten

[130] Eine dieser Traubensorten findet man in Rotweinen genauso wie in Champagnern. Es ist ...?
(1) Roussette
(2) Pinot Noir
(3) Merlot
(4) Gamay

[131] Innerhalb welcher Appellation liegt die berühmte Lage Coulée-de-Serrant?
(1) Vougeot
(2) Sancerre
(3) Savennières
(4) Chablis

Weinland Frankreich [Antworten]

[126] An der nördlichen Côte du Rhône
Oberhalb der Stadt Tain, am linken Ufer der nördlichen Rhône, liegt der legendäre Hermitage-Berg. Es werden zum größten Teil Rotweine aus Syrah unter dieser AOC gekeltert. Der Wein zählt zu den hochwertigsten Frankreichs. Für die rund 20 % Weißweine sind Marsanne und Roussanne zugelassen.

[127] Hérault
Im Süden der Region Languedoc-Roussillon liegt das Département Hérault, aus dem die Minervois-Weine kommen. Es werden etwa 95 % Rotweine aus Grenache, Carignan und anderen Sorten gewonnen. In dem Gebiet wurde schon 100 Jahre v. Chr. durch die Römer Weinbau betrieben.

[128] Régnié
Der „Gelbe Wein" kommt ausschließlich aus einigen Appellationen des französischen Jura. Die AOC Régnié ist ein Cru im Beaujolais-Gebiet und kann nur Rotweine aus Gamay produzieren. Die übrigen angeführten Appellationen liegen in der Region Jura.

[129] 8 rote und 5 weiße Sorten
Insgesamt 8 rote und 5 weiße Rebsorten sind für die Herstellung von rotem Châteauneuf du Pape zugelassen. Die wichtigste Sorte ist auf jeden Fall Grenache Noir. Durch die sehr großzügige Möglichkeit der Zusammensetzung erklären sich die großen Unterschiede bei den Qualitäten dieser Weine.

[130] Pinot Noir
Blauburgunder bzw. Spätburgunder – in Frankreich natürlich Pinot Noir – ist die edle Traube. Sie ist eine der zugelassenen Champagnertrauben und die rote Hauptsorte in Burgund. Der Name Pinot leitet sich vom französischen Wort für den Tannenzapfen (Pin) ab, weil die Traubenform diesem sehr ähnlich ist.

[131] Savennières
Innerhalb der AOC Savennières liegt die berühmte Lage mit der korrekten Bezeichnung AOC Savennières Coulée-de-Serrant. Die Lage ist im Besitz eines Weingutes, das auf biologischen Weinbau setzt. Savennières liegt an der Loire, im Bereich von Anjou. Der Weißwein wird aus Chenin Blanc gekeltert und ist erstaunlich lagerfähig.

Weinland Frankreich [Fragen]

[132] Die Bezeichnungen „Fins Bois" und „Bons Bois" bringt man mit einem Getränk in Verbindung. Und zwar ...?
(1) Mit Tafel- und Landweinen
(2) Mit einfachen Burgunderweinen
(3) Mit einfachen Bordeauxweinen
(4) Mit Cognac

[133] Bergerac ist eine Appellation östlich von Bordeaux. Wie heißt der edelsüße Wein aus dem Gebiet?
(1) Monbazillac
(2) Juracon
(3) Cahors
(4) Cadillac

[134] Mehr als 90 % der Beaujolais-Weine sind rot. Aus welcher Traube werden die wenigen weißen Beaujolais gekeltert?
(1) Aus Pinot Blanc
(2) Aus Chardonnay
(3) Aus Gamay, aber weiß gekeltert
(4) Es gibt keinen weißen Beaujolais

[135] In welcher französischen Region liegt die Anbauzone Côte de Blaye?
(1) An der Loire
(2) An der Côte du Rhône
(3) In Bordeaux
(4) In Burgund

[136] Es gibt auch rote Sancerre-Weine. Aus welcher Rebsorte werden diese gekeltert?
(1) Cabernet Franc
(2) Gamay und Pinot Noir
(3) Gamay
(4) Pinot Noir

[137] Früher wurden Champagnerflaschen von Hand und ohne vorheriges Einfrieren des Flaschenhalses entheft. Dieses Verfahren nennt man ...?
(1) En voiture
(2) En place
(3) En suite
(4) À la volée

Weinland Frankreich [Antworten]

[132] Mit Cognac
Bei Cognac sind die Bezeichnungen Fin Bois und Bon Bois ein Hinweis auf die Anbauzone, aus der die Trauben kommen. Das Cognac-Anbaugebiet wird in sechs Zonen unterteilt, wobei die Böden dafür den Ausschlag geben. Die Reihenfolge von der größten zur kleinsten Qualität: Grande Champagne, Petite Champagne, Les Borderies, Fins Bois, Bons Bois und Bois Ordinaires.

[133] Monbazillac
In Bergerac sind die gleichen Trauben zu finden wie in Bordeaux, und daraus werden ähnliche Weiß-, Rot- und Süßweine gekeltert. Monbazillac ist der edelsüße Wein aus der Region und hat eine eigene AOC. Bergerac wird zur großen Region Süd-West-Frankreich gerechnet.

[134] Aus Chardonnay
Beaujolais ist weltweit vor allem als leichter und unkomplizierter Rotwein bekannt. Die kleine Menge an Weißwein wird ausschließlich aus Chardonnay gekeltert. Beaujolais ist der südlichste Bereich von Burgund und hat mehr als 22.000 Hektar Weingärten.

[135] In Bordeaux
Es ist ein Teilbereich von Bordeaux, liegt am „rechten Ufer" der Gironde und erzeugt hauptsächlich einfache Bordeauxweine. Unter der AOC Premières Côtes de Blaye können es Rotweine (80 %) und Weißweine sein. Die AOC Côtes de Blaye bringt nur Weißweine.

[136] Pinot Noir
Die Appellation Sancerre ist natürlich für seine außergewöhnlichen Weißweine bekannt. Für die Rotweine, die weniger als 25 % der Produktion ausmachen, ist Pinot Noir die einzig zugelassene Rebsorte. Sancerre lieg an der oberen Loire - auch als Zentralfrankreich bekannt - und hat in meist hügeliger Landschaft etwa 2.600 Hektar Weingärten.

[137] À la volée
À la Volée - „mit Schwung" - ist die ursprüngliche Methode, Champagner von dem Hefesatz zu befreien, der bei der Flaschengärung entsteht. Heute wird dies meist durch den Einsatz einer eiskalten Lösung gemacht. Wenn überhaupt, wird das alte Verfahren nur noch in sehr kleinen Betrieben oder bei Großflaschen angewandt.

Weinland Frankreich [Fragen]

[138] Die AOC Bonnezeaux ist eine Grand-Cru-Lage in Frankreich. In welcher Region?
(1) In Bordeaux
(2) An der Loire
(3) In Burgund
(4) In der Champagne

[139] Die Weißweine der Domaine de Chevalier gehören zu den besten und teuersten von Bordeaux. Wo liegt die Domaine?
(1) In Entre-deux-Mers
(2) In Médoc
(3) In Pessac-Léognan
(4) In Sauternes-Barsac

[140] Aus der AOC Chiroubles kommen ausschließlich Rotweine. Zu welcher französischen Weinbauregion gehört die AOC?
(1) Zur Rhône
(2) Zur Provence
(3) Zur Loire
(4) Zu Burgund

[141] Côtes-du-Luberon ist eine AOC in Frankreich. In welcher Region oder in welchem Gebiet findet man diese Appellation?
(1) In der Côte du Rhône
(2) Im Beaujolais
(3) In Languedoc
(4) An der Loire

[142] Wovon wurde der Name Pinot bzw. Pineau für die Burgunderweine abgeleitet?
(1) Von einem gefräßigen Vogel
(2) Vom Tannenzapfen
(3) Von einer schönen Blume
(4) Von einem historischen Hügel

[143] Welche dieser Gemeinden gehört nicht zur AOC-Sauternes?
(1) Bommes
(2) Preignac
(3) Gigondas
(4) Barsac

Weinland Frankreich [Antworten]

[138] An der Loire
Innerhalb des Gebietes Coteaux du Layon (Bereich Anjou-Saumur) liegt die Enklave Bonnezeaux. Es werden dort edelsüße Weine aus der Rebsorte Chenin blanc gewonnen. Die Weine sind zwar nicht so bekannt wie andere Süßweine Frankreichs, zählen aber zu den besten und langlebigsten.

[139] In Pessac-Léognan
Es ist eher ungewöhnlich, dass die Weißweine eines Bordeaux-Weingutes gleich bekannt sind wie die Rotweine, aber hier ist es so. Der extrem lagerfähige Weißwein besteht zu 70 % aus Sauvignon Blanc und zu 30 % aus Sémillon und wird bis zu 18 Monate in Barriques gereift. Die Domaine de Chevalier liegt in Pessac-Léognan im nördlichen Teil von Graves.

[140] Zu Burgund
Chiroubles wird zu Beaujolais bzw. Burgund gerechnet. Es ist eines der 10 Crus von Beaujolais. Die Weine werden aus Gamay Noir gekeltert und gelten als besonders fruchtig. Die Appellation umfasst etwa 370 Hektar Weingärten, welche auf bis zu 480 Metern Seehöhe liegen. Somit ist es der höchstgelegene Bereich von Beaujolais.

[141] In der Côte du Rhône
In der südlichen Côte du Rhône liegt die AOC Côtes-du-Luberon. Unter der Herkunftsbezeichnung werden Weiß-, Rosé und Rotweine erzeugt, aber die Rotweine dominieren. Grenache Noir ist bei den Rot- und Roséweinen und Grenache Blanc bei den Weißweinen die wichtigste Sorte in den Cuvées.

[142] Vom Tannenzapfen
Der Name bedeutet Zapfen und wird von der tannenzapfenähnlichen Form der Trauben abgeleitet. Pinot (Pineau) ist auch eine Sammelbezeichnung für die große Burgunderfamilie.

[143] Gigondas
Fünf Gemeinden gehören zum Sauternes-Gebiet. Aber Gigondas ist nicht dort bzw. in Bordeaux, sondern im südlichen Teil des Rhône-Tales. Es ist eine bekannte Gemeinde-Appellation für kraftvolle Rotweine, die überwiegend aus Grenache Noir gekeltert werden.

[144] Wie heißt die umstrittene künstliche Eisweinbereitung durch Tiefkühlung in Frankreich?
(1) Cryovinification
(2) Glacextraction
(3) Fridextraction
(4) Cryoextraction

[145] Die Weißweine aus der französischen AOC-Savennières sollten lagern, bevor sie wirklich trinkreif sind. Gekeltert werden die Weine aus ...?
(1) Pinot Blanc
(2) Sémillon
(3) Sauvignon Blanc
(4) Chenin Blanc

[146] Ist es nur eine Namensähnlichkeit oder sind die Sorten Muskateller und Muscadet miteinander verwandt?
(1) Nur die zwei weißen Arten sind miteinander verwandt
(2) Ja
(3) Vielleicht
(4) Nein

[147] Eine dieser Appellationen liegt nicht in der Region Loire. Welche liegt weiter südlich?
(1) Chenin
(2) Reuilly
(3) Quincy
(4) Limoux

[148] Die Weine von St. Emilion haben einen hohen Anteil an Merlot. Einer aber hat überwiegend Cabernet Franc in der Cuvée. Es ist ...?
(1) Château Ausone
(2) Château Canon
(3) Château Cheval Blanc
(4) Château Figeac

Weinland Frankreich [Antworten]

[144] Cryoextraction
Es ist der Fachausdruck für die Gefrierkonzentration beziehungsweise für die „Eisweinbereitung" im Tiefkühlhaus. Das Verfahren wird nicht nur in der Neuen Welt, sondern auch in Frankreich angewandt. Mit einem echten, auf natürliche Art erzeugten Eiswein aus Deutschland oder Österreich sind solche Produkte aber nicht vergleichbar.

[145] Chenin Blanc
Die Weißweine aus Savennières sind in ihrer Jugend sehr säurereich und brauchen daher eine gewisse Reifezeit. Sie werden aus der Sorte Chenin Blanc gekeltert. Die AOC liegt an der Loire in der Anbauzone Anjou-Saumur.

[146] Nein
Die beiden Trauben sind nicht miteinander verwandt. Muskateller gehört zu einer großen Rebfamilie und ist schon seit Jahrhunderten bekannt. Großteils sind es weiße Trauben, es existieren aber auch rote Muskateller. Die Sorte Muscadet heißt eigentlich Melon de Bourgogne und ist seit Jahrhunderten an der unteren Loire die wichtigste Rebsorte.

[147] Limoux
Die Appellation Limoux liegt nicht an der Loire, sondern in der Region Languedoc. Unter der AOC werden Weißweine aus Chardonnay, Chenin Blanc und Mauzac gewonnen. Das Gebiet ist auch das Schaumweinzentrum der Region mit den Appellationen Crémant de Limoux und Blanquette de Limoux.

[148] Château Cheval Blanc
Mit rund 2/3 Cabernet Franc hat Château Cheval Blanc für den Bereich St. Emilion einen ungewöhnlich hohen Anteil an der Sorte. Durch eine zusätzliche lange Reifezeit in neuen Barriques haben die Weine eine große Lagerfähigkeit. Hier, am so genannten „rechten Ufer", dominiert bei den meisten Châteaux die Sorte Merlot in der Cuvée.

Weinland Frankreich [Fragen]

[149] Welche Weinart kann es sein, wenn Mâcon-Villages AOC auf dem Etikett steht?
(1) Weiß-, Rosé- und Rotwein
(2) Nur Rotwein
(3) Rot- und Weißwein
(4) Nur Weißwein

[150] Eine dieser Grand Cru-Lagen liegt im Gebiet und der Gemeinde Chablis. Welche ist es?
(1) Les Clos
(2) La Grande Rue
(3) La Tâche
(4) Roche-aux-Moines

[151] Alle bekannten Weingüter in Bordeaux haben einen Zweit- oder auch ein Drittwein. Der Zweitwein von Château-Lafite Rothschild trägt den Namen ...?
(1) Petit Lafite
(2) Carruades
(3) Sarget
(4) Pavillon Rouge

[152] Wie heißt der Zweitwein von Château Beychevelle?
(1) Frégate
(2) Cadet
(3) Amiral
(4) Charmes

[153] Ein bekanntes Médoc-Weingut verkauft seinen Zweitwein unter dem Namen „Alter Ego". Es ist das Château ...?
(1) Château Lamothe
(2) Château Beychevelle
(3) Château Kirwan
(4) Château Palmer

[154] Wie heißt das aktuelle Synonym für den Tokay d'Alsace?
(1) Pinot Gris
(2) Pinot Blanc
(3) Pinot Noir
(4) Pinot Jaune

Weinland Frankreich [Antworten]

[149] Nur Weißwein
Ein Wein mit der Bezeichnung AOC Mâcon-Villages auf dem Etikett kann nur Weißwein aus der Rebsorte Chardonnay sein. Das Gebiet erstreckt sich über 44 Gemeinden und darunter ist übrigens auch die Gemeinde Chardonnay. Die Appellation Mâcon – ohne „Villages" – hat aber Weiß-, Rosé- und Rotweine.

[150] Les Clos
Die AOC Chablis Grand Cru besteht aus sieben „Climats". Das sind Einzellagen, die zusammen eine Fläche von rund 100 Hektar oder 5 % von Chablis bedecken. Zum Unterschied von den Grand Cru-Lagen an der Côte d'Or werden diese Lagen nicht einzeln, sondern nur als eine Appellation gerechnet.

[151] Carruades
Château Lafite Rothschild ist ein Premier Grand Cru in Médoc und Carruades bzw. „Les Carruades de Lafite" ist der Zweitwein des berühmten Weingutes. Das Drittetikett trägt übriges den Namen „Pauillac de Lafite". Weinrechtlich werden die Weine zur AOC Pauillac gerechnet.

[152] Amiral
„Amiral de Beychevelle" bzw. „Amiral" ist der Zweitwein von Château Beychevelle. Das Weingut liegt innerhalb der Gemeindeappellation Saint-Julien in Médoc. Seit der Gründung hatte das Schloss verschiedene Besitzer, von einem Bischof im 16. Jahrhundert bis zu einer japanischen Gesellschaft im jetzigen 21. Jahrhundert.

[153] Château Palmer
„Alter Ego" ist der Zweitwein des hochgeschätzten Château Palmer in der Gemeinde Margaux. Früher trug der Zweitwein den Namen „Réserve du Géneral". Das Weingut hat seinen Namen von einem der ehemaligen Besitzer, dem Generalmajor Charles Palmer. Heute gehört das Château drei Familien.

[154] Pinot Gris
Lange Zeit war die Sorte im Elsass als Tokay d'Alsace bekannt. Der Name darf nicht mehr verwendet werden und die Weine tragen nun die Sortenbezeichnung Pinot Gris. Weitere Synonyme für die Traube in anderen Weinbaugebieten sind Grauer Burgunder, Grauburgunder oder Ruländer. Die Rebe zählt zu den „noblen Sorten" des Elsass.

[155] Für viele Rebsorten gibt es Synonyme. Welche französische Traube ist an der Loire als Cot bekannt?
(1) Gamay
(2) Malbec
(3) Merlot
(4) Tannat

[156] Rasteau ist ein französischer „Vin doux Naturel". Aus welcher Traube wird er gewonnen?
(1) Cinsault
(2) Carmenère
(3) Grenache
(4) Mourvèdre

[157] Der Likörwein Ratafia kommt aus der Region ...?
(1) Aus Burgund
(2) Aus Bordeaux
(3) Aus dem Jura
(4) Aus der Champagne

[158] Welche dieser zugelassenen Rebsorten wird in der Champagne am meisten angebaut?
(1) Pinot Meunier
(2) Pinot Blanc
(3) Pinot Noir
(4) Chardonnay

[159] Der große Bereich Entre-deux-Mers liegt in Bordeaux. Welche Weine können unter dieser AOC abgefüllt werden?
(1) Es kann nur Rot- und Roséwein sein
(2) Es kann nur Weißwein sein
(3) Es kann Rot- und Weißwein sein
(4) Es kann nur halbsüßer oder süßer Weißwein sein

[160] Aus welcher französischen Region kommen die Landweine unter der Bezeichnung „Vin de Pays du Jardin de la France"?
(1) Aus Burgund
(2) Aus Korsika
(3) Von der Loire
(4) Aus der Provence

Weinland Frankreich [Antworten]

[155] Malbec
Die international verwendete Bezeichnung für die Rebsorte ist Malbec. Ein weiteres Synonym ist Auxerrois in der Region Cahors. Die Trauben bringen dunkle und sehr lagerfähige Weine, die einmal als die „schwarzen Weine von Cahors" bekannt waren.

[156] Grenache
Der VDN Rasteau kommt aus der südlichen Rhône, und die Hauptsorte dafür ist Grenache Noir. Vins doux Naturel sind Dessertweine, bei denen die Gärung durch Zusatz von hochprozentigem Destillat gestoppt wird. Die Herstellung ist ähnlich wie bei einfachen Portweinen.

[157] Aus der Champagne
Der süße Wein gilt als „Vin de Liqueur" und kommt aus der Champagne. Gewonnen wird die Spezialität aus sehr süßem Traubenmost, dem Marc de Champagne (Tresterbrand) zugesetzt wird. Das fertige Getränk hat einen Gesamtalkoholgehalt von etwa 17 bis 22 Vol.–%.

[158] Pinot Noir
Nach aktuellen Zahlen hat Pinot Noir die größte Verbreitung in der Champagne. Die zwei weiteren Sorten sind Pinot Meunier und Chardonnay. Die Champagne umfasst etwa 34.000 Hektar Rebfläche und davon sind fast 90 Prozent in Ertrag.

[159] Es kann nur Weißwein sein
Unter der Appellation Entre-deux-Mers kann es nur trockener Weißwein sein. In diesem Teilbereich von Bordeaux mit etwa 23.000 Hektar Weingärten werden aber auch andere Weine produziert. Diese tragen die allgemeine Appellation Bordeaux. Der Name „Zwischen zwei Meeren" ist nicht ganz richtig, denn es sind die zwei Flüsse Garonne und Dordogne gemeint.

[160] Von der Loire
Das Gebiet Loire wird als „Jardin de la France" – der Garten Frankreichs – bezeichnet. Es können reinsortige Weiß-, Rosé- und Rotweine sein, die als Landweine gelten. Die gesetzlichen Bestimmungen sind nicht in allen Gebieten oder Regionen gleich. Die verwendete Rebsorte wird meistens auf dem Etikett angeführt.

Weinland Frankreich [Fragen]

[161] Für den Original „Kir" wird ein besonderer Weißwein verwendet. Es ist ...?
(1) Ein Chenin Blanc
(2) Ein Pinot Blanc
(3) Ein Petit Chablis
(4) Ein Aligoté

[162] Wie heißen in Frankreich die durch Edelfäule der Trauben entstehenden Süßweine?
(1) Vins Liquoreux
(2) Vins doux Naturel
(3) Vins de Liqueur
(4) Vins de Paille

[163] Eine dieser Weinbaugemeinden liegt nicht in Bordeaux. Es ist ...?
(1) Pessac
(2) Pommard
(3) Pauillac
(4) Pomerol

[164] Welche dieser Rebsorten ist in den Weinbaugebieten der Loire nicht typisch?
(1) Chenin Blanc
(2) Sauvignon Blanc
(3) Aligoté
(4) Muscadet

[165] Die Region Burgund wird in mehrere Bereiche unterteilt. Welcher dieser nachstehenden gehört nicht dazu?
(1) Côte de Beaune
(2) Côte de Nuits
(3) Côte Chalonnaise
(4) Côte Rôtie

[166] Was versteht der Weinkenner unter einem Richebourg?
(1) Einen großen roten Burgunderwein
(2) Einen großen Champagner
(3) Einen sehr geschätzten weißen Burgunder
(4) Einen französischen Edellikör

Weinland Frankreich [Antworten]

[161] Ein Aligoté
Der Weinaperitif Kir wurde in der burgundischen Stadt Dijon von Herrn Kir „erfunden". Der richtige Weißwein dafür ist Aligoté. Dies ist der „kleine" Weißwein in Burgund, der zusammen mit Crème de Cassis für das bekannte Getränk verwendet wird.

[162] Vins Liquoreux
Die französischen Bezeichnungen für Süßweine sind auf jeden Fall etwas verwirrend. Vins Liquoreux sind in Frankreich die Süßweine, die durch Edelfäule der Trauben entstehen. Diese Weine entsprechen etwa einer Trockenbeerenauslese in Deutschland und Österreich. Die prominentesten Beispiele dafür sind die Sauternes-Weine.

[163] Pommard
Die Gemeinde Pommard liegt nicht in Bordeaux, sondern in Burgund. Unter der Appellation werden nur Rotweine aus Pinot Noir gewonnen. Pessac (-Leognan), Pauillac und Pomerol sind Gemeinden bzw. Appellationen in Bordeaux.

[164] Aligoté
Chenin Blanc, Sauvignon Blanc und Muscadet sind an der Loire weit verbreitet. Aligoté ist jedoch eine der zwei weißen Trauben Burgunds. Dort gilt sie als die „kleine" Schwester des Chardonnay. Aligoté kann in zwei Appellationen vorkommen: Als AOC Bourgogne Aligoté und als AOC Bourgogne Aligoté Bouzeron.

[165] Côte Rôtie
An der nördlichen Rhône und nicht in Burgund, liegt die Côte Rôtie. Die AOC gilt als der „Gegrillte Berg" oder der „Geröstete Hang" und bringt kraftvolle Rotweine hervor. Die Weine werden fast reinsortig aus Syrah gekeltert werden. Ein Zusatz von 20 % der weißen Sorte Viognier ist allerdings erlaubt. Côte Rôtie ist einer der großen Weine Frankreichs.

[166] Einen großen roten Burgunderwein
Richebourg ist eine bekannte Grand Cru-Lage mit nur etwa 8 Hektar in der Gemeinde Vosne-Romanée in Burgund. Es ist eine eigene Appellation und die Weine aus Pinot Noir zählen zu den absolut besten und auch teuersten Rotweinen Burgunds.

Weinland Frankreich [Fragen]

[167] Wo liegt die Weinbauzone Montagnes de Reims?
(1) In der Côtes du Rhône
(2) In der Champagne
(3) In Burgund
(4) An der Loire

[168] Im nördlichen Bereich der Côte du Rhône sind nur wenige Rebsorten zugelassen. Eine der nachstehenden gibt es nur im Süden ...?
(1) Marsanne
(2) Syrah
(3) Grenache
(4) Roussanne

[169] Die AOC Coteaux Champenois ist ...?
(1) Ein Perlwein von der Loire
(2) Ein roter Champagner aus den Bergen von Reims
(3) Ein Schaumwein, nach der „Champagner-Methode" hergestellt
(4) Ein stiller Wein aus der Champagne

[170] Ein berühmtes Château in Médoc wurde nicht nur wegen seiner Weine, sondern auch durch den runden Barrique-Keller sehr bekannt. Es ist ...?
(1) Château Lafite-Rothschild
(2) Château Latour
(3) Château Margaux
(4) Château Mouton-Rothschild

[171] Die Trauben der Champagne wachsen auf einzigartigen Böden. Es sind ...?
(1) Lehmböden
(2) Kreideböden
(3) Granitböden
(4) Schotterböden

[172] Zu welcher französischen Weinbauregion gehört die AOC Minervois?
(1) Zur Provence
(2) Zur Côte du Rhône
(3) Zum Languedoc
(4) Zum Roussillon

Weinland Frankreich [Antworten]

[167] In der Champagne
Es ist eine der Anbauzonen in der Champagne. Hier in den „Bergen von Reims" wird überwiegend Pinot Noir angebaut. Das Gebiet liegt südlich von Reims und erstreckt sich bis in das angrenzende Marne-Tal. Die wertvollen Böden der Montage de Reims bestehen aus Kreidefelsen mit Auflagen von Sand und Ton.

[168] Grenache
Die Sorte Grenache kann nur in der südlichen Côtes du Rhône angebaut werden. Es ist dort die wichtigste Sorte. Neben der Grenache Noir gibt es auch die weniger bekannte Sorte Grenache Blanc. Besonders die „schwarze" Grenache ist in allen Teilen Südfrankreichs stark verbreitet.

[169] Ein stiller Wein aus der Champagne
Coteaux Champenois ist die Appellation für Stillweine aus der Region Champagne. Diese Weine können nur aus den drei zugelassenen Rebsorten (Pinot Noir, Pinot Meunier und Chardonnay) gekeltert werden. Die Weine tragen meistens keinen Jahrgang und haben inzwischen schon fast Seltenheitswert. Oft sind es die gleichen Cuvées, die auch zur schäumenden Variante verarbeitet werden.

[170] Château Lafite-Rothschild
Es ist das Château Lafite-Rothschild, das sich den einzigartigen runden Barrique-Keller erbauen ließ. Dort reifen die Weine aus rund 100 Hektar Weingärten, die nur in neuen Barriques ausgebaut werden. Lafite-Rothschild ist übrigens eines der wenigen Weingüter von Bordeaux mit eigener Küferei (Fassbinderei).

[171] Kreideböden
Die Besonderheit in den Weingärten der Champagne sind die Kreideböden, die als „Craie à la bélemnites" bezeichnet werden. Sie entstanden vor etwa 70 Millionen Jahren, als das gesamte „Pariser Becken" ein Meer war. Von den Römern wurde diese Belemnitenkreide bzw. der Muschelkalk in Blöcken als Baumaterial verwendet.

[172] Zum Languedoc
Minervois ist eine Appellation in der Region Languedoc, die nach der Stadt Minerve benannt ist. Es ist eines der ältesten Weinbaugebiete Frankreichs und stammt noch aus der Zeit der Römer. Heute umfasst das Gebiet mehr als 4.500 Hektar Weingärten. Zu etwa 90 % werden hier Rotweine aus Carignan, Grenache und anderen Sorten gekeltert.

Weinland Frankreich [Fragen]

[173] Die französische Appellation Cadillac hat vermutlich einem Auto seinen Namen geliehen. Welche Weine können unter dieser AOC gewonnen werden?
(1) Nur trockene Weißweine
(2) Alle Weintypen
(3) Rot- und Weißweine
(4) Nur süße Weißweine

[174] Beaujolais hat verschiedene Qualitätsstufen, darunter auch Cru-Lagen. Welcher der 10 Crus hat die größte Rebfläche?
(1) Brouilly
(2) Fleurie
(3) Chiroubles
(4) Chénas

[175] Eine dieser Burgunder-Gemeinden hat die meisten Grand Crus im Gemeindegebiet. Es ist ...?
(1) Pommard
(2) Morey-St-Denis
(3) Fixin
(4) Vougeot

[176] Fast alle weißen Grand Crus von Burgund liegen entlang der Côte de Beaune. Nur eine einzige Grand Cru-Lage gibt es auch für Rotweine. Es ist ...?
(1) Corton-Charlemagne
(2) Cornas
(3) Corton
(4) Romanée

[177] Die größte Grand Cru-Lage für weiße Burgunder ist ...?
(1) Meursault
(2) Le Montrachet
(3) Pernard-Vergelesses
(4) Corton-Charlemagne

[178] Château Mouton Rothschild war das erste Weingut, das die Flaschen mit Künstleretiketten ausstattete. Es begann mit dem Jahrgang ...?
(1) 1945
(2) 1938
(3) 1918
(4) 1855

Weinland Frankreich [Antworten]

[173] Nur süße Weißweine
Die AOC Cadillac steht ausschließlich für weiße Süßweine. Die kleine Appellation mit etwa 270 Hektar Rebfläche ist ein Teil von Bordeaux. Für Cadillac-Weine werden die gleichen Trauben wie für Sauternes angebaut: Sémillon, Sauvignon und Muscadelle.

[174] Brouilly
Die größte der 10 Crus in Beaujolais mit mehr als 1.300 Hektar Rebfläche ist Brouilly. Es ist auch die südlichste Cru-Lage und hat Böden mit Granit, Quarz-Sand und tonhaltigem Kalk. Die nur aus Gamay gekelterten Weine sind auf jeden Fall einige Jahre lagerfähig.

[175] Morey-St-Denis
Mit 5 berühmten Grand Cru-Lagen im Gemeindegebiet, die ausschließlich Rotweine aus Pinot Noir liefern, hat Morey-St-Denise eine besonders Stellung. Die Lagen sind Bonnes-Mares, Clos de la Roche, Clos de Tart, Clos de Lambrays und Clos Saint-Denis. Die Gemeinde liegt an der Côte de Nuits im nördlichen Burgund.

[176] Corton
Es ist Corton aus der Gemeinde Aloxe-Corton. Die AOC Corton ist hauptsächlich für Rotwein bekannt, aber unter der Grand Cru Bezeichnung gibt es auch eine Kleinstmenge (etwa 4 %) Weißwein aus Chardonnay. Die AOC Corton-Charlemagne gilt ausschließlich für Weißweine.

[177] Corton-Charlemagne
Mit etwa 50 Hektar ist Corton-Charlemagne die größte Grand Cru-Lage für Weißweine in Burgund. Es ist ein Teil des Corton-Weinberges in der Gemeinde Aloxe-Corton. Die Gemeinde gehört zum Bereich „Côte de Beaune" – dem südlichen Teil der „Côte d'Or".

[178] 1945
Die Weine von Mouton-Rothschild ziert jedes Jahr ein Künstleretikett. Es begann 1945 und der Wein gilt als einer der Jahrhundertweine. Das besondere Etikett trug den Text „1945 – Année de la Victoire" (1945 – Jahr des Sieges) und das von Winston Churchill kreierte Zeichen „V" für „Victory".

[179] Welches dieser Châteaux gilt als die „Heimat" der Rebsorte Viognier?
(1) Château Vougeot
(2) Château Grillet
(3) Château Rôti
(4) Château Clauss

[180] Was versteht man in Frankreich unter einem Négociant Eleveur?
(1) Einen Weinhändler, der auf Anbau einwirkt, Weine ausbaut und fremde Weine verkauft
(2) Einen Weinhändler, der nur mit Trauben und unfertigen Weinen Handel betreibt
(3) Einen Auszubildenden im Weinhandel
(4) Einen Weinhändler, der auch angehende Önologen ausbildet

[181] Einen dieser Crémants gibt es in Frankreich seit einigen Jahren nicht mehr. Es ist ...?
(1) Crémant de Loire
(2) Crémant de Jura
(3) Crémant de Limoux
(4) Crémant de Champagne

[182] Eine Elsässer Spezialität ist Klevener de Heiligenstein. Aus welcher Rebsorte wird der seltene Wein gekeltert?
(1) Aus einer Spielart des Gewürztraminers
(2) Aus einer Spielart des Pinot Noir
(3) Aus einer Spielart des Pinot Blanc
(4) Aus verschiedenen Pinot-Sorten

[183] An welchem Tag kommt der Beaujolais Nouveau traditionellerweise in den Handel?
(1) Am dritten Sonntag im November
(2) Am dritten Donnerstag im November
(3) Am letzten Freitag im November
(4) Am ersten Montag im Dezember

[184] Feuillette war früher das traditionelle Eichenfass in Chablis. Es fasste ...?
(1) 205 Liter
(2) 228 Liter
(3) 136 Liter
(4) 225 Liter

Weinland Frankreich [Antworten]

[179] Château Grillet
Mit weniger als 4 Hektar Weingärten gilt Château Grillet als die „Heimat" der Rebsorte Viognier. Es liegt an der nördlichen Côte du Rhône und erzeugt nur diesen einzigen Weißwein aus Viognier. Es werden jährlich etwa 10.000 Flaschen abgefüllt. Die Appellation Château-Grillet (mit Bindestrich) ist nach La Romanée die zweitkleinste AOC Frankreichs.

[180] Einen Weinhändler, der auf Anbau einwirkt, Weine ausbaut und auch fremde Weine verkauft
Ein Négociant Eleveur ist ein Weinhändler, der nicht nur fertige Weine verkauft, sondern auch Ausbau, Schulung und Abfüllung besorgt. Die Bezeichnung „Négociant" steht für Händler und „Eleveur" für Züchter. Diese Form des Weinhandels findet man vor allem in Burgund, wo viele Top-Lagen in kleine Parzellen und auf etliche Besitzer aufgeteilt sind.

[181] Crémant de Champagne
Seit den 80er-Jahren des vergangenen Jahrhunderts gibt es Crémant de Champagne nicht mehr. Es war ursprünglich eine Variante des Champagners mit geringerem Kohlensäuredruck. Inzwischen werden Crémants nach der „Traditionellen Methode" und aus regionalen Rebsorten in 7 französischen Weinbauregionen bzw. Gebieten erzeugt. Besonders bekannt sind Crémant d'Alsace oder Crémant de Loire.

[182] Aus einer Spielart des Gewürztraminers
Klevener de Heiligenstein wird aus einer Rosé-Spielart der Sorte Savagnin gewonnen. Savagnin wird zur Familie der Traminer bzw. Gewürztraminer gerechnet. Die reifen Tauben nehmen eine rosa Färbung an, der Saft bzw. die Weine sind jedoch weiß. Die korrekte Bezeichnung für den Wein ist AOC Alsace Klevener de Heiligenstein.

[183] Am dritten Donnerstag im November
Traditionell wird der „Neue" Beaujolais am dritten Donnerstag im Monat November des Erntejahres freigegeben. Der Wein wird fallweise auch als Beaujolais Primeur bezeichnet. Die Trauben werden durch die besondere Kellertechnik „Macération Carbonique" vergoren. Dadurch ist der frühe Genuss des Weines möglich.

[184] 136 Liter
Der traditionelle Inhalt für das Feuillette betrug in Chablis nur 136 Liter. In anderen französischen Gebieten waren die Inhalte teilweise noch geringer. Inzwischen wird jedoch meistens das in Burgund übliche Pièce mit 228 Litern oder auch ein größerer Fasstyp für die Reifung der Weine verwendet.

Weinland Frankreich [Fragen]

[185] Welches Château innerhalb von Graves hat bei Rotweinen die höchste Klassifizierung?
(1) Domaine de Chevalier
(2) Château La Mission Haut-Brion
(3) Château Margaux
(4) Château Haut-Brion

[186] Zu welcher französischen Stadt gehört die Weinbergslage Clos de Montmartre?
(1) Zu Bordeaux
(2) Zu Beaune
(3) Zu Paris
(4) Zu Montpellier

[187] Die Weine am „rechten Ufer" von Bordeaux haben traditionellerweise einen hohen Anteil an Merlot in ihrer Cuvée. Welches klassifizierte Château von St-Emilion hat einen geringen Merlot-Anteil?
(1) Château Pavie
(2) Château Figeac
(3) Château Ausone
(4) Château La Gaffelière

[188] Welches dieser Weingüter von St-Emilion hat den höchsten Anteil an Cabernet Franc in seiner Cuvée?
(1) Château Belair
(2) Château Canon
(3) Château Cheval Blanc
(4) Château Magdelaine

[189] Die meisten Châteaux findet man in Bordeaux. Aber eines dieser „Weinschlösser" liegt in einer anderen Region. Es ist ...?
(1) Château Batailley
(2) Château Corbin
(3) Château Greysac
(4) Château Grillet

Weinland Frankreich [Antworten]

[185] Château Haut-Brion
Als einziges Weingut von Graves wurde das Château Haut-Brion im Jahre 1855 als „Premier Grand Cru Classé" eingestuft. Domaine de Chevalier und Château La Mission Haut-Brion sind (nur) Grand Crus Classé". Ch-Margaux ist ein „Premier Grand Cru Classé" von Médoc.

[186] Zu Paris
Von einem Weinberg zu sprechen ist leicht übertrieben, aber immerhin an einem Hügel von Paris findet man die Lage Clos de Montmartre. Der etwa 0,3 Hektar große Weingarten ist, wie es für ein „Clos" üblich ist, von Mauern umgeben. Jährlich werden daraus rund 350 Liter Wein gewonnen und die begehrten Flaschen für wohltätige Zwecke versteigert.

[187] Château Figeac
Für die Anbauzone St-Emilion hat Château Figeac mit nur etwa 30 % einen ungewöhnlich niedrigen Anteil an Merlot in der Cuvée. Dieser wird mit 35 % Cabernet Franc und 35 % Cabernet Sauvignon vermählt. Ch-Figeac ist als Premier Grand Cru Classé „B" eingestuft.

[188] Château Cheval Blanc
Mit einem Cabernet Franc-Anteil von bis zu 66 % ist Château Cheval Blanc in St-Emilion etwas Besonderes. Die Weingärten haben eisenhaltige Kies- und Sandböden auf Lehmunterlage, die eine hohe Reife der Trauben erzielen lassen. Das Château ist als Premier Grand Cru Classé „A" klassifiziert.

[189] Château Grillet
Das Château Grillet liegt nicht in Bordeaux, sondern an der nördlichen Côte du Rhône. Das Weingut hat weniger als 4 Hektar Weingärten, aber eine eigene Appellation: AOC Château-Grillet. Es wird unter dem Namen nur ein außergewöhnlicher Weißwein aus der Sorte Viognier gekeltert.

Weinland Frankreich [Fragen]

[190] Welche dieser berühmten Grand Cru-Lagen Burgunds hat die kleinste Rebfläche?
(1) La Grande Rue
(2) Clos de Tart
(3) La Romanée
(4) La Tâche

[191] Wie hat sich die Größe der Weinbaufläche Frankreichs seit 1970 entwickelt?
(1) Die Gesamtrebfläche hat sich seither um etwa 25 % vergrößert
(2) Die Rebflächen sind um mindestens 20 % kleiner geworden
(3) Die Rebflächen sind heute größer als je zuvor
(4) Die Rebflächen sind seither ungefähr gleich geblieben

[192] Die Pourriture Noble hilft mit, besondere Weine zu gewinnen. Unter dem Ausdruck versteht man ...?
(1) Eine besondere Reife bzw. Lagerung bei edlen Weinen
(2) Es ist eine Bezeichnung für besonders teure „Kultweine"
(3) Die Edelfäule auf den Trauben
(4) Weine aus den besten Edelrebsorten

[193] Ein französischer Wein ist besonders bekannt für den Ausbau „Sur Lie". Welcher ist es und woher kommt er?
(1) Der Roussette aus Savoyen
(2) Der Musigny aus Burgund
(3) Der Muscat aus Languedoc
(4) Der Muscadet von der Loire

[194] Kann Merlot im Elsass für AOC-Weine verwendet werden?
(1) Leider nicht
(2) Ja
(3) Nur für Roséweine und Cuvées
(4) Nur im Verschnitt mit Cabernet oder Pinot Noir

[195] Überall in Frankreich werden Schaumweine erzeugt. Die höchste Qualitätsstufe dafür ist in Bordeaux ein ...?
(1) Vin Pétillant de Bordeaux
(2) Crémant de Bordeaux
(3) Champagne de Bordeaux
(4) Vin Mousseux de Bordeaux

Weinland Frankreich [Antworten]

[190] La Romanée
Die kleinste Grand Cru Lage Burgunds mit weniger als einem Hektar Fläche ist La Romanée und liegt in der Gemeinde Vosne-Romanée. Von hier kommt einer der seltensten und teuersten Rotweine der Welt. Nachdem alle Grand Crus der Côte d'Or eine eigene AOC haben, ist La Romanée auch die kleinste Appellation Frankreichs.

[191] Die Rebflächen sind um mindestens 20 % kleiner geworden
Wie auch in anderen Ländern Europas ist in Frankreich die Weinbaufläche deutlich kleiner geworden. Etwa 20 % waren es im Jahr 2000 weniger als noch 1970. Durch geringere Hektarerträge konnten auch die Weinüberschüsse leicht reduziert werden.

[192] Die Edelfäule auf den Trauben
Die Pourriture Noble ist die Edelfäule auf den Trauben – auch als „Botrytis Cinerea" bekannt und ist für die Gewinnung von edelsüßen „Vins Liquoreux" notwendig. Der besondere Pilz sorgt für die Zuckerkonzentration in den Trauben und ist für den besonderen Geschmack der Weine verantwortlich. Typische Beispiele: Sauternes, Coteaux du Layon oder Sélection de Grains Nobles im Elsass.

[193] Der Muscadet von der Loire
„Sur Lie" bedeutet soviel wie Hefelagerung oder Hefeabzug. Muscadet-Weine von der Loire werden gerne so ausgebaut bzw. abgefüllt. Sie behalten dadurch eine gewisse Frische, sollten aber trotzdem jung getrunken werden.

[194] Leider nicht
Merlot ist nicht im Sortenverzeichnis für die AOC-Weine des Elsass enthalten. Die einzige zugelassene Rotweinsorte ist übrigens Pinot Noir und hat nur einen geringen Anteil an der gesamten Produktion.

[195] Crémant de Bordeaux
Die AOC Crémant de Bordeaux wurde 1990 eingeführt. Die Weine werden nach der „traditionellen Methode" hergestellt und die Grundweine aus den zugelassenen Weißweintrauben des Gebietes gewonnen: Sémillon, Sauvignon Blanc und Muscadelle. Ugni Blanc und Colombard werden zusätzlich toleriert.

Weinland Frankreich [Fragen]

[196] Für den besten Teil des Bordeaux-Gebietes Graves wurde erst spät die Appellation Pessac-Léognan geschaffen. Mit welchem Jahrgang?
(1) Seit 1987
(2) Seit 1975
(3) Seit 1947
(4) Seit 1955

[197] Was versteht der Franzose unter der Bezeichnung Goût de Bouchon?
(1) Einen starken Barriqueton
(2) Animalische Töne im Geruch
(3) Unangenehme Hefetöne, die vom Fass herrühren
(4) Einen Korkgeschmack

[198] Das Château d'Armailhac gehört zum Imperium von Mouton-Rothschild und hatte im 20. Jh. einmal einen anderen Namen. Welchen?
(1) Ch-Baronne Philippe
(2) Ch-Petit Baronne
(3) Ch-Mouton Cadet
(4) Ch-Maison Mouton

[199] Château Palmer hat seit dem Jahrgang 1998 einen neuen „Zweitwein". Er trägt den Namen ...?
(1) Petit Palmer
(2) Alter Ego
(3) La Corvette
(4) Petit Admiral

[200] Impériale ist in Frankreich eine besondere Flaschengröße. Welche dieser Weinarten wird am ehesten darin abgefüllt?
(1) Alle lagerfähigen Rot- und Weißweine
(2) Edelsüße Sauternes-Weine
(3) Rote Bordeauxweine
(4) Weiße Burgunderweine

Weinland Frankreich [Antworten]

[196] Seit 1987
Die AOC Pessac-Léognan wurde erst im Jahre 1987 geschaffen. Sie liegt im Norden von Graves und gilt als der beste Teil des Bereiches. Einige der berühmtesten Chateaux von Bordeaux haben dort ihren Sitz. So zum Beispiel Haut-Brion, Fieuzal, Pape-Clément oder die Domaine de Chevalier.

[197] Einen Korkgeschmack
Der „Bouchon" ist der Kork und „Goût" bedeutet Geschmack. Somit ist es der unangenehme Korkgeschmack. Der Weinfehler kann geruchlich und geschmacklich erkennbar sein. Die Ursachen dafür sind unterschiedlich. Wie hoch der Anteil an korkgeschädigten Weinen liegt, ist nicht genau bekannt. Schätzungen liegen bei 5 bis 10 % oder mehr, und dies bedeutet auf jeden Fall eine Menge von mehr als einer Milliarde Flaschen jährlich.

[198] Ch-Baronne Philippe
Das Château d'Armailhac hatte im Laufe seiner Geschichte verschiedene Namen. Ab Ende des 19. Jahrhunderts bis 1955 trug es den Namen Ch-Mouton-d'Armailhacq (mit q). Bis zum Jahr 1975 hieß es dann Château Mouton Baron-Philippe. Von 1976 bis 1988 wurde der Name auf Château Baronne-Philipp geändert. Seit dem Jahrgang 1989 heißt das Weingut Château d'Armailhac (ohne q) und ohne den Zusatz Mouton.

[199] Alter Ego
Der neue „Zweitwein" des bekannten Hauses Palmer trägt den Namen „Alter Ego de Palmer". Die frühere Bezeichnung war „Réserve du Géneral". Und ein Generalmajor – Charles Palmer – gab dem Château den Namen. Das wunderschöne Schloss führt noch heute die englische, holländische und französische Flagge als Zeichen der Nationalitäten der heutigen und früheren Besitzer.

[200] Rote Bordeauxweine
Impériale ist eine Flaschengröße mit dem Inhalt von 8 Normalflaschen bzw. 6 Litern. In der Regel werden hauptsächlich rote Bordeaux-Weine in eine Impériale abgefüllt. Die Flasche gleicher Größe, aber mit anderer Form, wird in der Champagne als Methusalem bezeichnet.

Weinland Frankreich [Fragen]

[201] Champagner ist der meistkontrollierte Wein Frankreichs. Welches ist das direkte Kontrollorgan und die Dachorganisation der Produzenten?
(1) INAO
(2) VDQS
(3) AOC-SC
(4) CIVC

[202] Den Liqueur de Tirage verwendet der Winzer oder Kellermeister ...?
(1) Für die Champagnerherstellung
(2) Als Basis für die Herstellung von Fruchtlikören
(3) Zum „Färben" und Aromatisieren von Armagnac
(4) Zur Verstärkung des Alkoholgehaltes während der Gärung

[203] Welcher dieser französischen Weine erhielt als erster die Zuerkennung einer amtlichen Appellation?
(1) Hermitage Rouge
(2) Châteauneuf du Pape
(3) Chablis
(4) Médoc

[204] Chinon ist fast immer ein Rotwein, der beinahe reinsortig aus Cabernet Franc gekeltert wird. Aus welcher französischen Region kommt er?
(1) Aus der Provence
(2) Von der Côte du Rhône
(3) Von der Loire
(4) Aus Bordeaux

[205] Eines dieser Getränke wird in Frankreich aus Folle Blanche- und Colombard-Trauben (u. a.) gewonnen. Es handelt sich dabei um ...?
(1) Schaumwein
(2) Likörwein
(3) Perlwein
(4) Cognac

Weinland Frankreich [Antworten]

[201] CIVC
Das Kontrollorgan der gesamten Champagnerproduktion ist die CIVC, das „Comité Interprofessionnel du Vin de Champagne". Die Organisation wurde 1941 gegründet und arbeitet halb-öffentlich unter Hoheit der französischen Regierung.

[202] Für die Champagnerherstellung
Liqueur de Tirage ist die Zucker-Hefe-Lösung für die Champagnerherstellung. Die Mischung wird der Grundcuvée zugesetzt, in die Flaschen gefüllt und mit einem Kronenkorken fest verschlossen. Durch Hefe und Zucker wird die zweite Gärung in der Flasche ausgelöst, die dann nach einer bestimmten Zeit die erwünschte Kohlensäure erzeugt.

[203] Châteauneuf-du-Pape
Bereits 1936 wurde der Gemeinde bzw. dem Gebiet Châteauneuf-du-Pape der AOC-Status zuerkannt. Die heute noch gültige Zusammensetzung mit den 13 Rebsorten stammt aus dem Jahr 1929. Heute ist für alle gesetzlichen Regelungen und Änderungen die INAO (Institut National des Appellations d'Origine des Vins et Eaux-de-Vie) zuständig.

[204] Von der Loire
Die Anbauzone des Chinon liegt im Gebiet des Vallée de Loire, im Teilbereich Touraine. Er wird zu mindestens 90 % aus Cabernet Franc gekeltert, nur bis zu 10 % Cabernet Sauvignon sind zugelassen. Unter der Appellation wird fast nur Rotwein erzeugt. Die Anteile an Rosé- und Weißweinen ist verschwindend gering. Für die Weißweine wäre nur Chenin Blanc zugelassen.

[205] Cognac
Edler Cognac wird überwiegend aus den weißen Rebsorten Folle Blanche, Colombard und Ugni Blanc gewonnen. Der berühmteste „Weinbrand" der Welt wird nach der gleichnamigen Stadt am Fluss Charente benannt. Der Name und das Gebiet sind weltweit gesetzlich geschützt.

[206] Die Confrérie des Chevaliers du Tastevin ist eine der honorigsten Weinbruderschaften der Welt. In welcher Region hat sie ihren Sitz?
(1) In Burgund
(2) In der Champagne
(3) In Bordeaux
(4) Im Roussillon

[207] Zu welcher großen französischen Weinbauregion wird die Côtes de Castillon gerechnet?
(1) Zur Provence
(2) Zu Bordeaux
(3) Zum Languedoc-Roussillon
(4) Zur Côte du Rhône

[208] Welches dieser Weingüter hat traditionell die geringsten Hektarerträge in Frankreich?
(1) Château Petrus
(2) Château Grillet
(3) Château d'Yquem
(4) Domaine Romanée

[209] Was versteht man in einem Cognac-Haus unter dem Paradis?
(1) Den Kassenraum
(2) Das „Herzstück" des Brandes
(3) Das Labor des Brennmeisters
(4) Einen ganz besonderen Lagerkeller

[210] Trauben haben sehr unterschiedliche Vegetationsperioden. Unter den Bordeaux-Reben reift am frühesten ...?
(1) Merlot
(2) Malbec
(3) Cabernet Sauvignon
(4) Petit Verdot

[211] Die Flûte ist eine besondere Flaschenform aus grünem Glas. In welcher französischen Weinbauregion wird ein Großteil der Weine darin abgefüllt?
(1) In der Provence
(2) Im Elsass
(3) An der Loire
(4) Im Jura

Weinland Frankreich [Antworten]

[206] In Burgund
Die Weinbruderschaft Confrérie des Chevaliers du Tastevin hat ihren Sitz im ehrwürdigen Château de Vougeot in Burgund. Das Château wurde im 16. Jahrhundert von den Zisterziensern gebaut und ist heute im Besitz der Bruderschaft. Die Confrérie wurde 1934 in Zeiten drohenden Niederganges burgundischen Weines von einigen Patrioten auf dem Château gegründet.

[207] Zu Bordeaux
Die Côtes de Castillon wird zu Bordeaux gerechnet. Die Anbauzone liegt östlich von Saint-Emilion und erzeugt unter dem eigenen Namen nur Rotweine aus den Bordeaux-Sorten Merlot, Cabernet Franc und Cabernet Sauvignon.

[208] Château d'Yquem
Das legendäre Château d'Yquem in Sauternes erzeugt (fast) nur edelsüße Weine in besonderer Konzentration und hat dadurch die geringsten Erträge pro Rebstock und Hektar. Man rechnet pro Rebstock mit etwa einem Glas Wein. Die selten erzeugten, nicht edelsüßen Weine des Châteaus werden nicht als Sauternes, sondern als AOC Bordeaux Blanc klassifiziert.

[209] Einen ganz besonderen Lagerkeller
Das „Paradis" ist der Lagerkeller eines Cognac-Hauses, in dem die besonders alten Destillate jahrzehntelang lagern und reifen. Der Verlust durch Verdunstung beträgt bis zu 5 % pro Jahr und wird als der „Teil für die Engel" oder „Part des Anges" bezeichnet.

[210] Merlot
Von allen Rotweinreben im Bordelais ist Merlot am frühesten reif. Der Name ist von der Amsel (le merle) abgeleitet, weil die Vögel gerne an den früh reifenden Beeren naschen. Merlot ist die am häufigsten angebaute Rotweinrebe in Bordeaux. Am „rechten" Ufer dominiert sie die meisten Cuvées und in Médoc und Graves ist sie der wichtigste Cuvée-Partner für Cabernet.

[211] Im Elsass
Die Qualitätsweine des Elsass werden fast immer in die grüne Schlegelflasche abgefüllt, die hier als" Flûte" – die „Flöte" – bezeichnet wird. Das hohe und schmale Champagnerglas trägt übrigens den gleichen Namen.

Weinland Frankreich [Fragen]

[212] In Frankreich werden unzählige Rebsorten angebaut. Nach der Anbaufläche dominiert ...?
(1) Cabernet Sauvignon
(2) Carignan
(3) Merlot
(4) Pinot Noir

[213] Welche Weißweinrebe hat in Frankreich die größte Verbreitung in Hektar?
(1) Chardonnay
(2) Grenache Blanc
(3) Sauvignon Blanc
(4) Ugni Blanc

[214] Die südlichst gelegene Appellation Frankreichs ist ...?
(1) Banjuls
(2) Maury
(3) Jurancon
(4) Cassis

[215] „Monopole" kann verschiedenes bedeuten. Was versteht man darunter im französischen Weinbau?
(1) Es hat keine besondere Bedeutung
(2) Eine Weinberglage im Alleinbesitz
(3) Ein Weingut im Staatsbesitz
(4) Eine Großkellerei im Besitz der staatlichen Monopolverwaltung

[216] In welchem Teil Burgunds liegt der berühmte Montrachet-Weinberg?
(1) In der Côte Chalonnaise
(2) In der Côte de Beaune
(3) In der Côte de Nuits
(4) Im Mâconnais

[217] Für welchen französischen Rotwein ist die Rebsorte Muscardin ein möglicher Bestandteil in der Cuvée?
(1) Für Crozes Hermitage
(2) Für Chinon
(3) Für die AOC Jura
(4) Für Châteauneuf-du-Pape

Weinland Frankreich [Antworten]

[212] Merlot
Nachdem sie nicht nur in Bordeaux, sondern auch in anderen bekannten Weinbaugebieten Frankreichs vermehrt angebaut wird, ist Merlot inzwischen flächenmäßig am meisten verbreitet. An zweiter Stelle steht derzeit Grenache. Noch vor einigen Jahrzehnten war Carignan die meist angebaute Rotweinsorte. Auch Cabernet Sauvignon ist eine der ganz wichtigen Sorten Frankreichs.

[213] Ugni Blanc
Die weiße Rebsorte Ugni Blanc wird in ganz Südfrankreich angebaut und spielt auch bei der Cognac-Produktion eine große Rolle. Dadurch hat sie in Frankreich die größte Verbreitung aller Weißweinreben. Die Sorte ist mit Trebbiano identisch, die in Italien zu den wichtigsten Trauben zählt.

[214] Banjuls
Ein großer Teil des französischen Weinbaus spielt sich im Süden, entlang des Mittelmeeres ab. Banjuls ist die südlichste AOC Frankreichs. Sie liegt an steilen Hängen im Languedoc-Roussillon, ganz nahe an der Grenze zu Spanien. Die Weine der Appellation sind „Vins doux Naturel" und zu 90 % rot.

[215] Eine Weinberglage im Alleinbesitz
In Bezug auf den Weinbau ist ein Monopole in Frankreich eine Weinberglage im Alleinbesitz einer Person oder einer Gesellschaft. Beispiele dafür gibt es in Burgund bei der Domaine de la Romanée-Conti oder bei Château-Grillet an der Rhône.

[216] In der Côte de Beaune
Montrachet ist ein kleiner, aber berühmter Weinberg im Süden der Côte de Beaune. Es ist eine Grand Cru Lage von etwa 8 Hektar, die nur Weißweine hervorbringt. Alle großen, weißen Burgunderweine werden selbstverständlich aus Chardonnay gekeltert.

[217] Für Châteauneuf-du-Pape
Muscardin (oder Muscadin) ist eine der roten Trauben, die für Châteauneuf-du-Pape zugelassen sind. Insgesamt können 8 Rotwein- und 5 Weißweinsorten in der Cuvée des roten Châteauneuf-du-Pape enthalten sein. Es ist eine der Begründungen, warum diese Weine so unterschiedlich sein können.

Weinland Frankreich [Fragen]

[218] Beaujolais-Weine sind in der Qualität sehr unterschiedlich. Wenn sie noch nicht durchgegoren und leicht süßlich sind, nennt sie der Franzose ...?
(1) Paradise
(2) Jus de vin
(3) Môut
(4) Petit vin

[219] Was ist in Frankreich ein Producteur Direct?
(1) Ein Winzer, der seine Weine über Versand anbietet
(2) Es ist die französische Bezeichnung für eine Direktträgerrebe
(3) Ein Weinbauer mit Ab-Hof-Verkauf
(4) Eine Rebschule, die Hybriden züchtet

[220] Dass auch die Champagne Grand Cru-Lagen hat, ist wenig bekannt. Wie viele solche Top-Lagen mit einer 100-%-Wertigkeit gibt es?
(1) 12 Lagen
(2) 17 Lagen
(3) 21 Lagen
(4) 32 Lagen

[221] Was versteht der Franzose beim Weineinkauf unter „En Vrac"?
(1) Den Kauf von offenem Wein
(2) Den Kauf von Weinen über der erlaubten Höchstmenge
(3) Den Kauf von Aktionsweinen
(4) Den Kauf von überlagerten Weinen

[222] Die Zuckergrade des Mostes werden in verschiedenen Ländern unterschiedlich gemessen. In welchen Graden misst der Franzose?
(1) In Brix-Graden
(2) In KMW-Graden
(3) In Baumé-Graden
(4) In Öchsle-Graden

Weinland Frankreich [Antworten]

[218] Paradise
In den verschiedenen deutschsprachigen Ländern würde man einen solchen unfertigen Wein als Sturm, Suser, Sauser, Brauser, Bitzler, Federweißen oder Staubigen bezeichnen. Die Franzosen nennen den noch in Gärung befindlichen Beaujolais Paradise. Nicht zu verwechseln mit dem „Paradis" – dem Lagerkeller besonders alter Cognacs.

[219] Es ist die französische Bezeichnung für eine Direktträgerrebe
Es kann eine doppelte Bedeutung haben: Zum einen ist es eine wurzelechte Rebe, bei der keine Veredelung erfolgte. Beispiele gibt es noch in sehr alten Weingärten. Andererseits sind auch Hybriden meistens Direktträger bzw. Producteur Direct.

[220] 17 Lagen
Die Champagne hat 17 Grand Cru-Lagen. Eigentlich sind es 17 der rund 300 Gemeinden der Champagne, die aufgrund ihrer besonderen Bodenverhältnisse als Grand Cru-Gemeinden eingestuft sind. Dies wirkt sich nicht nur auf das Ansehen, sondern auch auf die Traubenpreise aus.

[221] Den Kauf von offenem Wein
En Vrac verkaufen bedeutet soviel wie „offen" oder im Fass verkaufen. Es bezieht sich generell auf Fassweinverkauf oder den Verkauf von Wein in größeren Gebinden.

[222] In Baumégraden
Frankreich misst den Zucker im Most in Baumé-Graden. Bei dieser Maßeinheit wird der potenzielle Alkohol angegeben. Das heißt, es ist der theoretisch erzielbare Alkohol bei kompletter Vergärung des Zuckers.

[223] Nur wenige Weinflaschen haben einen Inhalt, der außerhalb der gängigen EU-Norm liegt. Wie viel fasst eine Clavelin-Flasche der französischen Jura?
(1) 0,70 Liter
(2) 0,75 Liter
(3) 0,50 Liter
(4) 0,62 Liter

[223] 0,62 Liter
Die Clavelin-Flasche wird nur für den „Vin jaune" – den Gelben Wein – in der französischen Jura verwendet. Die Flasche hat einen Inhalt von 0,62 Litern. Die Menge ergibt sich daraus, dass durch die besondere oxidative Reifungsmethode über sechs Jahre aus einem Liter Wein nur etwa 0,62 Liter übrig bleiben.

Italien
„Land des Weines"

Italien zählt zu den ältesten Weinbau-Ländern der Erde. Im Gebiet des heutigen Italien wuchs die Rebe schon in vorgeschichtlichen Zeiten und lange vor der Besiedelung durch den Menschen. Die Anfänge reichen zumindest bis vor 1.000 v. Chr. zurück. Zu dieser Zeit besiedelten die Etrusker Mittelitalien.

Den Ursprung der italienischen Weinkultur begründeten aber vor allem die Griechen, die den Anbau der Weinrebe auf der italienischen Halbinsel und im gesamten Mittelmeerraum verbreiteten. Sie waren es auch, die im 5. Jh. v. Chr. dem Land den Namen „Oinotria Tellus" - das „Land des Weines" - gaben. Später wurde daraus die lateinisierte Bezeichnung „Enotria" und galt für ganz Italien.

Italien ist heute zusammen mit Frankreich einer der größten Weinproduzenten der Welt mit einer Anbaufläche von knapp über 900.000 Hektar und einer Jahresproduktion von rund 50 bis 55 Millionen Hektolitern. Trotz dieser großen Menge ist der Anteil an so genannten Qualitätsweinen mit DOC- oder DOCG-Anerkennung relativ gering. Es sind nur etwa 20 % der Weine, obwohl die Anzahl der DOC-Zonen ständig steigt.

Weinbau und Reben

Italien kann wohl als das vielseitigste Weinland der Welt bezeichnet werden. In allen 20 politischen Regionen des Landes wird gewerblicher Weinbau betrieben. Wahrscheinlich existieren im Land noch über 1.000 verschiedene Rebsorten und davon sind immerhin etwa 400 zugelassen.

Im Rotweinland Italien ist Sangiovese die absolut wichtigste Sorte. Gefolgt von Barbera, Merlot und Montepulciano. Bei den Weißweinen dominiert Trebbiano in verschiedenen Spielarten.

In Italien findet der Weinbau etwa zwischen dem 37. und dem 47. Breitengrad, in sehr unterschiedlichen Klimazonen und auf verschiedensten Bodenformationen statt. Mehr als die Hälfte der italienischen Rebgärten sind in hügeligen Gebieten, etwa 10 Prozent auf Steillagen, und der Rest liegt in ebenen Gebieten. Diese differenzierten kleinklimatischen Bedingungen bieten den vielen verschiedenen Rebsorten ideale Lebensräume.

Die Qualitätsstufen

Die italienischen Weine werden in Qualitätsstufen unterteilt: Tafelwein, Landwein, Qualitätsweine mit DOC- oder DOCG-Anerkennung.

Tafelwein - V.d.T. (Vino da Tavola)
Die niedrigste Qualitätsstufe darf weder Jahrgang noch Rebsorte auf dem Etikett führen. Nur „Bianco" oder „Rosso" und eventuell ein Phantasienamen sind erlaubt.

Bis zum Jahr 1991 fielen auch die vielen „neuen Tafelweine" von höchster Qualität unter diese Qualitätsbezeichnung. So zum Beispiel Sassicaia, Darmagi, Tignanello und viele andere.

Landwein – I.G.T. (Indicazione Geografica Tipica)
Entspricht etwa dem „Landwein" in Österreich und Deutschland oder dem „Vin de Pays" in Frankreich und wurde in dieser Form erst im Jahre 1992 geschaffen. Inzwischen gibt es mehr als 120 IGT-Bezeichnungen.

D.O.C. (Denominazione di Origine Controllata) oder „Qualitätswein mit kontrollierter Ursprungsbezeichnung"
Ein Prädikat, das 1966 geschaffen wurde und für Qualitätsweine bestimmter Anbaugebiete gilt. Die Weine müssen aus geographisch genau abgegrenzten Bereichen kommen. Produktionsvorschriften, Hektarhöchsterträge und Rebsorten sind gesetzlich geregelt.

D.O.C.G. (Denominazione di Origine Controllata e Garantita) oder „Qualitätswein mit kontrollierter und garantierter Ursprungsbezeichnung"
Es ist dies die höchste Qualitätsstufe bei italienischen Weinen. Anbauzonen, Rebsorten, Herstellung und andere Kriterien werden nicht nur kontrolliert, sondern auch staatlich garantiert. Die mit diesem „Staatssiegel" ausgezeichneten Weine repräsentieren (zumindest nach dem Weingesetz) die Elite der italienischen Weine.

Etikettensprache und Geschmacksbezeichnungen

ABBOCCATO
Halbtrocken (leicht süßlich, süffig).

AMABILE
Lieblich, halbsüß.

ANNATA
Der Jahrgang.

ASCIUTTO
Bezeichnung für „trocken" bzw. „austrocknend".

AUSLESE
Besondere Qualität, gibt es nur bei Kalterer See, entspricht einem à SUPERIORE.

BIANCO
Weiß, Weißwein.

BRIC oder BRICCO
Hügel, Hügelkuppe, wird häufig als Synonym für eine Einzellage im Piemont verwendet.

CANTINA
Weinkeller, Weinkellerei.

CANTINA SOCIALE
Winzergenossenschaft, Genossenschaftskellerei.

CERASUOLO
Bezeichnung für Roséwein = kirschrot bzw. kirschrosa.

CHIARETTO
Roséwein.

CLASSICO
aus dem ursprünglichen Anbaugebiet.

Italien, das „Land des Weines"

COLLE (COLLE DI)
Hügelgebiet, aus dem Hügelgebiet.

ENOTECA
Vinothek.

FATTORIA
Weingut.

FRIZZANTE
Perlwein, schwach perlender Wein mit maximal 2,5 bar CO^2-Druck. Kohlensäure kann zugesetzt werden.

IMBOTTIGLIATO
abgefüllt in (im).

LIQUOROSO
Aufgespritete, mit Alkohol verstärkte Weine. Bei süßen Weinen likörartig, bei trockenen Weinen sherryartig.

PASSITO
Meist eine Art Strohwein, seltener ein Botrytiswein.

RISERVA
Weine mit längerer Lagerung beim Produzenten und meist auch höherem Alkohol.

ROSATO
Rosé, Roséwein.

ROSSO
Rot, Rotwein.

SECCO
Trocken, trockener Wein.

SPUMANTE
Sekt, Schaumwein nach verschiedenen Herstellungsverfahren, mindestens 3,0 bar Druck.

SUPERIORE
Weine von höherer Qualität bzw. höherem Alkohol und meist auch längerer Reifezeit.

TENUTA
Weinbaubetrieb.

VENDEMIA TARDIVA
Spätlese.

VINO NOVELLO
Der neue Wein, der im Jahr der Ernte auf den Markt kommt.

VIN SANTO oder VINO SANTO
Eine Art Strohwein aus angetrockneten Trauben. Vor allem aus der Toskana und aus dem Trentino.

Das Weinquiz

Kategorie: Weinland Italien

Weinland Italien [Fragen]

[1] Galestro ist ein Kalkstein-Schiefer-Bodentyp in einem italienischen Weinbaugebiet. In welchem?
(1) In der Cinqueterre in Ligurien
(2) Im Chianti Classico–Gebiet
(3) Im Norden von Piemont, rund um Gattinara
(4) Im Gebiet von Taurasi, Kampanien

[2] Welches ist der wichtigste Unterschied zwischen der DOC Trentino und der DOC Trento?
(1) DOC Trentino steht nur für Weißweine und Spumante
(2) Die Anbauzone DOC Trentino ist größer, sonst kein Unterschied
(3) Es ist praktisch kein Unterschied
(4) DOC Trentino steht für Stillweine, DOC Trento für Schaumweine

[3] Südtirol ist bekannt als die Heimat von Vernatsch und Lagrein, aber der Weißweinanteil nimmt zu. Die meistangebaute weiße Sorte ist ...?
(1) Müller-Thurgau
(2) Weißburgunder
(3) Gewürztraminer
(4) Riesling

[4] Italien hat viele bekannte Weinstädte. Der Brunello kommt aus ...?
(1) Siena
(2) Montepulciano
(3) Montalcino
(4) Montefiascone

[5] Aus welcher Weinbauregion Italiens kommt der Barbaresco?
(1) Aus der Toskana
(2) Aus Umbrien
(3) Aus Sizilien
(4) Aus dem Piemont

[6] Aus dem Südtiroler Eisacktal kommen vor allem frische Weißweine. Die typischste Rebsorte für die Anbauzone Brixen-Eisacktal ist ...?
(1) Sylvaner
(2) Riesling
(3) Chardonnay
(4) Goldmuskateller

Weinland Italien [Antworten]

[1] Im Chianti Classico–Gebiet
Galestro ist der typische Boden im Gebiet des Chianti Classico. Dort findet sich das Gestein in den besten Weinbergslagen. Davon abgeleitet gibt es unter dem Namen auch einen leichten Weißwein aus der Toskana. Es ist ein „Sommerwein" mit höchstens 11 Vol.–% Alkohol und er sollte jung getrunken werden.

[2] DOC Trentino steht für Stillweine, DOC Trento für Schaumweine
Es gibt beide DOC-Bezeichnungen und der Unterschied ist klar geregelt: Die DOC Trentino steht für verschiedene Weiß- und Rotweine. Die DOC Trento ist den Schaumweinen vorbehalten. Diese können Bianco und Rosato sein. Alle Schaumweine werden aus Chardonnay und/oder Pinot Bianco sowie Pinot Nero gewonnen.

[3] Weißburgunder
In Südtirol dominieren noch immer die Rotweine, aber für die frischen Weißweine ist die Sorte Weißburgunder die wichtigste Traube. Diese und andere französische Edelreben sind dort seit Mitte des 19. Jahrhunderts heimisch. Die italienische Bezeichnung für Weißburgunder ist Pinot Bianco.

[4] Montalcino
Alle angeführten Städte sind eng mit dem Wein verbunden, aber der große Brunello kommt natürlich aus der Stadt Montalcino in der Toskana.
Die korrekte Bezeichnung für den DOCG-Wein lautet „Brunello di Montalcino".

[5] Aus dem Piemont
Barbaresco kommt aus dem Gebiet Langhe in der Region Piemont.
Er wird gerne als der „kleine Bruder des Barolo" bezeichnet und aus der Rebsorte Nebbiolo gekeltert. Beide zählten zu den ersten DOCG-Weinen Italiens.

[6] Sylvaner
Die Weingärten des Eisacktals erstrecken sich etwa von Brixen bis kurz vor Bozen und sind von der Sonne nicht so sehr verwöhnt, wie das übrige Südtirol. Es sind trotzdem ideale Bedingungen für den Anbau von Weißweinen. Sylvaner (Silvaner) ist hier die typische Rebsorte.

Weinland Italien [Fragen]

[7] Unter einem Cartizze versteht der Kenner italienischer Weine ...?
(1) Einen italienischen Kräuterschnaps
(2) Eine besondere Qualität des Prosecco
(3) Eine Weinbauzone in Piemont
(4) Eine weiße Rebsorte in Norditalien

[8] Piemont ist eine der bekanntesten Weinbauregionen Italiens. Welche Rotweinsorte wird am meisten angebaut?
(1) Nebbiolo
(2) Dolcetto
(3) Barbera
(4) Grignolino

[9] Tignanello zählt zu den bekanntesten „Landweinen" Italiens. Aus welchen Trauben wird er gewonnen?
(1) Merlot und Cabernet
(2) Sangiovese und Merlot
(3) Sangiovese und Syrah
(4) Sangiovese und Cabernet

[10] Unter einem Recioto versteht man in Italien ...?
(1) Einen aus angetrockneten Trauben gewonnenen Wein
(2) Eine besondere Erziehungsform in norditalienischen Weinbergen
(3) Einen bewusst oxidativ ausgebauten Wein
(4) Eine italienische Traubensorte

[11] Chianti hat mehrere Unterzonen. Eine der nachstehenden Zonen bzw. Gebiete gehört allerdings nicht dazu. Es ist ...?
(1) Montespertoli
(2) Colli Albani
(3) Colli Aretini
(4) Colli Senesi

[12] Brunello di Montalcino ist einer der großen Rotweine Italiens. Aus welcher (welchen) Rebsorte(n) wird der Wein gekeltert?
(1) Sangiovese und Cabernet
(2) Sangiovese und Canaiolo
(3) Sangiovese Grosso
(4) Sangiovese Piccolo und max. 20 % andere rote Sorten

Weinland Italien [Antworten]

[7] Eine besondere Qualität des Prosecco
Prosecco kommt aus verschiedenen Teilen des Veneto. Aus einer Subzone der DOC Valdobbiadene kommt der „Superiore di Cartizze". Er gilt als besondere Qualität des Prosecco. Prosecco ist immer der Name der Rebsorte, und die daraus gewonnenen Weine können Still- oder Schaumweine sein.

[8] Barbera
Nebbiolo ist zwar die Traube für die großen Rotweine Piemonts, aber Barbera ist die meistangebaute Rebsorte der gesamten Region. Aus einem einfachen Alltagswein haben sich Barbera-Weine zu den Aufsteigern Piemonts entwickelt. Immer öfter werden sie in Barriques oder mit Nebbiolo zu modernen Cuvées ausgebaut.

[9] Sangiovese und Cabernet
Tignanello wird aus Sangiovese mit einem kleinen Anteil an Cabernet Sauvignon gewonnen. Er war einer der ersten „Großen Tafelweine" Italiens. Heute ist er als IGT (Landwein) eingestuft und in seiner Qualität noch immer gleich angesehen. Eine DOC-Anerkennung wird nicht angestrebt.

[10] Einen aus angetrockneten Trauben gewonnenen Wein
Recioto ist eine italienische Weinspezialität, die aus angetrockneten Trauben gewonnen wird. Der Name stammt von „Recie", den süßesten und reifsten Trauben bzw. den kleinen „Ohren", die am meisten Sonne bekommen haben. Die Weine sind süß oder zumindest halbsüß. Bekannte Beispiele dafür sind „Recioto di Soave" und „Recioto di Valpolicella".

[11] Colli Albani
Rund um das Classico-Gebiet gibt es für Chianti noch zusätzlich 7 anerkannte Unterbereiche, die für DOCG-Weine gelten. Colli Albani – die „Albanischen Hügel" – liegen nicht in der Toskana, sondern in der Provinz Rom, innerhalb der Region Latium. Unter der DOC Colli Albani werden nur Weißweine abgefüllt.

[12] Sangiovese Grosso
Brunello di Montalcino wird nur aus Sangiovese Grosso gekeltert. Es ist ein kleinbeeriger, dickschaliger Klon mit bräunlich gefärbten Beeren und kräftigen Tanninen, der im 19. Jahrhundert von Clementi Santi selektioniert und weitervermehrt wurde. Brunello war übrigens der erste bekannte reinsortige Rotwein der Toskana.

Weinland Italien [Fragen]

[13] Nur eine der nachstehenden italienischen Geschmacksbezeichnungen passt für „trockene" Weine. Es ist ...?
(1) Abboccato
(2) Amabile
(3) Alambica
(4) Asciutto

[14] Spanna ist ein regionales Synonym für eine bekannte Rebsorte in Italien. Welche ist damit gemeint?
(1) Nebbiolo
(2) Barbera
(3) Sangiovese
(4) Corvina

[15] Der Po begleitet verschiedene Weinbaugebiete Italiens. Der Fluss entspringt ...?
(1) In Aosta
(2) Im Piemont
(3) In der Lombardei
(4) In der Emilia-Romagna

[16] Vino Santo ist eine Rarität aus dem Trentino. Aus welcher oder welchen Sorten wird er gewonnen?
(1) Aus allen bodenständigen weißen Sorten
(2) Hauptsächlich aus Garganega
(3) Hauptsächlich aus Nosiola
(4) Hauptsächlich aus Pinot Grigio

[17] Was versteht man in Italien unter einem Galestro?
(1) Einen weißen oder roten Qualitätswein aus Sizilien
(2) Einen weißen Qualitätswein mit DOC-Anerkennung aus Umbrien
(3) Einen weißen Landwein aus den Bergen rund um Rom
(4) Einen weißen Landwein aus der Toskana

[18] Sassicaia ist ein bekannter Kult-Wein aus der Toskana. Gewonnen wird er hauptsächlich aus der Rebsorte ...?
(1) Cabernet Sauvignon
(2) Syrah
(3) Merlot
(4) Sangiovese Grosso

Weinland Italien [Antworten]

[13] Asciutto
Sehr trockene Weine können in Italien als „Asciutto" bezeichnet werden. Eigentlich bedeutet es aber eher „austrocknend". Eine gängige Bezeichnung für trockene Weine ist auch „Secco". Eine genaue Höchstgrenze für Restzucker ist dabei nicht vorgegeben.

[14] Nebbiolo
Im Norden des Piemonts wird die Bezeichnung Spanna für die Rebsorte Nebbiolo verwendet. Die Traube findet man in mehreren Weinen der Colline Navaresi im Norden von Piemont. So zum Beispiel in den DOCG-Weinen Gattinara und Ghemme sowie den DOC-Weinen Boca, Fara und andere.

[15] In Piemont
Der Po ist einer der „Weinflüsse" Italiens. Er entspringt in der Region Piemont, bildet dann die Grenze zwischen der Lombardei und der Emilia und fließt in der Region Venetien in die Adria. Entlang des Flusses liegen verschiedene Weinbauzonen.

[16] Hauptsächlich aus Nosiola
Vino Santo, der „Heilige Wein", wird im Trentino hauptsächlich aus der weißen Sorte Nosiola gekeltert. Es ist ein außergewöhnlicher Süßwein, für dessen Herstellung die Trauben nach der Ernte bis zum Beginn der Karwoche angetrocknet werden. Der Wein reift dann mindestens 3 Jahre lang im gleichen Fass.

[17] Einen weißen Landwein aus der Toskana
Galestro ist ein erfolgreicher weißer Markenwein, der von mehreren Produzenten der Toskana aus verschiedenen Rebsorten gekeltert wird. Der Wein wird jung getrunken und hat höchstens 11 Vol.–% Alkohol. Der Name leitet sich von einem besonderen Gestein im Chianti-Classico-Gebiet ab.

[18] Cabernet Sauvignon
Der „Kultwein" Sassicaia wird fast reinsortig aus Cabernet Sauvignon gewonnen. Er wurde im Jahr 1968 praktisch über Nacht bekannt und berühmt. Lange Zeit war er „Tafelwein", kurze Zeit „Landwein" und seit 1994 ist er „Qualitätswein" unter der DOC „Bolgheri Sassicaia".

Weinland Italien [Fragen]

[19] Italien hat unzählige Weine und viele Anbauzonen. Welche der nachstehenden Zonen oder Gebiete liegt in der Region Lombardei?
(1) Langhe
(2) Franciacorta
(3) Latisana
(4) Pomino

[20] Welcher Wein aus Umbrien erhielt als erster eine DOCG-Anerkennung?
(1) Orvieto
(2) Montefalco Rosso
(3) Torgiano Rosso Riserva
(4) Assisi

[21] Die Anerkennung löste in Weinkreisen ein gewisses Staunen aus. Welcher italienische Weißwein erhielt als erster eine DOCG-Anerkennung?
(1) Vernaccia di San Gimignano
(2) Verdicchio dei Castelli di Jesi
(3) Gavi
(4) Albana di Romagna

[22] Südtirol produziert noch immer etwa 2/3 Rotweine. Aber in einer dieser Anbauzonen dominiert der Weißwein. Es ist ...?
(1) Brixen-Eisacktal
(2) Burggrafenamt
(3) Überetsch
(4) Vinschgau

[23] Aus welcher italienischen Region kommt der DOC-Wein Cinque Terre (Cinqueterre)?
(1) Aus Venetien
(2) Aus Ligurien
(3) Aus der Lombardei
(4) Aus Friaul

Weinland Italien [Antworten]

[19] Franciacorta
Nur Franciacorta liegt in der Region Lombardei. Das besonders für Schaumweine bekannte Gebiet wird gerne als die „Champagne Italiens" bezeichnet und liegt zwischen Brescia und dem Iseo-See. Die Langhe ist eine wichtige Anbauzone in Piemont, Latisana liegt in Friaul und Pomino in der Toskana.

[20] Torgiano Rosso Riserva
Es war der rote Torgiano Rosso „Riserva", der als erster Wein Umbriens eine DOCG-Anerkennung erhielt. Nur die länger gelagerte Qualität „Riserva" hat dieses Prädikat. Der einfache „Rosso" und der „Bianco" sind DOC-Weine. Die wichtigste Traube für die roten Torgiano-Weine ist Sangiovese.

[21] Albana di Romagna
Die Bevölkerung hatte nicht erwartet, dass Albana di Romagna als erster italienischer Weißwein die DOCG-Anerkennung erhalten würde. Diese Aufwertung begann mit dem Jahrgang 1987. Der Wein wird aus der gleichnamigen Rebsorte gekeltert und kommt aus der Emilia-Romagna.

[22] Brixen-Eisacktal
In der Anbauzone Brixen-Eisacktal liegen die nördlichsten Weingärten Italiens, und an den sonnigen Hängen entlang des Tales werden fast ausschließlich Weißweine angebaut. Besonders typisch sind die Sorten Silvaner, Müller-Thurgau, Gewürztraminer und Veltliner. Der aktuelle Star ist allerdings der Eisacktaler Kerner.

[23] Aus Ligurien
Die DOC Cinque Terre erzeugt nur Weißweine und liegt in der Region Ligurien. Das ganze Gebiet mit seiner besonderen Küstenlandschaft und den steilen Weinbergen wurde von der UNESCO zum Weltkulturerbe erhoben.

Weinland Italien [Fragen]

[24] Soave ist einer der bekanntesten Weißweine Italiens. Der Wein kommt aus ...?
(1) Dem Trentino
(2) Der Toskana
(3) Dem Veneto
(4) Friaul-Julisch-Venetien

[25] Das Barbaresco-Gebiet ist kleiner als die benachbarte Anbauzone des Barolo. Wie viele Gemeinden gehören zu Barbaresco?
(1) Es sind rund 10 Gemeinden
(2) Alle Gemeinden im Bereich der Langhe
(3) Nur die Gemeinde Barbaresco
(4) Nur 3 Gemeinden

[26] Mit dem Jahre 1966 wurden die ersten italienischen DOC-Weine geschaffen. Welcher Wein erhielt als erster diese Anerkennung?
(1) Vernaccia di San Gimignano
(2) Barbaresco
(3) Brunello di Montalcino
(4) Chianti Classico

[27] Vino Passito kann eine Köstlichkeit unter Italiens Weinen sein. Was bedeutet die Bezeichnung Passito?
(1) Schaumweine nach der klassischen Methode
(2) Süßwein aus angetrockneten bzw. edelfaulen Trauben
(3) Bergwein aus besonderen Steillagen
(4) Likörwein mit zugesetztem Alkohol

[28] Zu welchem italienischen Wein passt die Bezeichnung Amarone?
(1) Zu Valtellina
(2) Zu Barolo
(3) Zu Valpolicella
(4) Zu Brunello

[29] Der Rotwein Carmignano kann auf eine 300-jährige Geschichte blicken. Er kommt ...?
(1) Aus Umbrien
(2) Aus Piemont
(3) Aus der Emilia-Romagna
(4) Aus der Toskana

Weinland Italien [Antworten]

[24] Dem Veneto
Soave ist, zumindest dem Namen nach, fast gleich bekannt wie Chianti. Die Anbauzone liegt rund um die gleichnamige Stadt in der Region Venetien. Die Weine mit dem Zusatz „Superiore" und der süße Recioto di Soave haben eine DOCG-Anerkennung. Die wichtigste Rebsorte ist Garganega.

[25] Nur 3 Gemeinden
Das Anbaugebiet für Barbaresco umfasst nur 3 Gemeinden und ist somit deutlich kleiner als das Barolo-Gebiet. Beide Anbauzonen liegen im Bereich Langhe in Piemont. Die Bezeichnung „kleiner Bruder des Barolo" ist für den Barbaresco eher nach der Anbaufläche als nach der Qualität passend. Früher war es vielleicht einmal anders gewesen.

[26] Vernaccia di San Gimignano
Der erste italienische Wein mit dem Prädikat DOC war der Weißwein Vernaccia di San Gimignano in der Toskana. Seit dem Jahrgang 1993 ist er als DOCG-Wein anerkannt. Der Wein wird aus der gleichnamigen Rebsorte gekeltert. Ab 1966 ging es Schlag auf Schlag mit der Verleihung der DOC-Dekrete weiter.

[27] Süßwein aus angetrockneten bzw. edelfaulen Trauben
Ein Vino Passito ist (fast immer) ein Süßwein, der aus angetrockneten Trauben gekeltert wird. (appassito oder appassiere = welk bzw. verwelkt) Die Herstellung erfolgt ähnlich wie bei Strohweinen. Es können Weiß- oder Rotweine sein. Botrytisweine sind in Italien sehr selten.

[28] Zu Valpolicella
Amarone ist die besondere Qualität des Valpolicella in Venetien. Die Weine werden aus angetrockneten Beeren der Valpolicella-Trauben Corvina, Rondinella und Molinara gewonnen. Die Weine haben mindestens 14 Vol.-% Alkohol und sind sehr lagerfähig.

[29] Aus der Toskana
Carmignano kommt aus einer kleinen Anbauzone nordwestlich von Florenz in der Toskana. Der Wein hat DOCG-Anerkennung und wird hauptsächlich aus Sangiovese gekeltert. Die Besonderheit ist jedoch, dass der Wein schon seit dem 18. Jahrhundert Anteile von Cabernet Franc und/oder Cabernet Sauvignon in der Cuvée hat.

Weinland Italien [Fragen]

[30] Barolo ist einer der bekanntesten Weine Italiens. Wie groß ist etwa die Anbauzone für den Wein?
(1) Sie umfasst etwa 10 Gemeinden
(2) Nur 3 Gemeinden gehören zur Barolo-Zone
(3) Sie umfasst mehr als 20 Gemeinden
(4) Sie umfasst den gesamten Bereich der Langhe

[31] In welcher italienischen Weinbauregion liegt das Gebiet Roero?
(1) In der Lombardei
(2) In Piemont
(3) In der Toskana
(4) In der Emilia-Romagna

[32] Die Geschmacksbezeichnungen bei italienischen Weinen sind nicht so genau nach Gramm geregelt. Am meisten Restsüße haben Weine in der Geschmacksrichtung ...?
(1) Abboccato
(2) Asciutto
(3) Amabile
(4) Amaro

[33] Der Rotwein Morellino di Scansano kommt aus der Region ...?
(1) Piemont
(2) Umbrien
(3) Marken
(4) Toskana

[34] Valpolicella ist zwar meistens trocken, aber es gibt ihn auch süß bzw. halbsüß. Die süße Variante trägt die Bezeichnung ...?
(1) Recioto della Valpolicella
(2) Recioto della Valpolicella Amarone
(3) Valpolicella Passito
(4) Valpolicella Dolce

[35] Aprilia ist in Italien ein klingender Name. In welcher Region liegt die Weinbauzone?
(1) In Friaul
(2) In Latium
(3) In Umbrien
(4) In der Emilia-Romagna

Weinland Italien [Antworten]

[30] Sie umfasst etwa 10 Gemeinden
Die Anbauzone des Barolo liegt in der Langhe und umfasst rund 10 Gemeinden mit ihren verschiedenen Fraktionen. Dies sind rund 1.300 Hektar Weinberge, durchwegs in Hanglagen. Eine der Gemeinden ist namensgebend für den Wein, der reinsortig aus Nebbiolo – in drei Spielarten – gewonnen wird. Die Weine haben seit 1981 DOCG-Status.

[31] In Piemont
Die Anbauzone Roero liegt in Piemont auf der Höhe der Langhe, aber am linken Ufer des Flusses Tanaro. Roero hat seit 2005 DOCG-Anerkennung für den Rosso, den weißen Arneis und einen Arneis-Spumante. Die Rotweine werden fast reinsortig aus Nebbiolo gekeltert.

[32] Amabile
Bei italienischen Weinen gibt es keine genauen Vorgaben in Gramm für die Geschmacksbezeichnungen wie im „germanischen" Weinrecht. „Amabile" bedeutet etwa halbsüß oder lieblich bzw. „mit angenehmer Restsüße". Somit hat „Amabile" unter den angeführten Bezeichnungen am meisten Restzucker.

[33] Toskana
Morellino di Scansano ist ein großartiger Rotwein aus der namensgebenden Gemeinde Scansano und einigen Nachbargemeinden in der Provinz Grosseto im Süden der Toskana. Er wird fast reinsortig aus der Rebsorte Sangiovese gewonnen, die hier auch als Morellino bekannt ist. Ab dem Jahrgang 2006 ist es ein DOCG-Wein.

[34] Recioto della Valpolicella
Der süße Valpolicella trägt die Bezeichnung Recioto della Valpolicella auf dem Etikett. Der süße Wein ist kellertechnisch die Vorstufe des Amarone, bei dem die alkoholische Gärung gestoppt wird. Für Amarone werden die Valpolicella-Trauben angetrocknet, um ein höheres Mostgewicht zu erlangen.

[35] In Latium
Die Anbauzone Aprilia liegt in der Region Latium, südlich von Rom. Unter der DOC Aprilia können drei Weine gewonnen werden: Trebbiano als einziger Weißwein sowie Sangiovese und Merlot. Die drei Weine sind fast reinsortig.

[36] In welcher italienischen Weinbauregion liegt die Anbauzone Collio Goriziano?
(1) In Venetien
(2) In Friaul-Julisch-Venetien
(3) In der Lombardei
(4) In der Emilia-Romagna

[37] Die gesamtitalienische „Enoteca Italiana" liegt in ...?
(1) Verona
(2) Rom
(3) Florenz
(4) Siena

[38] Carso ist eine Anbauzone für Rot- und Weißweine. In welcher Region liegt das Gebiet?
(1) In Friaul
(2) In der Lombardei
(3) In Ligurien
(4) In Latium

[39] Die Weine unter dem Namen Bardolino sind Cuvées und werden aus drei oder mehr Sorten gewonnen. Die wichtigste Rebsorte ist ...?
(1) Cannonau
(2) Calabrese
(3) Corvina
(4) Croatina

[40] Ein bekannter italienischer DOCG-Wein wird überwiegend aus der Cortese-Traube gewonnen. Welcher ist es?
(1) Carso
(2) Galestro
(3) Gavi
(4) Corvo

[41] Früher kannte man Chianti-Weine vor allem in einer mit Bast umflochtenen Flasche, mit einem besonderen Namen. Die traditionelle Flasche nennt sich ...?
(1) Fluta
(2) Bota
(3) Caraffa
(4) Fiasco

Weinland Italien [Antworten]

[36] In Friaul-Julisch-Venetien
Colli Goriziano ist die korrekte Bezeichnung für die Anbauzone „Collio" in der Region Friaul-Julisch-Venetien. Die „Hügel von Görz" sind für den Weinbau gleich hochwertig wie die Colli Orientali, ebeso nördlich gelegen.

[37] Siena
Die Enoteca Italiana liegt in der Stadt Siena in der Toskana. Es sind dort alle 20 Regionen vertreten, allerdings sehr unterschiedlich stark. Das sehenswerte Gebäude ist in die historischen Stadtmauern integriert und auf jeden Fall einen Besuch wert.

[38] In Friaul
Die Anbauzone Carso liegt in Friaul-Julisch-Venetien in der Provinz Triest. „Carso", der so genannte Karst, hat teilweise „Terra Rossa" – rote Erde – in seinen Weinbergen und ist ein wichtiger Rotweinproduzent der Region. Terrano und Refosco sind bedeutende Rotweinsorten.

[39] Corvina
Die Anbauzone für den Bardolino liegt am Ostufer des Gardasees. Die rote Sorte Corvina ist die wichtigste und qualitativ hochwertigste Rebsorte für den Rotwein aus der Region Venetien. Die Qualitäten mit dem Zusatz „Superiore" haben inzwischen eine Anerkennung als DOCG-Weine.

[40] Gavi
Es ist der weiße DOCG-Wein Gavi aus dem Piemont, der reinsortig aus der Sorte Cortese gewonnen wird. Die Anbauzone liegt rund um die Stadt Gavi in der Provinz Alessandria. Eine weitere Bezeichnung für den Wein ist Cortese di Gavi.

[41] Fiasco
Die traditionell mit Bast umflochtene Chianti-Flasche trägt den Namen Fiasco. Als Chianti im 20. Jahrhundert zum Massenwein wurde, war diese Flaschenform weit verbreitet. Heute findet man sie allerdings nur mehr selten. Die Qualitätsweine werden fast ausschließlich in Bordeaux-Flaschen abgefüllt.

Weinland Italien [Fragen]

[42] Aus welcher Region Italiens kommt der Rotwein Gattinara?
(1) Aus dem Piemont
(2) Aus Kampanien
(3) Aus dem Aostatal
(4) Aus der Lombardei

[43] Falerner gehörte zu den berühmtesten Weinen im alten Rom. In welcher heutigen Region liegt sein Anbaugebiet?
(1) Latium
(2) Apulien
(3) Kampanien
(4) Kalabrien

[44] Montefalco Sagrantino ist ein seltener italienischer Rot-wein und kommt aus ...?
(1) Sizilien
(2) Umbrien
(3) Toskana
(4) Apulien

[45] Wo in Italien ist das Anbaugebiet für den DOC-Wein Bianco di Custoza?
(1) Im Trentino
(2) In Umbrien
(3) In der Lombardei
(4) In Venetien

[46] In einer autonomen Region Italiens werden Weine nicht nur in italienischer, sondern auch in französischer Sprache bezeichnet. Dies ist ...?
(1) In der Region Aosta
(2) In Piemont
(3) In Friaul-Julisch-Venetien
(4) In Ligurien

[47] Breganze ist eine kleine, aber feine Weinbauzone in Italien. In welcher Region liegt die DOC Breganze?
(1) Im Trentino
(2) In Venetien
(3) In Friaul
(4) In der Lombardei

Weinland Italien [Antworten]

[42] Aus dem Piemont
Gattinara ist ein DOCG-Wein aus dem Norden Piemonts. Der kräftige Rotwein wird fast reinsortig aus der Sorte Nebbiolo (hier als Spanna bekannt) gekeltert. Die Anbauzone für den Wein liegt nahe der gleichnamigen Stadt in der Provinz Vercelli.

[43] Kampanien
Vom 1. bis zum 4. Jahrhundert n.Chr. galt Falerner als der „Wein der Cäsaren". Die heutige DOC lautet Falerno des Massico und liegt in der Region Kampanien, nordwestlich von Neapel. Der Bianco wird aus Falanghina gekeltert und ist praktisch der Nachfolger des antiken Falerners. Ein Rosso wird überwiegend aus Aglianico gewonnen.

[44] Umbrien
Montefalco Sagrantino kommt aus der Provinz Perugia in Umbrien. Der DOCG-Wein wird aus der seltenen roten Rebsorte Sagrantino gekeltert. Der trockene Wein hat mindestens 13 Vol.–% Alkohol und braucht auf jeden Fall eine Reifezeit vor dem Genuss. Eine süße Variante wird aus rosinierten Beeren gewonnen.

[45] In Venetien
Die Anbauzone für den Weißwein Bianco di Custoza liegt in Venetien, genauer gesagt am Südostufer des Gardasees. Er ist einer der typischen Gardasee-Sommerweine. Die Anbauzone deckt sich teilweise mit der des Bardolino.

[46] In der Region Aosta
Aosta ist eine autonome Region, in der italienisch und französisch gesprochen wird, und somit können die Etiketten der Weine auch französische Bezeichnungen tragen. Aosta ist die nordwestlichste italienische Region und hat gleichzeitig die kleinste Weinbaufläche. Weinbau existiert hier allerdings schon seit der Römerzeit.

[47] In Venetien
Die Anbauzone der Breganze-Weine liegt in der gleichnamigen Gemeinde und einigen Nachbargemeinden in der Provinz Vicenza, der Region Venetien. Es ist ein hügeliges Gebiet nordöstlich von Soave. Unter der DOC kommen beachtenswerte Weiß- und Rotweine hervor. Eine Spezialität ist der Torcolato, ein lieblicher bis süßer Weißwein aus angetrockneten Trauben.

[48] Was versteht man in Italien unter einem Cerasuolo?
(1) Einen sardischen Rotwein
(2) Einen Obstwein
(3) Einen Roséwein
(4) Einen Süßwein

[49] Cirò klingt nach Süditalien. Aber aus welcher Region kommen die Cirò-Weine?
(1) Aus Sardinien
(2) Aus Sizilien
(3) Aus Apulien
(4) Aus Kalabrien

[50] Calabrese ist das Synonym für eine wichtige Rotweinsorte auf Sizilien. Für welche?
(1) Für Negroamaro
(2) Für Pignatello
(3) Für Nero d'Avola
(4) Für Aglianico

[51] Ein italienischer Rotwein aus der Nebbiolo-Traube ist Donnas (Donnaz). Der Wein kommt ...?
(1) Aus Ligurien
(2) Aus dem Aostatal
(3) Aus Piemont
(4) Aus der Lombardei

[52] Wie werden die erlaubten Erntemengen pro Hektar bei DOC-Weinen im italienischen Weingesetz angegeben?
(1) In „z" (Zentner)
(2) In „dz" (Doppelzentner)
(3) In hl fertigem Wein
(4) In Tonnen pro Hektar

[53] Ein italienischer Wein trägt die Bezeichnung „Est! Est!! Est!!!". Er kommt aus der Region ...?
(1) Kampanien
(2) den Marken
(3) Umbrien
(4) Latium

Weinland Italien [Antworten]

[48] Einen Roséwein
Ein Cerasuolo ist ein „kirschrosafarbiger" Roséwein. Die Bezeichnung wird teilweise in Verbindung mit einer DOC- oder DOCG-Bezeichnung verwendet. So zum Beispiel für die DOC Montepulciano d'Abruzzo in der Region Abruzzen oder den DOCG Cerasuolo di Vittoria auf Sizilien.

[49] Aus Kalabrien
Cirò ist eine Anbauzone für Rot- und Weißweine in Kalabrien. Die Weingärten befinden sich rund um Cirò und Cirò Marina. Die Rotweine werden überwiegend aus Gaglioppo und die Weißweine aus Greco Bianco gekeltert. Nach einer Legende wurden die Weine des Gebietes in der Antike den Olympia-Siegern kredenzt.

[50] Für Nero d'Avola
Calabrese ist in Sizilien die gängige Bezeichnung für die Sorte Nero d'Avola. Der Name „Calabrese" weist darauf hin, dass die Sorte ihren Ursprung in Kalabrien haben könnte. Die Rebsorte ist in vielen der neuen Top-Weine Siziliens enthalten und bietet den nichttraditionellen Reben Paroli.

[51] Aus dem Aostatal
Donnas kommt aus der autonomen Region Aosta. Der Ort am Eingang des Aostatales gibt dem Rotwein den Namen. Die Region kennt nur die eine DOC-Bezeichnung Valle d'Aosta (Vallée d'Aosta) mit einer Reihe von Zusätzen wie „Donnaz" oder einer Rebsorte.

[52] In „dz" (Doppelzentner)
Die erlaubten Höchsterträge pro Hektar werden in Italien in Doppelzentnern (dz/Hektar) angegeben. Ein Doppelzentner entspricht 100 kg. Die erlaubten Mengen sind von Wein zu Wein sehr unterschiedlich und oft zu großzügig.

[53] Latium
„Est! Est!! Est!!!" ist ein Weißwein und kommt aus der Region Latium. Die Anbauzone liegt rund um die Stadt Montefiascone am Bolsena-See, im nördlichsten Eck der Region. Über die Entstehung des Namens gibt es mehrere (sehr unterschiedliche) Legenden. Die Weine werden aus Spielarten der Sorten Trebbiano und Malvasia gewonnen.

[54] Eine kleine italienische Region liegt zwischen der Stiefelspitze und dem Stiefelabsatz Italiens. Es ist ...?
(1) Basilicata
(2) Molise
(3) Kalabrien
(4) Apulien

[55] Bei welchem italienischen DOCG-Wein findet man die Zusatzbezeichnung „Sforzato"?
(1) Bei Taurasi Riserva
(2) Bei Valtellina Superiore
(3) Bei Bardolino Superiore
(4) Bei Torgiano Rosso Riserva

[56] Was ist das Besondere bei einem Vino Liquoroso?
(1) Er kommt nur aus der Toskana oder aus Umbrien
(2) Er hat mindestens 22,5 Vol.–% Alkohol
(3) Er ist immer aufgespritet und kann süß oder trocken sein
(4) Er ist immer ein Süßwein

[57] Das Image der Lambrusco-Weine ist – oft zu Unrecht – nicht immer am besten. In welcher Region ist die Heimat der Lambrusci?
(1) In den Marken
(2) In Friaul-Julisch-Venetien
(3) Im Veneto
(4) In der Emilia

[58] Marsala ist noch immer einer der bekanntesten Weine Siziliens. Einer der nachstehenden Typen gilt als hochwertig und ist immer trocken. Es ist ...?
(1) Marsala Vergine
(2) Marsala Tradizionale
(3) Marsala Superiore
(4) Marsala all' Uovo

Weinland Italien [Antworten]

[54] Basilicata
Zwischen dem „Stiefelabsatz" Apulien und der „Stiefelspitze" liegt die kleine, gebirgige Region Basilicata. Der Weinbau hat hier wenig Bedeutung, weil sich dafür nur ein kleiner Teil der Landschaft eignet. Aglianico del Vulture ist die einzige DOC-Zone der gesamten Region.

[55] Bei Valtellina Superiore
Den Zusatz Sforzato oder Sfursàt können die DOCG-Weine Valtellina tragen. Solche Weine werden aus angetrockneten Trauben gewonnen und ähnlich wie ein Amarone langsam vergoren. Die Anbauzone liegt im Valtellina-Tal in der Provinz Sondrio im Norden der Lombardei.

[56] Er ist immer aufgespritet und kann süß oder trocken sein
Ein Vino Liquoroso ist ein Wein, der immer mit fremdem Alkohol verstärkt wird. Er ist oft süß und likörartig. Die trockenen Varianten sind eher sherryartig. Vini Liquorosi werden in Italien in vielen Regionen neben den Standard-Weinen gewonnen. Die besondere Herstellung wird auf dem Etikett angeführt.

[57] In der Emilia
Lambrusco - in seinen unterschiedlichsten Qualitäten – kommt aus der Emilia. Emilia ist der westliche Teil der Region Emilia-Romagna. Die Weine werden aus verschiedenen Spielarten der Lambrusco-Traube gewonnen und können als Stillweine, Perlweine oder Schaumweine auf den Markt kommen.

[58] Marsala Vergine
Nicht alle angebotenen Marsala-Weine sind Qualitätsweine mit DOC-Status. Zu viele verschiedene Zusätze wurden schon zur Aromatisierung darunter gemischt. Marsala Vergine gilt als hohe Qualität und ist immer trocken, also „secco".

Weinland Italien [Fragen]

[59] Montalcino wird in erster Linie mit Brunello in Verbindung gebracht, aber auch ein Weißwein mit DOC-Status verdient Anerkennung. Es ist ...?
(1) Der Vermentino
(2) Der Moscadello
(3) Der Vernaccia
(4) Der Trebbiano

[60] In der Lombardei wird eine Rebsorte als Chiavennasca bezeichnet. Bekannter ist die Sorte in einer Nachbarregion als ...?
(1) Dolcetto
(2) Barbera
(3) Nebbiolo
(4) Bonarda

[61] Valpolicella wird in der Regel aus drei Rebsorten gekeltert. Die Hauptsorte für den Wein ist ...?
(1) Marzemino
(2) Barbera
(3) Croatina
(4) Corvina

[62] Welcher der nachstehenden italienischen Weine hat nach dem Weingesetz die kürzeste vorgeschriebene Reifezeit?
(1) Südtiroler Cabernet Riserva
(2) Gattinara
(3) Carema
(4) Ghemme

[63] Verdicchio dei Castelli di Jesi wird oft in einer amphorenähnlichen Flasche abgefüllt. Aus welcher Region Italiens kommt er?
(1) Aus der Region Abruzzen
(2) Aus den Marken
(3) Aus Kampanien
(4) Aus der Emilia-Romagna

[64] Die italienische Weinbezeichnung „Abboccato" bedeutet ...?
(1) Aromatisch
(2) Halbsüß bzw. lieblich
(3) Typisch (für die Region)
(4) Halbtrocken

Weinland Italien [Antworten]

[59] Der Moscadello
Rund um die Stadt Montalcino, in der Anbauzone des berühmten Brunello, wachsen auch die Trauben für den weißen DOC-Wein Moscadello di Montalcino. Es ist ein aromatischer Süßwein und kann auch als Vendemmia Tardiva (Spätlese) sowie als Frizzante auf den Markt kommen.

[60] Nebbiolo
Chiavennasca ist im Valtellina das regionale Synonym für die Sorte Nebbiolo in Piemont. Chiavennasca hat ihren Namen wohl von der kleinen Stadt Chiavenna im Nordwesten des Tales, es bedeutet aber auch soviel wie „die hier wächst".

[61] Corvina
Valpolicella ist einer der bekanntesten Rotweine Italiens. Die große Anbauzone liegt in Venetien. Corvina ist die wichtigste und qualitätsbestimmende Traube in den verschiedenen Valpolicella-Qualitäten. Die weiteren Sorten sind Rondinella und Molinara.

[62] Südtiroler Cabernet Riserva
Riserva steht bei italienischen Weinen üblicherweise für eine längere Reifezeit beim Produzenten. Südtiroler Cabernet ist jedoch schon früh trinkbar und hat daher auch als „Riserva" nur eine vorgeschriebene Lagerzeit von 2 Jahren. Die übrigen 3 Weine hingegen müssen jeweils mindestens 3 und als „Riserva" 4 Jahre beim Produzenten lagern.

[63] Aus den Marken
Verdicchio dei Castelli di Jesi ist ein Weißwein. Er wird aus einer regionalen Spielart der Verdicchio-Trauben gekeltert und kommt aus der Region Marken. Der größte Produzent füllt seinen Wein schon seit Jahrzehnten in eine amphorenartige Flasche ab und machte den Wein so in ganz Europa bekannt. Schon die Griechen hatten den Wein angebaut und in Amphoren abtransportiert.

[64] Halbtrocken
Abboccato bedeutet bei italienischen Weinen soviel wie halbtrocken bzw. wörtlich „mundfüllend". In Italien sind die Geschmacksbezeichnungen jedoch nicht so genau nach Gramm/Zucker pro Liter geregelt wie in Deutschland oder Österreich. Einige Weine sehen jedoch in ihrem Statut einen Ausbau als „Abboccato" vor.

Weinland Italien [Fragen]

[65] Aus welcher italienischen Region kommt der Rotwein Aglianico del Vulture?
(1) Aus Kalabrien
(2) Aus Apulien
(3) Aus Sizilien
(4) Aus Basilicata

[66] Die Anbauzone Aquileia erhielt ihren Namen von den Römern und liegt in der Region ...?
(1) Friaul
(2) Venetien
(3) Emilia-Romagna
(4) Latium

[67] Arneis ist eine alte italienische Weißweinsorte, die erst in den letzten Jahrzehnten wieder entdeckt wurde. In welcher Weinbauregion?
(1) In Friaul
(2) In Piemont
(3) In Ligurien
(4) In Venetien

[68] Aus welcher italienischen Weinbauregion kommt der Bardolino?
(1) Aus dem Trentino
(2) Aus der Lombardei
(3) Aus Venetien
(4) Aus Friaul

[69] In einer Anbauzone haben die Weine aus der Vermentino-Traube eine DOCG-Anerkennung. Es ist ...?
(1) In Bolgheri
(2) Im Cilento
(3) In Colle di Lune
(4) In Gallura

[70] Was versteht man in Italien in Zusammenhang mit Wein unter einem Barile?
(1) Eine Rotweinbezeichnung
(2) Ein kleines Holzfass
(3) Einen italienischen Aperitif
(4) Ein Kelterhaus im Weingarten

Weinland Italien [Antworten]

[65] Aus Basilicata
Der DOC-Wein Aglianico del Vulture kommt aus einem ehemals vulkanischen Gebiet in der Provinz Potenza, in der Region Basilicata. Die kleine Region liegt zwischen dem „Absatz" und der „Stiefelspitze" der italienischen Halbinsel. Es ist der einzige DOC-Wein der gesamten Region und wird aus der roten Rebsorte Aglianico gewonnen.

[66] Friaul
Aquileia ist eine der Anbauzonen von Friaul-Julisch-Venetien. Das Gebiet erstreckt sich über etliche Gemeinden rund um die namensgebende Stadt, die vor mehr als 2.000 Jahren von den Römern gegründet wurde. Unter der DOC werden verschiedene Weiß-, Rosé- und Rotweine gewonnen.

[67] In Piemont
Arneis ist eine bodenständige Weißweinsorte aus den Roero-Bergen in Piemont, wo sie wieder sehr erfolgreich angebaut wird. Das Gebiet Roero hat seit 2005 eine Anerkennung als DOCG-Wein für „Arneis", „Spumante" und „Rosso".

[68] Aus Venetien
Bardolino ist ein Rotwein aus Venetien. Die Anbauzone liegt am Ostufer des Gardasees. Das Zentrum ist die gleichnamige historische Stadt. Der Rotwein besteht hauptsächlich aus den Sorten Corvina, Rondinella und Molinara. Die Qualitäten „Superiore" haben seit 2001 eine DOCG-Anerkennung.

[69] In Gallura
Vermentino ist eine Weißweintraube, aus der charaktervolle und leicht aromatische Weine gekeltert werden. Als Vermentino di Gallura hat sie in Sardinien eine DOCG-Anerkennung. Die Anbauzone liegt im Norden der Insel, und es ist der erste DOCG-Wein der Region. Als Vermentino di Sardegna wird der Wein auf der gesamten Insel als DOC-Wein produziert.

[70] Ein kleines Holzfass
Barile ist eine italienische Bezeichnung für ein kleines Holzfass. Der Ausdruck kann auch für ein Barrique verwendet werden. Ein genauer Fassinhalt ist für das Barile nicht vorgegeben.

[71] Eine dieser Städte gilt als „Hauptstadt" der Wermut-Weine. Es ist ...?
(1) Turin
(2) Modena
(3) Mailand
(4) Florenz

[72] Die DOC-Biferno ist in Italien nicht sehr bekannt. In welcher Region liegt die Anbauzone?
(1) In der Basilicata
(2) In Apulien
(3) In Molise
(4) In den Abruzzen

[73] Welche Rebsorte bringt man in Verbindung mit dem piemontesischen Ort Caluso?
(1) Brachetto
(2) Arneis
(3) Favorita
(4) Erbaluce

[74] Hinter dem großen Brunello steht der Name eines Weinpioniers, der als „Erfinder" des Weines gilt. Er kam aus dem Weingut ...?
(1) Biondi Santi
(2) Barone Ricasoli
(3) Villa Antinori
(4) Marchesi Frescobaldi

[75] Welcher adelige Herr hat vor mehr als 150 Jahren die Cuvée für Chianti-Weine kreiert, die teilweise noch heute angewandt wird?
(1) Frescobaldi
(2) Ricasoli
(3) Antinori
(4) Venerosi

Weinland Italien [Antworten]

[71] Turin
Schon die Griechen und Römer aromatisierten ihre Weine mit Kräutern. Aber Wermut (Vermouth), wie wir ihn heute kennen, entstand Ende des 18. Jahrhunderts in Piemont im Likörgeschäft des Herrn Carpano. Turin ist die „Hauptstadt" des italienischen Wermuts. In und um Turin haben die weltbekannten Produzenten ihren Sitz.

[72] In Molise
Die DOC-Biferno liegt in der Region Molise an der südadriatischen Küste. An die kleine Region schließt im Norden die Region Abruzzen und im Süden Apulien an. Unter der DOC-Biferno können die Weinarten Bianco, Rosato und Rosso produziert werden. Die wichtigsten Sorten sind Montepulciano (rot) und Trebbiano (weiß).

[73] Erbaluce
In etwa 30 Gemeinden rund um Caluso im Norden Piemonts wird die bodenständige Weißweinrebe Erbaluce angebaut. Aus ihr werden trockene und süße Weine sowie Spumante gewonnen. Besonderes Ansehen genießt der aus angetrockneten Trauben gewonnene Passito, eine Art Strohwein mit sehr langer Reifung beim Produzenten.

[74] Biondi Santi
Es war Herr Santi, ein Vorfahre des Weingutes Biondi Santi, der als „Erfinder" des Brunello di Montalcino gilt. Immerhin galt es in der Toskana im 19. Jahrhundert als etwas völlig Neues, einen reinsortigen Rotwein zu keltern. Er selektionierte dafür Sangiovese-Klone mit besonders dickschaligen Beeren, die heute als Sangiovese Grosso oder Brunello-Trauben bekannt sind. Der erste Brunello-Jahrgang war 1888.

[75] Ricasoli
Es war Baron Ricasoli, der um 1850 ein „allgemein gültiges Rezept" für den Chianti schuf. In den Jahrzehnten danach gab es kleine Veränderungen. Seit einigen Jahren sind jedoch andere Cuvées bei Chianti üblich. Sangiovese bleibt aber noch immer die Hauptsorte.

Weinland Italien [Fragen]

[76] Wie lange muss Barolo, ohne den Zusatz „Riserva", beim Erzeuger lagern, bevor er verkauft werden kann?
(1) 2 Jahre
(2) 3 Jahre
(3) 4 Jahre
(4) 5 Jahre

[77] Was versteht man unter einem Barolo Chinato?
(1) Ein großes jährliches Weinfest im Schloss Barolo
(2) Einen Barolo-Grappa mit Kräutern
(3) Eine besondere Lage in Serralunga
(4) Einen aromatisierten Wein auf der Basis von Barolo

[78] Der junge italienische Wein des jeweiligen Erntejahrs trägt die offizielle Bezeichnung ...?
(1) Vino Novello
(2) Vino Primus
(3) Vino Fresco
(4) Vino Primato

[79] Wo in Italien ist die Rebsorte Dolcetto besonders stark verbreitet?
(1) In der Emilia-Romagna
(2) Im Piemont
(3) In der Toskana
(4) In Umbrien

[80] Der weiße Riesling bzw. Rheinriesling ist seit Mitte des 19. Jahrhunderts in einigen italienischen Regionen heimisch und er trägt den Namen ...?
(1) Riesling Isarco
(2) Riesling Bianco
(3) Riesling Renano
(4) Riesling Allemania

[81] Die italienische Bezeichnung für Vernatsch lautet ...?
(1) Schiavenna
(2) Tirollingo
(3) Vernaccia Adige
(4) Schiava

Weinland Italien [Antworten]

[76] 3 Jahre
Barolo hat eine vorgeschriebene Mindestlagerzeit von 3 Jahren. Riserva-Weine lagern mindestens 5 Jahre. Die langen Reifezeiten sind notwendig, damit die Weine ihre erste Trinkreife erlangen. Die klassischen Qualitäten brauchen trotzdem deutlich länger.

[77] Einen aromatisierten Wein auf der Basis von Barolo
Barolo Chinato ist ein klassisch hergestellter Barolo, der mit Chinarinde und Kräutern nach einem alten Rezept gewürzt wird. Er ist wieder vermehrt nachgefragt und wird sowohl als Aperitif als auch aus Digestif eingesetzt.

[78] Vino Novello
Der junge Wein, der ab November im Jahr der Ernte angeboten wird, ist der Vino Novello. Die meisten dieser Weine sind als IGT = Landweine im Handel. Mit DOC-Status kann aber zum Beispiel Bardolino Novello auf den Markt kommen.

[79] Im Piemont
Die Rotweinsorte Dolcetto ist eine der wichtigsten Keltertrauben in Piemont. Als DOC-Wein kommt Dolcetto mit insgesamt 7 verschiedenen geografischen Zusatzbezeichnungen auf den Markt. So zum Beispiel: Dolcetto d'Alba, Dolcetto d'Asti u.s.w.

[80] Riesling Renano
Der weiße Riesling bzw. Rheinriesling ist in Italien als Riesling Renano bekannt. Er wird fast nur in den nördlichen Regionen angebaut, die historisch einmal zur K & K-Monarchie gehörten.

[81] Schiava
Die Vernatschtraube heißt auf Italienisch Schiava. Sie wird praktisch nur in den Provinzen Bozen und Trient, also in Südtirol-Trentino angebaut. Es gibt sie als Großvernatsch = Schiava Grosso, Edelvernatsch = Schiava Gentile, Grauvernatsch = Schiava Grigio und noch anderen Spielarten.

Weinland Italien [Fragen]

[82] Was versteht man in Südtirol bei der Weinherstellung unter dem Kretzern?
(1) Das Anreichern der Maische mit eingetrockneten Beeren
(2) Das „Seihen" der Rotweinmaische für eine Rosé-Herstellung
(3) Das Einmaischen der Trauben mit alten Holzstößeln
(4) Das Aufgießen der Maische bei der Grappa-Produktion

[83] Ein bekannter Weinfluss trennt die Anbauzonen Roero und Langhe im Piemont. Es ist ...?
(1) Der Tanaro
(2) Der Tiber
(3) Der Po
(4) Die Adige

[84] Rufina wird oft mit einem großen Weinproduzenten ähnlichen Namens verwechselt. Wo in Italien liegt die Anbauzone Rufina?
(1) In Friaul
(2) Im Trentino
(3) In der Toskana
(4) In Piemont

[85] Wie hoch muss oder darf der Anteil an weißen Trauben – nach neuesten Bestimmungen – bei Chianti Classico sein?
(1) 5 – 10 %
(2) 2 – 10 %
(3) 2 – 5 %
(4) 0 %

[86] Barolo wird nur aus Nebbiolo-Trauben gekeltert, aber es gibt davon verschiedene Spielarten. Welche sind zugelassen?
(1) Lampia, Michet
(2) Chiavennasca, Spanna
(3) Nera, Piccolo
(4) Grosso, Rosé

[87] Woher kommen die Weine der DOC Etschtaler?
(1) Aus Südtirol und Trentino
(2) Nur aus dem Trentiner Teil des Etschtales
(3) Aus Südtirol, Trentino und Venetien
(4) Nur aus Südtirol

Weinland Italien [Antworten]

[82] Das „Seihen" der Rotweinmaische für eine Rosé-Herstellung
Das Kretzern ist das Abseihen der Maische mit einem Weidensieb zur Gewinnung von Seihmost. Daraus werden (wurden) die Kretzer-Weine gewonnen. Das Verfahren ist allerdings nicht mehr üblich, einen Rosewein unter dem Namen Kretzer gibt es aber noch immer. Die bekannteste Art ist der Lagrein-Kretzer.

[83] Der Tanaro
Die Piemonteser Weinbaugebiete Roero und Langhe werden durch den Fluss Tanaro getrennt. Auf beiden Seiten gibt es bekannte Weine. Aus der Langhe kommen unter anderem Barolo und Barbaresco. Auf der anderen Fluss-Seite ist die Anbauzone für die DOCG Roero mit einem Rosso, dem Arneis und einem Spumante.

[84] In der Toskana
Rufina ist eine der 8 Anbauzonen für Chianti-DOCG. Der Bereich liegt im Nordosten der Toskana und höher als alle anderen Chianti-Zonen. Dies bewirkt eine längere Vegetationsperiode der Trauben und eine gute Lagerfähigkeit der Weine.

[85] 0 %
Chianti Classico darf in den neuen Jahrgängen keine weißen Trauben (Trebbiano und/oder Malvasia) mehr in der Cuvée haben. Er muss zudem zu mindestens 80 % aus Sangiovese gekeltert werden, kann aber auch reinsortig sein.

[86] Lampia, Michet
In den Weinbergen des Barolo-Gebietes stehen traditionellerweise die drei Spielarten Michet, Lampia und Rosé für die Gewinnung der berühmten Barolo-Weine. Rosé hat dabei wegen seiner blassen Farbe am wenigsten Bedeutung.

[87] Aus Südtirol, Trentino und Venetien
Das DOC-Gebiet Eschtaler erstreckt sich über die drei Provinzen Bozen, Trient und Verona in den Regionen Südtirol-Trentino und Venetien. Die italienische Bezeichnung für die DOC lautet „Valdadige" und ist bekannter als die deutsche. Unter dem deutschen oder italienischen Namen können verschiedene Weiß- und Rotweine abgefüllt werden.

Weinland Italien [Fragen]

[88] Die Anbauzone Franciacorta wird gerne als die „Champagne Italiens" bezeichnet. Das Gebiet findet man ...?
(1) In Venetien
(2) In der Lombardei
(3) In Friaul
(4) Im Piemont

[89] Weil die Trauben nur sehr wenig Ertrag bringen, ist der daraus gekelterte Süßwein aus Friaul selten und teuer. Wie heißt die Traube?
(1) Ribolla
(2) Tocai
(3) Vermentino
(4) Picolit

[90] Prosecco kennt man vor allem als schäumenden Wein, aber wie heißt er als Stillwein?
(1) Tranquillo
(2) Naturale
(3) Silentio
(4) Savuto

[91] Chianti hat insgesamt acht verschiedene Anbauzonen. Welche dieser Zonen oder Gebiete gehört nicht in die Toskana?
(1) Colli Senesi
(2) Colli Euganei
(3) Colli Aretini
(4) Colli Fiorentini

[92] Corvo ist eine sehr erfolgreiche italienische Weinserie, die als IGT (Landweine) auf den Markt kommt. Erzeugt werden die Weine ...?
(1) In Sizilien
(2) In den Abruzzen
(3) In Friaul-Julisch-Venetien
(4) In der Basilikata

[93] Valpolicella ist als italienischer Rotwein sehr bekannt. Er kommt aus der Region ...?
(1) Trentino-Alto Adige
(2) Friaul
(3) Lombardei
(4) Venetien

Weinland Italien [Antworten]

[88] In der Lombardei
Das Gebiet Franciacorta liegt in der Provinz Brescia in der Lombardei und grenzt an das Südufer des Iseo-Sees. Die Zone umfasst ein Gebiet von 23 Gemeinden mit etwa 1.000 Hektar Weingärten und ist besonders bekannt für seine Schaumweine.

[89] Picolit
Die Picolit-Traube neigt sehr stark zum Verrieseln und hat daher nur geringe Erträge, dafür aber mit hohen Mostgewichten. Der süße Wein hat in der Region Friaul nur im Colli Orientali und Collio einen DOC-Status. Der zweite bekannte Süßwein der Region ist DOCG Ramandolo und hat inzwischen von Picolit den führenden Rang übernommen.

[90] Tranquillo
Prosecco ist der Name der sehr erfolgreichen Traube, die in verschiedenen Teilen Venetiens angebaut wird. Daraus werden Perlweine, Schaumweine und stille Weine gewonnen. Die Stillweine werden als Tranquillo bezeichnet, was soviel wie „ruhig" oder „still" bedeutet.

[91] Colli Euganei
Rund um Chianti Classico liegen die Anbauzonen des Chianti: Colli Fiorentini, Rufina, Colli Arentini, Colli Senesi, Colline Pisane, Montespertoli und Montalbano. Die Colli Euganei – die Euganeischen Hügel – liegen nicht in der Toskana, sondern in der Region Venetien, südlich von Padua.

[92] In Sizilien
Corvo kommt aus dem Hause Duca di Salaparuta in Sizilien. Den Hauptanteil an der Produktion haben Corvo Rosso und Corvo Bianco. Das „Flaggschiff" der großen Kellerei ist der Rotwein Duca Enrico. Die Jahresproduktion beträgt mehr als 800.000 Kisten, und alle Weine kommen als IGT – als Landweine – in den Handel.

[93] Venetien
Valpolicella ist einer der bekanntesten Rotweine Italiens, und die Anbauzone liegt in der Region Venetien. Die verschiedenen Qualitäten sind: Valpolicella, Valpolicella Superiore, Recioto della Valpolicella, Recioto della Valpolicella Spumante und Amarone della Valpolicella.

Weinland Italien [Fragen]

[94] Italien ist einer der größten Weinproduzenten der Welt. Wie groß ist die Weinbaufläche Italiens?
(1) Zirka 400.000 Hektar
(2) Zirka 600.000 Hektar
(3) Zirka 900.000 Hektar
(4) Zirka 1.200.000 Hektar

[95] Welche Rebsorte bildet beim Torgiano Rosso den größten und qualitätsbestimmenden Anteil?
(1) Aglianico
(2) Sangiovese
(3) Cabernet Sauvignon
(4) Canaiolo Nero

[96] Welcher dieser Südtiroler Weine hat die geringsten erlaubten Hektarerträge?
(1) Der Goldmuskateller
(2) Der Cabernet Sauvignon
(3) Der Rosenmuskateller
(4) Der Gewürztraminer

[97] Eine dieser typischen italienischen Rebsorten bringt sehr aromatische, meist süße Rotweine. Es ist ...?
(1) Aglianico
(2) Gaglioppo
(3) Uva di Troia
(4) Aleatico

[98] Der süßliche Asti Spumante gibt das Aroma seiner Rebsorte deutlich wieder. Gewonnen werden die Weine aus ...?
(1) Moscato Bianco
(2) Malvasia Bianco
(3) Pinot Bianco
(4) Traminer Aromatico

[99] Cannonau ist eine Rotweinrebe, die in Sardinien stark verbreitet ist. Mit welcher französischen Sorte ist sie identisch?
(1) Mit Carignan
(2) Mit Grenache
(3) Mit Gamay
(4) Mit Cinsault

Weinland Italien [Antworten]

[94] Zirka 900.000 Hektar
Italiens Weinbaufläche betrug im Jahr 2000 ca. 900.000 Hektar, und auf dieser Fläche wurden etwa 52 Millionen Hektoliter Wein produziert. Das Land liegt somit zusammen mit Frankreich und Spanien an der Weltspitze sowohl bei der Produktion als auch bei der Größe.

[95] Sangiovese
Der DOC-Wein Torgiano Rosso ist einer der typischen Rotweine Umbriens und wird überwiegend aus der Sorte Sangiovese gekeltert. Torgiano Rosso Riserva hat eine DOCG-Anerkennung. Unter der Gebietsbezeichnung Torgiano können zusätzlich verschiedene sortenreine Weiß- und Rotweine gewonnen werden.

[96] Der Rosenmuskateller
Wie in Italien üblich, sind die erlaubten Hektarerträge für die vielen verschiedenen Weine sehr unterschiedlich und meistens sehr hoch. Der Rosenmuskateller hat mit 6.000 kg den geringsten erlaubten Hektarertrag aller Südtiroler Weine. Im Vergleich dazu dürfen von einigen anderen Trauben mehr als die doppelten Mengen geerntet werden.

[97] Aleatico
Vor allem in Apulien, aber auch in Latium und Teilen der Toskana wird die aromatische Rebsorte Aleatico angebaut. Sie hat eine gewisse Ähnlichkeit mit Moscato Nero, einer roten Muskatellerart. Bekannte Weine sind die DOC Aleatico di Puglia, in der gesamten Region Apulien sowie Aleatico di Gradoli im Norden von Latium.

[98] Moscato Bianco
Asti Spumante wird reinsortig aus der aromatischen Sorte Moscato Bianco gewonnen. Die Anbauzone für die DOCG Asti liegt in Piemont. Der aromatische süße „Muskatellerwein" hat die zwei Unterstufen „Asti Spumante" mit 7–9 Vol.–% und „Moscato d'Asti" mit nur etwa 5–6 Vol.–% Alkohol.

[99] Mit Grenache
Cannonau in Sardinien ist mit der Sorte Grenache Noir in Frankreich identisch. Die spanische Bezeichnung für die gleiche Traube ist Garnacha Tinta. Durch die starke Verbreitung in Frankreich und Spanien ist es die meist angebaute Rotweinsorte der Welt.

Weinland Italien [Fragen]

[100] Unter einer Cantina Sociale versteht man in Italien ...?
(1) Eine Kellerei des Vatikans
(2) Einen Gemeindekeller
(3) Eine Genossenschaftskellerei
(4) Eine Klosterkellerei

[101] Welcher bekannte italienische Rotwein kann aus den Gemeinden Neive und Treiso kommen?
(1) Der Barolo
(2) Der Barbaresco
(3) Der Carema
(4) Der Gattinara

[102] Die Anbauzone von einem dieser italienischen Weißweine erstreckt sich über 2 politische Regionen. Es ist ...?
(1) Orvieto
(2) Est! Est!! Est!!!
(3) Soave
(4) Frascati

[103] In welcher italienischen Weinbauregion ist die Rebsorte Grignolino stark verbreitet?
(1) In Aosta
(2) In Piemont
(3) In der Lombardei
(4) In den Marken

[104] Die Anbauzone für Rosso Conero liegt in der italienischen Weinbauregion ...?
(1) Abruzzen
(2) Umbrien
(3) Marken
(4) Latium

[105] Solaia – aus dem Hause Antinori – ist einer der begehrtesten Rotweine Italiens und kommt aus der Toskana. Die Hauptsorte in diesem Wein ist ...?
(1) Sangiovese
(2) Merlot
(3) Syrah
(4) Cabernet

Weinland Italien [Antworten]

[100] Eine Genossenschaftskellerei
Die örtliche oder regionale Cantina Sociale hat in vielen Teilen Italiens eine sehr wichtige Aufgabe. Es sind die Kellereigenossenschaften. Andere Bezeichnungen dafür sind Cantina Cooperativa oder Cooperativa Vinicola.

[101] Der Barbaresco
Die Gemeinde Neive ist neben dem namensgebenden Barbaresco und Treiso einer der drei Orte, die zum Anbaugebiet des Barbaresco gehören. Neive liegt im Gebiet Langhe in der Region Piemont, am rechten Ufer des Tanaro.

[102] Orvieto
Die etwa 2.500 Hektar umfassende Anbauzone des Orvieto liegt großteils in der Region Umbrien, aber ein Teil davon in Latium. Orvieto wird hauptsächlich aus Trebbiano und Verdello gekeltert und zählt zu den bekanntesten Weißweinen Italiens.

[103] In Piemont
Grignolino ist eine Rotweinrebe, die hauptsächlich in der Region Piemont zu finden ist. Die daraus gekelterten Weine können zwar farbintensiv sein, aber im Geschmack sind sie leicht und mild. Sie werden meist kühl serviert und sind oft ein Ersatz für Weißweine zu einem Essen.

[104] Marken
Die DOC-Zone Rosso Conero liegt in der Region Marken in der Provinz Ancona. Unter der Bezeichnung werden Rotweine aus Montepulciano und Sangiovese gekeltert. Die länger gelagerte Qualität Rosso Conero „Riserva" gilt seit dem Jahrgang 2004 als DOCG-Wein.

[105] Cabernet
Solaia ist einer der bekannten italienischen IGT-Weine (Landweine) und wird schon seit dem Jahrgang 1978, aber nur in guten Jahren, erzeugt. Der Wein besteht hauptsächlich aus Cabernet. Ursprünglich waren es nur Cabernet Sauvignon und Cabernet Franc. Seit mehr als 20 Jahren besteht die Cuvée zu 75 % aus Cabernet Sauvignon, 5 % Cabernet Franc und 20 % Sangiovese.

Weinland Italien [Fragen]

[106] Für welchen italienischen Wein wird das Ripasso-Verfahren angewandt?
(1) Für Valpolicella
(2) Für Bardolino
(3) Für Chianti
(4) Für Barolo

[107] In Italiens Weingärten stehen verschiedene Vernaccia-Trauben. Eine davon ist eine Rotweinsorte. Es ist ...?
(1) Vernaccia di San Gimignano
(2) Vernaccia di Serrapetrona
(3) Vernaccia Bergamasca
(4) Vernaccia di Oristano

[108] Aus welcher italienischen Region kommt der weiße DOC-Wein Locorotondo?
(1) Aus Latium
(2) Aus Kalabrien
(3) Aus Apulien
(4) Aus Kampanien

[109] Was versteht man im Südtiroler Weinbau unter einer Kretze?
(1) Einen Weidenkorb zum Durchseihen der Maische
(2) Einen minderwertigen Wein mit wenig Alkohol
(3) Einen unehrlichen Weinpanscher
(4) Einen Rückenkorb für die Traubenernte

[110] Die Weine aus Salice Salentino findet man immer öfters in den Weinregalen. Sie kommen aus ...?
(1) Kampanien
(2) Der Basilicata
(3) Sizilien
(4) Apulien

[111] In welcher italienischen Weinbauregion liegt der Bereich Castelli Romani?
(1) In Latium
(2) In Apulien
(3) In Kampanien
(4) In Umbrien

Weinland Italien [Antworten]

[106] Für Valpolicella
Die Ripasso-Methode wird wieder vermehrt bei Valpolicella angewandt. Dabei wird junger, fertig vergorener Wein durch Trebern (Trester) von Amarone des gleichen Jahrganges nochmals zur Gärung gebracht und dadurch verstärkt. Ripasso bedeutet soviel wie „Wiederholung" oder „erneuter Durchgang".

[107] Vernaccia di Serrapetrona
Die rote Rebsorte Vernaccia di Serrapetrona wächst in der Region Marken. Aus der Traube wird ein süßer oder trockener, schäumender Wein gewonnen. Seit dem Jahrgang 2003 ist Vernaccia di Serrapetrona ein DOCG-Wein. Die übrigen angeführten Vernaccia-Sorten sind Weißweintrauben.

[108] Aus Apulien
Der weiße Locorotondo kommt aus Apulien und gilt als einer der besten Weißweine der Region. Der Wein wird aus Bodenständigen Trauben gewonnen. Die wichtigste ist die alte Sorte Verdeca. Das Gebiet um Locorotondo ist auch durch die Trulli, die steinernen Kegeldachbauten, bekannt.

[109] Einen Weidenkorb zum Durchseihen der Maische
Die Kretze ist ein historisches Gerät, das man vielleicht nur noch im Weinmuseum findet. Es ist ein Weidenkorb, der (früher) zum Abseihen der Rotweinmaische verwendet wurde. Aus dem dadurch gewonnenen Seihmost entstand der Roséwein Kretzer. Am bekanntesten ist noch immer der Lagrein-Kretzer.

[110] Apulien
Wie auch so mancher andere „neue" Wein Italiens kommt Salice Salentino aus Apulien. Unter der DOC-Bezeichnung gibt es verschiedene Weiß-, Rosé- und Rotweine, die trocken und süß, still oder schäumend sein können. Neben den klassischen apulischen Reben werden vermehrt auch die französischen Edelreben kultiviert.

[111] In Latium
Das Gebiet der Castelli Romani liegt in der Nähe von Rom in der Region Latium. Früher einmal stand auf jedem Hügel eine Burg, die dann später prächtigen Palästen weichen musste. Der Name scheint sich daraus abgeleitet zu haben. Unter der DOC Castelli Romani können verschiedene Weiß-, Rosé- und Rotweine gewonnen werden. Auch der bekannte Wein Frascati kommt aus diesem Gebiet.

Weinland Italien [Fragen]

[112] Der Zusatz „Vecchio" bedeutet bei italienischen Weinen ...?
(1) Das Gleiche wie Classico
(2) Das Gleiche wie Riserva
(3) Alt und bewusst oxidativ ausgebaut
(4) Das Gleiche wie Superiore

[113] Das Wimmen ist eine wichtige Arbeit in Südtirols Weingärten. Was versteht der Weinbauer darunter?
(1) Das Einmaischen der Trauben
(2) Das Verkosten des jungen Weines
(3) Das Fest nach beendeter Weinlese
(4) Das Lesen der Trauben

[114] Auf italienischen Weinetiketten kann man die Bezeichnung „Talento" finden. Bei welchen Weinen?
(1) Nur bei Schaumweinen
(2) Auf allen Weißweinen mit einem bestimmten Alkoholgehalt
(3) Auf Weinen mit besonderen Prädikaten
(4) Bei allen länger gelagerten Rot- und Weißweinen

[115] In der Provinz Trient werden viele Rebsorten angebaut. Unter den nachstehenden autochthonen Sorten ist eine Weißweintraube. Es ist ...?
(1) Teroldego
(2) Nosiola
(3) Rebo
(4) Marzemino

[116] Die Region Piemont hat, neben der Toskana, die meisten DOCG-Weine. Einer dieser Weine ist ohne DOCG-Anerkennung. Es ist ...?
(1) Gattinara
(2) Brachetto d'Acqui
(3) Dolcetto d'Alba
(4) Ghemme

[117] Die Region Friaul-Julisch-Venetien wird in acht bzw. neun Anbauzonen unterteilt. Flächenmäßig die größte ist ...?
(1) Latisana
(2) Collio
(3) Colli Orientali
(4) Grave

Weinland Italien [Antworten]

[112] Das Gleiche wie Riserva
Bei einigen italienischen Weinen ist es üblich, das Wort Vecchio anstelle von Riserva zu verwenden. Wörtlich übersetzt bedeutet es „alt". Es bedeutet eine längere Lagerung beim Produzenten im Vergleich zu den übrigen Qualitäten. Konkretes Beispiel: DOC Aglianico del Vulture „Vecchio".

[113] Das Lesen der Trauben
Unter dem „Wimmen" versteht man in Südtirol die Weinlese. Die besondere Schale zum Auffangen der Trauben ist die „Wimmschüssel". Ein großer Teil der Weingärten – besonders für Vernatschweine – haben die Pergola-Erziehung. Das Arbeiten „über Kopf" ist sehr anstrengend.

[114] Nur bei Schaumweinen
Die Bezeichnung Talento findet man nur auf Schaumweinetiketten. Es ist die nunmehr offizielle Bezeichnung für Qualitätsschaumweine, die nach der traditionellen Methode hergestellt werden. Früher wurden auch die Bezeichnungen „Metodo classico" oder „Metodo tradizionale" verwendet.

[115] Nosiola
Die bodenständige Weißweinsorte des Trentino (Provinz Trient) ist Nosiola. Die Trauben werden in Cuvées und reinsortig verwendet. Nosiola ist auch die Hauptsorte für den legendären Vino Santo des Trentino. Die drei übrigen Trauben sind autochthone Rotweinsorten. Außerdem werden praktisch alle aus Südtirol bekannten Rebsorten angebaut.

[116] Dolcetto d'Alba
Mehr als ein halbes Dutzend Piemonteser Weine trägt die DOCG-Banderole auf der Flasche, aber Dolcetto d'Alba ist noch nicht dabei. Vielleicht hängt es auch damit zusammen, dass man in der Provinz Alba vor allem auf die Nebbiolo-Weine setzt. Der erste Wein aus Dolcetto hat seit der Ernte 2005 eine DOCG-Anerkennung: Es ist Dolcetto di Dogliani.

[117] Grave
Mit rund 6.500 Hektar Rebfläche ist Grave del Friuli die größte der Anbauzonen in der Region Friaul-Julisch-Venetien. Hier wird rund die Hälfte der DOC-Weine der gesamten Region produziert. Der Name „Grave" leitet sich von den besonderen kies- und geröllhaltigen Schwemmlandböden ab.

Weinland Italien [Fragen]

[118] Die Greco-Traube stammt aus der Zeit, als die Griechen in weiten Teilen des heutigen Italiens den Weinbau verbreiteten. Die DOC Greco di Bianco liegt ...?
(1) In Kalabrien
(2) In Apulien
(3) In Kampanien
(4) In Latium

[119] In früheren Zeiten wurden Südtirols Weingärten von Knechten in bunten Trachten bewacht. Man nannte die historischen Weinberghüter ...?
(1) Moster
(2) Rigoler
(3) Saltner
(4) Schauger

[120] Die Lombardei ist in verschiedene Weinbauzonen unterteilt. Welche dieser Zonen liegt nicht in der Lombardei?
(1) Valtellina
(2) Franciacorta
(3) Latisana
(4) Lugana

[121] Welche dieser Trauben findet sich nicht im Sortenverzeichnis der Bardolino-Weine?
(1) Corvina
(2) Molinara
(3) Rondinella
(4) Viura

[122] Picolit-Trauben sind praktisch nur in einer italienischen Region heimisch. Und zwar in ...?
(1) Friaul
(2) Venetien
(3) Emilia-Romagna
(4) Sizilien

[123] Unter einem Grignolino versteht man in Italien ...?
(1) Einen Weinbergarbeiter
(2) Eine Reberziehungsform
(3) Eine Traubensorte
(4) Eine bekannte Weinbaugemeinde

Weinland Italien [Antworten]

[118] In Kalabrien
Greco di Bianco ist ein weißer Süßwein aus der Region Kalabrien. Er wird fast nur in der Gemeinde Bianco und naher Umgebung erzeugt. Greco ist eine alte süditalienische Rebsorte, die von den Griechen ins Land gebracht wurde.

[119] Saltner
In den Weinbergen Südtirols war der Saltner einst der Weingartenhüter. In der Zeit der Traubenreife von Mitte August bis Mitte Oktober hatten diese extra angestellten Knechte die Aufgabe, die Weingärten vor räuberischem Getier und menschlichen Traubendieben zu schützen.

[120] Latisana
Valtellina liegt ganz im Norden, Franciacorta in den Hügeln von Brescia und Lugana am Südufer des Gardasees. Latisana allerdings findet man nicht in der Lombardei, sondern im Süden von Friaul-Julisch-Venetien. Dort ist es eine der Anbauzonen in Meeresnähe.

[121] Viura
Bardolino ist natürlich der bekannte Rotwein mit Anbauzone am Ostufer des Gardasees in der Region Venetien. Viura ist eine spanische Weißweinrebe, die im Bardolino selbstverständlich nicht enthalten ist. Die drei übrigen Sorten bilden die Cuvée für den Rotwein und könnten auch noch durch weitere rote Trauben ergänzt werden.

[122] Friaul
Auf die weiße Picolit-Traube ist man in Friaul besonders stolz, denn sie liefert einen begehrten edelsüßen Wein. Sie ist eine der autochthonen Rebsorten Friauls, aus der in den Bereichen Colli Orientali und Collio DOC-Weine gewonnen werden. Ab dem Jahrgang 2006 hat „Colli Orientali del Friuli-Picolit" eine Anerkennung als DOCG-Wein.

[123] Eine Traubensorte
Grignolino ist eine der bodenständigen Rotweinreben in Piemont. Sie bringt leichte, jung zu trinkende Weine. Als DOC-Wein kann sie die Bezeichnung „Grignolino d'Asti" oder „Grignolino del Monferrato Casalese" tragen. Der Name leitet sich vom Dialektwort „grignole" (Kern) ab.

Weinland Italien [Fragen]

[124] Für welches italienische Weinbaugebiet kann der Schwarze Hahn am Flaschenhals ein Markenzeichen sein?
(1) Für Valtellina in der Lombardei
(2) Für die Provinz Brindisi in Apulien
(3) Für Chianti Classico in der Toskana
(4) Für die Langhe in Piemont

[125] Was ist in Südtirol eine Torggl?
(1) Alte hölzerne Arbeitsschuhe
(2) Der Arbeitshut des Weinbauern
(3) Eine Weinpresse
(4) Eine Jausenhütte im Weingarten

[126] Sassicaia war der erste absolute Kultwein Italiens. Seine Erfolgsserie begann mit dem Jahrgang ...?
(1) 1974
(2) 1978
(3) 1958
(4) 1968

[127] Eine dieser Weißweinsorten ist sehr typisch für die Weingärten der Region Friaul. Es ist ...?
(1) Verduzzo
(2) Greco
(3) Nosiola
(4) Arneis

[128] Mit dem Jahrgang 1971 wurde er erstmals aus Sangiovese und Cabernet Sauvignon/Franc gekeltert und als „Tafelwein" verkauft. Gemeint ist damit ...?
(1) Solaia
(2) Tignanello
(3) Sassicaia
(4) Ornellaia

[129] Die Maremma ist ein wohlklingender Name unter Weinfreunden. Das Gebiet ist ein Teil der Region ...?
(1) Umbrien
(2) Toskana
(3) Kampanien
(4) Latium

Weinland Italien [Antworten]

[124] Für Chianti Classico in der Toskana
Der Schwarze Hahn, besser bekannt als „Gallo Nero", kann auf einem Halsetikett von Chianti-Classico-Weinen angebracht sein. Der Hahn ist das Markenzeichen des Erzeuger-Konsortiums „Consorzio del Marcio Storico Chianti Classico" aus der Toskana.

[125] Eine Weinpresse
In Südtirol ist die Torggl eine Kelter- oder Weinpresse. Es gibt (gab) davon verschiedene Arten, aber alle hatten die Aufgabe, den Saft aus der Maische zu pressen. Das „Törggelen" – ein fröhliches Verkosten der neuen und alten Weine – ist in Südtirol danach benannt.

[126] 1968
Nach einer großen Weinverkostung in London wurde Sassicaia im Jahre 1968 praktisch „über Nacht" unter Weinexperten bekannt. Es war damals außergewöhnlich, in der Toskana einen (fast) reinsortigen Cabernet Sauvignon zu keltern. Entsprechend der Nachfrage ist im Laufe der Jahre auch die Anzahl der produzierten Flaschen gestiegen.

[127] Verduzzo
In Friauls Weingärten finden sich unzählige verschiedene Rebsorten. Solche mit französischem und deutschem Ursprung genauso wie autochthone Reben. Verduzzo ist eine dieser bodenständigen Rebsorten Friauls. Der Süßwein Verduzzo di Ramandolo hat eine DOCG-Anerkennung, und als DOC-Wein wird Verduzzo in verschiedenen Anbauzonen erzeugt.

[128] Tignanello
Unter dem Namen Tignanello war er einer der ersten bekannten Rotweine der Toskana, der mit seiner Cuvée außerhalb des Weingesetzes lag. Er musste daher als „Tafelwein" eingestuft werden, was seinen Erfolg aber nicht schmälerte. Seit 1992 trägt er ein IGT und ist somit „Landwein". Er wird zu 80 % aus Sangiovese gekeltert, der Rest ist Cabernet Sauvignon/ Cabernet Franc.

[129] Toskana
Die Maremma ist keine echte Weinbauzone nach dem Weinrecht, sondern der große Bereich im südwestlichen Teil der Toskana. Einst war hier unbrauchbares Sumpfgebiet. Inzwischen urbar gemacht, gibt es in keinem anderen Teil der Toskana so viele neue Weingärten und Großinvestitionen. Bolgheri und Morellino di Scansano sind zwei der bekannten DOC-Zonen.

[130] Welche dieser Rebsorten ist für Weine der DOC Aprilia nicht zugelassen?
(1) Merlot
(2) Sangiovese
(3) Trebbiano
(4) Cabernet

[131] Das ursprüngliche Fass für die Reifung des Vin Santo in der Toskana trägt den Namen ...?
(1) Caratelli
(2) Bota
(3) Barrique
(4) Barell

[132] Welche Traubensorte verbindet man mit der italienischen DOC Vulture?
(1) Aleatico
(2) Primitivo
(3) Gaglioppo
(4) Aglianico

[133] Das kleine Gebiet Pomino in der Toskana erzeugt neben Weiß- und Rotweinen auch Vin Santo. Wie lange reifen Vin Santi im Fass?
(1) 5 Jahre
(2) 7 Jahre
(3) 3 Jahre
(4) 1 Jahr

[134] Die DOC-Weine der Provinz Trient tragen meist eine Sortenbezeichnung oder nur „Trentino Rosso". Welche Trauben dominieren im Trentino Rosso?
(1) Teroldego und Marzemino
(2) Pinot Nero und Enantio
(3) Vernatsch und Lagrein
(4) Cabernet und Merlot

[135] Die wichtigste Traube der allgemeinen DOC Trentino Bianco ist ...?
(1) Chardonnay
(2) Nosiola
(3) Pinot Grigio
(4) Müller-Thurgau

Weinland Italien [Antworten]

[130] Cabernet
Die Weinbauzone Aprilia liegt in der Region Latium, südlich von Rom. Cabernet ist in der Anbauzone Aprilia für Qualitätsweine nicht zugelassen. Für die Rotweine sind Merlot und Sangiovese und für den einzigen Weißwein ist Trebbiano zugelassen.

[131] Caratelli
Das ursprüngliche Fass mit ca. 50 Litern Inhalt für die Reifung des Vin Santo ist das Caratelli. In diesen kleinen Fässern bleibt der Wein mindestens 3 Jahre lang fest verschlossen und macht alle jahreszeitlichen Temperaturschwankungen mit.

[132] Aglianico
Vulture ist das einzige Anbaugebiet für einen DOC-Wein in der gesamten Region Basilicata, und die Hauptsorte ist Aglianico. Die korrekte Bezeichnung für den Wein lautet Aglianico del Vulture.

[133] 3 Jahre
Im höchstgelegenen Gebiet der Toskana werden verschiedene interessante Weine erzeugt. Eine Besonderheit sind die Vin Santi aus weißen und roten Trauben, die mindestens 3 Jahre lang im gleichen Fass reifen müssen. Diese lange Reifezeit gilt übrigens für alle Vin Santi der Toskana mit DOC-Anerkennung.

[134] Cabernet und Merlot
Die allgemeine Bezeichnung Trentino Rosso mit DOC wird aus Cabernet Sauvignon/Cabernet Franc und Merlot gekeltert, wobei Cabernet in der Regel einen höheren Anteil hat. Seit diese französischen Rotweinsorten hier angebaut werden, war immer mehr Cabernet Franc als Cabernet Sauvignon in den Weingärten vertreten.

[135] Chardonnay
Die DOC Trentino Bianco besteht zu 50 bis 80 % aus Chardonnay. Die zweite Traube ist Pinot Bianco. Die französischen Edelsorten und auch der Riesling „vom Rhein" sind in Südtirol-Trentino schon seit Mitte des 19. Jahrhunderts heimisch.

Weinland Italien [Fragen]

[136] Die Provinz Trient hat einige autochthone Rotweintrauben. Welche dieser Sorten ist dort heimisch und typisch?
(1) Rondinella
(2) Barbera
(3) Marzemino
(4) Franconia

[137] Die DOC Valdadige kann auch einen deutschen Namen auf dem Etikett tragen. So wird der Wein auf Deutsch bezeichnet:
(1) Welschtiroler
(2) Eisacktaler
(3) Etschtaler
(4) Unteretscher

[138] Aus welchem Sangiovese-Klon wird Brunello di Montalcino gekeltert?
(1) Sangiovese Gentile
(2) Sangiovese Piccolo
(3) Sangiovese Grigio
(4) Sangiovese Grosso

[139] Für einen bekannten italienischen Weißwein ist Garganega die wichtigste Traube. Für ...?
(1) Soave
(2) Bardolino
(3) Gavi
(4) Orvieto

[140] Wo in Italien wird die lokale Sorte Ribolla besonders häufig angebaut?
(1) In den Marken
(2) In Friaul
(3) In Latium
(4) Im Veneto

[141] Die DOC Bolgheri wurde erst mit dem Jahrgang 1994 geschaffen. Schon lange vorher war der Ort bekannt für seine ...?
(1) Weißweine
(2) Süßweine
(3) Rotweine
(4) Schaumweine

Weinland Italien [Antworten]

[136] Marzemino
Aus dieser Liste ist nur Marzemino eine typische Rotweinrebe im Trentino. Die alte Sorte ist seit dem 15. Jahrhundert in diesem Teil des Etschtales nachgewiesen, und Wolfgang Amadeus Mozart hat ihr in seiner Oper „Don Giovanni" ein musikalisches Denkmal gesetzt.

[137] Etschtaler
Die deutsche Bezeichnung für Valdadige ist Etschtaler. Unter dem Namen gibt es die allgemeine DOC Bianco und Rosso sowie Sortenweine. Wenn sie reinsortig sind, tragen sie die Rebsorte als Zusatz. So zum Beispiel DOC Valdadige Schiava (Vernatsch) oder DOC Valdadige Pinot Grigio.

[138] Sangiovese Grosso
Für Brunello di Montalcino ist Sangiovese Grosso die einzige zugelassene Traube. Der Klon hat eine besonders dicke Schale, in der reichlich Farb- und Gerbstoffe sitzen. Die Brunello-Winzer nennen ihre Sorte ganz einfach „Brunello". Im nahe gelegenen Städtchen Montepulciano wird die Traube als „Prugnolo Gentile" bezeichnet.

[139] Soave
Garganega ist eine hochwertige Traube, die den Hauptanteil in der Cuvée des Soave ausmacht. Er zählt zu den bekanntesten Weißweinen Italiens und kommt aus der Gegend um die gleichnamige Stadt in der Region Venetien. Neben Garganega sind Pinot Bianco und Trebbiano die wichtigsten Sorten für Soave.

[140] In Friaul
Ribolla bzw. Ribolla Gialla ist eine der typischen bodenständigen Weißweinsorten in Friaul. Reinsortig findet man die Trauben zum Beispiel in den DOC's Colli Orientali und Collio. In den übrigen Bereichen Friauls kann Ribolla zu einem bestimmten Teil in den allgemeinen Cuvées enthalten sein.

[141] Rotweine
Die DOC Bolgheri wurde wohl deswegen geschaffen, weil in dem kleinen Gebiet im Süden der Toskana einige der größten Rotweine Italiens wachsen. Zwei berühmte Weine, die nun den Namen Bolgheri tragen, sind Sassicaia und Ornellaia. Weitere bekannte Weine des Gebietes sind IGT's (Landweine) geblieben.

Weinland Italien [Fragen]

[142] Aus welchen Trauben wird weißer Vin Santo in der Toskana gewonnen?
(1) Pinot Bianco und Chardonnay
(2) Trebbiano und Malvasia
(3) Sangiovese und Canaiolo
(4) Vernaccia und Vermentino

[143] „Colli" bedeutet Hügel, und viele Weinbaugebiete Italiens sind hügelig. In welcher Region liegt die DOC Colli Berici?
(1) In Venetien
(2) In der Emilia-Romagna
(3) In der Lombardei
(4) In Friaul

[144] Was versteht man in Italien unter einem Chiaretto?
(1) Einen einfachen Hauswein
(2) Einen Roséwein
(3) Einen Erntewagen
(4) Ein 3-rädriges Lastenmoped

[145] An den Hängen des Monte Albano werden die Trauben für einen großen Rotwein angebaut. Es ist ...?
(1) Der Carema
(2) Der Morellino
(3) Der Carmignano
(4) Der Pomino

[146] Welche dieser weißen Rebsorten hat in Italien die größte Verbreitung nach der Rebfläche?
(1) Malvasia
(2) Catarratto
(3) Grillo
(4) Trebbiano

[147] Welcher dieser Weine wurde als erster in den Kreis der DOCG-Weine aufgenommen?
(1) Taurasi
(2) Torgiano
(3) Chianti
(4) Barbaresco

Weinland Italien [Antworten]

[142] Trebbiano und Malvasia
Weißer Vin Santo aus verschiedenen Teilen der Toskana wird fast ausschließlich aus Trebbiano und Malvasia gewonnen. Für die weniger bekannten roten Vin Santi ist Sangiovese die wichtigste Sorte. Durch das Antrocknen der Trauben sind diese Weine nicht rot, sondern hellrosa.

[143] In Venetien
Die Anbauzone Colli Berici liegt in der Provinz Vicenza in der Region Venetien. Das Gebiet umfasst rund 30 Gemeinden, und es werden verschiedene DOC-Weine in Verbindung mit der jeweiligen Rebsorte produziert.

[144] Einen Roséwein
Chiaretto ist eine Bezeichnung für Rosato bzw. Roséwein. Dabei denkt man eher an einen etwas dunkleren Rosé. Der sehr helle ist der Cerasuolo, der kirschrosafarbige. Ein bekannter Chiaretto wird unter der DOC Bardolino erzeugt.

[145] Der Carmignano
Am rechten Ufer des Arno steht der Monte Albano. Hier ist die kleine, aber feine Anbauzone für den roten DOCG-Wein Carmignano. Es ist gleichzeitig auch eine der acht Anbauzonen für Chianti, die den Namen „Montalbano" trägt. Für beide Weine ist Sangiovese die wichtigste Traube.

[146] Trebbiano
Mit fast 100.000 Hektar ist Trebbiano die meist angebaute Weißweinsorte in Italien. Dabei sind allerdings die verschiedenen Spielarten des Trebbiano zusammengerechnet. Mit verschiedenen Zusatzbezeichnungen wird die Rebsorte von Venetien bis Süditalien angebaut.

[147] Barbaresco
Unter den angeführten Weinen erhielt Barbaresco als erster Wein - schon im Jahr 1981 - die DOCG-Anerkennung. Übrigens nur einige Monate nach dem „großen Bruder" Barolo. Der allererste Wein in dieser höchsten Qualitätsstufe war übrigens Brunello di Montalcino.

Weinland Italien [Fragen]

[148] Welche Region Italiens hat die größte Rebfläche?
(1) Apulien
(2) Sizilien
(3) Piemont
(4) Toskana

[149] Nicht nur Chianti, auch der weiße Orvieto kam einst in einer mit Stroh umflochtenen Flasche in den Handel. Diese traditionelle Orvieto-Flasche nannte man ...?
(1) Melchior
(2) Fiasco
(3) Pulcinella
(4) Bombola

[150] Erst 1997 wurde für DOCG Chianti eine achte Zone geschaffen. Welcher dieser Bereiche ist der jüngste?
(1) Chianti Colli Arentini
(2) Chianti Montalbano
(3) Chianti Colline Pisane
(4) Chianti Montespertoli

[151] Sagrantino ist nur in einem einzigen DOCG-Wein die Hauptsorte. Die Anbauzone findet man ...?
(1) In Umbrien
(2) In Latium
(3) In Kampanien
(4) In den Marken

[152] Rund um die Stadt Oristano wird eine von mehreren Vernaccia-Arten angebaut und zu Weißwein verarbeitet. Oristano liegt in ...?
(1) Sardinien
(2) Den Marken
(3) Umbrien
(4) Der Toskana

[153] Cinqueterre – als Weltkulturerbe geschützter Teil – liegt im Osten Liguriens. Welchen Namen trägt der Süßwein des Gebietes?
(1) Dolceacqua
(2) Ormeasco
(3) Sciacchetrà
(4) Vino Liquoroso

Weinland Italien [Antworten]

[148] Sizilien
Mit mehr als 130.000 Hektar besitzt die Insel Sizilien die größte Rebfläche von allen italienischen Regionen. Ein großer Teil der Weine wird der Destillation zugeführt. Die DOC-Weine haben an der Gesamtproduktion nur einen geringen Anteil von weniger als 5 %. Mit dem Wein „Cerasuolo di Vittoria" hat die Region seit dem Jahrgang 2005 einen ersten DOCG-Wein.

[149] Pulcinella
Orvieto ist ein Weißwein aus Umbrien und teilweise auch aus Latium, der schon in der Antike bekannt war. In früheren Zeiten wurde der Wein in einer kleinen strohumflochtenen Flasche – namens Pulcinella – abgefüllt.

[150] Chianti Montespertoli
Die neueste Anbauzone Montespertoli liegt südwestlich von Florenz und wurde 1997 zum achten Teilbereich des Chianti-Gebietes. Die Bestimmungen für Chianti Montespertoli sind gleich bzw. sehr ähnlich, wie für die übrigen Teilbereiche, außer dem Chianti Classico.

[151] In Umbrien
Sagrantino ist eine Rotweintraube, die fast nur in Umbrien zu finden ist. Dort wird sie rund um die Stadt Montefalco kultiviert und zu einem eher seltenen und hochgeschätzten Rotwein gekeltert. Der Wein kann trocken oder süß sein. Die DOCG lautet Montefalco Sagrantino.

[152] Sardinien
Vernaccia di Oristano ist ein Weißwein mit DOC auf der Insel Sardinien. Die Traube ist mit den übrigen, als Vernaccia bezeichneten Sorten, nicht verwandt. Der Wein wird reinsortig, oxidativ und zu verschiedenen Typen ausgebaut. Er ist immer alkoholstark und kann trocken oder süß sein.

[153] Sciacchetrà
Der seltene Süßwein aus der Cinqueterre heißt Sciacchetrà. Der Wein wird aus rosinierten Trauben gewonnen. Die Hauptsorten für die trockenen und süßen Weißweine sind Bosca, Albarola und Vermentino.

Weinland Italien [Fragen]

[154] Für Südtirolfreunde ist der „Terlaner" ein Begriff. Was steht hinter der DOC Südtirol-Terlaner?
(1) Ein Weiß- oder Rotwein aus abgegrenztem Gebiet
(2) Ein Weißwein aus der alten Rebsorte „Terlaner"
(3) Nur ein reinsortiger Chardonnay
(4) Ein Weißwein mit 50 % Weißburgunder/Chardonnay u. a. Sorten

[155] Einer dieser Weine wird mit der italienischen Stadt Montefiascone in Verbindung gebracht. Es ist der weiße ...?
(1) Frascati
(2) Est! Est!! Est!!!
(3) Orvieto
(4) Biferno

[156] Die DOC Lugana produziert beliebte weiße Sommerweine für Einheimische und Touristen und liegt an einem See. An welchem ...?
(1) Am Trasimeno-See
(2) Am Bolsena-See
(3) Am Gardasee
(4) Am Iseo-See

[157] Das Weinland Italien hat 20 politische Regionen und alle betreiben Weinbau. Die Region mit der kleinsten Rebfläche ist ...?
(1) Aosta
(2) Molise
(3) Trentino
(4) Ligurien

[158] Die ersten DOCG-Weine Italiens waren große Rotweine. Erst Jahre später kam der erste Weißwein dazu. Welcher war dies?
(1) Albana di Romagna
(2) Vermentino di Gallura
(3) Vernaccia di San Gimignano
(4) Asti Spumante

[159] Vin Santo der Toskana ist großteils Weißwein, aber es gibt auch eine seltenere rote Variante mit DOC-Anerkennung. Diese trägt die Bezeichnung ...?
(1) Santoso Rosa
(2) Vino Santo Rosato
(3) Vin Santo Rosso Classico
(4) Occhio di Pernice

Weinland Italien [Antworten]

[154] Weißwein mit 50 % Weißburgunder/Chardonnay u. a. Sorten
Die DOC Terlaner kann immer nur ein Weißwein sein. Ist keine Rebsorte angeführt, sind es mindestens 50 % Weißburgunder und/oder Chardonnay. Der Rest sind andere Sorten aus dem Gebiet. Es können auch (fast) reinsortige Weine aus sieben verschiedenen weißen Trauben mit dem Zusatz „Terlaner" erzeugt werden.

[155] Est! Est!! Est!!!
Die korrekte Bezeichnung lautet „Est! Est!! Est!!! di Montefiascone". Die Anbauzone für den Weißwein liegt in der Nähe des Bolsena-Sees im Norden der Region Latium. Der Wein wird überwiegend aus Trebbiano und Malvasia gekeltert und in verschiedenen Geschmacksrichtungen ausgebaut sowie zu Spumante verarbeitet.

[156] Am Gardasee
Alle vier angeführten Seen sind von Weingärten umgeben. Die Trauben für die Lugana-Weine wachsen am Südufer des Gardasees. Ein Teil des Anbaugebietes liegt in der Lombardei und der andere in Venetien. Der Wein wird fast reinsortig aus der regionalen Spielart Trebbiano Lugana/ Trebbiano di Soave gewonnen.

[157] Aosta
Mit weniger als 700 Hektar hat die autonome Region Aosta die kleinste Rebfläche Italiens. Die Region liegt im äußersten Nordwesten des Staates, und die Weingärten gehören mit bis zu 1.300 Metern Seehöhe zu den höchstgelegenen in Europa. In dem Hochgebirgstal wurde bereits von den Römern Weinbau betrieben.

[158] Albana di Romagna
Mit dem Jahrgang 1987 wurde der erste Weißwein in den Kreis der DOCG-Weine aufgenommen. Zur großen Überraschung der Weinfreunde war es Albana di Romagna. Die Anbauzone liegt im östlichen Teil der Region Emilia-Romagna und die Rebsorte heißt Albana.

[159] Occhio di Pernice
Vin Santo aus roten Trauben wird überwiegend aus angetrockneten Beeren der Sorte Sangiovese gewonnen. Der blassrosa Wein trägt die Bezeichnung Occhio di Pernice. Dies bedeutet soviel wie „Auge des Rebhuhns". Die Weine reifen mindestens drei Jahre in kleinen Fässern.

Weinland Italien [Fragen]

[160] „Darmagi" ist einer der außergewöhnlichen Rotweine Italiens. Aus welchem bekannten Haus kommt er?
(1) Von Angelo Gaja
(2) Von Piero Antinori
(3) Von Marchesi Frescobaldi
(4) von Ludovico Antinori

[161] Nur einer dieser roten DOCG-Weine ist reinsortig. Es ist ...?
(1) Bardolino Superiore
(2) Ghemme
(3) Carmignano
(4) Brunello

[162] In allen Regionen Italiens gibt es gewerblichen Weinbau. Einer dieser Rotweine kommt aus Süditalien. Es ist ...?
(1) Donnaz
(2) Carmignano
(3) Taurasi
(4) Ghemme

[163] Drei dieser Weine kommen aus der Region Piemont. Aus einer Nachbarregion kommt ...?
(1) Brachetto d'Acqui
(2) Dolceacqua
(3) Bramaterra
(4) Dolcetto

[164] Welche Weißweinreben dürfen für die DOCG Chianti mitverwendet werden?
(1) Pinot Bianco und Sauvignon
(2) Trebbiano und Chardonnay
(3) Malvasia und Trebbiano
(4) Malvasia und Vermentino

[165] Die großen Rotweine Italiens mit DOCG sind fast immer trocken. Aber einer dieser Weine kann auch süß ausgebaut werden. Es ist ...?
(1) Barbaresco
(2) Montefalco Sagrantino
(3) Brunello di Montalcino
(4) Torgiano Rosso Riserva

Weinland Italien [Antworten]

[160] Von Angelo Gaja
Darmagi ist einer der großen Cabernet Sauvignons Italiens und kommt aus dem Hause Angelo Gaja in Piemont. In den ersten Jahren war er, wie so viele andere große Weine auch, ein „Tafelwein". Heute fällt er unter die DOC Langhe in Piemont.

[161] Brunello
Die vier angeführten Weine haben eine DOCG-Anerkennung. Nur Brunello di Montalcino wird reinsortig aus Sangiovese Grosso gekeltert. Regional trägt die Traube den Namen „Brunello". Er wurde Italiens erster DOCG-Wein im Jahr 1980. Der „kleine Bruder" des Brunello ist Rossi di Montalcino und wird fallweise in besonders schlechten Jahren oder aus jungen Anlagen gewonnen.

[162] Taurasi
Die aufgezählten Weine kommen aus vier verschiedenen Regionen vom äußersten Nordwesten bis weit in den Süden. Taurasi ist ein DOCG-Wein aus Kampanien in Süditalien. Taurasi wird aus Aglianico-Trauben gekeltert.

[163] Dolceacqua
Südlich von Piemont liegt die Region Ligurien, die sich über den ganzen Golf von Genua zieht. Ganz im Westen, knapp an der Grenze zu Frankreich, liegt die Anbauzone für den DOC-Wein Dolceacqua. Der Wein wird aus Rossese gekeltert, und eine weitere Bezeichnung lautet daher Rossese di Dolceacqua.

[164] Malvasia und Trebbiano
Die weißen Sorten Malvasia del Chianti und/oder Trebbiano Toscano sind für die DOCG Chianti zugelassen. Für Chianti Classico dürfen inzwischen – ab dem Jahrgang 2006 - keine Weißweintrauben mehr mitverwendet werden. Der Anteil an den weißen Trauben wurde schon seit Jahren immer geringer.

[165] Montefalco Sagrantino
Fast alle sind trocken, kraftvoll und mit guter Tanninstruktur, nur der Montefalco Sagrantino kann, aber muss nicht trocken sein. Als Spezialität des Gebietes wird aus angetrockneten Sagrantino-Trauben auch ein lieblicher oder süßer „Passito" gewonnen. Der kraftvolle Wein hat mindestens 14,5 Vol.–% Alkohol.

[166] Aus der Anbauzone des Brunello kann auch ein aromatischer Süßwein kommen. Welcher ist es?
(1) Moscadello di Montalcino
(2) Picolit del Toscana
(3) Verduzzo di Ramandolo
(4) Aleatico di Montalcino

[167] Die Anbauzone für den DOC Pomino ist gleichzeitig ein Chianti-Gebiet. Es ist ...?
(1) Chianti Montespertoli
(2) Chianti Rufina
(3) Chianti Montalbano
(4) Chianti Colli Aretini

[168] Welche dieser Trauben ist die wichtigste Sorte für die DOC Orvieto?
(1) Malvasia
(2) Canaiolo Bianco
(3) Trebbiano
(4) Verdello

[169] Bardolino ist, wie viele andere Weine Italiens, eine Cuvée. Die wichtigsten Rebsorten für den Wein sind ...?
(1) Sangiovese, Corvina, Canaiolo
(2) Marzemino, Garganega, Barbera
(3) Garganega, Corvina, Pinot Nero
(4) Corvina, Rondinella, Molinara

[170] Der Rotwein Taurasi wird wegen seiner Qualität gerne als „Barolo des Südens" bezeichnet. Aus welcher Traube wird er gekeltert?
(1) Aus Aglianico
(2) Aus der Uva Taurasi
(3) Aus Gaglioppo
(4) Aus Uva di Troia

[171] Mit dem Jahrgang 2005 erhielt der erste Wein Siziliens eine DOCG-Anerkennung. Es ist ...?
(1) Contessa Entellina
(2) Moscato di Pantelleria
(3) Alcamo Rosso Riserva
(4) Cerasuolo di Vittoria

Weinland Italien [Antworten]

[166] Moscadello di Montalcino
Aus spät gelesenen und anschließend noch getrockneten Trauben der Sorte Moscato Bianco wird der DOC-Wein Moscadello di Montalcino gewonnen. Die Anbauzone deckt sich mit der des Brunello di Montalcino.

[167] Chianti Rufina
Die DOC-Pomino befindet sich innerhalb der Chianti-Zone Rufina. Der Bereich liegt nordöstlich von Florenz und hat die höchstgelegenen Weingärten der Toskana an den Hängen des Apennins auf bis zu 700 Metern Seehöhe. Die DOC-Pomino kennt Bianco, Rosso sowie weißen und roten Vin Santo. Chianti aus Rufina gilt als besonders lagerfähig.

[168] Trebbiano
Die weiße Rebsorte Trebbiano Toscano, die vor Ort Procanico benannt wird, ist in der Cuvée des Orvieto mit 40–60 % vertreten und hat somit den Hauptanteil. Es gibt im Gebiet übrigens auch Rotweine, die als Orvietano Rosso bezeichnet werden.

[169] Corvina, Rondinella, Molinara
Der Rotwein Bardolino ist eine Cuvée aus den Sorten Corvina, Rondinella und Molinara. Der Wein kommt aus Venetien, vom Ostufer des Gardasees. Die Qualität Superiore hat DOCG-Status, die übrigen Weine sind DOC. Der Zusatz „Classico" spielt bei der Einstufung keine Rolle.

[170] Aus Aglianico
Taurasi ist ein bekannter DOCG-Wein aus der Region Kampanien, der zu mindestens 85 % aus der Aglianico-Traube gewonnen wird. Die Anbauzone ist mit etwa 220 Hektar nicht sehr groß und liegt auf vulkanischen Berghängen in der Provinz Avellino.

[171] Cerasuolo di Vittoria
Aus einem kleinen Anbaugebiet im südöstlichen Teil der Insel Sizilien kommt der erste DOCG-Wein der Region: Cerasuolo di Vittoria wird überwiegend aus Nero d'Avola gewonnen und hat eine kirschrote Farbe. (Cerasuolo = kirschrot bzw. kirschrosa)

Weinland Italien [Fragen]

[172] Was versteht der Italiener unter Gusto di Tappo?
(1) Eine Top-Cuvée
(2) Wein vom Fass
(3) Korkgeschmack
(4) Ein unvergleichlich feines Aroma beim Wein

[173] Wenn die Vernatschweine Südtirols mit einer anderen Traube „verstärkt" werden, ist es meistens ...?
(1) Merlot
(2) Cabernet
(3) Blauburgunder
(4) Lagrein

[174] Für die Rebsorte Dolcetto gibt es in Piemont verschiedene DOC-Bezeichnungen. Welche DOC hat die größte Produktion?
(1) Dolcetto d'Alba
(2) Dolcetto di Ovada
(3) Dolcetto d'Acqui
(4) Dolcetto d'Asti

[175] Eine süditalienische Traubensorte wird als „Fuchsschwanz" bezeichnet. Gemeint ist damit die Sorte ...?
(1) Piedirosso
(2) Coda di Volpe
(3) Greco di Tufo
(4) Cococciola

[176] Contessa Entellina ist der Name einer Gemeinde und eine DOC für verschiedene Weine. In welcher Region liegt Contessa Entellina?
(1) In Apulien
(2) In Sardinien
(3) In Sizilien
(4) In Kalabrien

[177] Unter den 7 DOC-Weinen aus der Rebsorte Dolcetto hat im Jahr 2005 ein Wein die DOCG-Anerkennung erhalten. Es ist ...?
(1) Dolcetto d'Alba
(2) Dolcetto d'Asti
(3) Dolcetto di Dogliani
(4) Dolcetto di Ovada

Weinland Italien [Antworten]

[172] Korkgeschmack
Es ist leider ein unerfreulicher Geschmack: Gusto di Tappo ist der Korkgeschmack. Schätzungen über die Prozentzahlen von korkgeschädigten Weinen gehen weit auseinander. Egal ob es 5 oder 10 % sind, viel zu viele sind es auf jeden Fall ...

[173] Lagrein
Schon seit ewigen Zeiten wird zum Verstärken von Vernatschweinen hauptsächlich die Sorte Lagrein verwendet. Ein klassisches Beispiel dafür ist der St. Magdalener, der obligatorisch mit etwa 10 % Lagrein „verstärkt" wird. Teilweise sind die zwei Rebsorten auch gemischt ausgepflanzt.

[174] Dolcetto d'Alba
Unter den sieben Dolcetto-Anbauzonen mit eigener DOC in Piemont hat Dolcetto d'Alba mit mehr als 2.000 Hektar die größte Weinbaufläche. Neben der namensgebenden Stadt Alba zählen noch weitere 33 Gemeinden zum Anbaugebiet. Seit dem Jahrgang 2005 hat Dolcetto di Dogliani eine DOCG-Anerkennung, allerdings nur als „Superiore".

[175] Coda di Volpe
In der süditalienischen Region Kampanien erinnert eine Weißweintraube in ihrer Form an einen Fuchsschwanz und so erhielt sie auch gleich den passenden Namen „Coda di Volpe". Man findet die Traube in verschiedenen Weinen der Region.

[176] In Sizilien
Die Weine mit der Bezeichnung Contessa Entellina kommen aus den Weingärten der gleichnamigen Gemeinde in der Provinz Palermo. Unter der DOC werden verschiedene Weine aus bodenständigen und internationalen Rebsorten erzeugt.

[177] Dolcetto di Dogliani
Alle sieben Dolcetto Anbauzonen liegen in Piemont. Mit dem Jahrgang 2005 ist Dolcetto di Dogliani – allerdings nur in der Qualität „Superiore" – in den Kreis der DOCG-Weine aufgenommen worden. Die Weine werden zu 100 % aus Dolcetto gekeltert und haben einen Mindestalkoholanteil von 13 Vol.–% . Die Anbauzone liegt in der Provinz Cuneo.

Internationale Weine

Eine Kletterpflanze eroberte die Welt

Wilde Reben, die kleine Früchte trugen gab es auf der Welt vermutlich schon vor den Menschen. Diese Pflanzen wuchsen wohl in den endlosen Wäldern der damals gemäßigten Zonen auf unserem Planeten. Um Licht zu bekommen, mussten sie sich an Bäumen hocharbeiten. Sie entwickelten lange Ranken und konnten mit der Zeit das Licht über den hohen Bäumen erreichen.

Die Rebforscher bezeichnen diese Waldreben als „Vitis silvestris" und dieae waren wohl viel weiter verbreitet, als es Reben heute sind. Mit der Eiszeit kam ein Rückzug in gemäßigte Gebiete rund um das Mittelmeer und nach Vorderasien. Erst eine spätere allgemeine Erwärmung brachte eine Ausbreitung weiter nach Norden.

Vitis vinifera – die zur Weinerzeugung taugliche Rebe

Vermutlich waren viele der ursprünglichen Wildreben für eine Weinbereitung nicht geeignet. Aus einer Art allerdings, die in Vorderasien verbreitet war, machten Menschen Traubensaft und bewahrten ihn in Krügen oder Häuten aus Leder auf. Angesichts der hohen Temperaturen begann der süße Saft schnell zu gären. Offensichtlich war ein wohlschmeckendes und berauschendes Getränk entdeckt. Viel später gaben Botaniker dieser europäisch-vorderasiatischen Rebe den Namen „Vitis vinifera" – „die zur Weinerzeugung taugliche Rebe".

Die Welt des Weines

Sehr unterschiedlich waren die Traditionen, Gewohnheiten und Interessen rund um den Wein. In den Ländern der „Neuen Welt" war es meistens die Kirche, die mit dem Anbau von Reben begann, oder auch Seefahrer, wie man vom Beispiel Südafrika weiß. Dort wo es Probleme mit dem Trinkwasser gab, war der Wein das „sauberste Getränk" oder einfach Medizin.

In Europa
Die ersten behördlichen Vorschriften in Bezug auf Wein gab es in Portugal, als im Jahre 1756 die Anbauzone für Portweine gesetzlich

Internationale Weine

geregelt wurde. Bald danach wurden Vorschriften für seine Herstellung erlassen und „weinfremde" Zutaten verboten.

In den Ländern der Europäischen Union gibt es gewisse Bestimmungen, die für alle Wein erzeugenden Länder gelten. Will man jedoch eine ganz grobe Unterteilung in zwei Arten der Gesetzgebung machen, so könnte man von einem „germanischen" und einem „romanischen" Weinrecht sprechen:

Deutschland und Österreich orientieren sich an dem „Germanischen", bei dem die Qualitätseinteilung weitgehend nach dem natürlichen Zuckergehalt geregelt ist und die Weine meistens die Namen der Rebsorten tragen. Bei Weinen aus romanischen Ländern sind die Bestimmungen von Wein zu Wein sehr unterschiedlich, und die Namen richten sich fast immer nach einem Gebiet, einer Region oder einem Ort. Da muss der Konsument dann wissen, welche Trauben sich hinter einer AOC Sancerre, einer DOC Rioja oder DOCG Barolo verstecken.

Die Länder der „Neuen Welt"

Sie haben alle eines gemeinsam: Es gibt viel weniger Reglementierung im Weinbau als in Europa – sowohl bei der Wahl der Rebsorten als auch bei der Weinbereitung. Die Bestimmungen kommen den großen „Weinindustrien" sehr entgegen, und wichtig ist der Verkaufserfolg der fertigen Produkte.

Kalifornien

Dort und in den übrigen Staaten der USA, in denen Weinbau betrieben wird, gibt es kein System von Qualitätsstufen, das vom Zuckergehalt des Mostes abhängig sind. Das Aufbessern ist erlaubt, aber natürlichen Zucker gibt es ohnehin reichlich, und beim Zusetzen von Säure ist man großzügig. Es können alle Rebsorten angepflanzt werden, und eine gesetzliche Mengenbegrenzung bei der Ernte gibt es nicht.

Bei der Angabe und Herkunft, der Traubensorte und des Jahrganges auf dem Etikett müssen aber bestimmte Regeln eingehalten werden:
Ist eine Rebsorte angegeben, müssen 75 % der angegebenen Sorte enthalten sein. Steht ein Jahrgang auf dem Etikett, muss mindestens 95 % aus diesem stammen. Wenn eine AVA (American Viticultural Area = kleinere geografische Einheit) auf dem Etikett erwähnt ist, müssen 85 % der Trauben aus der erwähnten AVA kommen.

Australien

Dies ist zwar der kleinste der fünf Kontinente, aber der Weinbau explodiert hier förmlich. Jährlich vergrößern sich die Rebflächen um bis zu 20 Prozent, und bei den Exportsteigerungen sind die Prozentzahlen noch viel größer.

Der Export von australischen Weinen in den europäischen Markt wurde 1992 von Seiten der EU deutlich erleichtert, und der Geschmack der Weine aus „Down Under" ist offensichtlich im Trend.

Die meisten australischen Weine kommen als Rebsorten-Weine und ohne genaue Herkunftsangabe auf den Markt. Häufig steht nur „Australien" oder „Südaustralien" auf dem Etikett. Es ist üblich, Trauben aus verschiedenen Anbaugebieten für einen Wein zu verwenden. Diese Weine gelten als „Multi-District-Blend". Ist aber ein Weinbaugebiet angegeben, muss der Wein zu 85 % von dort stammen. Bei Jahrgangsangabe müssen 95 % der Trauben aus diesem Jahr stammen. Das Zusetzen von Säure ist erlaubt, das Aufbessern aber nicht.

Argentinien

Dieses südamerikanische Land zählt zu den größten Weinbauländern der Welt. Auch was die Qualität betrifft, ist Argentinien nicht mehr der „Kleine Bruder Chiles". Die Qualität wird immer besser und das Potenzial ist riesig. In den letzten 10 Jahren halbierte sich die Tafelweinproduktion und die Menge an Qualitätsweinen verdoppelte sich.

Die Qualitäten werden in 2 Stufen eingeteilt:

Vino de Mesa sind Tafelweine, die nur aus einfachen, hellroten Trauben gekeltert werden.

Vino Fino werden alle Weine aus europäischen Edelreben bezeichnet und sind somit die „Qualitätsweine".
Wenn eine Rebsorte angegeben ist, muss der Wein zu 75 % aus ihr bestehen. Gleiches gilt auch für den Jahrgang.
Bezeichnungen wie „Gran Vino", „Reservado" oder dergleichen haben keine gesetzliche Bedeutung und bezeichnen meist nur die höheren Qualitäten eines Weingutes. Das Anreichern ist nicht gestattet, aber Säure darf zugesetzt werden.

Internationale Weine

Chile

wird von Kennern gerne als das „Bordeaux des Südens" bezeichnet und dies kann unterschiedlich verstanden werden. Einerseits ist es nobel, wenn die Edelsorten von Bordeaux in Chile eine zweite Heimat gefunden haben. Auf der anderen Seite aber hat Chile nichts Unvergleichliches, so wie zum Beispiel den Pinotage in Südafrika, den Zinfandel in Kalifornien oder einen Malbec in Argentinien.

Das chilenische Weinrecht wurde 1995 überarbeitet und definiert die Anbaugebiete der Trauben. Kommen sie nur aus diesem Gebiet, kann auf dem Etikett eine D.O. (Herkunftsbezeichnung) angegeben werden. Ein Qualitätszeugnis ist es allerdings nicht.

Alle handelsfähigen Weine müssen einen Mindestalkoholgehalt von 11,5 Vol.–% aufweisen – was in der Praxis natürlich kein Problem darstellt. Anreichern mit fremdem Zucker ist nicht erlaubt, jedoch das Zusetzen von Säure.

Insgesamt 25 verschiedene Rebsorten sind für Qualitätsweine zugelassen und können auf dem Etikett angeführt werden. Wird die Sorte erwähnt, muss der Wein zu mindestens 75 % daraus gekeltert sein. Bestimmte Zusatzbezeichnungen wie „Reserva", „Gran Reserva", „Superior" u. a., sind zugelassen, sagen aber wenig aus.

Südafrika

Am Kap der guten Hoffnung begann man mit dem Weinbau Mitte des 17. Jahrhunderts. Eigentlich waren es holländische Seefahrer, die mit dem Anbau begannen, um Wein als Medizin gegen Mangelerkrankungen zu gewinnen. Das Land am Kap der guten Hoffnung erlebte seither eine sehr bewegte Geschichte. Seit dem Ende der Apartheidpolitik gibt es in dem Land einen sensationellen Aufschwung.

Das südafrikanische Weingesetz ist inzwischen rund 30 Jahre alt und regelt eigentlich in der Hauptsache die Angaben auf dem Etikett: Sind Rebsorte oder Jahrgang angegeben, gilt wie in einigen anderen Ländern die 75 % Regel – für den Export in die EU allerdings sind 85 % vorgeschrieben.

Einige Begriffe bei den Bezeichnungsvorschriften: „Estate-Abfüllung" – eine Gutsabfüllung, bei der mindestens 55 % der Trauben aus dem eigenen Gut stammen müssen. „Origin" – 100 % der Trauben stammen aus der angegebenen Region, District oder Bezirk. „Vintage" – bei Exportweinen stammen mindestens 75 % der Trauben aus dem entsprechenden Jahrgang. Fremder Zucker ist verboten, das Zusetzen von Säure aber erlaubt.

Das Weinquiz

Kategorie: International

International [Fragen]

[1] Eines dieser Länder ist der größte Weinproduzent Südamerikas. Es ist ...?
(1) Chile
(2) Argentinien
(3) Uruguay
(4) Brasilien

[2] Saint-Emilion ist unter Weinfreunden ein klingender Name. Wo liegt die bekannte Weinbaugemeinde?
(1) In Frankreich
(2) In Kalifornien
(3) In Italien
(4) In Spanien

[3] Welcher dieser international bekannten Weine hat die rote Rebsorte Mourvèdre in seiner Cuvée?
(1) Taurasi
(2) Châteauneuf-du-Pape
(3) Chianti
(4) Bergerac

[4] Der höchste Weinberg Europas steht ...?
(1) In Morgex im italienischen Aostatal
(2) Im italienischen Valtelintal
(3) Im Schweizer Wallis
(4) In Kitzeck in der Steiermark

[5] Einer der nachstehenden Persönlichkeiten kann als der Pionier des kalifornischen Weinbaus bezeichnet werden. Es ist ...?
(1) Giacomo Tachis
(2) Max Schubert
(3) Robert Parker
(4) Robert Mondavi

[6] Bei welchen „verstärkten" Weinen findet man die Bezeichnung „Late Bottled Vintage" auf dem Etikett?
(1) Bei Portwein
(2) Bei Sherry
(3) Bei Madeira
(4) Bei Marsala

International [Antworten]

[1] Argentinien
Vor allem spanische, aber auch portugiesische Missionare haben Reben nach Südamerika gebracht, um Messwein keltern zu können. Inzwischen ist Argentinien mit mehr als 200.000 Hektar Weingärten der größte Weinproduzent Südamerikas. Nach der produzierten Menge steht Argentinien in der Welt an fünfter Stelle.

[2] In Frankreich
Saint-Emilion ist ein Teilbereich von Bordeaux und liegt somit in Frankreich. Es liegt am so genannten rechten Ufer, und unter der Appellation werden nur Rotweine gewonnen. Eventuell erzeugte Weißweine fallen unter die allgemeine AOC Bordeaux Blanc.

[3] Châteauneuf-du-Pape
Mourvèdre ist eine rote Rebsorte, die praktisch in ganz Südfrankreich angebaut wird – von der Provence bis Roussillon an der spanischen Grenze. Sie ist ein Partner in der Cuvée des roten Châteauneuf-du-Pape. Die Traube bringt dunkle und kraftvolle Weine.

[4] Im Schweizer Wallis
Die höchsten Weingärten Europas liegen in Visperterminen, im Schweizer Kanton Wallis. Etwa 45 Hektar Weingärten liegen in einer Seehöhe von 1.100 Metern und mehr. Die Weinrarität aus dem Gebiet ist der „Heida-Wein" der aus der Rebsorte Savagnin Blanc gewonnen wird (Familie der Traminer).

[5] Robert Mondavi
Tachis ist noch immer ein großer Weinmacher in Italien, Max Schubert schuf den legendären Grange in Australien und Robert Parker ist einer der einflussreichsten Weinkritiker der Welt. Der große Weinpionier Kaliforniens ist ganz eindeutig Robert Mondavi in Oakville im Napa Valley.

[6] Bei Portwein
Late Bottled Vintage (oder LBV) ist eine Qualitätsbezeichnung für einen Jahrgangsportwein, der in der Flasche reift. Die Qualität liegt nur eine kleine Stufe unter einem Vintage Port, ist im Preis jedoch deutlich günstiger.

International [Fragen]

[7] Die meistangebaute Rebsorte Spaniens ist gleichzeitig die am meisten verbreitete Weißweintraube der Welt. Es ist ...?
(1) Airén
(2) Palomino
(3) Tempranillo
(4) Viura

[8] In welcher spanischen Region wird der größte Teil des Cavas erzeugt?
(1) In Ribeiro
(2) In Navarra
(3) In Penedès
(4) In Rioja

[9] Mehrere Weinländer der Welt haben in jüngerer Vergangenheit einen starken Aufschwung erlebt. Am stärksten wuchs die Fläche ...?
(1) In Ungarn
(2) In Uruguay
(3) In Spanien
(4) In Australien

[10] Auf der südlichen Halbkugel unserer Erde sind die Jahreszeiten „verkehrt". Wann ist die Hauptblütezeit in den Weingärten Südafrikas?
(1) Im November
(2) Im Januar
(3) Im Juni
(4) Im September

[11] Retsina wurde schon im antiken Hellas hergestellt und ist noch heute ein Stück griechischer Kultur. Seinen typischen Geschmack erhält der Wein ...?
(1) Durch bewusstes Reifen des Weines in der Wärme
(2) Durch einen oxidativen Ausbau
(3) Durch Zusatz von Mostkonzentrat und Alkohol
(4) Durch Harzen des Fasses bzw. des Weines

International [Antworten]

[7] Airén
In Spanien werden aus ihr hauptsächlich Grundweine für die Herstellung von Brandy, dem spanischen Weinbrand, gewonnen. Es ist Airén und vor allem in dem riesigen Gebiet von La Mancha zu finden. Die Anbaufläche erstreckt sich über rund 400.000 Hektar. Dies ist mehr als das Doppelte der Rebfläche von Deutschland, Österreich und der Schweiz zusammen.

[8] In Penedès
Der allergrößte Teil des spanischen Cavas kommt aus der Region Penedès in Katalonien. Insgesamt können 159 Gemeinden Cava DO (mit kontrollierter Ursprungsbezeichnung) herstellen. Einige wenige Gemeinden liegen in Rioja, Navarra, Tarragona und anderen Regionen. Die Schaumweine werden nach der klassischen Methode hergestellt und reifen mindestens 9 Monate auf der Hefe.

[9] In Australien
Innerhalb nur einer Generation hat sich ein Land von der Biertrinker- zur Weintrinker-Nation entwickelt. Australien hat dies geschafft und kann die jährlich höchsten Zuwachsraten von allen Weinbauländern der Welt verzeichnen. Auf rund 140.000 Hektar werden rund 9 Millionen Hektoliter produziert.

[10] Im November
Durch die „verkehrten" Jahreszeiten in der südlichen Hemisphäre ist dort die Hauptblütezeit im November. Die Ernte beginnt etwa im Februar mit den Weiß- und ab März mit den Rotweinsorten.

[11] Durch Harzen des Fasses bzw. des Weines
Retsina erhält seinen besonderen Geschmack durch das Harz einer Pinienart. Früher war es ein Konservierungsmittel, heute dient es mehr zur Aromatisierung des Weines. Retsina ist meistens ein Weißwein, er kann aber auch roséfarben oder rot sein.

International [Fragen]

[12] Die wichtigste rote Rebsorte von Uruguay wird im Lande als Harriague bezeichnet. In Frankreich bzw. international ist die Sorte bekannt als ...?
(1) Syrah
(2) Cabernet
(3) Tannat
(4) Merlot

[13] Eine dieser Rebsorten ist für Sherry nicht zugelassen. Es ist ...?
(1) Moscatel
(2) Palomino
(3) Pedro Ximenez
(4) Garnacha Blanco

[14] Kanada hat mehr Weinbau, als man glaubt. Welche Traubensorten werden dort für die Weinerzeugung hauptsächlich angebaut?
(1) Alle amerikanischen Hybriden
(2) Alle Bordeaux- und Burgunderreben
(3) Verschiedene asiatische Hybriden
(4) Alle europäischen Edelsorten

[15] In welchem dieser Länder findet man die höchstgelegenen Weingärten?
(1) Italien
(2) Argentinien
(3) Schweiz
(4) Kanada

[16] Fumé Blanc ist das Synonym für einen bestimmen Typ eines Weißweines. Dabei meint man ...?
(1) Einen Weißwein von der Loire
(2) Einen im Barrique ausgebauten Chardonnay
(3) Einen im Barrique ausgebauten Sauvignon Blanc
(4) Einen weißen kalifornischen Barriquewein, egal aus welcher Sorte

International [Antworten]

[12] Tannat
Die Rebsorte Harriague trägt den Namen des Spaniers, der im 19. Jahrhundert das erste kommerziell betriebene Weingut Uruguays gründete. Die Rebe wurde von baskischen Einwanderern aus Frankreich mitgebracht, wo sie als Tannat bekannt ist. Die Sorte ist heute besonders in der Region Madiran, in Südwestfrankreich, verbreitet.

[13] Garnacha Blanco
Palomino ist die wichtigste Sorte, besonders für die trockenen Sherry-Typen. Pedro Ximenez und Moscatel werden für die süßen Oloroso-Typen verwendet. Garnacha Blanco hat in Spanien große Bedeutung, aber nicht für Sherry.

[14] Alle amerikanischen Hybriden
Kanada hat immerhin etwa 7.000 Hektar gewerblichen Weinbau. Amerikanische Hybriden sind besonders stark vertreten. Eine davon ist z. B. die rote Sorte Concord. Zunehmend werden auch französische Edelreben und deutsche Neuzüchtungen gepflanzt. Durch das besondere Klima wird großes Augenmerk auf Frostbeständigkeit gelegt.

[15] Argentinien
Unter diesen angeführten Ländern hat Argentinien die am höchsten gelegenen Weingärten. In der Provinz Salta erstrecken sich Anlagen entlang der Anden-Täler meist auf 1.500 bis 2.000 Metern Seehöhe, vereinzelt noch darüber.

[16] Einen im Barrique ausgebauten Sauvignon Blanc
Fumé bedeutet soviel wie „rauchig", und in Kalifornien ist Fumé Blanc eine gängige Bezeichnung für einen im Barrique ausgebauten Sauvignon Blanc. Das Haus Mondavi begann mit einem Wein unter diesem Namen in einer hellen Flasche mit matter Außenseite.

International [Fragen]

[17] Die Sorte Lemberger kennt in Europa verschiedene Namen. Welche dieser Bezeichnungen ist kein Synonym für diese Traube?
(1) Marzemino
(2) Blaufränkisch
(3) Kékfrankos
(4) Schwarzer Muskateller

[18] Wie bezeichneten die Engländer ursprünglich den klassischen Bordeaux-Wein?
(1) Clairet
(2) Hock
(3) Cab
(4) Bord

[19] Welches dieser Weinländer erzeugt jährlich die größten Mengen?
(1) Griechenland
(2) Frankreich
(3) Spanien
(4) Deutschland

[20] Spanien hat die größte Weinbaufläche der Welt. Nach Fläche und Produktion ist es die spanische Region ...?
(1) Navarra
(2) Rioja
(3) La Mancha
(4) Andalusien

[21] Hanepoot ist in Südafrika eine wichtige Rebsorte. Der Name ist ein Synonym für die französische Sorte ...?
(1) Müller-Thurgau
(2) Muscat d'Alexandrie
(3) Sauvignon Blanc
(4) Chenin Blanc

[22] In welchem Teil Australiens liegt der Weinbaubereich Swan Valley?
(1) In New South Wales
(2) In Victoria
(3) In Westaustralien
(4) In Südaustralien

International [Antworten]

[17] Marzemino
Als Lemberger wird die Sorte in Deutschland und im amerikanischen Bundesstaat Washington bezeichnet. In Österreich ist sie als Blaufränkisch und in Ungarn als Kékfrankos bekannt. Schwarzer Muskateller ist ein alter Name für die Traube, wird aber kaum mehr verwendet.

[18] Clairet
Bordeaux gehörte vom 12. bis zum 15. Jahrhundert zu England, und Bordeauxweine spielten für die Briten schon immer eine große Rolle. Eine alte Bezeichnung für die roten Weine ist Clairet. Es sind damit allerdings vor allem die leichten und helleren Weine gemeint, wie sie früher üblich waren.

[19] Frankreich
Alle angeführten Länder sind große Weinproduzenten, aber unter diesen Ländern erzeugt Frankreich ganz eindeutig die größten Mengen. In den vergangenen Jahren hat Frankreich sogar Italien überholt und ist somit größter Produzent der Welt. Bezogen auf die Anbaufläche führt allerdings Spanien.

[20] La Mancha
Mit knapp 1,2 Millionen Hektar hat Spanien die größten Rebflächen der Welt. La Mancha ist die größte Weinbauregion Spaniens. Die Angaben über die Größe der Weingärten variieren sehr stark und reichen von 150.000 bis ca. 400.000 Hektar. Ein großer Teil der hier erzeugten Weine ist übrigens für die Destillation von spanischem Brandy bestimmt.

[21] Muscat d'Alexandrie
Hanepoot bedeutet soviel wie Honigtopf und ist ein Synonym für die französische Sorte Muscat d'Alexandrie. Es ist in Südafrika die meistangebaute Muskateller-Traube. Muscat d'Alexandrie wird in etlichen Ländern der Erde angebaut, bringt hohe Erträge sowie viel Zucker und wird gerne für Süßweine und zur Destillation angebaut.

[22] In Westaustralien
Swan Valley ist ein Weinbaubereich nördlich der Stadt Perth und liegt im Bundesstaat Western Australia. Es ist eine der heißesten Weinbauzonen Australiens.

International [Fragen]

[23] Weine, die in Deutschland oder Österreich etwa einer Spätlese entsprechen, sind auch in Kalifornien bekannt. Dort nennt man sie ...?
(1) Late wine of the year
(2) Late harvest vintage
(3) Late bottled vintage
(4) Late fall harvest

[24] Was versteht man in Spanien unter einem Granvás?
(1) Einen Rotwein aus Penedès
(2) Einen großen hölzernen Gärtank
(3) Einen spanischen Sekt, im Tankgärverfahren hergestellt
(4) Einen spanischen Weinbrand

[25] Es gibt verschiedene Sherry-Qualitäten, aber nur zwei Grundtypen. Dies sind ...?
(1) Fino und Oloroso
(2) Manzanilla und Fino
(3) Amontillado und Oloroso
(4) Pale und Raya

[26] Das größte Weinbaugebiet Portugals ist ...?
(1) Vinho Verde
(2) Douro
(3) Bairrada
(4) Dao

[27] Welche Dessertweine werden fast obligatorisch während der Reifung über mehrere Monate erhitzt?
(1) Die Malagas
(2) Die Madeiras
(3) Die Marsalas
(4) Die Manzanillas

[28] Der süßeste dieser Madeira-Typen ist ...?
(1) Sercial
(2) Verdelho
(3) Malmsey
(4) Boal

International [Antworten]

[23] Late harvest vintage
Kalifornien und auch andere Länder der „Neuen Welt" erzeugen Süßweine nach Art einer Spät- oder Auslese. In Kalifornien sind diese Weine meist als „Late Harvest" oder „Selectet Late Harvest" bekannt.

[24] Einen spanischen Sekt, im Tankgärverfahren hergestellt
Es ist ein Schaumwein, der nach der „Méthode Charmat", also nach dem Tanksektverfahren hergestellt wird. Diese einfachen Sekte sind schon nach wenigen Wochen fertig für die Abfüllung. „Cava" – nach der klassischen Methode hergestellter Schaumwein – hat in Spanien allerdings viel mehr Bedeutung.

[25] Fino und Oloroso
Alle Sherryqualitäten werden von den zwei Grundtypen Fino und Oloroso abgeleitet. So ist zum Beispiel Amontillado eine Fino-Unterart, die unter einer Florschicht reift. Cream-Sherry ist eine Variante des Oloroso, die nicht unter dem besonderen Flor reift und meist einen höheren Alkoholgehalt hat.

[26] Vinho Verde
Mit etwa 60.000 Hektar Rebfläche ist Vinho Verde das größte Qualitäts-Weinbaugebiet Portugals. Dies ist mehr als die Hälfte der Weinbau-Fläche Deutschlands, deutlich mehr als in allen Gebieten Österreichs zusammen oder die vierfache Rebfläche der Schweiz. Obwohl der Name des Gebietes eigentlich „grüner Wein" bedeutet, werden Weiß- und Rotweine gewonnen.

[27] Die Madeiras
Diese Hitzebehandlung, die man als „Estufagem" bezeichnet, wird bei den meisten Madeiras angewandt. Dadurch erzielt der Dessert- bzw. Südwein seinen unvergleichlichen Geschmack. Madeira kommt von der gleichnamigen portugiesischen Insel im Atlantik. Die vier Grundtypen vom trockensten bis zur süßen Art sind: Sercial, Verdelho, Bual (Boal) und Malmsey (Malvasia).

[28] Malmsey
Diese vier Grundtypen von Madeira sind nach den Rebsorten benannt und haben üblicherweise einen unterschiedlichen Zuckergehalt. Die Reihung vom Trockensten bis zum Süßesten ist: Sercial, Verdelho, Boal (Bual) und Malmsey mit bis zu 135 Gramm Restzucker pro Liter.

International [Fragen]

[29] In welchem Weinland liegt das Gebiet Barossa Valley?
(1) In Neuseeland
(2) In Kalifornien
(3) In Südafrika
(4) In Australien

[30] Die Anbauzone für Sherry liegt in der spanischen Region ...?
(1) Andalusien
(2) Katalonien
(3) Galicien
(4) Aragón

[31] An welchem Fluss liegt das Weinbaugebiet Rioja?
(1) Am Tajo
(2) Am Ebro
(3) Am Tibro
(4) Am Duero

[32] In Mexiko werden Weine nicht nur aus Trauben erzeugt. Aus welcher Frucht werden die meisten gewonnen?
(1) Aus Trauben
(2) Aus Feigen
(3) Aus Agaven
(4) Aus Datteln

[33] Château Musar ist ein vielfach ausgezeichnetes Weingut. Es liegt aber nicht in einem der klassischen Weinländer, sondern in ...?
(1) Der Türkei
(2) Tunesien
(3) Israel
(4) Libanon

[34] Woher kommt der Süßwein Mavrodaphne?
(1) Aus Griechenland
(2) Aus Zypern
(3) Aus der Türkei
(4) Aus Tunesien

International [Antworten]

[29] In Australien
Das Barossa Valley gilt als einer der bekanntesten Weinbaubereiche Australiens und liegt nordöstlich von Adelaide im Bundesstaat South Australia mit rund 10.000 Hektar Weingärten. Die Basis für den Weinbau schufen deutsche Siedler aus Schlesien und Preußen, die den Riesling mitbrachten.

[30] Andalusien
Sherry ist der klassische spanische Dessertwein, und sein Name wurde von der Stadt Jerez de la Frontera abgeleitet. Die Anbauzone liegt in der Provinz Cádiz in Andalusien. Die Weingärten mit mehr als 10.000 Hektar liegen zum Großteil in Richtung Atlantik.

[31] Am Ebro
Viele bekannte Weinbauregionen Europas nützen die klimaregulierenden Eigenschaften von Flüssen. So ist es auch in der bekannten spanischen Region D.O.Ca. Rioja, die sich über rund 100 km entlang des Flusses Ebro erstreckt. Dabei liegen Rioja Alavesa nördlich, Rioja Alta und Rioja Baja südlich des Flusses.

[32] Aus Agaven
Die größten Weinmengen werden in Mexiko aus Agaven und nicht aus Trauben gewonnen. Der Wein wird als Pulque bezeichnet und wurde schon von den Azteken hergestellt. Dieser Agavenwein kann auch zu Tequila destilliert werden.

[33] Libanon
Die bekannteren Rotweine aus dem außergewöhnlichen Weingut werden aus Cabernet Sauvignon und anderen französischen Sorten gekeltert. Das Weingut liegt im Libanon, und die Trauben wachsen im hundert Kilometer entfernten Bekaa-Tal auf rund 1.000 m Seehöhe.

[34] Aus Griechenland
Mavrodaphne bedeutet „schwarzer Lorbeer". Es ist der Name einer Rebsorte, aus der vor allem in der griechischen Appellation Patras portweinähnliche Süßweine gewonnen werden. Die Traube kann aber auch Bestandteil kraftvoller Rotweine sein.

International [Fragen]

[35] Als Handels- und Lagerzentrum für Portweine gilt?
(1) Jerez de la Frontera
(2) Vila Nova de Gaia
(3) Sanlúcar de Barrameda
(4) Lissabon

[36] Was bedeutet die Bezeichnung „Con Crianza" bei spanischen Weinen?
(1) Ist nur eine Phantasiebezeichnung ohne Bedeutung
(2) Wein mit längerer Eichenfasslagerung
(3) Es ist einfach die Reifung
(4) Wein mit kontrollierter Ursprungsbezeichnung

[37] Auch das Portweingebiet liegt in einem Flusstal. Welcher Fluss begleitet die Weinberge?
(1) Der Ribero
(2) Der Duero
(3) Der Tajo
(4) Der Douro

[38] Für den Sherry ist die Rebsorte Palomino, der Ausbau unter Florhefe und die Solera typisch. Solera bedeutet ...?
(1) Ein besonderes System von Lagerung und Verschnitt der Weine
(2) Ein langstieliges Gerät zum Entnehmen von Fassproben
(3) Die Herkunft der Trauben aus besonders sonnigen Lagen
(4) Das lange Lagern der Sherryfässer in direkter Sonne

[39] Hat Sekt in der EU gleich viel oder weniger Restzucker wie Wein, wenn auf dem Etikett die Bezeichnung „Trocken" steht?
(1) Sekt und Wein haben gleich viel/wenig Restzucker
(2) Wein hat weniger Restzucker
(3) Es hängt von der Säure ab
(4) Sekt hat weniger Restzucker

[40] Retsina ist vor allem bei Urlaubern bekannt und kommt ...?
(1) Aus Slowenien
(2) Aus Ungarn
(3) Aus Griechenland
(4) Aus Rumänien

International [Antworten]

[35] Vila Nova de Gaia
Im Norden von Portugal liegt die Stadt Porto, und Vila Nova de Gaia ist ein Vorort. Es ist das Portweinzentrum, in dem fast alle Erzeuger ihre Produktions- und Lagerstätten haben. Bis vor wenigen Jahrzehnten mussten hier alle Portweine in den Lodges (Lagerhäusern) reifen und abgefüllt werden. Inzwischen kann dies aber auch direkt in den Quintas geschehen.

[36] Wein mit längerer Eichenfasslagerung
Crianza – wörtlich „Erziehung" – bezieht sich beim Wein auf den Ausbau im kleinen Eichenfass. Wenn „Con Crianza" auf dem Etikett steht, muss z. B. der betreffende Rioja mindestens 2 Jahre im „Barrica" hinter sich haben und darf erst im dritten Jahr in den Handel kommen.

[37] Der Douro
Der Fluss Duero kommt aus Spanien und gibt dort einer Weinbauregion den Namen (Ribera del Duero). Ab der Grenze zu Portugal trägt er den Namen Douro und begleitet die Weinberge des Portweingebietes, bis er bei Porto in den Atlantik fließt. Außer Portweinen werden hier vermehrt auch dunkle Rotweine erzeugt.

[38] Ein besonderes System von Lagerung und Verschnitt der Weine
Beim Solera-System lagern die Sherry-Fässer in mehreren Lagen übereinander, um ein mehrmaliges Verschneiden der verschiedenen Weine miteinander zu erleichtern. Die Solera ist die unterste Fassreihe, und der Namen leitet sich von „suelo" (= Boden) ab.

[39] Wein hat weniger Restzucker
Generell hat Sekt mehr Restzucker als Wein mit der gleichen Geschmacksbezeichnung. In den Ländern der EU sind die Werte bei Schaumweinen gleich, bei Stillweinen jedoch unterschiedlich. In Deutschland und Österreich bedeutet „Trocken" z. B. bei Weinen unter bestimmten Umständen (Säure) höchstens 9 g/Liter Restzucker. Bei Sekt geht „Trocken" von 17 bis 35 Gramm pro Liter.

[40] Aus Griechenland
Schon die alten Griechen dichteten ihre Amphoren mit Pinienharz ab, um den Wein haltbarer zu machen. Retsina ist der berühmte geharzte Wein aus Griechenland. Er ist meistens weiß, kann aber auch Rot- oder Roséwein sein.

International [Fragen]

[41] Ausbruchweine sind besondere Prädikatsweine. Welches europäische Land erzeugt – außer Österreich – diese Weine sonst noch?
(1) Schweiz
(2) Südtirol
(3) Deutschland
(4) Ungarn

[42] Zwischen welchen Breitengraden findet die Rebe auf der südlichen Halbkugel der Erde die idealen Wachstumsbedingungen?
(1) Zwischen dem 30. und 40. Breitengrad
(2) Zwischen dem 40. und 50. Breitengrad
(3) Zwischen dem 10. und 20. Breitengrad
(4) Zwischen dem 20. und 30. Breitengrad

[43] Eine dieser Weinbauregionen liegt nicht in Argentinien. Es ist ...?
(1) Catamarca
(2) Jumilla
(3) San Juan
(4) La Rioja

[44] Ein Großteil von Sherry wird in 500 Liter-Fässern gereift. Die Produzenten nennen sie ...?
(1) Pipe
(2) Barrica
(3) Bota
(4) Crianza

[45] In welchen Farben gibt es portugiesischen Vinho Verde?
(1) Nur als Weißwein
(2) Nur als Weiß- und Roséwein
(3) Als Weiß-, Rosé- und Rotwein
(4) Als Rot- und Weißwein

[46] Pisco ist ein Traubenbrand und so etwas wie der chilenische Nationalschnaps. Gewonnen wird Pisco hauptsächlich ...?
(1) Aus Muskatellertrauben
(2) Aus verschiedenen Rotweintrauben
(3) Aus einer Mischung von weißen und roten Trauben
(4) Wird nur aus Hybriden (Erdbeertrauben) gewonnen

International [Antworten]

[41] Ungarn
Ausbruchweine werden aus edelfaulen Beeren und frischem Wein oder Most gewonnen. Die Herstellungsmethode ist sehr alt. Neben Österreich erzeugt Ungarn diese Weine. Es sind die Tokajer-Weine mit der Bezeichnung „Aszu" mit 3 bis 6 Butten. Der 3-buttige hat mindestens 60 Gramm Restzucker, und jede weitere Butte bringt mindestens 30 Gramm Zucker mehr pro Liter.

[42] Zwischen dem 30. und 40. Breitengrad
Der Großteil der Weingärten auf der südlichen Halbkugel liegt zwischen dem 30. und 40. Breitengrad. Nur vereinzelt findet man Weinberge näher zum Äquator und dann in großen Höhenlagen, um das Klima auszugleichen. In der nördlichen Hemisphäre ist diese Klimazone übrigens breiter und liegt etwa zwischen dem 30. und 50. Breitengrad.

[43] Jumilla
Die Weinbauregionen Catamarca, San Juan und La Rioja gibt es in Argentinien wirklich. Aber Lumilla liegt in Spanien nahe der spanischen Mittelmeerküste im Gebiet Levante und ist eine Region mit mehr als 40.000 Hektar Weingärten. Es werden überwiegend Rotweine erzeugt.

[44] Bota
Sherry wird fast immer in Holzfässern, die in 3 bis 5 Reihen übereinander gelagert sind, gereift. Die Weine werden vom obersten bis zum untersten miteinander verschnitten. Das klassische Sherry-Fass wird als Bota bezeichnet. Der Name wurde von der englischen Maßeinheit Butt abgeleitet.

[45] Als Weiß-, Rosé- und Rotwein
Vinho Verde bedeutet soviel wie „grüner Wein" und kommt aus dem größten Qualitätsweinbaugebiet Portugals. Grün bezieht sich aber nicht auf die Farbe, sondern auf seinen frischen Geschmack. Der Wein kann weiß, hellrot und rot sein. Oft ist er leicht prickelnd.

[46] Aus Muskatellertrauben
Der Name des Branntweines bedeutet in der Inkasprache „Fliegender Vogel". Traditionell wird das Destillat hauptsächlich aus den Muskatellertrauben Muscat d'Alexandrie bzw. Moscatel de Austria gewonnen.

International [Fragen]

[47] Welches europäische Land erzeugt die größten Mengen an Destillaten aus Wein?
(1) Italien
(2) Spanien
(3) Deutschland
(4) Frankreich

[48] Das gesetzlich festgelegte Anbaugebiet für Portweine findet man ...?
(1) In Andalusien
(2) Im Douro-Tal
(3) In der Charente
(4) In Katalonien

[49] Welche Rotweinrebe wird auf der Welt flächenmäßig am meisten angebaut?
(1) Syrah
(2) Merlot
(3) Cabernet
(4) Garnacha

[50] Eine dieser Weinbauregionen liegt nicht in Spanien. Es ist ...?
(1) Raimat
(2) Montilla-Morilles
(3) Rueda
(4) Mendoza

[51] Das älteste, noch existierende Weingut Kaliforniens wurde Mitte des 19. Jahrhunderts gegründet. Welches ist es?
(1) Mondavi
(2) Buena Vista
(3) Beringer
(4) Hess

[52] In welchem Land befindet sich das Château Montelena?
(1) In Frankreich
(2) In Australien
(3) In Kalifornien
(4) In Südafrika

International [Antworten]

[47] Spanien
Cognac, Armagnac, Weinbrand und Brandy – alles wird aus fertig vergorenen Grundweinen gebrannt. Die größten Mengen solcher Destillate werden in Spanien erzeugt. Die Trauben bzw. die Grundweine kommen überwiegend aus La Mancha, dem größten Gebiet Spaniens.

[48] Im Douro-Tal
Die Portweine kommen nur aus dem portugiesischen Douro-Tal, das sich von der Stadt Porto in Richtung Osten zur spanischen Grenze hin erstreckt. Die Weinberge umfassen etwa 33.000 Hektar. Es ist eines der ältesten, gesetzlich festgelegten Weinbaugebiete in Europa. Neben den Portweinen werden inzwischen vermehrt auch kraftvolle Rotweine erzeugt.

[49] Garnacha
Vor allem in Spanien und Frankreich, aber auch in anderen Ländern, wird Garnacha in großem Stil angebaut und ist daher mit etwa 270.000 Hektar die meist angebaute Rotweinrebe der Welt. In Frankreich ist die Sorte als Grenache und in Sardinien als Cannonau bekannt. Die Traube bringt hohe Erträge und verträgt Hitze und Dürre.

[50] Mendoza
Alle angeführten Namen klingen nach Spanien. Mendoza liegt aber in Argentinien. Dort ist es die größte und wichtigste Weinbauregion im fünftgrößten Weinland der Welt. Rund 140.000 Hektar Weingärten liegen im äußersten Westen des Landes zu Füßen der Anden. Ein Großteil der Weine wächst auf einer Seehöhe von 600 bis 1.200 Metern, manche Weinberge liegen aber noch viel höher.

[51] Buena Vista
1857 wurde das erste kalifornische Weingut vom österreichisch-ungarischen Adeligen Agoston Haraszthy im Bereich Los Carneros gegründet. Es ist die Buena Vista Winery, die noch heute existiert, aber schon mehrfach den Besitzer wechselte.

[52] In Kalifornien
Der nahe gelegene Mount St. Helena im kalifornischen Napa Valley war wohl Namensgeber für das bekannte Weingut. Derzeit hat der Betrieb „nur" mehr etwa 40 Hektar eigene Weinberge. Chardonnay und Cabernet Sauvignon zählen zu den Premiumweinen.

International [Fragen]

[53] Auch das Fürstentum Luxemburg hat gewerblichen Weinbau. Am meisten angebaut wird die Sorte ...?
(1) Silvaner
(2) Riesling
(3) Rieslaner
(4) Rivaner

[54] In welchem Land liegt das Weinbaugebiet Constantia?
(1) In Südafrika
(2) In Australien
(3) In Neuseeland
(4) In Kalifornien

[55] Einer dieser italienischen Rebsorten wurde lange Zeit eine enge Verwandtschaft mit Kaliforniens Zinfandel nachgesagt. Aber welcher?
(1) Gaglioppo aus Kalabrien
(2) Primitivo aus Apulien
(3) Sangiovese aus der Toskana
(4) Montepulciano aus den Abruzzen

[56] Ein besonderer Geschmack bei französischen und spanischen Süßweinen wird als „Rancio" bezeichnet. Was ist das Besondere daran?
(1) Ein besonderer Holzton von der Lagerung
(2) Ein leicht harziger Ton im Geschmack
(3) Der hohe Alkoholgehalt
(4) Ein oxidativer Ton

[57] Die größte spanische Weinbauregion ist ...?
(1) Navarra
(2) Penedès
(3) Rioja
(4) La Mancha

[58] Ein spanischer Dessertwein gilt als „der kleine Bruder" des Sherrys. Es ist ...?
(1) Lacrima
(2) Montilla-Moriles
(3) Malaga Secco
(4) Montanchez

International [Antworten]

[53] Rivaner
Die Weingärten des Fürstentums liegen an den westlichen Hängen der Mosel, die über 36 km Länge die Grenze zu Deutschland bildet. Derzeit gibt es rund 1.350 Hektar Weingärten, die von etwa 1.200 kleinen Winzern bewirtschaftet werden. Die wichtigste Rebsorte in Luxemburg ist der Müller-Thurgau mit 45-50 % Anteil, der dort als Rivaner bezeichnet wird.

[54] In Südafrika
Constantia war das erste Weinbaugebiet, das von den Holländern auf dem Weg nach Indien erschlossen wurde. Es liegt nicht weit entfernt von Kapstadt in Südafrika. Es ist heute ein Weinbaubereich, der zur Costal-Region gerechnet wird. Fünf Weingüter bewirtschaften etwa 400 Hektar Weingärten in Küstennähe am Fuße des Constantia-Berges.

[55] Primitivo aus Apulien
Noch vor wenigen Jahren war man sicher, dass Kaliforniens Zinfandel mit der Sorte Primitivo aus Apulien identisch oder zumindest eng verwandt ist. Inzwischen haben dies genetische Untersuchungen widerlegt. Eine gewisse Verwandtschaft ist allerdings vorhanden, und der Ursprung von Primitivo liegt vermutlich in Dalmatien.

[56] Ein oxidativer Ton
Durch eine bewusste Lagerung in kleinen Holzfässern unter Sonneneinstrahlung und Einfluss von Sauerstoff haben Rancio-Weine einen deutlich oxidativen Ton. Ein bekannter Wein, der teilweise so behandelt wird, ist Banyuls aus der französischen Weinbauregion Roussillon. Es ist ein Vin Doux Naturel – eine Art Likörwein.

[57] La Mancha
Nach der Anbaufläche ist Spanien das größte Weinland der Welt und La Mancha mit deutlichem Abstand die größte Weinbauregion Spaniens. Die gesetzlich anerkannte DO La Mancha hat etwa 200.000 Hektar Rebfläche. Alle Weingärten der historischen Landschaften zusammen bringen es jedoch auf mehr als die doppelte Fläche.

[58] Montilla-Moriles
Der kleine Bruder des Sherrys kommt aus einem immerhin 10.000 Hektar großen Gebiet und erzeugt ähnliche Weine. Es ist die DO Montilla-Moriles und liegt im Hinterland von Andalusien, östlich von Jerez. Bis in die 30er-Jahre des vergangenen Jahrhunderts wurden die hier erzeugten Weine vielfach als Sherry verkauft.

International [Fragen]

[59] Welches Land Asiens hat die größte Anbaufläche für Weintrauben?
(1) Türkei
(2) Indien
(3) China
(4) Iran

[60] Die Weinberge Chiles erstrecken sich über 1.300 km von Norden nach Süden in einem schmalen Streifen. Das südlichste Gebiet ist ...?
(1) Casablanca
(2) Maule
(3) Bio-Bio
(4) Curicó

[61] Sherry-Fässer werden traditionellerweise in mehreren Reihen übereinander gelagert. Die oberste Fassreihe mit dem jüngsten Wein nennt man ...?
(1) Soleras
(2) Criaderas
(3) Venecias
(4) Annatas

[62] Welcher ist der meistverkaufte Roséwein der Welt?
(1) Heidenrosé
(2) Mateus Rosé
(3) Lambrusco Rosé
(4) Blush Zinfandel

[63] Ein kleines Weingut ist in Portugal eine ...?
(1) Bodega
(2) Casa
(3) Quinta
(4) Tenuta

[64] Das Weinland Kalifornien wurde nach den Durchschnittstemperaturen in Klimazonen eingeteilt. In wie viele Zonen?
(1) In 7 Zonen
(2) In 9 Zonen
(3) In 3 Zonen
(4) In 5 Zonen

International [Antworten]

[59] Türkei
Mit mehr als 580.000 Hektar Weingärten hat die Türkei die größte Anbaufläche für Trauben aller Länder auf dem asiatischen Kontinent. Allerdings werden nur etwa 5 Prozent der Trauben zu Wein gemacht. Etwa drei Viertel der Ernte sind Tafeltrauben, und ein Teil wird zu Rosinen verarbeitet.

[60] Bio-Bio
Wo einst die ersten Reben des Landes gepflanzt wurden, liegt das südlichste Anbaugebiet Chiles: das Bio-Bio-Tal. Heute stehen dort überwiegend die einfachen Pais-Reben.

[61] Annatas
Die klassische Reifungs- und Verschnitt-Technik geschieht bei Sherry zumeist nach dem so genannten „Solera-System". Dabei ist die unterste Reihe mit dem fertigen Wein die Solera, darüber liegen 2–4 Criaderas, und die obersten Fassreihen mit den „Jahrgangsweinen" werden als Annatas bezeichnet.

[62] Mateus Rosé
50 bis 80 Millionen Flaschen werden jährlich vom portugiesischen Mateus Rosé verkauft, und er ist somit der meistverkaufte Roséwein der Welt. Der Wein wird in 125 Länder exportiert und hauptsächlich über Supermärkte vertrieben.

[63] Quinta
Was in Frankreich ein Château oder in Italien eine Tenuta, ist in Portugal die Quinta. Es ist ein Weingut, das aus Gebäuden und Rebflächen besteht. Bekannt ist der Begriff in Zusammenhang mit den höchsten Qualitäten von Vintage-Portweinen.

[64] In 5 Zonen
Kalifornien ist weinbaulich nach der „Winkler-Skala" in 5 Klimazonen unterteilt. Aus den Tages-Durchschnitts-Temperaturen von April bis Oktober entstand diese Einteilung, ohne aber die Niederschlagsmengen zu berücksichtigen. Nach den berechneten Werten werden die passenden Rebsorten in den jeweiligen Zonen angepflanzt.

International [Fragen]

[65] Welche dieser Weinmessen findet in Wien statt?
(1) Die Vinova
(2) Die Vinexpo
(3) Die Vinaria
(4) Die Vindobona

[66] In welchen Weinbaugebieten findet man die besonderen Albariza-Böden, und was ist deren Besonderheit?
(1) Es sind die Schieferböden in deutschen Weinbaugebieten
(2) Es sind die weißen Kreideböden in Andalusien
(3) Es sind die quarzsandhältigen Böden im Languedoc
(4) Es sind die Urgesteinsböden im Schweizer Waadtland

[67] Unter einem Claret bzw. Clairet versteht der Engländer im Allgemeinen ...?
(1) Die leichten Rotweine, die in England gewonnen werden
(2) Einen leichten roten Burgunder
(3) Einen roten Bordeauxwein
(4) Einen hellen Rotwein aus der Provence

[68] Wie lange muss 6-buttiger Tokaji Aszú gelagert werden, bevor er auf den Markt kommt?
(1) 9 Jahre
(2) 3 Jahre
(3) 5 Jahre
(4) 7 Jahre

[69] Die erste europäische Edelrebe wurde von spanischen Mönchen in Mexiko und Kalifornien gepflanzt. Es war die Sorte ...?
(1) Mission
(2) Primitivo
(3) Salvador
(4) Tempranillo

[70] Spaniens Weingesetz kennt seit einigen Jahren einen „Vino de Pago". Die Bezeichnung gilt für ...?
(1) Einen Landwein
(2) Einen Obstwein
(3) Einen Tafelwein
(4) Einen Lagenwein

International [Antworten]

[65] Die Vinova
Das Interesse an Wein ist stark gestiegen und es gibt immer mehr Weinmessen. Die Vinova ist eine der großen Messen im deutschsprachigen Raum, findet jährlich in Wien statt und ist die größte Weinmesse in Österreich.

[66] Es sind die weißen Kreideböden in Andalusien
Albariza bedeutet soviel wie „weißer Boden" und es sind die typischen weißen Kreideböden im „Sherry-Dreieck" Andalusiens. Sie können die Niederschläge der Wintermonate lange speichern und geben außerdem den Trauben ihr besonderes Aroma.

[67] Einen roten Bordeauxwein
Der Engländer versteht unter einem Claret oder Clairet einen leichten roten Bordeauxwein bzw. die roten Bordeauxweine im Allgemeinen. Allerdings meint er damit nicht die dunklen und kraftvollen Rotweine, wie sie heute üblich sind, sondern die Art, wie sie früher einmal erzeugt worden sind.

[68] 7 Jahre
Tokaji Aszú bzw. Tokajer Ausbruch mit 6 Butten ist ein besonderer, edelsüßer Wein aus dem Nordosten Ungarns. Für die Lagerung gilt die Regel: ein Jahr für jede Butte und noch ein Jahr zusätzlich. Der Wein muss also 7 Jahre gelagert werden, bevor er in den Verkauf kommt.

[69] Mission
Die erste europäische Rebe der Spezies Vitis vinifera, die von Missionaren in Mexiko und Kalifornien gepflanzt wurde, war die rote Mission. Die gleiche Rebsorte war es auch in Chile und Argentinien, aber unter den Namen Criolla in Argentinien und País in Chile. Die Sorte ist in Sardinien als Monica bekannt.

[70] Einen Lagenwein
„Pago" ist in Spanien ein Landstrich mit besonderen Boden- und Klimaverhältnissen. Ein „Vino de Pago" entspricht somit etwa einem besonderen Lagenwein. Die Qualitätsstufe wurde erst 2003 eingeführt.

International [Fragen]

[71] Auf welcher geografischen Breite - im Vergleich zu Europa – liegen die kalifornischen Weinberge?
(1) Auf der Höhe von Burgund
(2) Auf der Höhe von Piemont und der Lombardei
(3) Auf der Höhe von Süditalien
(4) Auf der Höhe der Loire

[72] In den USA wird der Zucker in den Trauben nach einer anderen Skala gemessen als in Europa und zwar ...?
(1) Nach Öchsle
(2) Nach Babo
(3) Nach Baumé
(4) Nach Brix

[73] Was versteht man in Spanien unter Arrope?
(1) Einen Traubendicksaft zum Süßen von Sherry
(2) Eine Weinbauzone in Spanien
(3) Eine spanische Maßeinheit - ca. 16 Liter
(4) Ein Presshaus im Weingarten

[74] Wo in Europa gibt es die Weinbauzone Rufina?
(1) In Portugal
(2) In Italien
(3) In Spanien
(4) In Griechenland

[75] Kann überall in Spanien ein Dessertwein als Sherry bezeichnet werden?
(1) Ja, wenn er aus den Sherry-Rebsorten gekeltert wird
(2) Nur die aufgespriteten Weine verschiedener Rebsorten aus Andalusien
(3) Nur Weine aus begrenztem Gebiet und besonderer Herstellung
(4) Ja, jeder spanische Wein, der mit Weindestillat verstärkt wird

[76] Was verbirgt sich hinter dem Etikett des Commandaria?
(1) Ein griechischer Dessertwein
(2) Ein süditalienischer Vino Liquoroso
(3) Ein Strohwein aus Kreta
(4) Ein zypriotischer Süßwein

International [Antworten]

[71] Auf der Höhe von Süditalien
Die Weingärten Kaliforniens erstrecken sich über 1.000 Kilometer entlang der Pazifikküste. Die wichtigsten Gebiete liegen deutlich südlich des 40. Breitengrades und somit ähnlich wie Süditalien und Südspanien. In Kalifornien wird die Hitze durch kühle Winde und den Nebel des Pazifiks gemildert.

[72] Nach Brix
In Amerika und in den englischsprachigen Ländern allgemein werden die Zuckergrade nach Brix berechnet. Dabei werden Zucker und Extrakt zusammen gemessen. Dies bedeutet, dass die Werte etwas höher sind als bei den KMW-Graden. Ein kleines Beispiel: 20 ° KMW = ca. 100 ° Öchsle oder etwa 24° Brix.

[73] Einen Traubendicksaft zum Süßen von Sherry
Für verschiedene Dessertweine wie Malaga oder Sherry ist Arrope ein wichtiger Bestandteil. Es ist eingekochter Traubensaft in der Form von Traubensaftkonzentrat. Damit werden die Sherry-Typen Oloroso gesüßt und auch gefärbt.

[74] In Italien
Unter der Bezeichnung Rufina kommen Rotweine auf den Markt, die als gut lagerfähig gelten. Rufina ist eine der 8 Anbauzonen für Chianti in der Toskana. Die Zone liegt im Nordosten der Region, und die Weingärten befinden sich in größerer Höhenlage an den Hängen des Apennin. Rufina liegt also in Italien.

[75] Nur Weine aus begrenztem Gebiet und besonderer Herstellung
Die Produktion von Sherry ist genau geregelt: Der Dessert- bzw. Südwein kommt nur aus einem abgegrenzten Gebiet im spanischen Andalusien. Es sind nur die drei Rebsorten Palomino, Pedro Ximénez und Muscat d'Alexandrie zugelassen und auch die Herstellungsmethode ist geregelt. Palomino ist die absolut wichtigste Sorte und hat einen Anteil von rund 90 %.

[76] Ein zypriotischer Süßwein
Commandaria wurde schon im 8. Jahrhundert vor Chr. beschrieben und ist auch heute noch der bekannteste Wein Zyperns. Er wird aus angetrockneten Trauben langsam vergoren und lange im Fass gelagert. Commandaria wird auch als „Apostel der Weine" bezeichnet und auf Zypern gerne als Messwein verwendet.

International [Fragen]

[77] Eine dieser Weinkellereien ist noch immer als die größte der Welt bekannt? Es ist ...?
(1) Cavit in Italien
(2) Trapiche in Argentinien
(3) KWV in Südafrika
(4) Die Gallo Winery in Kalifornien

[78] Die meist angebaute Weißweinrebe der Welt ist ...?
(1) Trebbiano
(2) Ugni Blanc
(3) Airén
(4) Chardonnay

[79] Einer dieser Portweine trägt keinen Jahrgang. Es ist ...?
(1) Vintage
(2) Colheita
(3) Ruby
(4) LBV

[80] In einem europäischen Land tragen Qualitätsweine ein „DOC" für den Begriff „Vin cu denumire de origine controlata". Es ist in ...?
(1) Rumänien
(2) Ungarn
(3) Bulgarien
(4) Portugal

[81] In welchem Land liegt das Weinbaugebiet Colares?
(1) In Portugal
(2) In Spanien
(3) In Chile
(4) In Italien

[82] Sonoma County ist eines der großen Weinbaugebiete in Kalifornien. In welchem Teil des „Wine State" liegt Sonoma?
(1) Zwischen San Francisco und Los Angeles
(2) Westlich des Napa Valley
(3) Südlich von San Francisco
(4) Östlich des Napa Valley

International [Antworten]

[77] Die Gallo Winery in Kalifornien
Der Getränkekonzern Constellation Brands ist nach verschiedenen Übernahmen (wie Mondavi) inzwischen das umsatzstärkste Weinunternehmen der Welt. Die Gallo Winery in Kalifornien gilt aber noch immer als die größte Weinkellerei. Das Imperium wurde 1933 nach der Aufhebung der Prohibition im Central Valley gegründet.

[78] Airén
Die spanische Weißweinsorte Airén ist die meistangebaute Rebsorte der Welt. Sie wird auf mehreren hunderttausend Hektar in La Mancha – Zentralspanien – angebaut, und daraus wird nicht nur Wein gewonnen. Ein großer Teil ist für spanischen „Brandy" bestimmt.

[79] Ruby
Die Qualitäten Vintage, LBV (Late Bottled Vintage) und Colheita tragen einen Jahrgang auf ihrem Etikett. Ruby-Port – der „Rubinrote" – ist der am kürzesten gelagerte Portwein und kommt ohne Jahrgang auf den Markt. Seine Mindestlagerzeit in der Kellerei beträgt etwa zwei Jahre.

[80] Rumänien
Auch das junge EU-Mitglied Rumänien verwendet für Weine die Abkürzung DOC auf dem Etikett. Es bedeutet soviel wie Qualitätsweine bestimmter Anbaugebiete mit kontrollierter Herkunft. Rumänien ist ein altes Weinland und hat derzeit eine Anbaufläche von etwa 250.000 Hektar.

[81] In Portugal
Das Anbaugebiet Colares liegt an der Atlantikküste in der Nähe von Lissabon in Portugal. Die Reben stehen großteils auf Sandböden und sind daher vielfach noch wurzelecht – nicht auf Unterlagsreben aufgepfropft.

[82] Westlich des Napa Valley
Für die Miwok-Indianer war es das „Tal der vielen Monde", heute ist es eines der bedeutendsten Gebiete im „Wein-Staat" Kalifornien. Sonoma County hat etwa 23.000 Hektar Weingärten und ist in etliche AVAs (American Viticultural Area) unterteilt. Das Gebiet liegt nördlich von San Francisco, westlich vom Napa Valley in paralleler Linie.

International [Fragen]

[83] Welche dieser Rebsorten wird nicht für die Produktion von Tokajer Süßweinen verwendet?
(1) Muskat
(2) Hárslevelü
(3) Szürköbarat
(4) Furmint

[84] Tempranillo ist eine bedeutende Rotweintraube in Spanien, hat aber auch andere Namen. Einer dieser ist ein Synonym. Es ist ...?
(1) Graciano
(2) Garnacha
(3) Alicante
(4) Cencibel

[85] Welches ist ein oft verwendetes Synonym für die Sorte Sémillon in Australien?
(1) Hunter Riesling
(2) White Hermitage
(3) White French
(4) White Grange

[86] Nur eines dieser Weinbaugebiete liegt in Italien. Es ist ...?
(1) Barossa
(2) Basilicata
(3) Béarn
(4) Bandol

[87] Welche dieser Rebsorten kann in einem Rioja-Wein auf keinen Fall enthalten sein?
(1) Garnacha
(2) Negroamaro
(3) Graciano
(4) Cencibel

[88] Portweinliebhaber sprechen unter anderem von „Crusted Port". Damit meinen sie ...?
(1) Portweine aus besonders steinigen Weingärten
(2) Portweine, die aus Großflaschen abgefüllt werden
(3) Reine Jahrgangsportweine
(4) Jahrgangsverschnitte mit deutlichem Depot in der Flasche

International [Antworten]

[83] Szürköbarat
Tokajer ist der bekannteste Wein Ungarns, besonders die Süßweine der Qualität „Aszú". Traditionell wird der Wein aus den Sorten Furmint, Hárslevelü (Lindenblättrige) und Moskotály (Muskat-Ottonel) gewonnen. Die Sorte Szürköbarat – der „Graue Mönch" bzw. Ruländer – ist für den Tokajer nicht zugelassen.

[84] Cencibel
Tempranillo – dem Namen nach „die Frühe" – wächst in Spanien unter verschiedenen Namen auf rund 100.000 Hektar in verschiedenen Regionen. Cencibel ist ein Synonym für die Sorte in La Mancha und Valdepenas.

[85] Hunter Riesling
Die weiße Bordeaux-Traube Sémillon wird in Australien vor allem im Hunter Valley angebaut. Daraus ergibt sich das Synonym Hunter Riesling. Das Gebiet Hunter Valley liegt nordwestlich von Sydney im Bundesstaat New South Wales.

[86] Basilicata
Barossa (Valley) liegt in Australien, die Gebiete Béarn und Bandol findet man in Frankreich. Die Basilicata ist eine süditalienische Weinbauregion an „der Stiefelsohle". Mit weniger als 11.000 Hektar Rebfläche zählt die Region zu den kleinsten in Italien.

[87] Negroamaro
Negroamaro (Negro Amaro) klingt zwar südländisch, ist aber keine Rioja-Traube, sondern eine wichtige Sorte in Apulien. Cencibel ist ein spanisches Synonym für Tempranillo, der Hauptsorte für rote Riojas. Garnacha und Graciano sind weitere Rioja-Sorten.

[88] Jahrgangsverschnitte mit deutlichem Depot in der Flasche
Crusted Ports reifen etwa 4-5 Jahre im Fass und werden dann ohne Filtration in Flaschen gefüllt. Es sind Verschnitte aus verschiedenen Jahrgängen und Qualitäten, die auch als Vintage Character Port's bekannt sind. Diese Portweine werden vor allem auf dem englischen Markt angeboten.

International [Fragen]

[89] Eine dieser Rebsorten ist eine autochthone Sorte in Südafrika. Es ist ...?
(1) Pinotage
(2) Hanepoot
(3) Malbec
(4) Hermitage

[90] Welches dieser Weinbaugebiete liegt in den USA?
(1) Gisborne
(2) Russian River Valley
(3) Yarra Valley
(4) Marlborough

[91] Wie heißt der bekannte Süßwein aus Zypern?
(1) Samos
(2) Cercial
(3) Commandaria
(4) Mavrodaphne

[92] Was bedeutet bei Weinen aus Amerika die Bezeichnung „Barrel Fermented"?
(1) Es sind Weine, die in neuen Barriques ausgebaut wurden
(2) Es sind Weine, die im Tank mit „Eichen-Chips" aromatisiert wurden
(3) Es sind Weine, die im Holzfass oxidativ ausgebaut wurden
(4) Es sind Weine, die in irgendeinem Fass vergoren wurden

[93] Nicht nur in Kalifornien, Washington und Oregon wird Wein angebaut. Wie viele amerikanische Bundesstaaten haben Weinbau?
(1) Mehr als 40
(2) Zwischen 20 und 30
(3) Zwischen 10 und 20
(4) Zwischen 30 und 40

[94] In Australien und Neuseeland wird der Ausdruck „Noble Rot" verwendet. Drunter versteht man ...?
(1) Aufgepfropfte Edelreben
(2) Alte wurzelechte Rebbestände
(3) Die alten Shiraz-Weingärten für Top-Weine
(4) Die Edelfäule

International [Antworten]

[89] Pinotage
An der Universität von Stellenbosch ist in den zwanziger Jahren des vergangenen Jahrhunderts durch Kreuzung von Pinot Noir x Hermitage (Cinsault) die typische südafrikanische Rotweinsorte Pinotage entstanden. Die Sorte wird fast nur in ihrem Heimatland angebaut und belegt etwa 7.000 Hektar.

[90] Russian River Valley
Die Gebiete Marlborough und Gisborne gehören zu Neuseeland, und das Yarra Valley liegt in Australien. Russian River Valley findet man in den USA und ist ein AVA-Bereich (=American Viticultural Area) von Sonoma County in Kalifornien.

[91] Commandaria
Zypriotische Weine sind schon seit der Antike bekannt. In Mitteleuropa kennt man heute besonders den Süßwein Commandaria. Der Wein wird aus heimischen Traubensorten gewonnen und nach seiner Herstellung ist er eine Art Strohwein oder Vin Santo.

[92] Weine, die in irgendeinem Fass vergoren wurden
Eigentlich sagt „Barrel Fermented" nur aus, dass der Wein im Fass vergoren wurde. Man kann aber davon ausgehen, dass es sich um einen Barrique-Ausbau handelt. Die Ausdrücke „Wood matured" oder einfach „Oaked" könnten hingegen Hinweise auf die einfache Methode mit Eichenchips sein.

[93] Mehr als 40
Inzwischen haben fast alle amerikanischen Staaten mehr oder weniger Weinbau. Wirklich bekannt sind dafür allerdings nur 3 bis 5 Staaten. Sogar in Alaska wird Wein erzeugt, ohne dass es dort eigene Weingärten gibt. In den USA werden viele Weine aus amerikanischen Hybriden gekeltert.

[94] Die Edelfäule
„Rot" ist ein Begriff für Fäulnis und „Noble Rot" die gebräuchliche Bezeichnung für die Edelfäule bzw. Botrytis auf den Trauben. Der Pilz ist nur auf weißen Trauben erwünscht, aus denen edelsüße Weine gewonnen werden.

International [Fragen]

[95] Ein bekannter edelsüßer Wein wurde früher - und auch heute wieder – in den typischen Apothekenflaschen abgefüllt. Es handelt sich dabei um ...?
(1) Den Donnerskirchner Lutherwein
(2) Die Johannisberger Trockenbeerenauslese
(3) Die fränkischen Steinweine
(4) Den Tokajer Ausbruch

[96] Welches dieser südamerikanischen Weinbauländer hat die kleinste Anbaufläche?
(1) Kolumbien
(2) Chile
(3) Argentinien
(4) Brasilien

[97] Cadillac klingt nach Auto und Luxus, aber es gibt auch ein Weinbaugebiet mit diesem Namen. Es liegt ...?
(1) In Washington State
(2) In Bordeaux
(3) In Victoria
(4) In Ontario

[98] Woher kommt der Südwein Malaga?
(1) Aus Griechenland
(2) Aus Sizilien
(3) Aus Andalusien
(4) Aus Portugal

[99] Einige kanadische Provinzen haben Weinbau. Die größte Weinbaufläche findet man in ...?
(1) Alberta
(2) British Columbia
(3) Quebec
(4) Ontario

[100] Wo liegt das Weinbaugebiet Aconcagua-Valley?
(1) In Chile
(2) In Argentinien
(3) In Bolivien
(4) In Mexiko

International [Antworten]

[95] Der Tokajer Ausbruch
Tokajer Ausbruch bzw. Tokaji Aszú wurde in früheren Zeiten in Apotheken verkauft. Damals war die eckige Apothekenflasche üblich. Vereinzelt wird Tokajer heute wieder in solchen Flaschen abgefüllt.

[96] Kolumbien
Tropisches Klima und lange Trockenperioden im Nordwesten Südamerikas sind für den Weinbau nicht ideal, daher hat Kolumbien nur etwa 3.500 Hektar Weinberge. Die Hälfte davon wird für die Produktion von Tafeltrauben genutzt. Wegen der Problematik mit Mehltau werden hauptsächlich Hybriden und Amerikaner-Reben angebaut.

[97] In Bordeaux
Cadillac ist eine kleine Appellation für edelsüße Weißweine im Gebiet Bordeaux, südwestlich von Entre-Deux-Mers bzw. an der Garonne. Auf 240 Hektar werden die gleichen Rebsorten angebaut wie für Sauternes-Weine: Sémillon, Sauvignon Blanc und Muscadelle.

[98] Aus Andalusien
Malaga ist neben dem Sherry ein weiterer bekannter Dessert- bzw. Südwein aus dem spanischen Andalusien. Den mit Alkohol verstärkten Wein gibt es in allen Geschmacksrichtungen von secco bis dulce. Der Wein wird hauptsächlich aus Muskateller-Trauben und Pedro Ximénez gewonnen.

[99] Ontario
Die zwei großen Seen Ontario und Erie sowie die Wassermassen der Niagarafälle regulieren das Klima und bieten deshalb in der Provinz Ontario fast ideale Bedingungen für den Weinbau. Es werden mehr Hybriden als europäische Edelreben angebaut.

[100] In Chile
Der höchste Berg Amerikas hat dem Tal bzw. dem Weinbaugebiet den Namen gegeben. Das Aconcagua-Valley liegt in Chile, nördlich von Santiago. Das Tal ist gegen das Meer hin offen und dadurch dringt kühle Meeresluft dosiert in das Tal ein und reguliert die Temperaturen.

International [Fragen]

[101] Der meistverkaufte Schaumwein der Welt ist ...?
(1) Spanischer Cava
(2) Amerikanischer Tanksekt
(3) Italienischer Prosecco
(4) Champagner

[102] Das europäische Land mit der größten Weinbaufläche ist ...?
(1) Italien
(2) Deutschland
(3) Spanien
(4) Frankreich

[103] Welcher Wein verbirgt sich hinter dem Schweizer Johannisberg?
(1) Ein Weißwein aus Müller-Thurgau
(2) Ein Weißwein aus verschiedenen Rebsorten
(3) Ein Weißwein aus Sylvaner
(4) Ein Weißwein aus Chasselas

[104] Bei einer bekannten Rebsorte vermutete man lange, dass sie ihren Ursprung im früheren Persien hat. Es ist ...?
(1) Syrah
(2) Cabernet
(3) Merlot
(4) Chardonnay

[105] Wo in Südamerika wurde wahrscheinlich der erste Wein produziert?
(1) In Argentinien
(2) In Chile
(3) In Peru
(4) In Uruguay

[106] Die meisten Keltertrauben Hollands wachsen ...?
(1) An den Dünen der Nordsee
(2) In Küstennähe, um die Wärme des Golfstromes zu nutzen
(3) In Glashäusern
(4) An der Südseite von Deichen

International [Antworten]

[101] Champagner
In der Welt werden immer mehr Schaumweine getrunken, und Champagner ist dennoch der meistverkaufte Schäumer. Zwischen 200 und 300 Millionen Flaschen werden jährlich produziert und auch verkauft. Der größte Abnehmer ist Frankreich selbst, etwa 40 % werden exportiert.

[102] Spanien
Frankreich und Italien erzeugen jährlich die größten Mengen an Wein. Spanien aber hat die größte Weinbaufläche in Europa und der Welt. Bei der Produktion liegt Spanien an dritter Stelle. Die große Hitze und der Wassermangel zwingen Spanien zu besonders breiten Erziehungssystemen.

[103] Ein Weißwein aus Sylvaner
Der Schweizer Johannisberg wird aus der Rebsorte Sylvaner gekeltert und kommt aus dem Wallis. Er wird dort im Gegensatz zum alltäglichen Fendant (aus Chasselas) gerne als „Sonntagswein" betrachtet.

[104] Syrah
Bis DNA-Analysen ein anderes Ergebnis brachten, vermutete man den Ursprung von Syrah bzw. Shiraz im antiken Persien, dem heutigen Iran. Höchstwahrscheinlich handelt es sich jedoch um eine spontane Kreuzung von zwei alten französischen Rebsorten, einer weißen und einer roten.

[105] In Peru
Spanische Mönche brachten europäische Trauben zuerst nach Nord- und dann nach Südamerika. Peru war das erste Land im Süden, in dem Trauben für den Messwein angebaut wurden. Wenige Jahre später begann der Weinbau auch in Chile und Argentinien.

[106] In Glashäusern
Seit dem Mittelalter spielt Holland im internationalen Weinhandel eine bedeutende Rolle. Allerdings ist das Klima nur sehr beschränkt für den Weinbau geeignet. Holland hat etwa 200 Hektar Weingärten und diese findet man überwiegend in Glashäusern. Müller-Thurgau ist dabei die wichtigste Sorte.

International [Fragen]

[107] Gewerblicher Weinbau begann in Neuseeland ...?
(1) Erst zu Beginn des 20. Jahrhunderts
(2) Im 19. Jahrhundert
(3) Schon Ende des 17. Jahrhunderts
(4) Im 18. Jahrhundert

[108] Welcher Kontinent hat die größte Weinbaufläche?
(1) Europa
(2) Afrika
(3) Australien
(4) Amerika (Nord und Süd)

[109] Welches ist das traditionelle Fass in Tokaj?
(1) Barrique mit 225 Litern Inhalt
(2) Göncer mit 136 Litern Inhalt
(3) Bota mit 500 Litern Inhalt
(4) Feuillette mit 136 Litern Inhalt

[110] Kadarka ist eine alte europäische Rotweinsorte. In welchem Land ist die Sorte noch am stärksten verbreitet?
(1) In Rumänien
(2) In Griechenland
(3) In Ungarn
(4) In Italien

[111] Die Weine von Montilla-Moriles ähneln in der Art und der Herstellung einem viel bekannteren Wein, und zwar dem ...?
(1) Sherry
(2) Marsala
(3) Madeira
(4) Malaga

[112] Welche spanische Weinbauregion hat sich als erste für DOCa (Denominación de Origin calificada) qualifiziert?
(1) Rioja
(2) Priorat
(3) Navarra
(4) Valdepenas

International [Antworten]

[107] Im 19. Jahrhundert
Der gewerbliche Weinbau begann in Neuseeland später als in anderen Ländern der „Neuen Welt", erst zu Beginn des 19. Jahrhunderts. Nach den Problemen mit Mehltau und Reblaus waren Hybriden die Hauptsorten. Inzwischen sind fast nur mehr europäische Edelreben zu finden. Nach einer Müller-Thurgau-Welle ist jetzt Sauvignon Blanc der große „Star".

[108] Europa
In Bezug auf den Weinbau ist Europa die „Alte Welt" und in mehr als 30 europäischen Ländern werden Trauben zu Wein verarbeitet. Mehr als 60 % der weltweiten Weingärten befinden sich in Europa.

[109] Göncer mit 136 Litern Inhalt
In enger Verbindung mit der Tradition der Tokajer Süßweine steht das Göncer-Fass mit 136 Litern Inhalt. Benannt ist es nach einer kleinen Stadt nordöstlich von Tokaj, in der diese Fässer früher hergestellt wurden.

[110] In Ungarn
Einst war es die wichtigste Traube für Egri Bikavér bzw. das „Erlauer Stierblut" in Ungarn. Es ist eine autochthone Rebsorte, die in den letzten Jahren vermehrt vom Blaufränkischen - Kékfrankos in Ungarn - verdrängt wurde.

[111] Sherry
Die Weine von Montilla-Moriles sind in Herstellung und Geschmack den Sherrys sehr ähnlich. Die Anbauzone liegt weiter im Hinterland von Andalusien und umfasst ca. 10.000 Hektar. Die DO ist nach zwei Städten benannt.

[112] Rioja
Was in Italien ein DOC, ist in Spanien das DO. Und was für die italienischen Weine eine DOCG als höchste Qualitätsstufe darstellt, ist für spanische Weine das DOCa. Rioja war die erste spanische Region mit dieser höchsten Klassifizierung. Inzwischen haben auch andere Gebiete eine DOCa-Anerkennung erhalten.

International [Fragen]

[113] Die bedeutendste und erfolgreichste Rotweinsorte Argentiniens stammt eigentlich aus Frankreich. Es ist ...?
(1) Merlot
(2) Malbec
(3) Cabernet
(4) Pinot Noir

[114] Die Adelaide Hills sind ein Weinbaugebiet in ...?
(1) Kalifornien
(2) Neuseeland
(3) Australien
(4) Oregon

[115] Eine dieser Bezeichnungen trägt ein Rotwein aus Österreich. Es ist ...?
(1) Opus One
(2) Opus Deus
(3) Opus Rubeus
(4) Opus Eximium

[116] Das australische Coonawarra ist wegen seines Bodens ein außergewöhnliches Rotweingebiet. Was ist die Besonderheit?
(1) Die Roterde
(2) Der Lössboden
(3) Der Schieferboden
(4) Die Graniteinschläge im Lehm

[117] Das Weingut Château des Charmes liegt in ...?
(1) Australien
(2) Kanada
(3) Frankreich
(4) Den USA

[118] In welchem Jahr wurde das Opus-One-Weingut im Napa Valley gegründet?
(1) 1959
(2) 1989
(3) 1969
(4) 1979

International [Antworten]

[113] Malbec
Der Weinbau Argentiniens wurde natürlich von den Spaniern begründet, und daher spielen spanische Rebsorten auch eine gewisse Rolle. Besonders erfolgreich ist inzwischen aber die französische Sorte Malbec, die hier offensichtlich besser gedeiht als in ihrer Heimat Cahors und Bordeaux.

[114] Australien
Die Adelaide Hills liegen in der Nähe von Adelaide, der Hauptstadt von Südaustralien. Auf mehr als 2.000 Hektar werden verschiedene weiße und rote Trauben angebaut. Der bei Touristen bekannteste Ort des Gebietes ist Hahndorf, die älteste deutschstämmige Siedlung Australiens.

[115] Opus Eximium
Auch in Österreich erfinden Winzer immer neue Namen für ihre Top-Weine. Einer davon ist Opus Eximium aus dem Weingut Gesellmann in Deutschkreuz im Mittelburgenland. Die Rotweincuvée besteht aus den heimischen Sorten Blaufränkisch, St. Laurent und Zweigelt. „Opus Eximium" bedeutet bei der Bewertung einer Dissertation „herausragendes Werk".

[116] Die Roterde
Coonawarra ist ein berühmter Weinbaubereich im australischen Bundesstaat South Australia, südlich von Adelaide. Die Besonderheit ist ein etwa 15 km langer Streifen mit Roterde, die als „Terra Rossa" besser bekannt ist. Es macht das Gebiet zu einer der besten Rotweinzonen Australiens. Der Boden hat einen starken Eiseneinschlag.

[117] Kanada
Name und Stil von Château des Charmes sind französisch, doch es ist eines der bekanntesten Weingüter in der Provinz Ontario in Kanada. Anders als hier üblich, werden die Weine überwiegend aus französischen Edelsorten und nicht aus amerikanischen Hybriden gewonnen.

[118] 1979
Das „Kultweingut" Opus One wurde 1979 im Napa Valley gegründet. Es ist/war ein Gemeinschaftsprojekt von Mouton-Rothschild und Robert Mondavi. Bis die neue Anlage fertig war, wurden die Weine in dem gegenüberliegenden Mondavi-Stammhaus gekeltert.

International [Fragen]

[119] In welchem europäischen Weinland ist die Rebsorte Airén besonders stark vertreten?
(1) In Spanien
(2) In Italien
(3) In Portugal
(4) In Griechenland

[120] Das Qualitätsweinbaugebiet Ajaccio gehört zum Weinland ...?
(1) Portugal
(2) Frankreich
(3) Rumänien
(4) Spanien

[121] Wo befindet sich das Weinbaugebiet Alexander Valley?
(1) In Südafrika
(2) In Australien
(3) In Kalifornien
(4) In Neuseeland

[122] Welche dieser südafrikanischen Weinbauregionen liegt Kapstadt am nächsten?
(1) Constantia
(2) Paarl
(3) Swartland
(4) Stellenbosch

[123] Für einen dieser Weine ist Viognier die einzige zugelassene Rebsorte. Es ist ...?
(1) Château Montus
(2) Château Chalon
(3) Château Musar
(4) Château Grillet

[124] Das größte Weingut Chiles hat weit mehr als 3.000 Hektar eigene Weingärten und etliche Beteiligungen. Welches dieser Güter ist es?
(1) Caliterra
(2) Concha y Toro
(3) Santa Rita
(4) Errázuriz

International [Antworten]

[119] In Spanien
Airén ist für die meisten Weinfreunde nicht bekannt, denn die Rebe findet man fast nur in Spanien, und der Name steht selten auf dem Etikett. Ein großer Teil der daraus gewonnenen Weine wird zu spanischem Brandy destilliert. Mit etwa 400.000 Hektar ist es die meistangebaute Weißweinsorte der Welt.

[120] Frankreich
Die Appellation trägt den Namen der Geburtsstadt von Napoleon I., liegt an der Westküste von Korsika und gehört somit zu Frankreich. Die Weinberge auf meist granithaltigem Boden umfassen etwa 200 Hektar. Es werden hauptsächlich Rot- und Roséweine erzeugt.

[121] In Kalifornien
Mit nur 14 km Länge und einigen wenigen km Breite ist das Alexander Valley ein AVA-Bereich (American Viticultural Area) im Sonoma County an der so genannten North Coast in Kalifornien. Das Tal wurde nach Cyrus Alexander, einem der Pioniere des Gebietes, benannt.

[122] Constantia
In der Nähe von Kapstadt und nur etwa 10–15 km vom Meer entfernt, liegt Constantia. Groot Constantia war das erste Weingut Südafrikas. Es wurde später in „Groot Constantia", „Klein Constantia" und „Buitenverwachting" aufgeteilt.

[123] Château Grillet
Viognier zählt zu den edelsten Weißweinreben der Welt, war aber wegen des geringen Ertrages und der Anfälligkeit für Pilzkrankheiten schon stark dezimiert. Château Grillet an der oberen Côte du Rhône gilt als die „Heimat" der Rebsorte. Das Weingut erzeugt nur einen einzigen reinsortigen Wein. Auch die AOC Condrieu wird reinsortig aus Viognier gekeltert.

[124] Concha y Toro
Südlich von Santiago liegen die Zentrale und der Hauptkeller von Concha y Toro, dem größten Weingut Chiles. Die Weingärten und weitere Kelleranlagen sind über das ganze Land verstreut. In einem Joint Venture mit Ch. Mouton-Rothschild wird der Rotwein Almaviva erzeugt.

[125] Was bedeutet „Cosecha" auf dem Etikett spanischer Weine?
(1) Ist vergleichbar mit dem französischen Novello
(2) Fasslagerung
(3) Einfach Jahrgang bzw. Lese
(4) Ohne Fasslagerung

[126] Sherry ist einer der bekanntesten Dessertweine der Welt. Die meist verkaufte Sherry-Marke der Welt ist ...?
(1) La Ina
(2) Palomino
(3) Dry Sack
(4) Tio Pepe

[127] In welchem amerikanischen Bundesstaat liegt die Weinbauzone Finger Lakes?
(1) In New York State
(2) In Oregon
(3) In Washington State
(4) In Texas

[128] Ein Rotwein mit dem Namen „Erlauer Stierblut" war einmal viel bekannter als heute. Aus welchem Land kommt er?
(1) Aus der ehemaligen UDSSR
(2) Aus Ungarn
(3) Aus dem früheren Jugoslawien
(4) Aus Bulgarien

[129] Das Fairview Estate ist nicht nur für den Wein, sondern auch für seinen Ziegenkäse bekannt. Wo liegt das Weingut?
(1) In Neuseeland
(2) In Australien
(3) In Südafrika
(4) In Kalifornien

[130] Die französische Carignan-Traube trägt in Spanien den Namen ...?
(1) Garnacha
(2) Mazuela
(3) Carmina
(4) Cannonau

International [Antworten]

[125] Einfach Jahrgang bzw. Lese
Cosecha kann mehrere Bedeutungen haben: Eigentlich ist es die Weinlese oder der Ertrag. Wenn es auf dem Etikett angeführt wird, dann ist es einfach der Jahrgang der Ernte.

[126] Tio Pepe
Ein Sherry vom Typ „Fino" ist die meistverkaufte Marke der Welt. Er kommt aus der Sherry-Bodega Gonzáles Bayss in Jerez und trägt den Namen „Tio Pepe". Es bedeutet „Onkel Pepe", und das war der Onkel des Firmengründers.

[127] In New York State
Das Gebiet Finger Lakes hat trotz einer Größe von etwa 5.600 Hektar mehr regionale als internationale Bedeutung. Es liegt im Bundesstaat New York und ist eine aufstrebende Weinbauregion. Es werden vermehrt europäische Rebsorten anstelle der amerikanischen Hybriden angebaut.

[128] Aus Ungarn
Das Erlauer Stierblut war einst einer der ganz populären, importierten Rotweine, manchmal allerdings in fragwürdiger Qualität. Das Original – Egri Bikavér – zählt zu den bekanntesten Weinen Ungarns. Der kraftvolle Rote wurde früher hauptsächlich aus der Sorte Kadarka gewonnen, heute ist es überwiegend ein Blaufränkischer.

[129] In Südafrika
Auf dem Fairview Estate werden nicht nur großartige Weine gekeltert, auf der Farm werden seit 1980 auch Ziegen zur Käseherstellung gezüchtet. Der Ziegenturm ist das Wahrzeichen des Weingutes in Paarl, in Südafrika.

[130] Mazuela
Carignan ist eine bedeutende Rotweinsorte in Frankreich und Spanien und ein wichtiger Verschnittpartner für verschiedene Weine. Weltweit ist sie eine der meistangebauten Sorten. In Spanien, besonders im Gebiet Rioja, ist Carignan als Mazuela bzw. Mazuelo bekannt.

International [Fragen]

[131] Welche dieser Sherry-Arten hat üblicherweise den geringsten Alkoholgehalt?
(1) Manzanilla
(2) Oloroso
(3) Fino
(4) Amontillado

[132] Die Weinbauregion Gisborne liegt ...?
(1) In Südafrika
(2) In Neuseeland
(3) In Kalifornien
(4) In Australien

[133] Champagner wird zum Großteil in Frankreich getrunken. Wohin wird die größte Menge exportiert?
(1) Nach Japan
(2) Nach Deutschland
(3) In die USA
(4) Nach England

[134] Was versteht man unter Tastevin?
(1) Einen professionellen Verkostungsraum
(2) Eine kommentierte Weinverkostung
(3) Eine Blindverkostung
(4) Eine Weinprobierschale

[135] In welchem europäischen Land liegt das Castel Schwanburg?
(1) In Südtirol
(2) In Deutschland
(3) In der Schweiz
(4) In der Steiermark

[136] Die italienische Trebbiano-Traube ist auch in Frankreich sehr bedeutungsvoll. Unter welchem Namen ist sie dort bekannt?
(1) Colombard
(2) Ugni Blanc
(3) Folle Blanche
(4) Muscadet

International [Antworten]

[131] Manzanilla
Sherry kennt zwei Grundtypen: Fino und Oloroso. Zu den Finos werden auch Amontillado und Manzanilla gerechnet. Letzterer ist ein besonders feiner Sherry, der meist niedriger im Alkoholgehalt ist, als andere Typen.

[132] In Neuseeland
Gisborne ist der Name der Distrikt-Hauptstadt und einer Weinbauregion auf der Nordinsel Neuseelands. Das Gebiet wird gerne als das „Chardonnay Zentrum" Neuseelands bezeichnet.

[133] Nach England
Frankreich selbst ist der größte Abnehmer von Champagner. Außerhalb des Erzeugerlandes werden die meisten Flaschen in England getrunken. Die USA stehen an zweiter und Deutschland an dritter Stelle als Abnehmer.

[134] Eine Weinprobierschale
Das traditionelle Gerät ist meist aus Silber, kann aber auch aus Glas oder Porzellan gefertigt sein und hat heute vor allem symbolischen Wert. Es ist die Weinprobierschale in Burgund bzw. in Frankreich. Tastevins sind oft einfach ein Berufskennzeichen für Sommeliers.

[135] In Südtirol
Castel Schwanburg ist ein bekanntes Weingut in der Gemeinde Nals in Südtirol. Der „Schwanburger Schlosswein" ist einer der bekannten Vernatsch-Weine Südtirols. Besonders hohes Ansehen genießt Cabernet Sauvignon von Castel/Schloss Schwanburg.

[136] Ugni Blanc
Trebbiano gibt es in Italien in verschiedenen Spielarten. Die Traube ist mit Ugni Blanc in Frankreich identisch oder zumindest eng verwandt. Die Weine aus Ugni Blanc sind eine wichtige Basis für die Destillation von Cognac und Armagnac.

International [Fragen]

[137] Was versteht man in Kalifornien unter einer „Red Meritage"?
(1) Einen Rotwein aus Rhône-Trauben
(2) Einen roten Typenwein, egal aus welchen Trauben
(3) Eine rote Cuvée aus Bordeaux-Trauben
(4) Einen geschützten roten Markenwein

[138] Nederburg ist ein bekanntes Weingut in einem Land der „Neuen Welt". Man findet es ...?
(1) In Australien
(2) In Neuseeland
(3) In Oregon
(4) In Südafrika

[139] Olaszriesling ist in Ungarn die Hauptsorte für die Weißweinbereitung. Auf Deutsch heißt die Sorte ...?
(1) Welschriesling
(2) Riesling-Sylvaner
(3) Rheinriesling
(4) Franken-Riesling

[140] Wie wird die alte spanische Rebsorte Mission in Chile genannt?
(1) Criolla
(2) Pais
(3) Monica
(4) Ceresa

[141] Auch England hat Weinbau. Am meisten angebaut wird die Sorte ...?
(1) Müller-Thurgau
(2) Chasselas (Gutedel)
(3) Black Hamburgh
(4) Chardonnay

[142] Ein Likör- bzw. Südwein aus dem Mittelmeerraum wird u. a. aus den Sorten Catarratto und Grillo gewonnen. Welcher Wein ist es?
(1) Samos
(2) Vin Santo
(3) Malaga
(4) Marsala

International [Antworten]

[137] Eine rote Cuvée aus Bordeaux-Trauben
Meritage ist in Kalifornien ein geschützter Begriff für Qualitätsweine, deren Cuvées sich an Bordeauxweinen orientieren. Somit wird ein „Red Meritage" überwiegend aus Cabernet und Merlot gekeltert. Es gibt aber auch eine „White Meritage" aus Sémillon, Sauvignon Blanc und eventuell Muscadelle.

[138] In Südafrika
Das Weingut wurde im 18. Jahrhundert von einem deutschen Einwanderer gegründet und liegt im Weinbau-District Paarl in Südafrika. Es ist nicht nur wegen seiner Weine, sondern auch wegen der großen jährlichen Weinauktionen bekannt.

[139] Welschriesling
Olaszriesling ist die Sorte Welschriesling und die meist angebaute Weißweinsorte Ungarns. Eine Verwandtschaft mit dem Riesling (Rheinriesling bzw. Weißer Riesling) ist nicht gegeben. Welschriesling hat in allen Gebieten Österreichs Bedeutung und ist in Norditalien als Riesling Italico bekannt.

[140] Pais
Die Sorte Mission wurde von spanischen Missionaren als erste Keltertraube in Kalifornien angebaut. Später kam sie nach Peru, Chile und Argentinien. In Chile wird sie heute als País bezeichnet und ist noch immer weit verbreitet. Für Qualitätsweine ist sie allerdings nicht zugelassen.

[141] Müller-Thurgau
Wahrscheinlich wurde der Weinbau auch in England von den Römern begründet. Heute bearbeiten einige hundert Betriebe etwa 1.000 Hektar Weingärten. Es werden vor allem leichte Weißweine erzeugt, wobei Müller-Thurgau die häufigst angebaute Rebsorte ist. Black Hamburg ist übrigens das in England verwendete Synonym für Muscat d'Hamburg, einer Kreuzung aus Trollinger x Muscat d'Alexandrie.

[142] Marsala
Die helle Variante des sizilianischen Marsalas wird überwiegend aus den Sorten Catarratto und Grillo gewonnen. Die „Erfindung" wird einem englischen Weinhändler zugeschrieben, der im 18. Jahrhundert damit begann, Weine der Insel aufzuspriten und nach England zu exportieren.

International [Fragen]

[143] Noch immer tragen manche Riojas ein feines Drahtgeflecht über den Flaschen. Man nennt es ...?
(1) Alambrado
(2) Pardello
(3) Paraplao
(4) Agraffo

[144] Portugiesische Qualitätsweine werden manchmal als „Garrafeira" bezeichnet. Was bedeutet es?
(1) Es ist eine Bezeichnung für leichte und junge Weine
(2) Eine längere Fasslagerung
(3) Es ist die Jahrgangsbezeichnung
(4) Es ist eine Gebietsbezeichnung

[145] Wie viel Restzucker dürfen Sekt und Champagner nach EU-Regelung in der Geschmacksrichtung „Trocken" haben?
(1) Bis 5 g/Liter
(2) Bis 9 g/Liter
(3) Bis 18 g/Liter
(4) Bis 35 g/Liter

[146] Samos ist einer der bekanntesten griechischen Weine. Aus welcher Traubensorte wird er gewonnen?
(1) Aus Catarratto
(2) Aus Trebbiano
(3) Aus Muskatellertrauben
(4) Aus Traminertrauben

[147] Welches dieser bekannten spanischen Weingüter gehört nicht zur DOCa Rioja?
(1) Miguel Torres
(2) Marqués de Cáceres
(3) Marqués de Murietta
(4) Marqués de Riscal

[148] Der russische Zar Nikolaus II. machte einen Champagner weltbekannt. Es ist ...?
(1) Belle Epoque von Perrier-Jouet
(2) Cristal von Roederer
(3) Dom Pérignon von Moët & Chandon
(4) La Grande Dame von Clicquot-Ponsardin

International [Antworten]

[143] Alambrado
Das feine Drahtgeflecht sollte ein gewisser Schutz gegen Weinfälschungen sein. Einst war es in Spanien, besonders in Rioja sehr üblich. Der Spanier nennt es Alambrado (= Drahtzaun). Es verliert an Bedeutung, ist aber bei Exporten in manche Länder noch zu finden.

[144] Eine längere Fasslagerung
Garrafeira-Weine sind meist ein Spitzenprodukt eines Erzeugers. Es bedeutet eine längere Fasslagerung, die etwa einem Reserve-Wein entspricht. Zudem liegt der Alkoholgehalt über dem gesetzlichen Mindestwert.

[145] Bis 35 g/Liter
Restzucker ist bei Schaumweinen in der Regel höher als bei Stillweinen. Alle Schaumweine, egal ob einfacher Sekt oder Champagner mit der Geschmacksbezeichnung „Trocken", haben nach EU-Recht zwischen 17 und 35 Gramm Restzucker pro Liter. Trockene Stillweine haben z. B. in Deutschland und Österreich höchstens 9 Gramm Zucker pro Liter.

[146] Aus Muskatellertrauben
Vor der Zeit der Reblaus wurden auf der Insel Samos verschiedene Weiß- und Rotweine gekeltert. Inzwischen werden in den Weingärten fast nur mehr Muskatellertrauben angebaut, aus denen dann der bekannte Süßwein in unterschiedlichen Qualitäten gewonnen wird.

[147] Miguel Torres
Sein spanisches Imperium hat Miguel Torres nicht in der Rioja, sondern in Villfranca del Penedès in der D.O. Penedès. Außerdem besitzt Torres mehrere Weingüter und Beteiligungen in anderen Ländern, wie zum Beispiel in Chile, China und Kalifornien.

[148] Cristal von Roederer
Auf Wunsch des Zaren Nikolaus II. kreierte das Haus Roederer einen besonderen Champagner, der übrigens süß war. Er wurde extra für die Zarenfamilie in einer farblosen Bleikristallflasche abgefüllt. Aus dieser Zeit stammt der Name „Cristal".

International [Fragen]

[149] Die vier nachstehenden Weinbaugebiete klingen italienisch, doch eines liegt nicht in Italien. Es ist ...?
(1) Biferno
(2) Carso
(3) Ticino
(4) Aprilia

[150] Die Lagerzeit für Portweine beträgt mindestens ...?
(1) 5 Jahre
(2) 7 Jahre
(3) 9 Jahre
(4) 2 Jahre

[151] Welches ist die neueste Trendsorte bei Chiles Rotweinen?
(1) Carmenère
(2) Merlot
(3) Cabernet Franc
(4) Tempranillo

[152] Blaufränkisch ist in Deutschland als ... bekannt.
(1) Blauer Limberger
(2) Blauer Reifler
(3) Blauer Badenser
(4) Blauer Trollinger

[153] In welchem kalifornischen Gebiet liegt die berühmte Mondavi Winery?
(1) Im Sonoma Valley
(2) Im Russian River Valley
(3) In Carneros
(4) Im Napa Valley

[154] Unter „Pruning" versteht man in englischsprachigen Weinländern ...?
(1) Den Rebschnitt
(2) Das Einmaischen der Trauben
(3) Das Aufbessern
(4) Die Traubenernte

International [Antworten]

[149] Ticino
In der so genannten italienischen Schweiz liegt das Weinbaugebiet Ticino, das für seine Merlot-Weine bekannt ist. Ticino bzw. das Tessin gilt als die „Sonnenstube der Schweiz". Der Kanton hat etwa 960 Hektar Weingärten.

[150] 2 Jahre
Die einfachen Qualitäten der Portweine werden mindestens 2 Jahre lang in großen Holzfässern gelagert. Bei den verschiedenen Portweintypen wird generell zwischen den „fassgelagerten" und den „flaschengereiften" unterschieden. Die kürzesten Lagerzeiten genießen die Ruby-Ports.

[151] Carmenère
Seit einigen Jahren ist Carmenère eine Trendsorte bei Chiles Rotweinen. Seit man dort 1991 festgestellt hat, dass es sich bei einem großen Teil vermeintlicher Merlot-Trauben um Carmenère handelt, werden die Sorten getrennt gepflanzt. Die Traube kam vor der Reblaus nach Chile, und Ampellographen vermuten eine gewisse Verwandtschaft mit Cabernet Franc.

[152] Blauer Limberger
Blaufränkisch ist der Name für eine der erfolgreichsten Rotweinsorten in Österreich. Lemberger oder Limberger ist das Synonym für die Traube in Deutschland. In Deutschland wird die Sorte vor allem in den südlichen Regionen angebaut. In Österreich hat Blaufränkischer im Burgenland die größte Verbreitung.

[153] Im Napa Valley
Ende 2004 wurde das Familienimperium mit der Mondavi Winery und weiteren Labels vom weltweit größten Weinkonzern Constellation Brands übernommen. Der ehemalige Mondavi-Stammsitz und das berühmte Gebäude liegen in Rutherford im Napa Valley.

[154] Den Rebschnitt
Pruning ist die allgemeine englische Bezeichnung für den Rebschnitt im Weingarten. Dabei unterscheidet man zwischen verschiedenen Arten, wie z. B. Winter-, Sommer-, Minimal- oder Grünschnitt u. a.

International [Fragen]

[155] Ein Vino de Aguja ist in Spanien ein ...?
(1) Likörwein
(2) Landwein
(3) Perlwein
(4) Ein einfacher Tafelwein

[156] Eines dieser Weinbaugebiete liegt nicht in Portugal. Es ist ...?
(1) Setubal
(2) Ribatejo
(3) Bucelas
(4) Valencia

[157] Eines dieser bekannten argentinischen Weingüter ist im Besitz einer Tiroler Industriellenfamilie. Es ist ...?
(1) Bodega Flichman
(2) Bodega Alta Vista
(3) Bodega Weinert
(4) Bodega Norton

[158] Welches war der erste Jahrgang des australischen Kultweines „Grange" bzw. „Grange Hermitage"?
(1) 1951
(2) 1959
(3) 1947
(4) 1970

[159] Das südlichste Weinbaugebiet Argentiniens ist ...?
(1) Bio Bio
(2) Chubut
(3) Rio Negro
(4) Salta

[160] In welchem Weinland liegt die Anbauregion Valdepenas?
(1) In Chile
(2) In Italien
(3) In Spanien
(4) In Portugal

International [Antworten]

[155] Perlwein
Vino de Aguja ist die spanische Bezeichnung für einen leicht perlenden Wein mit einem CO_2-Druck zwischen 1 und 2,5 bar bzw. Atü. Der Druck kann durch natürliche zweite Gärung entstehen oder durch Zusatz von fremdem CO_2 erreicht werden.

[156] Valencia
Setubal, Ribatejo und Bucelas sind portugiesische Weinbaugebiete. Setubal ist für seine Muskateller-Süßweine bekannt, Bucelas ist ein kleiner DOC-Bereich für Weißweine, und Ribatejo ist eine große Region für Weiß- und Rotweine. Valencia ist ein Gebiet mit eigener DO in Spanien.

[157] Bodega Norton
Ab 1989 war die Tiroler Familie Gernot Langes-Swarovski zur Hälfte Besitzer und inzwischen gehört die Bodega Norton zur Gänze der Familie. Fast 700 Hektar Weingärten werden in der Provinz Mendoza bewirtschaftet und in der modernen Kellerei verarbeitet.

[158] 1951
Der Kellermeister Max Schubert begann in der Kellerei Penfolds mit dem Jahrgang 1951 einen neuen und ganz besonderen Wein zu schaffen. Der große Erfolg stellte sich allerdings erst mit dem Jahrgang 1955, der 1962 vorgestellt wurde, ein. Bis zum Jahrgang 1989 trug der Wein den Namen „Grange Hermitage", seit dem Jahrgang 1990 nur mehr „Grange".

[159] Chubut
In der Region Patagonien, Provinz Chubut, liegen die südlichsten Weingärten Argentiniens. Es ist ein Gebiet das früher vor allem für Erdbeeren, Äpfel und Pfirsiche bekannt war. Die Bodega Weinert legte hier den ersten größeren Weinberg an und erntet zum Beispiel Chardonnay, Gewürztraminer, Pinot Noir und Merlot.

[160] In Spanien
Valdepenas – „das Tal der Felsen" – ist eine Enklave im riesigen DO-Gebiet La Mancha in Spanien. Auf fast 30.000 Hektar werden Weiß- und Rotweintrauben angebaut. Die Weißweine werden überwiegend aus Airén und die Rotweine aus Cencibel gekeltert.

International [Fragen]

[161] Das kleine „e" auf dem Weinetikett europäischer Weinflaschen steht für ...?
(1) Den Alkoholgehalt
(2) Die Qualitätsstufe
(3) Das Nennvolumen in Litern
(4) Die Geschmacksangabe

[162] Welche dieser Geschmacksbezeichnung finden Sie auf dem Etikett eines „trockenen" Tokajer Szamorodni?
(1) Tájbor
(2) Száraz
(3) Edés
(4) Félédes

[163] Das Weinbaugebiet Mailberg Valley liegt in ...?
(1) Südafrika
(2) Kalifornien
(3) Österreich
(4) Neuseeland

[164] Eines dieser Weingüter liegt in Japan. Es ist ...?
(1) Château des Charmes
(2) Château Tahbilk
(3) Château Carras
(4) Château Lumière

[165] Bei welchem internationalen Dessertwein gibt es den Typ Rainwater?
(1) Bei Sherry
(2) Bei Marsala
(3) Bei Portwein
(4) Bei Madeira

[166] Welche Bezeichnung tragen die Qualitätsweine in Argentinien?
(1) Vino de Mesa
(2) Vino Fino
(3) Vino Especiale
(4) Vino DO

International [Antworten]

[161] Das Nennvolumen in Litern
Das kleine „e" auf den Etiketten ist der Code für das Nennvolumen der verwendeten Flaschen in Litern. Eine Abweichung von bis zu 6 % wird toleriert.

[162] Száraz
Die Qualität Tokajer Szamorodni kann süß und trocken sein. Szamorodni bedeutet soviel „wie gewachsen" und ist eine Stufe unter den Ausbruch- bzw. Aszu-Weinen. „Száraz" steht bei ungarischen Weinen für „trocken".

[163] Österreich
Das Mailberg Valley liegt nicht, wie man glauben könnte, in einem englischsprachigen Land, sondern in Österreich. Es ist ein kleines Tal mit besonderem Mikroklima, das sich auch für Rotweine bestens eignet und um die Gemeinde Mailberg liegt. Eine Gruppe von Winzern trägt die Markenbezeichnung „Mailberg Valley" auf ihren Weinen.

[164] Château Lumière
Alle diese angeführten Weingüter sind wegen ihrer Standorte schon außergewöhnlich: Château des Charmes liegt in Kanada, Château Tahbilk in Australien und Château Carras in Griechenland. Das Château Lumière ist eines der bekanntesten Weingüter Japans, das hauptsächlich klassische Bordeaux-Rebsorten anbaut.

[165] Bei Madeira
Über die Entstehung des Typs „Rainwater" gibt es unterschiedliche Geschichten, aber es ist auf jeden Fall ein trockener und leichter Madeira, der heute nur mehr wenig erzeugt wird. Der helle Madeira wird gerne mit einem Verdhello verglichen.

[166] Vino Fino
Qualitätsweine machen nur etwa ein Drittel der gesamten, riesigen Produktion aus und unterliegen strengen Kontrollen. Sie tragen die Qualitätsbezeichnung „Vino Fino". Seit 1993 gibt es im Land auch kontrollierte Ursprungsbezeichnungen wie in Europa.

International [Fragen]

[167] Wo liegt das berühmte Weingut Vega Sicilia?
(1) In Italien
(2) In Portugal
(3) In Spanien
(4) In Marokko

[168] Die meisten Weingärten Chiles und Argentiniens werden bewässert, aber anders als in anderen Ländern. Es geschieht durch ...?
(1) Die gesammelten Niederschläge während der Vegetationsperiode
(2) Tröpfchenbewässerung
(3) Besprühen mit Löschflugzeugen
(4) Fluten der Rebzeilen

[169] Die bekannteste Wein- und Universitätsstadt Südafrikas ist ...?
(1) Stellenbosch
(2) Constantia
(3) Durbanville
(4) Paarl

[170] In der portugiesischen Region Duriense werden Dessert- und Tischweine erzeugt. Mit welcher DOC-Bezeichnung unterscheiden sich Ports und Stillweine?
(1) Alle Weine sind DOC Duriense, Portweine DOC Douro
(2) Portweine und Tischweine gelten als DOC Duriense
(3) Weine und Portweine tragen die DOC Douro
(4) Weine gelten als DOC Douro, Portweine als DOC Porto

[171] Was versteht man in Australien unter einem „Hogshead"?
(1) Eine amerikanische Hybriden-Art
(2) Einen alten Transportkarren für Weintrauben
(3) Ein Holzfass
(4) Einen steilen Weingarten

[172] Neuseelands Weinbaugebiete liegen auf der Nord- und der Südinsel. Das südlichste Gebiet ist ...?
(1) Hawkes Bay
(2) Nelson
(3) Otago
(4) Waikato

International [Antworten]

[167] In Spanien
Das berühmte Weingut Vega Sicilia befindet sich im spanischen Weinbaugebiet Ribera del Duero und wurde im 19. Jahrhundert im Stil von Medoc-Weingütern angelegt. Die Cuvée Unico zählt zu den besten und teuersten Weinen Spaniens.

[168] Fluten der Rebzeilen
Die traditionelle Art der Bewässerung in Argentinien und Chile geschieht durch das Fluten mit Wasser von den Anden. Dieses System ermöglicht teilweise Weingärten mit wurzelechten Reben. Eventuell vorhandene Rebläuse werden regelmäßig ertränkt. Neuere Anlagen haben vermehrt eine viel sparsamere Tröpfchenbewässerung.

[169] Stellenbosch
Eines der Weinzentren Südafrikas und Universitätsstadt ist Stellenbosch. Die Stadt wurde im 17. Jahrhundert vom zweiten holländischen Gouverneur Simon van der Stel gegründet. Stellenbosch ist auch ein berühmter Weinbaubereich (District) in der Coastal Region.

[170] Weine gelten als DOC Douro, Portweine als DOC Porto
Die Douro Region in Portugal ist das älteste abgegrenzte Weinbaugebiet der Welt. Insgesamt hat das Gebiet etwa 46.000 Hektar Weingärten. Früher waren praktisch nur die aufgespriteten Portweine bekannt, inzwischen werden immer mehr Weiß- und Rotweine erzeugt. Portweine tragen die DOC Porto, und die Stillweine werden der DOC Douro zugerechnet.

[171] Ein Holzfass
Ein Hogshead – auf Deutsch „Schweinskopf" – ist in Australien ein Holzfass mit einem Inhalt von ungefähr 200 bis 300 Litern. In Europa würde es am ehesten der alten Einheit Oxhoft entsprechen.

[172] Otago
Das Gebiet liegt natürlich auf der Südinsel und zählt zu den kühlsten Weingegenden der Welt. Es ist Otago bzw. Central-Otago und vergleichbar mit den nördlichsten Gebieten der EU-Klimazone „A". Es werden hauptsächlich Weißweine angebaut, aber auch Pinot Noir hat Bedeutung.

International [Fragen]

[173] Bei einem Südwein gibt es die Bezeichnung bzw. Qualitätsstufe Palo Cortado. Bei welchem?
(1) Zu Sherry
(2) Zu Marsala
(3) Zu Portwein
(4) Zu Malaga

[174] Aus welchem Gebiet in Europa kommen die meisten Weine, die auf Sandböden gewachsen sind?
(1) Von der portugiesischen Algarve
(2) Aus dem französischen Languedoc
(3) Aus dem burgenländischen Seewinkel
(4) Aus dem ungarischen Alföld

[175] Welcher bekannte spanische Winzer begann in Chile als erster eine moderne Weinbereitung?
(1) Martino Berberana
(2) Miguel Torres
(3) Miguel Halstrick
(4) Marqués de Tosos

[176] Wo wurde das Institut for Masters of Wine gegründet?
(1) In London
(2) In Kapstadt
(3) In New York City
(4) In San Francisco

[177] In einem dieser europäischen Weinbaugebiete sind die Schieferböden in den Weingärten besonders ausgeprägt. Es liegt ...?
(1) An der deutschen Mosel
(2) Im italienischen Friaul
(3) Im österreichischen Weinviertel
(4) Im französischen Burgund

[178] Wodurch wurde in den letzten Jahrzehnten in Kaliforniens Weingärten besonders großer Schaden angerichtet?
(1) Durch Wildverbiss
(2) Durch eine „Super-Reblaus"
(3) Durch Heuschreckenschwärme
(4) Durch eine Invasion der Rüsselkäfer

International [Antworten]

[173] Zu Sherry
Palo Cortado ist eine seltene Sherry-Variante, die dadurch entstehen kann, wenn die Florhefe im Fass plötzlich stockt. Der Name bedeutet soviel wie „abgeschnittener Stock". In Farbe und Geschmack liegt die Qualität etwa zwischen Amontillado/Fino und Oloroso.

[174] Aus dem französischen Languedoc
Entlang der Mittelmeerküste in Frankreich liegt die Weinbauregion Languedoc und hier befinden sich riesige Weingärten auf Sandböden. Die Rebkulturen des Gebietes konnten daher von der Reblaus nicht zerstört werden. Die Weine sind als „Vin de Sables" bekannt.

[175] Miguel Torres
Der spanische Weinpionier Miguel Torres aus dem Penedès leistete Pionierarbeit in Chile. Er begann 1979 mit einem neuen Weingut und führte Kellertechniken ein, die in dem südamerikanischen Land bis dato nicht gebräuchlich waren.

[176] In London
Das Institut for Masters of Wine wurde vor mehr als 50 Jahren in London gegründet und hat dort auch seinen Sitz. Das Ziel war es, durch spezielle Ausbildung eine hohe Qualifikation im englischen Weinhandel zu erzielen. Inzwischen ist der Titel „Master of Wine" (MW) weltweit begehrt, aber nur sehr schwer zu erlangen.

[177] An der deutschen Mosel
Im deutschen Weinbaugebiet Mosel haben die besten Weinberge einen besonders hohen Anteil an Schiefergestein. Dadurch entstehen die besonders frischen und oft mineralischen Rieslinge und andere Moselweine.

[178] Durch eine „Super-Reblaus"
In Kaliforniern wurde in den letzten Jahrzehnten durch das Auftreten einer neuen Reblaus-Art großer Schaden angerichtet. Man merkte zu spät, dass die verwendeten Unterlagsreben nicht ganz resistent gegen den gefürchteten Schädling waren. Dies führte dann vielerorts zu Neuauspflanzungen anderer und inzwischen aktuellerer Rebsorten.

International [Fragen]

[179] Die „Weininsel" Madeira im Atlantik gehört zu ...?
(1) Spanien
(2) Marokko
(3) Portugal
(4) Madeira ist ein eigener Staat

[180] In australischen und neuseeländischen Restaurants, die keine Alkohollizenz haben, darf man Wein selbst mitbringen. Diese Betriebe gelten als ...?
(1) XYZ-Restaurants
(2) ABC-Restaurants
(3) E&D-Restaurants
(4) BYO-Restaurants

[181] Die Weinbaugebiete Argentiniens sind teilweise weit voneinander entfernt. Das nördlichste davon ist ...?
(1) San Juan
(2) Jujuy
(3) Salta
(4) La Rioja

[182] Die sardische Monica-Traube ist identisch mit der Sorte ...?
(1) Mission in Kalifornien
(2) Malbec in Argentinien
(3) Garnacha in Spanien
(4) Carmenère in Chile

[183] Was versteht der englischsprachige Weinfreund unter der Bezeichnung „Residual Sugar"?
(1) Das Aufbessern
(2) Die Restsüße im Wein
(3) Die Süßreserve
(4) Der erlaubte Restzucker bei Diabetikerweinen

[184] Unter welchem Synonym ist die Sorte Cinsaut (Cinsault) in Südafrika bekannt?
(1) Pinotage
(2) Carignan
(3) Cannonau
(4) Hermitage

International [Antworten]

[179] Portugal
Die Insel Madeira gehört zu Portugal und liegt etwa 1.000 km vom Mutterland und 650 km westlich von Afrika im Atlantik. Madeira bedeutet übrigens „Insel des Waldes", und sie war auch noch stark bewaldet als sie entdeckt wurde. Heute werden 2.100 Hektar Weingärten von etwa 4.000 Weinbauern bearbeitet.

[180] BYO-Restaurants
Restaurants, die keine teuren Alkohollizenzen besitzen, erlauben es ihren Gästen, die Weine selbst mitzubringen und bekommen dafür eine Art Korken- oder Stoppelgeld bezahlt. Die Betriebe sind als BYO-Restaurants bekannt. Die Abkürzung steht für „Bring your one".

[181] Jujuy
Das nördlichste Weinbaugebiet hat nur etwa 500 Hektar Weingärten und ist somit auch das kleinste in Argentinien. Es ist Jujuy, und die Reben wachsen in großer Höhe. Hier wird nur ein verschwindend kleiner Teil der argentinischen Weine gewonnen.

[182] Mission in Kalifornien
Aus der Sorte Monica werden in Sardinien die zwei DOC-Weine Monica di Sardegna und Monica di Cagliari gewonnen. Der Ursprung der Traube wird in Spanien vermutet, und sie ist mit Mission in Kalifornien identisch. In Argentinien ist die Sorte als Criolla und in Chile als País bekannt.

[183] Die Restsüße im Wein
Es ist der Anteil an Zucker im Wein, der nach natürlichem Gärstillstand, durch gestoppte Gärung oder nach (erlaubter) Süßung noch tatsächlich im Wein vorhanden ist. Die erlaubten Mengen und die Art der Süßungsmittel sind im Weingesetz geregelt.

[184] Hermitage
Cinsaut bzw. Cinsault war noch vor einigen Jahrzehnten eine der wichtigsten Rotweinsorten in Südafrika, wo sie als Hermitage bezeichnet wird/wurde. Cinsaut und Pinot Noir waren das Kreuzungspaar für die erfolgreiche südafrikanische Rotweinsorte Pinotage.

International [Fragen]

[185] In den USA wird die Weingartenfläche nicht in Hektar, sondern in Acres gemessen. Wie viele m² hat ein Acre ungefähr?
(1) 4.050 m²
(2) 5.380 m²
(3) 8.100 m²
(4) 1.650 m²

[186] Auch Japan hat Weinbau. Welche Rebsorte wird dort am meisten angebaut?
(1) Isabella
(2) Delaware
(3) Criolla
(4) Muscat d'Alexandrie

[187] Das nördlichste Qualitätsweinbaugebiet Chiles ist ...?
(1) Aconcagua
(2) Rapel
(3) Itata
(4) Maipo

[188] In welchem Weinland Südamerikas wird die Rebsorte Criolla in großen Mengen angebaut?
(1) In Brasilien
(2) In Uruguay
(3) In Argentinien
(4) In Chile

[189] Eine alte französische Rebsorte wird in Südafrika als Cape Riesling bezeichnet. Der korrekte Name lautet aber ...?
(1) Colombard
(2) Mouzac
(3) Muscadet
(4) Crouchen

[190] In welchem Weinland der „Neuen Welt" ist die alte spanische Weißweinsorte Torrontés heute sehr bekannt?
(1) In Argentinien
(2) In Australien
(3) In Kalifornien
(4) In Neuseeland

International [Antworten]

[185] 4.050 m²
Das Flächenmaß ist in England und Amerika gebräuchlich, aber nicht genau gleich groß. Ein amerikanisches Acre hat zirka 4.050 m². Einfach umgerechnet könnte man sagen: Fast 2,5 Acres in den USA sind gleich viel wie ein Hektar in Europa.

[186] Delaware
In Japan werden amerikanische Hybriden, asiatische Sorten und europäische Edelreben angebaut. Den größten Anteil hat Delaware. Es ist eine weiße amerikanische Hybride, die in der gleichnamigen Stadt, im Bundesstaat Ohio, Mitte des 19. Jahrhunderts erstmals vermehrt wurde. Die Sorte hat nur einen geringen Fox-Geschmack.

[187] Aconcagua
Chiles nördlichstes Gebiet, in dem Qualitätsweine erzeugt werden, liegt zu Füßen des höchsten Berges Amerikas: Berg und Gebiet tragen den Namen Aconcagua. Genau genommen liegen die Weingärten im Aconcagua-Tal. Noch weiter nördlich werden auch noch Trauben angebaut, aber nicht für Trinkweine, sondern für den berühmten Traubenbrand Pisco.

[188] In Argentinien
Criolla in den Spielarten „Grande" (große) und „Chica" (kleine) ist in Argentinien noch immer eine der meist verbreiteten Rebsorten. Für Qualitätsweine (Vino Fino) ist sie aber nicht zugelassen. Sie bringt einfache, hellrote Weine, die in großen Mengen produziert werden. Criolla ist identisch mit Pais in Chile.

[189] Crouchen
Was in Südafrika als Cape Riesling oder als Paarl Riesling bezeichnet wird, ist eigentlich die französische Weißweinrebe Crouchen. Die Sorte belegt in der Kapregion noch mehr als 3.000 Hektar, wird aber überwiegend als Verschnittpartner verwendet.

[190] In Argentinien
Torrontés stammt aus dem spanischen Galicien und wird – in drei Spielarten - vor allem in Argentinien angebaut. Sie wird dort schon als typisch einheimische Sorte angesehen. Die daraus gekelterten Weine haben einen ausgeprägt traubigen und feinaromatischen Geschmack.

International [Fragen]

[191] Die süße Variante des portugiesischen Vinho Verde kennt man als ...?
(1) Coma
(2) Gatao
(3) Boal
(4) Lagar

[192] Welcher dieser Weine gilt als der „Kultwein" Australiens?
(1) Dominus
(2) Kanonkop
(3) Grange
(4) Ata Rangi

[193] Brasilien hat deutlich mehr Rebfläche als Österreich. Welche Traube wird dort am meisten angebaut?
(1) Irsay
(2) Inziola
(3) Pedro Ximénez
(4) Isabella

[194] Aus welchem europäischen Weinbaugebiet kommt der „Klevener de Heiligenstein"?
(1) Aus dem Elsass
(2) Aus der Westschweiz
(3) Aus Luxemburg
(4) Aus Baden

[195] Die höchste Qualitätsstufe bei Luxemburgs Weinen ist ...?
(1) Vin Supérieur
(2) Grand Premier Cru
(3) Grand Vin Exceptionelle
(4) Qualité Premiere

[196] Bei einem bekannten Dessertwein kann man die Bezeichnung „London Particular" finden. Dabei handelt es sich um ...?
(1) Malaga
(2) Sherry
(3) Portwein
(4) Marsala

International [Antworten]

[191] Gatao
Die süße Variante des Vinho Verde ist speziell für den Export bestimmt und trägt den Namen Gatao. Es ist ein weißer Vinho Verde und wird aus Alvarinho und Laureiro gekeltert.

[192] Grange
Er war der erste und ist noch immer der absolute Kultwein Australiens: Es ist „Grange" bzw. „Grange Hermitage". Der Zusatz Hermitage wurde auf Druck Frankreichs ab dem Jahrgang 1990 nicht mehr verwendet. „Grange" wird überwiegend aus Shiraz, mit einem variierenden kleinen Anteil anderer Trauben gewonnen. Es ist ein so genannter Multi-District-Blend, weil die Trauben aus verschiedenen Bereichen Australiens kommen.

[193] Isabella
Wegen der hohen Luftfeuchtigkeit und des Klimas werden in Brasilien hauptsächlich resistente Hybriden angebaut. Eine davon ist Isabella, die in Brasilien am meisten verbreitet ist. Die Sorte ergibt einen hellroten Wein mit einem deutlichen Fox-Ton (Duft nach Erdbeeren).

[194] Aus dem Elsass
Klevener de Heiligenstein ist ein seltener AOC-Wein aus dem Elsass. Der Weißwein wird aus Savagnin Rosé, einem Verwandten des Gewürztraminers, gekeltert und kommt nur aus der Gemeinde Heiligenstein und Umgebung.

[195] Grand Premier Cru
Luxemburg hat immerhin eine Rebfläche von rund 1.000 Hektar – vor allem im Tal entlang der Mosel. Die höchste Qualitätsstufe ist „Grand Premier Cru". Eine Kostkommission entscheidet bei jedem Wein über seine Klassifizierung, und nicht jede Rebsorte kann die höchste Stufe erreichen. Müller-Thurgau, der hier als Rivaner bekannt ist, dominiert in den Weinbergen.

[196] Marsala
Englische Typen-Bezeichnungen findet man gelegentlich auf Marsala-Weinen aus Sizilien. Der Grund liegt darin, dass der Engländer John Woodhouse den Wein quasi „erfunden" hat. Auch der Handel mit Marsala war lange Zeit in der Hand der Engländer. Speziell die Qualität Marsala Superiore kann die diese Bezeichnung oder einfach L.P. auf dem Etikett tragen.

International [Fragen]

[197] Ramandolo ist ...?
(1) Ein legendärer Kellermeister in Andalusien
(2) Ein Gebäck, das zu Süßweinen serviert wird
(3) Ein Süßwein aus Italien
(4) Ein Mandelöl

[198] Ein Weinbaugebiet trägt einen Namen, der mit einer Zigarette verwechselt werden kann: Marlborough. Das bekannte Gebiet liegt ...?
(1) In Südafrika
(2) In Australien
(3) In Neuseeland
(4) In den USA

[199] Das französische Gebiet Allier ist bei Weinfreunden zumindest dem Namen nach bekannt. Und zwar für ...?
(1) Seinen Traubenbrand
(2) Seine besondere Fasseiche
(3) Die Korkproduktion
(4) Seine Eisweine

[200] Die ganze Welt erzeugt Schaumweine nach verschiedenen Methoden. Einer davon hat sein Prickeln aus der ersten alkoholischen Gärung. Es ist ...?
(1) Asti Spumante aus Piemont
(2) Champagner aus Frankreich
(3) Cava aus Spanien
(4) Krimsekt aus der Ukraine

[201] Australien erzeugt mehr Rot- als Weißwein. Welche Rotweinsorte wird am meisten angebaut?
(1) Petit Verdot
(2) Merlot
(3) Cabernet Sauvignon
(4) Shiraz

[202] Ein Weinbauland der „Neuen Welt" wurde von den Ureinwohnern „Land der langen weißen Wolke" genannt. Welches ist gemeint?
(1) Chile
(2) Neuseeland
(3) Kalifornien
(4) Südafrika

International [Antworten]

[197] Ein Süßwein aus Italien
Für Freunde edler Süßweine ist es ein Begriff: Ramandolo kommt aus einem kleinen abgegrenzten Gebiet in Friaul, Anbauzone Colli Orientali. Aus der Rebsorte Verduzzo Giallo wird der Wein nach Art eines Passito bzw. eines Strohweines gewonnen und hat seit 2001 eine DOCG-Anerkennung. Neben dem Picolit ist es der zweite berühmte edelsüße Wein Friauls.

[198] In Neuseeland
Das Weinbaugebiet Marlborough hat sich vor allem mit seinen ausgezeichneten Weißweinen der Sorte Sauvignon Blanc einen Namen gemacht und den guten Ruf neuseeländischer Weine begründet. Marlborough ist der wichtigste und größte Bereich auf der Südinsel von Neuseeland.

[199] Seine besondere Fasseiche
Allier ist ein Département in Zentralfrankreich, das nach dem gleichnamigen Fluss benannt ist. Berühmt sind die Eichenwälder, aus denen das Holz für die geschätzten Barrique-Fässer kommt. Innerhalb des Gebietes liegt auch die Appellation Saint-Pourcain mit VDQS-Anerkennung.

[200] Asti Spumante aus Piemont
Fast immer ist ein fertig vergorener Grundwein das Ausgangsprodukt für die Schaumweinproduktion. Eine echte Ausnahme, auch nach der Namensbezeichnung, ist Asti Spumante. Bei der Herstellung wird der Most bei der ersten alkoholischen Gärung im Tank gestoppt, wenn der Wein die gewünschte Alkoholstärke hat. In einer nicht so technisierten Herstellungsmethode wurde Asti Spumante schon hergestellt, bevor es eine mechanische Kühlung gab.

[201] Shiraz
Australien zählt zu den ganz großen Weinproduzenten der Welt, und das Land selbst wurde innerhalb einer Generation zu einer Weintrinkernation. Unter den Rotweinen sind die australischen Shiraz nicht nur besonders bekannt, die Rebe hat mit etwa 25 Prozent auch den größten Anteil an der riesigen Anbaufläche. Bei den Weißweinen hat Chardonnay mit etwa 20 % der gesamten Rebfläche die größte Bedeutung.

[202] Neuseeland
Im 18. Jahrhundert betrat James Cook als erster Europäer Aotearoa – das Land der langen weißen Wolke. Daraus wurde der Name Neuseeland. Mit etwa 13.000 Hektar Weingärten ist Neuseeland zwar kein großer Weinproduzent, hat sich aber mit seinen außergewöhnlichen Sauvignon Blancs ein internationales Image geschaffen.

International [Fragen]

[203] Jeruzalem ist ein aufstrebendes europäisches Weinbaugebiet. In welchem Land?
(1) In Kroatien
(2) In Friaul
(3) In Slowenien
(4) In der Slowakei

[204] Der englische Arzt Dr. Penfold empfahl seinen Patienten Wein als „Medizin", und er gründete Mitte des 19. Jahrhundert ein Weingut in ...?
(1) Südafrika
(2) Australien
(3) Südengland
(4) Neuseeland

[205] Einer dieser Weine kann nicht zu den Dessertweinen gerechnet werden. Es ist ...?
(1) Marsala
(2) Tokajer
(3) Retsina
(4) Samos

[206] In Verbindung mit Wein steht der Begriff „Gallo Nero" für ...?
(1) Pinot Grigio aus Friaul
(2) Tannat-Weine aus Madiran
(3) Rioja aus der Baja-Zone
(4) Chianti aus der Toskana

[207] Südafrika erzeugt mehr Weiß- als Rotweine. Welche rote Rebsorte ist die am meisten angepflanzte?
(1) Cabernet Sauvignon
(2) Pinotage
(3) Merlot
(4) Cinsaut

International [Antworten]

[203] In Slowenien
Vermutlich haben Kreuzritter, die das Heilige Land nie erreichten, dem Ort den Namen gegeben. Jeruzalem liegt im Nordosten von Slowenien, südlich der Steiermark und knapp an der Grenze zu Kroatien. Auf etwa 2.000 Hektar werden überwiegend Weißweine angebaut, die immer bekannter werden.

[204] Australien
Dr. Christopher Penfold gründete im Jahr 1845 in der Nähe der australischen Stadt Adelaide im Barossa Valley, South Australia, ein Weingut. Der erste Weingarten entstand nahe seinem Gutshof „The Grange". Heute besitzt das Weingut 500 Hektar Weingärten und ist im Besitz eines großen Weinkonzerns.

[205] Retsina
Marsala, Tokajer und Samos können auf jeden Fall zu den Dessertweinen gezählt werden, wenn sie auch nach verschiedenen Methoden gewonnen werden. Der griechische Retsina ist ein trockener, geharzter Wein und kein Dessertwein, aber mit langer Geschichte.

[206] Chianti Classico
Gallo Nero, der Schwarze Hahn, ist das Markenzeichen für das Schutzkonsortium „Consorzio del Marchio Storico del Chianti Classico". Die Bezeichnung „Gallo Nero" in Verbindung mit dem schwarzen Hahn darf nach einem Rechtsstreit mit dem amerikanischen Weinmulti Gallo nicht mehr verwendet werden.

[207] Cabernet Sauvignon
Steen bzw. Chenin Blanc ist insgesamt gesehen die häufigste Rebsorte in Südafrika. Bei den Rotweinsorten ist Cabernet Sauvignon mit einem Anteil von etwa 12 % die wichtigste Sorte. Shiraz und Pinotage belegen die nächsten Plätze bei den Rotweinen.

Die Geschichte des Weines

Die ältesten Ursprünge von Weinkultur sind in Vorderasien zu finden. In der Umgebung von Damaskus entdeckten Forscher eine 8.000 Jahre alte Frucht- und Traubenpresse. Weitere Funde aus früher Zeit beweisen, dass vor allem im Mittelmeerraum Wein schon sehr lange als berauschendes Getränk bekannt und verbreitet war. Wein in Amphoren war häufig eine Grabbeigaben. Schließlich finden wir Zeugnisse für den Weinbau auch im Alten Testament. Und die Griechen waren es, die den Wein und damit das Wissen um den Weinbau schon 500 Jahre v. Chr. im Süden Italiens und im Mittelmeerraum verbreiteten.

Lange vor unserer Zeitrechnung wurde einer Legende nach der Rebschnitt „erfunden". Ein Esel soll üppig wachsende Rebstöcke kahl gefressen haben und im Jahr danach wuchsen die Triebe kräftiger als je zuvor. Die Trauben waren größer und vor allem süßer. Von da an begann man, die Reben zu beschneiden.

In Österreich und Deutschland wird seit der Römerzeit vor rund 2.000 Jahren Weinbau betrieben. Da die Römer überall, wo sie als Eroberer hinkamen, ihre Lebensart, Sitten und Kulturtechniken mitbrachten, kann man sie als die eigentlichen Begründer des Weinbaues in Europa betrachten. Besonders Kaiser Probus (276–282 n. Chr.) war es, der die vorgefundenen Kulturen erweiterte und durch „italische" Reben verbesserte. Der Kaiser machte sich damit sehr beliebt, doch der eigentliche Grund, warum er überall Reben pflanzen ließ, war ein ganz spezieller: „Jeder römische Legionär hatte das Recht, pro Tag 2 Liter Wein zu bekommen."

Durch die lange andauernden Wirren der Völkerwanderungen kam der Weinbau weitgehend zum Stillstand. Erst unter Karl dem Großen wurde der Anbau wieder stark gefördert und Pflanzung und Pflege der Reben in detaillierten Anleitungen geregelt. Er ließ einen ersten Weinbaukataster und Musterweingärten anlegen. Unter dem großen Herrscher erfolgte auch eine Selektion der Sorten nach den „guten Fränkischen" und den „schlechten Hunnischen oder Heunischen". Die Bezeichnung Blaufränkischer für einen der bekanntesten österreichischen Rotweine stammt wahrscheinlich aus dieser Zeit. Karl der Große versuchte auch die germanische Trinklust etwas zu dämpfen und ging selbst mit gutem Beispiel voraus: Er trank selten mehr als drei Becher ...

Im 15. Jahrhundert wurden die Weingartenflächen durch den Klerus stark erweitert. Und getrunken wurde auch nicht wenig. Eine alte Statistik von 1470 aus der Weinstadt Krems weist einen Pro-Kopf-Verbrauch von stolzen 180 Litern pro Jahr aus. In den südlichen Ländern soll der Durst nach Wein in dieser Zeit aber noch viel größer gewesen sein. Von Werten zwischen 200 und 300 Litern pro Jahr wird berichtet.

Zu Beginn des 17. Jahrhunderts pflanzten die Holländer die ersten europäischen Edelreben am Kap der Guten Hoffnung in Südafrika. Ursprünglich sollte es nur eine Art Obst- und Gemüsegarten werden und die holländischen Seefahrer auf ihrem Weg nach Indien mit frischer Nahrung und Vitaminen versorgen.

In dieser Zeit wird in England erstmals Wein in Glasflaschen abgefüllt und mit Korken verschlossen. Vorher dienten ausschließlich Holzfässer, Steinkrüge sowie Beutel und Schläuche aus Leder zum Transport und zur Aufbewahrung der Weine.

Als 1788 ein englisches Schiff mit 300 Sträflingen und Bewachungspersonal in Australien landete, wurden bald danach die mitgebrachten Rebsetzlinge in der Nähe des heutigen Sydney gepflanzt. Der Kapitän des Schiffes, der später auch erster Gouverneur des Bundesstaates New South Wales wurde, erkannte gleich „...dass der Weinbau in einem so günstigen Klima bis zu jedem gewünschten Grad der Perfektion getrieben werden kann".

Schon aus dem Mittelalter kannte man ungeliebte Nebenerscheinungen rund um den Wein: Eine Art Getränkesteuer wurde in mehreren Ländern auf ausgeschenkten Wein erhoben. Die unterschiedlichen Abgaben hat Kaiserin Maria Theresia im 18. Jahrhundert in ihrem Reich vereinheitlicht und in eine „Allgemeine Trinksteuer" umgewandelt. Ihr Sohn, Kaiser Josef II., förderte den Weinbau und erlaubte den Winzern mit dem so genannten „Buschenschankpatent" die eigenen Produkte auch im eigenen Haus zu verkaufen. Er legte somit den Grundstein für den weltberühmten „Wiener Heurigen".

Ab dem 19. Jahrhundert wurde der Weinbau erstmals auch wissenschaftlich betrieben, und man begann damit, hochwertige Reben zu züchten und Amerikanerreben zu importieren. Mit ihnen kam aber auch die Reblaus nach Europa, die bekanntlich bald einmal den Weinbau auf sehr bedrohliche Art ruinierte. Aber ein Unglück kommt selten allein, und bald nach der Reblaus wurden auch Oidium und Peronospora, der „echte" und der „falsche" Mehltau, aus Amerika eingeschleppt, was weitere katastrophale Folgen mit sich brachte.

Es war an der Zeit, Mittel und Wege gegen diese Geißeln des Weinbaus zu finden, und so wurde 1860 die erste Weinbauschule der Welt in Klosterneuburg gegründet. Ihre Aufgabe bestand vor allem in der Erforschung und Bekämpfung der Reblaus und der neuen Pilzkrankheiten. Zur gleichen Zeit arbeitete Louis Pasteur im französischen Jura hart an der Erforschung des edlen Rebensaftes. Die biologischen Zusammenhänge waren damals noch weitgehend unbekannt, aber er konnte die Funktion der Hefen bei der alkoholischen Gärung ergründen. Auch die Voraussetzungen für das Haltbarmachen des Weines (und anderer Getränke) konnte Louis Pasteur erforschen.

Nach Jahren des Suchens und Experimentierens konnte die Reblaus überlistet werden, denn man begann damit, unsere europäischen Edelreben auf amerikanische Urreben – die gegen die Reblaus immun sind – aufzupfropfen. Gegen den gefürchteten Mehltau wurden erfolgreiche Spritzmittel gefunden. Eines der ersten war die so genannte „Bordelaiser Brühe".

Nachdem die ärgsten Wunden des zweiten Weltkrieges verheilt waren, entstanden zahlreiche Neuerungen in den Weingärten, die den schweren Alltag der Weinbauern etwas erleichterten. Die Entwicklung der Hochkultur durch Lenz Moser erlaubte erstmals eine bescheidene Mechanisierung.

Das Weinquiz

Kategorie: Weingeschichte

Weingeschichte [Fragen]

[1] Die heutige Weinbauregion Bordeaux gehörte im Laufe der Geschichte einmal zu England. Wie lange?
(1) Fast 50 Jahre lang
(2) Rund 100 Jahre lang
(3) Fast 200 Jahre lang
(4) Rund 300 Jahre lang

[2] Mit der Verbreitung des Weinbaus in Sizilien begannen ...?
(1) Die Römer
(2) Die Etrusker
(3) Die Ägypter
(4) Die Griechen

[3] Ein Wissenschaftler prägte den Satz: „Wenn Penicillin Kranke heilt, kann spanischer Sherry Tote ins Leben zurück bringen". Wer war es?
(1) Johann Gregor Mendel
(2) Prof. Ignazius Semmelweiß
(3) Prof. Ernst Ferdinand Sauerbruch
(4) Sir Alexander Fleming

[4] Lenz Moser war einer der großen Weinbaupioniere Europas. Er entwickelte unter anderem die „Hochkultur" in den Weingärten. Er wirkte ...?
(1) In Rohrendorf im Gebiet Kremstal
(2) In Illmitz im Gebiet Neusiedlersee
(3) In Klosterneuburg im Gebiet Wagram
(4) In Rust im Gebiet Neusiedlersee-Hügelland

[5] Im Weinschankrecht „Capitulare de Villis" wurde von einem Herrscher die Erlaubnis erteilt, selbstgekelterten Wein zu verkaufen. Diese erste Regelung für den Buschenschank schuf ...?
(1) Kaiser Joseph II.
(2) Karl der Große
(3) Kaiserin Maria Theresia
(4) König Ottokar von Ungarn

Weingeschichte [Antworten]

[1] Rund 300 Jahre lang
Durch die Heirat von König Heinrich II. mit Eleonora von Aquitanien im Jahre 1152 kam Bordeaux zu England. Ziemlich genau 300 Jahre lang gehörte die Region – neben anderen Teilen West-Frankreichs – zu England. Ab 1453 gehörte es wieder zu Frankreich.

[2] Die Griechen
Der Weinbau auf Sizilien wurde durch die Griechen begonnen und verbreitet. Sie gründeten schon ab dem 8. Jahrhundert v. Chr. eigene Kolonien und brachten ihre Weinbaumethoden und Reben auf die Insel.

[3] Sir Alexander Fleming
Der Entdecker des Penicillins war Sir Alexander Fleming, er war ein großer Sherry-Liebhaber und prägte diesen Spruch. Das Antibiotikum Penicillin hat auch eine gewisse Verwandtschaft mit den Schimmelpilzen im Weinbau.

[4] In Rohrendorf im Gebiet Kremstal
Lenz Moser entwickelte die Hochkultur und half bei der Verbreitung in Europa. Damit konnten verschiedene Arbeiten im Weingarten erstmals rationalisiert werden. Der Heimatort von Lenz Moser war die Weinbaugemeinde Rohrendorf bei Krems, die heute zum österreichischen Gebiet Kremstal zählt.

[5] Karl der Große
Der fränkische Kaiser Karl der Große war ein großer Förderer des Weinbaus in seinem Reich, das sich über das heutige Frankreich, Belgien, Deutschland und Österreich erstreckte. Er erlaubte – lange vor den Habsburgern – den Verkauf von selbstgekelterten Weinen.

Weingeschichte [Fragen]

[6] Ein bekanntes Buch über die Geschichte des Weinbaus trägt den Titel „Von Dionysos bis Rothschild". Wer schrieb das Buch?
(1) Robert Parker
(2) Gert Woschek
(3) Jancis Robinson
(4) Hugh Johnson

[7] Eine italienische Adels-Familie bemüht sich seit dem 14. Jahrhundert und in 26. Generation, um den Weinbau in der Toskana. Es ist die Familie ...?
(1) Antinori
(2) Ricasoli
(3) Frescobaldi
(4) Garibaldi

[8] Der fromme Spruch „Bier ist Menschenwerk, Wein aber ist von Gott" stammt von ...?
(1) Kaiserin Maria Theresia
(2) Napoleon III.
(3) Von Martin Luther
(4) Hildegard von Bingen

[9] Ein römischer Dichter liebte die Moselweine so sehr, dass er ein Gedicht über sie schrieb. Welcher Dichter war es?
(1) Ovid
(2) Ausonius
(3) Seneca
(4) Plinius

[10] Ein Herrscher verlieh der Legende nach dem Tokajer-Wein den Titel „Vinum Regum – Rex Vinorum" oder „Wein der Könige – König der Weine". Wer war es?
(1) Die russische Zarin Elisabeth
(2) Der Sonnenkönig Ludwig XIV.
(3) Kaiser Franz Joseph I.
(4) König Ottokar von Böhmen

Weingeschichte [Antworten]

[6] Hugh Johnson
Die vier angeführten Personen sind bekannte Weinjournalisten aus Amerika, England und Deutschland. Das große Werk „Weingeschichte – von Dionysos bis Rothschild" wurde von Hugh Johnson geschrieben und ist bereits in mehreren Auflagen erschienen.

[7] Antinori
Bereits seit 1385 widmet sich die Familie Antinori dem Weinbau in der Toskana. Der Begründer Giovanni di Piero Antinori stammte aus einer Weinhandelsfamilie und kümmerte sich zudem um Seidenhandel und Bankgeschäfte.

[8] Von Martin Luther
Dies ist nicht das einzige Zitat in Verbindung mit Wein, das von Martin Luther, dem großen Reformator, stammt. Er vertrat unter anderem die Meinung, dass beim heiligen Abendmahl nicht nur der Priester, sondern auch die Gläubigen Wein (und Brot) zu sich nehmen sollten.

[9] Ausonius
Das Gedicht „Mosella" wurde vom römischen Dichter Ausonius zu Ehren der Moselweine geschrieben und berichtet über eine Bootsfahrt auf dem schönen Fluss. Ausonius wird auch mit dem berühmten Château Ausone in Bordeaux in Verbindung gebracht.

[10] Der Sonnenkönig Ludwig XIV.
Wenn die Überlieferung stimmt, bezeichnete der französische Sonnenkönig Ludwig XIV. die Tokajer-Weine als „Wein der Könige – König der Weine". Er meinte damit bestimmt die edelsüßen Aszu-Weine.

Weingeschichte [Fragen]

[11] Fürst Nikolaus Esterházy in Eisenstadt bezahlte einen seiner Hof-Kapellmeister teilweise mit Wein statt mit Geld. Welcher Musiker war es?
(1) Ludwig van Beethoven
(2) Josef Lanner
(3) Josef Haydn
(4) Richard Strauss

[12] Eine dieser Rebsorten zählt zu den ältesten der Welt. Es ist ...?
(1) Riesling
(2) Furmint
(3) Chardonnay
(4) Gelber Muskateller

[13] Welchen Wein ließ Alexandre Dumas seine Musketiere trinken?
(1) Weine aus der Touraine
(2) Weine aus Piemont
(3) Weine aus Korsika
(4) Weine aus Bordeaux

[14] Ein Kellermeister ging mit dem Ausspruch „Ich trinke Sterne" in die Weingeschichte ein. Das Zitat stammt von ...?
(1) Sir Winston Churchill
(2) Dom Pérignon
(3) Louis Roederer
(4) Charles Heidsieck

[15] Kaiser Napoleon I. war ein großer Weinfreund. Einen besonderen Süßwein genoss er auch noch in seinem Exil auf der Insel St. Helena. Er liebt vor allem ...?
(1) Constantia aus Südafrika
(2) Tokajer aus Ungarn
(3) Sauternes aus Frankreich
(4) Malaga aus Spanien

Weingeschichte [Antworten]

[11] Josef Haydn
Josef Haydn war rund 30 Jahre lang Hofmusik-Kapellmeister beim Fürsten Esterházy in Eisenstadt. Er wurde teilweise mit Wein aus dem Gutskeller entlohnt und ließ sich von diesem zur Musik inspirieren.

[12] Gelber Muskateller
Die Muskatellertrauben zählen – unter den europäischen Edelreben – zu den ältesten nachgewiesenen Sorten auf der Welt. Wahrscheinlich stammen sie aus Vorderasien, von wo sie von Phöniziern und Griechen nach Europa gebracht wurden. Später wurde die Sorte von den Römern im ganzen Herrschaftsgebiet verteilt.

[13] Weine aus der Touraine
Im Roman von Alexandre Dumas tranken die Musketiere am liebsten Weine aus der französischen Touraine. Das Gebiet ist eine der größeren Anbauzonen an der Loire und erzeugt Weiß-, Rot- und Schaumweine überwiegend aus den Sorten Chenin Blanc, Sauvignon Blanc, Cabernet, Cot und Gamay.

[14] Dom Pérignon
Vom legendären Benediktinermönch und Kellermeister Dom Pérignon stammt der Ausspruch „Ich trinke Sterne", als er das Prickeln des Champagners im Glas beobachtete. Er ist zwar nicht der Erfinder des Champagners, hat aber sehr viel zu kellertechnischen Verbesserungen beigetragen.

[15] Constantia aus Südafrika
Nach Überlieferungen hat er den süßen Constantia-Wein aus Südafrika regelmäßig und in großen Mengen bis zu seinem Tode im Exil genossen. Der Wein wurde damals aus der Sorte Muscat de Frontignan (in Südafrika Muscat Blanc) gekeltert.

Weingeschichte [Fragen]

[16] Im 11. Jahrhundert galt ein Wein aus Südwestfrankreich als „Rotwein der Pilger" auf dem Jakobs-Weg. Er wird aus Tannat gekeltert und kommt aus ...?
(1) Gaillac
(2) Bergerac
(3) Madiran
(4) Cahors

[17] Unter welchem Namen war im antiken Rom der sehr beliebte Rosinenwein bekannt?
(1) Zibbebum
(2) Rosinum
(3) Marsalus
(4) Passum

[18] Die amerikanische Unabhängigkeitserklärung im Jahre 1776 wurde mit einem europäischen Wein feierlich besiegelt. Mit welchem Wein?
(1) Mit Tokaj Aszu
(2) Mit Vintage Port
(3) Mit rotem Bordeaux
(4) Mit Madeira

[19] Wo wurde die erste Weinbauschule der Welt gegründet?
(1) Im österreichischen Klosterneuburg
(2) Im deutschen Geisenheim
(3) Im französischen Bordeaux
(4) Im schweizerischen Wädenswil

[20] Das berühmte Zitat „In vino veritas" stammt vom ...?
(1) Römischen Dichter Ausonius
(2) Griechischen Lyriker Alkäus
(3) Italienischen Schriftsteller Bocaccio
(4) Griechischen Philosophen Sokrates

[21] Wer war der römische Weingott?
(1) Shiva
(2) Dionysos
(3) Bacchus
(4) Zeus

Weingeschichte [Antworten]

[16] Madiran
Der „Rotwein der Pilger" war der rote Madiran, der überwiegend aus der tanninreichen Rebsorte Tannat gewonnen wird. Madiran ist heute eine AOC in Südwest-Frankreich mit etwa 1.200 Hektar Rebfläche. Die Weine sind sehr lagerfähig.

[17] Passum
Die Römer schätzten gute Weine und einer der beliebtesten süßen Weine war Passum. Für die Herstellung wurden die Trauben angetrocknet oder getrocknet. Die heutige Weinbezeichnung „Passito" für eine Art von „Strohwein" ist wohl davon abgeleitet.

[18] Mit Madeira
Im 18. Jahrhundert war Madeira, von der gleichnamigen portugiesischen Insel, in Amerika äußerst populär. Nach der Unterzeichnung der Unabhängigkeitserklärung wurde mit diesem Wein angestoßen. In Amerika wurde damals kaum Wein erzeugt.

[19] Im österreichischen Klosterneuburg
Die älteste Weinbauschule der Welt wurde 1860 im österreichischen Klosterneuburg gegründet. Die wichtigste Aufgabe war damals die Erforschung und Bekämpfung von Reblaus und Mehltau. Beides wurde aus Amerika eingeschleppt und richtete verheerende Schäden in den europäischen Weinbaugebieten an.

[20] Griechischen Lyriker Alkäus
„In Vino veritas" – „Im Wein ist Wahrheit" ist eines der bekanntesten Zitate aus der Antike, das auch heute noch gerne verwendet wird – manchmal auch abgewandelt. Es stammt vom griechischen Lyriker Alkäus, der 600 v. Chr. auf der Insel Lesbos lebte.

[21] Bacchus
Was im antiken Griechenland Dionysos war, wurde von den Römern in der Form von Bacchus übernommen. Er galt im alten Rom als Gott des Weines und des Weinbaus. Zudem war er Gott der Fruchtbarkeit und der Ekstase.

Weingeschichte [Fragen]

[22] Der Name der Rebsorte Blaufränkisch geht auf einen adeligen Herrn zurück. Es war kein geringerer als ...?
(1) Friedrich II.
(2) Kaiser Maximilian
(3) Kaiser Probus
(4) Karl der Große, Charlemagne

[23] Für welchen Tag gilt die Weinbauernregel: „Vinzenz Sonnenschein, bringt viel Korn und Wein"?
(1) 6. April
(2) 2. Februar
(3) 22. Januar (Jänner)
(4) 19. März

[24] Welches war die erste europäische Rebe, die von Franziskanermönchen in Amerika angebaut wurde?
(1) Eine Muskateller–Spielart
(2) Die Sorte Mission
(3) Die Tempranillo–Rebe
(4) Der Lemberger bzw. Blaufränkische

[25] Der Weinbau wurde in Europa im Laufe der Jahrhunderte von verschiedenen Faktoren beeinflusst. Ganz besonders durch ...?
(1) Den Klerus
(2) Die Völkerwanderung
(3) Die Besteuerung von Bier
(4) Den Adel

[26] Wein aus Trauben wird nachweislich seit 3.000 v. Chr. gewonnen. Es begann im heutigen ...?
(1) Ägypten
(2) Iran
(3) Irak
(4) Griechenland

[27] Ein griechischer Philosoph lebte angeblich in einem Weinfass. Es war ...?
(1) Sokrates
(2) Diogenes
(3) Aristoteles
(4) Platon

Weingeschichte [Antworten]

[22] Karl der Große, Charlemagne
Was in Deutschland Lemberger genannt wird, ist in Österreich als Blaufränkischer bekannt. Der Name soll auf Karl den Großen, den „Franken" (8./9. Jahrhundert) zurückgehen. Angeblich ließ er damals die Traubensorten in die „Guten" – die Fränkischen – und die „Schlechten" – die Hunnischen einteilen.

[23] 22. Januar (Januar)
Der Heilige Vinzenz ist Schutzpatron verschiedener Handwerker und der französischen Winzer. Der 22. Januar ist der St.–Vinzenz-Tag.

[24] Die Sorte Mission
Spanische Conquistadores brachten die Rebsorte Mission aus ihrer Heimat mit nach Amerika. Von spanischen Missionaren wurden die Reben zuerst in Mexiko, später in Kalifornien und anschließend in Südamerika für die Herstellung von Messwein kultiviert.

[25] Den Klerus
Es war vor allem der Klerus, der den Weinbau in Europa über Jahrhunderte stark beeinflusste. Viele Weingärten waren lange Zeit im Besitz von Klöstern, und Mönche verbreiteten die Verbesserungen rund um den Anbau und die Herstellung von Wein.

[26] Iran
Das antike Persien – der heutige Iran – gilt als das Ursprungsgebiet der Weinherstellung, denn ein großer Teil von Mesopotamien gehörte zu dem Reich. Die Stadt Schiras, nahe der alten Hauptstadt Persopolis, war damals ein Weinzentrum.

[27] Diogenes
Weil er die damalige Kultur – einige Jahrhunderte v. Chr. – im alten Griechenland verachtete, soll Diogenes in einem Weinfass gelebt haben. Oft war er mehr Aktionskünstler als Philosoph und Lehrer.

Weingeschichte [Fragen]

[28] Welches Weinland wurde in der Antike Oinotria genannt?
(1) Griechenland
(2) Persien
(3) Ägypten
(4) Italien

[29] Einer dieser Weine war der Lieblingswein der Römer und galt im 1. Jh. nach Chr. als „Der Wein der Cäsaren". Sie liebten besonders den ...?
(1) Taurasi
(2) Greco
(3) Falerner
(4) Aleatico

[30] Wann (ungefähr) wurde die Reblaus nach Europa eingeschleppt?
(1) 1790
(2) 1810
(3) 1850
(4) 1910

[31] Welcher „Heilige" gilt als Schutzpatron der Champagnerwinzer?
(1) Saint Pétrus
(2) Saint Vincent
(3) Saint Vernier
(4) Saint Véran

[32] Das Hospice de Beaune ist eine weltbekannte Institution in Burgund. Wann wurde es gegründet?
(1) Im 18. Jahrhundert
(2) Im 17. Jahrhundert
(3) Im 15. Jahrhundert
(4) Im 16. Jahrhundert

[33] Wo kann man lesen: „Der gute Wein erfreut des Menschen Herz"?
(1) Bei Schiller
(2) Bei Grillparzer
(3) Bei Goethe
(4) In der Bibel

Weingeschichte [Antworten]

[28] Italien
Das heutige Weinland Italien wurde von den Griechen als Oinotria bezeichnet. Ob es „Das Weinland" oder „Land der an Pfählen erzogenen Weinen" bedeutet hat, ist nicht gesichert. Der latainisierte Name für „Oinotria", „Enotria" galt später nicht nur für den Süden, sondern für ganz Italien.

[29] Falerner
Es war der Falerner, der besonders geschätzt wurde. Es gab vermutlich einen Rot- und Weißwein wobei letzterer wahrscheinlich aus der Rebsorte Falanghina gewonnen wurde. In der heutigen Weinbauregion Kampanien gibt es die DOC Falerno del Massico, die Weiß- und Rotweine hervorbringt.

[30] 1850
Die Reblaus wurde etwa in der Mitte bzw. der zweiten Hälfte des 19. Jahrhunderts über Bordeaux eingeschleppt. Die Angaben darüber differieren um einige Jahre. Die Verbreitung erfolgte dann ziemlich schnell über ganz Frankreich und die übrigen europäischen Weinländer. Durch den Export von Reben wurde der Schädling auch in Länder außerhalb von Europa gebracht.

[31] Saint Vincent
Der Heilige Vincent ist der Schutzpatron der Winzer in der Champagne und auch in anderen französischen Gebieten. Der 22. Januar ist der Tag des Hl. Vinzenz.

[32] Im 15. Jahrhundert
Das Hospice de Beaune liegt im historischen Stadtzentrum der burgundischen Weinhauptstadt Beaune. Es wurde im 15. Jahrhundert vom Kanzler des Herzogs „Philipp dem Guten" gegründet. Die finanziellen Mittel für die verschiedenen karitativen Tätigkeiten kamen immer durch die Versteigerung von Weinen aus eigenen Weingärten.

[33] In der Bibel
Der Ausspruch gilt als eines der schönsten Bibelzitate in Bezug auf Wein. Es stammt aus dem Psalm 104/15. Insgesamt gibt es im Alten und Neuen Testament Hunderte direkte und indirekte Hinweise auf den Wein.

Weingeschichte [Fragen]

[34] **Eine deutsche Weinstadt war in spätrömischer Zeit Residenz von 6 römischen Kaisern – nicht zuletzt des Weines wegen. Es war ...?**
(1) Koblenz
(2) Bad Kreuznach
(3) Rüdesheim
(4) Trier

[35] **Wann lief der erste südafrikanische Wein aus den Pressen?**
(1) Im 15. Jahrhundert
(2) Im 17. Jahrhundert
(3) Im 18. Jahrhundert
(4) Im 16. Jahrhundert

[36] **Laut Shakespeare verkaufte Falstaff seine Seele für einen Hühnerschenkel und ein Glas Wein. Welcher Wein war gemeint?**
(1) Ein Portwein
(2) Ein Bordeaux
(3) Ein Madeira
(4) Ein Burgunder

[37] **Karl der Große war ein großer Förderer des Weines und besaß auch eigene Weinberge. Wo ...?**
(1) In der Champagne
(2) In Burgund
(3) In Bordeaux
(4) In der Provence

[38] **Ein französischer Herrscher veranlasste die Bordeaux-Klassifizierung von 1855. Es war ...?**
(1) Napoléon Bonaparte
(2) Ludwig der XIV.
(3) Napoleon der III.
(4) Napoleon der II.

[39] **Wer pflanzte die ersten Weinberge in der Champagne?**
(1) Die Griechen
(2) Die französischen Könige
(3) Die Römer
(4) Die Mönche

Weingeschichte [Antworten]

[34] Trier
Die Porta Nigra und etliche andere Denkmäler dokumentieren die Römerzeit in Trier, der ältesten Stadt Deutschlands. Trier an der Obermosel war eine beliebte Residenz römischer Kaiser.

[35] Im 17. Jahrhundert
Der erste nachweisliche Jahrgang floss 1659 aus einer Weinpresse in Südafrika. Die Menge war bescheiden, nur 15 Liter Muskateller, aber der Anfang war geschafft. Es war in Kapstadt, und diese „Siedlung" wurde im Jahre 1652 vom Holländer Jan de Riebeeck gegründet.

[36] Ein Madeira
Der englische Dramatiker Shakespeare schuf unzählige Werke. Er war selbst ein großer Weinfreund, und in vielen seiner Arbeiten schrieb er über die verschiedensten Weine. Die Figur von Sir Johann Falstaff verkaufte seine Seele für einen Hühnerschenkel und ein Glas Madeira.

[37] In Burgund
Karl der Große förderte die Qualität im Weingarten und den Kellern. Nach Überlieferungen besaß er auch eigene Weinberge in Burgund. Die berühmte Lage Corton-Charlemagne wurde wahrscheinlich nach ihm benannt.

[38] Napoleon der III.
Anlässlich der Weltausstellung in Paris im Jahr 1855 beauftragte Kaiser Napoleon III. die Handelskammer in Libourne eine Klassifizierung aller Bordeaux-Weine zu schaffen. Der Auftrag wurde an die Vereinigung der Weinmakler weitergeleitet, die eine noch heute gültige Rangordnung erstellte.

[39] Die Römer
In allen Teilen des römischen Reiches, in denen es das Klima zuließ, wurden von den Römern Weinberge angelegt. So auch in der Champagne. Die heute noch genutzten Kellergänge wurden ebenfalls von den Römern angelegt und die herausgebrochenen Steine als Baumaterial verwendet.

Weingeschichte [Fragen]

[40] Wann wurde mit dem Weinbau in Chile und Argentinien begonnen?
(1) Im 17. Jahrhundert
(2) Im 18. Jahrhundert
(3) Im 15. Jahrhundert
(4) Im 16. Jahrhundert

[41] Das Château Ausone in St. Emilion hat seinen Namen von Ausonius. Er war ...?
(1) Adeliger und Feldherr
(2) Maler und Bildhauer
(3) Biologe und Naturforscher
(4) Dichter und Staatsmann

[42] Churchill liebte neben seinen Zigarren vor allem Champagner. Welches war seine bevorzugte Marke?
(1) Laurent Perrier
(2) Pol Roger
(3) Ruinart
(4) Krug

[43] Champagner ist in Europa schon lange ein gesetzlich geschütztes Produkt. Bereits seit dem Jahr ...?
(1) 1919
(2) 1905
(3) 1855
(4) 1945

[44] Urban gilt als einer der „Weinheiligen". Welcher Tag ist sein Namenstag?
(1) Der 11. November
(2) Der 28. Dezember
(3) Der 24. April
(4) Der 25. Mai

[45] Was verstand man früher unter der Bezeichnung „Vins de Palus" in Bordeaux?
(1) Rotweine aus sumpfigen Weingärten
(2) Einfache Weine, die mit Wasser gestreckt wurden
(3) Rotweine aus Klostergärten
(4) Besonders natürliche Weine für die Hl. Messe

Weingeschichte [Antworten]

[40] Im 16. Jahrhundert
Nachdem in Mexiko und Kalifornien die ersten Weingärten mit europäischen Reben existierten, begannen spanische Mönche auch mit dem Weinbau in Südamerika. In Chile und Argentinien wurden im 16. Jahrhundert die ersten Weingärten angelegt.

[41] Ein Dichter und Staatsmann
Ausonius wurde im römischen Burdigala (Bordeaux) geboren. Er war römischer Dichter und Staatsmann und auch Konsul im heutigen Trier an der Mosel. In dem Gedicht „Moselle" lobte er die Schönheit des Flusses und seiner Umgebung sowie die Weine des Gebietes.

[42] Pol Roger
Der legendäre englische Premierminister Churchill liebte Champagner und Zigarren, hasste aber den Sport. Sein Lieblingschampagner war die Marke Pol Roger. Zu seinen Ehren wurde die Prestige-Cuvée „Sir Winston Churchill" kreiert.

[43] 1919
Seit dem Friedensvertrag von Saint-Germain im Jahre 1919 sind Champagner und andere französische Getränke, wie zum Beispiel Cognac, zumindest in Europa gesetzlich geschützt. Vor dieser Zeit wurde auch in Deutschland und Österreich Schaumwein als Champagner bezeichnet.

[44] Der 25. Mai
Das Fest des Heiligen Urban wird am 25. Mai gefeiert. Er gilt in verschiedenen europäischen Ländern als „Weinheiliger". Der Urbanitag fällt in die Blütezeit der Trauben und ist das erste große Fest nach den Eisheiligen.

[45] Rotweine aus sumpfigen Weingärten
Weine unter dieser Bezeichnung gibt es heute kaum mehr. Die „Vins de Palus" waren kleine Qualitäten, die aus den schlechten, sumpfigen Weingärten kamen, z. B. aus den nördlichsten Teilen des Médoc.

Weingeschichte [Fragen]

[46] Rust im Burgenland „erkaufte" sich im 17. Jahrhundert den Status einer Freistadt. Womit oder wodurch?
(1) Durch Wasserrechte aus dem Neusiedlersee
(2) Durch großzügige Grundschenkungen
(3) Durch den Bau eines Schlosses
(4) Mit Ausbruch-Weinen

[47] Das Chorherrenstift in Klosterneuburg besitzt Österreichs größtes Weingut. Der Begründer des Stiftes war ...?
(1) Herzog Tassilo
(2) Karl der Große
(3) Der Markgraf Leopold III.
(4) Richard Löwenherz

[48] Österreichs erste Sektkellerei wurde durch Robert Schlumberger gegründet. In welchem Jahr?
(1) 1918
(2) 1842
(3) 1892
(4) 1912

[49] Einer dieser Weine wurde laut Geschichte schon bei den Olympischen Spielen der Antike gereicht. Es war ...?
(1) Vesuvio „Lacrima Christi" aus Kampanien
(2) Aglianico del Vulture aus der Basilicata
(3) Cirò aus Kalabrien
(4) Aleatico aus Apulien

[50] Nach Überlieferungen war ein Süßwein bei den Kreuzrittern besonders gefragt. Welcher war es?
(1) Der Tokaj Aszu aus Ungarn
(2) Der Samos aus Griechenland
(3) Der Vin Santo aus der Toskana
(4) Der Commandaria aus Zypern

[51] Welches australische Weinbaugebiet wurde bereits im 19. Jahrhundert – als erstes auf dem Kontinent – von der Reblaus heimgesucht?
(1) Yarra Valley
(2) Hunter Valley
(3) Geelong
(4) Adelaide Hills

Weingeschichte [Antworten]

[46] Mit Ausbruch-Weinen
Rust „erkaufte" sich den Status einer Freistadt 1681 mit edelsüßen Ausbruch-Weinen. 500 Eimer besten Weines und 60.000 Goldgulden waren der Preis dafür. Zur damaligen Zeit hatte ein Eimer in Österreich-Ungarn einen Inhalt von ca. 56 Litern.

[47] Der Markgraf Leopold III.
Mit rund 100 Hektar Weingärten in verschiedenen Weinbaugebieten ist das Stift Klosterneuburg das größte Weingut Österreichs. Der Markgraf Leopold III. gründete im Jahre 1114 das Stift und übergab es den Augustiner Chorherren.

[48] 1842
Robert Schlumberger erlernte die Sektherstellung beim ältesten Champagnerhaus Ruinart in Reims. Im Jahr 1842 kam er nach Wien zurück und gründete die erste Sektkellerei Österreichs in Bad Vöslau, südlich von Wien. Damals durfte der Sekt auch außerhalb Frankreichs als Champagner bezeichnet werden.

[49] Cirò aus Kalabrien
Nach Überlieferungen wurde der Rotwein Cirò aus Kalabrien bei den Spielen der Antike gereicht. Die Regionen Süditaliens waren einst griechisch. Heute ist Cirò eine DOC mit einem Rotwein aus der Gaglioppo-Traube und einem Weißwein aus Greco Bianco.

[50] Der Commandaria aus Zypern
Schon in der Antike war der süße Commandaria aus Zypern bekannt. Im 12. Jahrhundert mundete er dem englischen König Richard Löwenherz ganz außerordentlich. Als die Insel im Besitz des Kreuzritter-Ordens der Templer war, galt Commandaria als Lieblingswein bei den Kreuzrittern.

[51] Geelong
Die Reblaus wurde mit Rebsetzlingen praktisch in die ganze Welt verschleppt. In Australien war das Gebiet Geelong im Bundesstaat Victoria als erstes von der Reblaus befallen. Nach einer Anordnung der Regierung wurden alle Weinberge zerstört um die Ausbreitung des Schädlings zu verhindern. Allerdings ohne Erfolg.

Weingeschichte [Fragen]

[52] Der Wiener Eimer war einmal ein bekanntes Hohlmaß im Weinbau. Wie viele Liter fasste solch ein Eimer?
(1) Ca. 60 Liter
(2) Ca. 90 Liter
(3) Ca. 10 Liter
(4) Ca. 30 Liter

[53] Wer war der griechische Weingott?
(1) Dionysos
(2) Zeus
(3) Bacchus
(4) Urban

[54] Bereits in der Bibel wird Damaskus als „Weinbauzentrum" erwähnt. Wo liegt es?
(1) In Syrien
(2) In Israel
(3) Im Iran
(4) Im Libanon

[55] Ein römische Kaiser verhängte im 1. Jahrhundert n. Chr. ein Anbauverbot für Weingärten nördlich der Alpen. Es war ...?
(1) Kaiser Domitian
(2) Kaiser Brutus
(3) Kaiser Probus
(4) Kaiser Nero

[56] Der „Champagnermönch" Dom Pérignon machte seine Versuche mit dem schäumenden Wein in einem Klosterkeller in ...?
(1) Citeaux
(2) Limoux
(3) Roche-aux-Moines
(4) Hautvillers

[57] Wo in Italien ließ der Stauferkönig Friedrich II. das Castel del Monte erbauen?
(1) In Apulien
(2) In Umbrien
(3) In Sizilien
(4) In Latium

Weingeschichte [Antworten]

[52] Ca. 60 Liter
Der Eimer war ein bekanntes Hohlmaß für Weine, allerdings mit regional sehr unterschiedlichen Inhalten. Der Wiener Eimer fasste ungefähr 60 Liter bzw. genau 56,59 Liter. Nach diesem Maß wurde auch der Ertrag von Weinbergen eingestuft, wie z. B. der Tausend-Eimer-Berg in Spitz an der Donau.

[53] Dionysos
Schon bevor die Römer ihren Bacchus als Weingott verehrten, hatte das antike Griechenland Dionysos als Gott der Vegetation und dann später auch noch als Gott des Weinbaues und der Ekstase. Nach der griechischen Mythologie war Dionysos ein Sohn von Zeus und der schönen Semele.

[54] In Syrien
Nach der Bibel soll Damaskus schon 1.500 v. Chr. das damalige Weinbauzentrum gewesen sein. Damaskus ist die Hauptstadt im heutigen Syrien. Das Land hat noch mehr als 100.000 Hektar Weingärten, allerdings fast ausschließlich für die Produktion von Tafeltrauben und Rosinen.

[55] Kaiser Domitian
Nicht jeder römische Kaiser förderte den Weinbau. So zum Beispiel verhängte Kaiser Domitian ein Wein-Anbauverbot nördlich der Alpen. Daraus lässt sich schließen, dass schon damals ein Konkurrenzdenken herrschte. Unter Kaiser Probus wurde die Weinkultur stark gefördert.

[56] Hautvillers
Der legendäre Mönch des Benediktinerordens wurde als 29-Jähriger Schatz- und Kellermeister im Kloster Hautvillers. Der Ort liegt im Marnetal nördlich von Epernay im Kerngebiet der Champagne.

[57] In Apulien
Das wegen seiner achteckigen Form außergewöhnliche Jagdschloss Castel del Monte steht noch heute in Apulien, in Süditalien. Es gilt als das bekannteste Bauwerk des Staufenkönigs. Unter der gleichnamigen DOC gibt es verschiedene Weiß- und Rotweine. Der bekannteste ist der Rosso aus der Rebsorte Uva de Troia.

Weingeschichte [Fragen]

[58] Der sagenumwobene Loreleyfelsen liegt im deutschen Weinbaugebiet ...?
(1) Rheingau
(2) Mittelrhein
(3) Rheinhessen
(4) Mosel

[59] Marsala wurde als preiswerter Ersatz für Sherry und Portwein von einem Weinhändler „erfunden". Der Händler kam aus ...?
(1) Deutschland
(2) Ungarn
(3) England
(4) Holland

[60] Eine bekannte französische Weinstadt war auch Krönungsstadt für etliche Könige des Landes. Es war ...?
(1) Reims
(2) Beaune
(3) Bordeaux
(4) Saumur

[61] Französische Edelreben und der deutsche Riesling werden seit Mitte des 19. Jahrhundert im Nordosten Italiens kultiviert. Wer ließ diese neuen Sorten bringen?
(1) Erzherzog Johann
(2) Die Grafen von Görz
(3) Der König der Lombardei
(4) Kaiser Franz Josef

[62] In „Don Giovanni" hat Wolfgang Amadeus Mozart einem italienischen Wein ein Denkmal gesetzt: „Schenk mir Wein ein! Exzellenter ...!" Welcher Wein war gemeint?
(1) Ein Chianti
(2) Ein Marzemino
(3) Ein Teroldego
(4) Ein Bardolino

Weingeschichte [Antworten]

[58] Mittelrhein
Der Loreleyfelsen hat zwar nicht direkt mit dem Weinbau zu tun, aber immerhin trägt ein Bereich im Anbaugebiet Mittelrhein den Namen Loreley. Der zweite Bereich ist Siebengebirge. Der Felsen liegt in der Nähe von St. Goarshausen am rechten Ufer des Rheins.

[59] England
Der englische Weinhändler John Woodhause gilt als „Erfinder" des Marsalas. Es war Ende des 18. Jahrhunderts, als er seine Liebe zu dem aufgespriteten Wein aus Sizilien entdeckte. Später exportierte er Marsala nicht nur nach England, sondern auch in andere Länder.

[60] Reims
In der Kathedrale Notre-Dame in Reims wurden über lange Zeit alle französischen Könige gekrönt. Die Stadt ist neben Epernay und Chalons-sur-Marne eine der wichtigsten Produktionsstätten für Champagner.

[61] Erzherzog Johann
Die bekannten französischen Sorten, wie Cabernet, Merlot, Sauvignon Blanc u. a., sowie den „Riesling vom Rhein" ließ Erzherzog Johann in die norditalienischen Gebiete bringen und auspflanzen. Seither gelten diese Sorten in einigen Regionen als bodenständige Reben.

[62] Ein Marzemino
„Versa il Vino! Eccellente Marzemino!" ist ein Ausruf im 2. Akt der Oper „Don Giovanni". Marzemino ist eine alte italienische Rotweinsorte, die vor allem in der Provinz Trentino angebaut wird. DOC-Trentino Marzemino lautet die aktuelle Appellation. Am Kaiserhof in Wien war es einer der meistgeschätzten Weine.

Weingeschichte [Fragen]

[63] Die „Eisheiligen" bringen in den Weinbaugebieten oft noch einen verspäteten Frosteinbruch. Wann sind diese Tage – zumindest nach dem Kalender – vorbei?
(1) Am 1. Mai
(2) Am 10. Mai
(3) Am 15. Mai
(4) Am 30. Mai

[64] Das Halbstück war schon immer ein traditionelles Fass in Deutschland. Mit wie vielen Litern Wein lässt es sich füllen?
(1) 1.000 Liter
(2) 900 Liter
(3) 400 Liter
(4) 600 Liter

[65] An welchem Tag wird der Johanniswein geweiht?
(1) Am 27. Dezember
(2) Am 2. Februar
(3) Am 15. November
(4) Am 11. November

[66] Früher wurden die Weine des Hospices de Beaune in 465–Liter–Fässern versteigert. Diese nannte man ...?
(1) Tonneau
(2) Queue
(3) Pièce
(4) Muid

[68] Das österreichische Weinbaugebiet Carnuntum lag zur Römerzeit an einer wichtigen Handelsstraße. An welcher?
(1) An der Bernsteinstraße
(2) An der Erzstraße
(3) An der Salzstraße
(4) An der Weinstraße

[68] Welches Seefahrervolk begründete den Weinbau in Südafrika?
(1) Die Spanier
(2) Die Engländer
(3) Die Portugiesen
(4) Die Holländer

Weingeschichte [Antworten]

[63] Am 15. Mai
Seit Jahrhunderten ist bekannt, dass im Mai für den Weinbau noch Frostgefahr bestehen kann. Nicht in allen Ländern und Regionen sind es genau die gleichen „Heiligen". In Süddeutschland und Österreich sind es Pankratius, Servatius und Bonifatius. Die „kalte oder nasse Sophie" sollte am 15. Mai das Ende bringen.

[64] 600 Liter
Stück, Halbstück oder Doppelstück waren in Deutschland über lange Zeit gängige Maßeinheiten bzw. Fasstypen. Ein Stück fasst etwa 1.200 Liter und das Halbstück dementsprechend 600 Liter.

[65] Am 27. Dezember
In manchen Weinbaugebieten wird am Johannistag der junge Wein geweiht. Der 27. Dezember ist der Namenstag des Jüngers Johannes. Die Kirche kennt aber auch noch andere Johannes-Feiertage.

[66] Queue
Bei den traditionellen Versteigerungen am dritten Sonntag im November waren die Weine des Hospices in den Fässern nach dem altfranzösischen Hohlmaß mit der Bezeichnung Queue abgefüllt. Heute ist es das Pièce mit 228 Litern.

[67] An der Bernsteinstraße
Carnuntum ist heute ein Weinbaugebiet. Vor fast 2.000 Jahren war es Legionslager und Zivilstadt. Ganz in der Nähe querte eine Route der Bernsteinstraße die Donau. Die Straßen führten von Aquileia an der Adria bis an die Ost- und Nordsee und waren wichtige Handelsstraßen.

[68] Die Holländer
Im 17. Jahrhundert schufen die Holländer eine Zwischenstation für die Seefahrt, um Wasser, Gemüse und Früchte zu laden. Bald begannen sie mit dem Weinbau in Südafrika. Später kamen französische Hugenotten und deutsche Weinbauern, die den Weinbau weiterentwickelten.

Weingeschichte [Fragen]

[69] Im 17. Jahrhundert begann das erste Bordeaux-Château seine Weine unter dem eigenen Namen zu verkaufen. Es war ...?
(1) Château Haut Brion
(2) Château Lafite Rothschild
(3) Château Pape Clément
(4) Château Figeac

[70] Eines dieser alten Weinbaugebiete gilt heute als Weltkulturerbe der Unesco. Es ist ...?
(1) Cinque Terre
(2) Vulture
(3) Frascati
(4) Trento

[71] Vermutlich hat eine dieser Volksgruppen in der Steiermark den Weinbau begründet. Es waren ...?
(1) Die Etrusker
(2) Die Kelten
(3) Die Römer
(4) Die Awaren

[72] Die Weine des Jahrgangs 1456 galten als ungenießbar. Die Gottesgabe Wein durfte aber nicht weggeschüttet werden. Was wurde in Wien damit gemacht?
(1) Es war ein „Strafgetränk" für Gesetzesbrecher
(2) Er wurde geweiht und in den Kirchen als Weihwasser verwendet
(3) Es wurde Mörtel für den Bau des Stephans-Doms angerührt
(4) Er wurde in den Badestuben der Adeligen zu „Badewasser"

[73] Bereits im 14. Jahrhundert wurde in Österreich eine Art Getränkesteuer auf ausgeschenkten Wein eingehoben. Für die Bevölkerung war es das ...?
(1) Fassgeld
(2) Zapfengeld
(3) Maulgeld
(4) Ungeld

Weingeschichte [Antworten]

[69] Château Haut Brion
Der damalige Besitzer des Weingutes Arnaud Pontac erkannte die Wichtigkeit des englischen Marktes und begann die Weine des Château Haut Brion, als erstem Bordeaux-Weingut, unter eigenem Namen zu verkaufen. Die Weine aus den übrigen Besitzungen wurden unter dem Namen Pontac – praktisch als „Zweitwein" – verkauft.

[70] Cinque Terre
Auf steilen Terrassen und in einer außergewöhnlichen Landschaft, am östlichen Ende des Golfs von Genua, liegt die Anbauzone Cinque Terre (Cinqueterre). Dieser Teil der Region Liguriens wurde von der Unesco zum Weltkulturerbe erkoren. Unter der DOC werden nur Weißweine – von trocken bis edelsüß – gewonnen.

[71] Die Kelten
Die Kelten waren ein Volk, das große Teile West-, Mittel- und Südosteuropas beherrschte. Nach heutigem Wissen haben die Kelten im Süden und Westen der Steiermark mit dem Weinbau begonnen.

[72] Es wurde Mörtel für den Bau des Stephans-Doms angerührt
Wenn man der Geschichte glauben darf, wurde der außerordentlich schlechte Wein des Jahrganges 1456 für den Mörtel zum Bau des Stephans-Doms in Wien verwendet.

[73] Ungeld
Die damalige verhasste Steuer auf Getränke war allgemein als Ungeld bekannt. Inzwischen ist die Getränkesteuer bekanntlich auch in Österreich abgeschafft.

Weingeschichte [Fragen]

[74] Das heutige Gebiet von Bordeaux war zwischen dem 12. und dem 15. Jahrhundert nicht Teil Frankreichs. Zu welchem Land gehörte es damals?
(1) Zu Spanien
(2) Zu Portugal
(3) Zu den Niederlanden
(4) Zu England

[75] Schon der französische König Ludwig XV. und seine Mätresse genossen die Weine von Château Lafite-Rothschild. Wer war die Dame?
(1) Madame Lur-Saluces
(2) Madame Pompadour
(3) Madame Chaptal
(4) Madame de Ségur

[76] Einer dieser Präsidenten galt als der erste große Bordeaux-Liebhaber Amerikas. Es war Mister ...?
(1) George Washington
(2) Franklin Roosevelt
(3) Thomas Jefferson
(4) Dwight David Eisenhower

[77] Der Weinbau existiert in England schon länger als man glauben möchte. Und zwar ...?
(1) Seit der Zeit der Normannen im 11. Jhahrundert
(2) Seit Ende der Völkerwanderung
(3) Seit der Viktorianischen Zeit
(4) Seit der Kelten- bzw. Römerzeit

[78] Als die Römer auf dem Weg nach Norden das heutige Südtirol besiedelten, fanden sie etwas für sie ganz Neues. Die ...?
(1) Steilen Weingärten
(2) Laubenerziehung
(3) Holzfässer
(4) Bäumchenerziehungsform in den Weingärten

[79] Wie heißt die historische Weinstadt direkt am Ostufer des Gardasees?
(1) Breganze
(2) Verona
(3) Soave
(4) Bardolino

Weingeschichte [Antworten]

[74] Zu England
300 Jahre lang, von 1154 bis 1453 gehörte Bordeaux zu England. Durch die Heirat von Heinrich II. von England mit Eleonora von Aquitanien kam England in den Besitz großer Teile West-Frankreichs und somit zu Bordeaux.

[75] Madame Pompadour
Neben Champagner waren die Weine von Château Lafite-Rothschild die Lieblingsgetränke von Madame Pompadour. Sie war die Maitresse von König Ludwig XV. (1710–1774).

[76] Thomas Jefferson
Bevor Thomas Jefferson im Jahre 1801 zum 3. amerikanischen Präsidenten gewählt wurde, war er Gesandter in Paris. Dort beschäftigte er sich intensiv mit dem Weinbau in Frankreich und Italien. Eine Flasche Ch. Lafite Rothschild des Jahrganges 1787 aus seinem Besitz erzielte bei einer Auktion im Jahr 1985 einen Phantasie-Preis von DM 420.000,-- (210.000,- €).

[77] Seit der Kelten- bzw. Römerzeit
Der Weinbau existiert in England schon sehr lange. Ob die Kelten oder die Römer den Weinbau auf der britischen Insel begonnen haben, ist nicht gesichert.

[78] Holzfässer
Als die Römer das Etschtal besiedelten, fanden sie erstmals Holzfässer für die Weinlagerung. Weiter im Süden wurden damals nur Tongefäße dafür verwendet.

[79] Bardolino
Direkt am Ostufer des Gardasees liegt die historische Weinstadt Bardolino. Den gleichnamigen Rotwein gibt es als DOC und wenn er den Zusatz „Superiore" trägt, als DOCG. Alle Qualitäten werden aus Corvina, Rondinella und Molinara u. a. Sorten gewonnen.

Weingeschichte [Fragen]

[80] Das totale Alkoholverbot in den USA war ein großer Rückschritt für den Weinbau. In welchen Jahren herrschte die Prohibition?
(1) 1890 - 1910
(2) 1920 - 1933
(3) 1905 - 1945
(4) 1912 - 1938

[81] Napoleon, der „Große Korse und französischer Herrscher" hatte angeblich zwei Lieblingsweine – Pouilly-Fumé und Rossese di Dolceacqua. Woher kommen die zwei Weine?
(1) Aus der Provence und dem Piemont
(2) Aus Burgund und aus der Toskana
(3) Von der Loire und aus Ligurien
(4) Von der Rhône und aus Venetien

[82] Eine besonders große Champagnerflasche trägt den Namen Nebukadnezar. Von wem leitet sich der Name ab?
(1) Von einem persischen Sultan
(2) Von einem griechischen Stadthalter
(3) Von einem ägyptischen Pharao
(4) Von einem babylonischen König

[83] Auswanderer aus Schlesien begründeten den Weinbau in einem australischen Gebiet mit der Erzeugung von Messwein. In welchem Gebiet?
(1) Im Barossa Valley
(2) Im Hunter Valley
(3) In Murray River
(4) In Coonawarra

[84] In welchem südafrikanischen Gebiet begannen die Hugenotten mit dem Weinbau?
(1) In Paarl
(2) In Stellenbosch
(3) In Franschhoek
(4) In Constantia

Weingeschichte [Antworten]

[80] 1920 – 1933
Die Zeit der Prohibition war in den USA zwischen 1919/20 und 1933. Das Gesetz wurde 1919 vom amerikanischen Kongress gegen das Veto des Präsidenten Thomas W. Wilson eingeführt und trat im Januar 1920 in Kraft. 1933 wurde das totale Verbot vom Kongress wieder aufgehoben.

[81] Von der Loire und aus Ligurien
Napoleon liebte also nicht nur französische, sondern auch italienische Weine. Seine „Lieblingsweine" waren ein Weißwein aus Frankreich und ein Rotwein aus Italien. Der Pouilly-Fumé kommt von der Loire, Rossese di Dolceacqua aus Ligurien.

[82] Von einem babylonischen König
Nebukadnezar ist eine Champagnerflasche mit einem Inhalt von 15 Litern bzw. 20 Normalflaschen. Der Name leitet sich vom babylonischen König Nebukadnezar II. ab. Auch nach seinem Sohn Belsazar (Balthazar) ist eine große Champagnerflasche mit 12 Litern Inhalt benannt.

[83] Im Barossa Valley
Die Auswanderer aus dem ehemaligen Schlesien legten im Barossa Valley, im Bundesstaat South Australia, den Grundstein für den heutigen bedeutenden Weinbau. Deutsche Straßennamen sind hier häufiger zu sehen als englische.

[84] In Franschhoek
Die Hugenotten waren französische Protestanten, die in ihrer Heimat verfolgt und Ende des 17. Jahrhunderts aus Frankreich vertrieben wurden. Rund 200 Menschen, darunter auch Winzer, wurden im Gebiet Franschhoek – der „französische Ecke" – angesiedelt. Sie begründeten dort den Weinbau. Der Weinbaubereich (Ward) gehört zum District Paarl in der Coastal Region.

Weingeschichte [Fragen]

[85] Auf einer Mittelmeerinsel wurde vermutlich der erste „abendländische" Wein angebaut und gekeltert. Auf welcher Insel?
(1) Auf Rhodos
(2) Auf Malta
(3) Auf Sizilien
(4) Auf Kreta

[86] Mit dem Erlass der Zirkularverordnung durch Kaiser Joseph II. wurde im damaligen Österreich der Buschenschankbetrieb geregelt. Es war im Jahr?
(1) 1784
(2) 1777
(3) 1222
(4) 1899

[87] 1775 wurde auf Schloss Johannisberg im Rheingau die erste Spätlese Deutschlands aus edelfaulen Trauben gewonnen. Damaliger Besitzer war ...?
(1) Der Erzbischof von Mainz
(2) Der Fürstbischof von Fulda
(3) Der Kardinal von Koblenz
(4) Der Altabt von Würzburg

[88] Die DOC „Castel del Monte" in Apulien hat ihren Namen von einem achteckigem Schloss, das von einem europäischen Herrscher als Jagdschloss errichtet wurde. Von welchem?
(1) Von Friedrich II.
(2) Heinrich dem IV.
(3) Von Großherzog Cosimo III.
(4) Von Karl dem Großen

[89] In früheren Zeiten wurden Südtirols Weingärten von Knechten in bunten Trachten bewacht. Diese Weinberghüter nannte man ...?
(1) Schaffer
(2) Hiata
(3) Saltner
(4) Wacher

Weingeschichte [Antworten]

[85] Auf Kreta
Es wird vermutet, dass auf Kreta die ersten kultivierten Weingärten des Mittelmeerraumes angelegt wurden. Somit ist es die Insel mit der ältesten „abendländischen" Weinkultur. Heute hat die Insel etwa 50.000 Hektar Weingärten. Darauf werden allerdings großteils Tafeltrauben und Rosinen produziert.

[86] 1784
Kaiser Josef II. war ein Sohn der Kaiserin Maria Theresia. Im Jahr 1784 erließ er ein Gesetz, nach dem die Winzer ihre eigenen Weine ausschenken und Produkte aus eigener Landwirtschaft verkaufen durften. Es war die Geburtsstunde des „Heurigen" in Österreich.

[87] Der Fürstbischof von Fulda
Weil die Erlaubnis für den Beginn der Lese vom Fürstbischof von Fulda verspätet eintraf, waren die Trauben von Edelfäule befallen. Die erste deutsche Spätlese war geboren.

[88] Von Friedrich II.
Der Hohenstaufenkaiser Friedrich II. ließ das achteckige Jagdschloss auf einem Hügel in der Nähe von Bari errichten. Die DOC „Castel del Monte" bietet heute eine breite Palette weißer und roter Weine.

[89] Saltner
Der historische Weingarten- und Feldhüter Südtirols war der Saltner. Er hatte die Aufgabe, die Weingärten ab der ersten Reife der Trauben bis über die Lesezeit vor Traubendieben und Tieren zu schützen. Damit er noch größer wirkte, trug er einen großen Hut, einen Mantel, feste Schuhe und eine Lanze.

Weingeschichte [Fragen]

[90] Von wem stammt der Spruch „Rotwein ist für alte Knaben, eine von den besten Gaben"?
(1) Von Franz Grillparzer
(2) Von Friedrich Schiller
(3) Von Wilhelm Busch
(4) Von Johann Wolfgang von Goethe

[91] Der englische König Richard Löwenherz wurde einst in der Nähe von Wien gefangengenommen und in einem Weinbaugebiet festgehalten. Es war ...?
(1) Auf Schloss Kapfenstein in der Südoststeiermark
(2) Auf der Burg Falkenstein im Weinviertel
(3) Auf Schloss Wildbach in der Weststeiermark
(4) Auf der Burg Dürnstein in der Wachau

[92] Louis Pasteur machte Entdeckungen, die für die Weinherstellung noch immer sehr wertvoll sind. Was war es?
(1) Die Wirkungen des Kupfers als Spritzmittel im Weingarten
(2) Der schädliche Luftkontakt für den Wein
(3) Die Entwicklung des Presskorken
(4) Die Wirkung der Umkehr-Osmose auf den Alkoholgehalt

[93] Schon römische Legionäre benutzten Wein nicht nur um sich zu berauschen. Sondern auch ...?
(1) Für die Qualitätsverbesserung des Trinkwassers
(2) Als Mittel gegen Fußpilz
(3) Als Narkosemittel bei Zahnproblemen
(4) Zur Betäubung von Schmerzen

[94] Die Stadt Pompeji im heutigen Kampanien war einst der wichtigste Weinlieferant für das Antike Rom – bis zum Vesuv-Ausbruch. Wann ereignete sich dieser?
(1) Im Jahr 79 n. Chr.
(2) Schon im Jahr 49 v. Chr
(3) Im Jahr 149 n. Chr
(4) Im Jahr 179 n. Chr

Weingeschichte [Antworten]

[90] Von Wilhelm Busch
„Rotwein ist für alte Knaben eine von den besten Gaben" meinte Wilhelm Busch. Das Zitat stammt aus „Abenteuer eines Junggesellen".

[91] Auf der Burg Dürnstein in der Wachau
König Richard Löwenherz (12. Jahrhundert) wurde nach seiner Festnahme auf der Burg Dürnstein in der Wachau festgehalten. Der Grund für seine Festnahme war übrigens eine Beleidigung des Babenberger Herzogs Leopold V.

[92] Der schädliche Luftkontakt für den Wein
Louis Pasteur lebte von 1822–1895 und war ein großer Lebensmittelchemiker. Er entdeckte, dass Wein bei zu viel Luftkontakt oxidiert und dass sich Bakterien leichter vermehren können.

[93] Für die Qualitätsverbesserung des Trinkwassers
Römische Legionäre verwendeten unter anderem Wein zur Qualitätsverbesserung ihres Trinkwassers in vielen Gegenden. Das Wasser war nicht immer und überall ohne gesundheitliches Risiko zu trinken, bzw. war Wein oft reiner als Wasser.

[94] Im Jahr 79 n. Chr
Pompeji wurde im Jahr 79 nach Christi durch den Vesuv-Ausbruch vernichtet. Durch die Lava wurden zahlreiche Beweise für eine blühende Weinkultur konserviert.

Weingeschichte [Fragen]

[95] „Hier fängt Deutschland an, Italien zu werden", rief Kaiser Joseph II. aus, als er auf einer Rückreise nach Wien in einem deutschen Weinbaugebiet Halt machte. Welches Gebiet meinte er damit?
(1) Das Nahegebiet
(2) Das Frankengebiet
(3) Die Hessische Bergstraße
(4) Das Rheingaugebiet

[96] Eines der ersten flüssigen Spritzmittel gegen Schäden im Weingarten die in der zweiten Hälfte des 19. Jahrhundert eingesetzt wurde, war die „Bordeaux-Brühe". Das war ...?
(1) Brennnesselextrakt mit Essig
(2) Schwefelsäure mit Wasser und Milch verdünnt
(3) Verdünnte Jauche mit Kamillenextrakt
(4) Wasser, Kalk und Kupfersulfat

Weingeschichte [Antworten]

[95] Die Hessische Bergstraße
Es war an der Hessischen Bergstraße, denn hier beginnt der Frühling früher als in anderen deutschen Gebieten. In dem kleinen deutschen Weinbaugebiet betrieben bereits die Römer Weinbau. Die Rieslingrebe ist hier, mit einem Anteil von mehr als 50 % die absolute Königin.

[96] Wasser, Kalk und Kupfersulfat
Es war eine zufällige Entdeckung: Um Weintraubendiebe abzuhalten, wurden in Frankreich die Rebstöcke mit einer Mischung aus Wasser, Kalk und Kupfersulfat besprüht. Ein Biologe entdeckte die Wirkung dieser „Bordeaux-Brühe" und entwickelte die Mischung weiter. Es ist noch heute ein wirksames und zugelassenes Mittel gegen Pilzkrankheiten im Weingarten.

Index

Symbole

5-Punkte-System 171
52. Breitengrad 171
6-buttiger Tokaji Aszú 411

A

Abboccato 341
Ab Hof 111
AC 273
Accad-Methode 29
Achkarren 187
Achleiten 101
Aconcagua-Valley 421
Acres 451
Adelaide Hills 427
Adstringierend 27
Affentaler Spätburgunder 175
Aglianico del Vulture 343
Ahr 165, 171, 177
Airén 429
Ajaccio 429
Albariza-Böden 411
Alexander Valley 429
Alexandre Dumas 469
Alkohol 27, 31, 139
Alkoholarmer Wein 139
Alkoholarten 51
Alkoholgehalt 21, 47, 77, 161
Alkoholische Gärung 71
Alkoholverbot 493
Allier 455
Alter Ego 285
Älteste Weißweinrebe Europas 181
Altwienerischen Weinbezeichnung 129
Amarone 329
Amerika 59
Amerikanische Urrebe 133
Ampelographie 19
Analyse 35

Anbaufläche 173, 175
Anbauverbot 483
Anbauzone 331, 343, 359, 377
Andreaswein 115
Anreichern 161
Anreicherung 19
Antike 475
Antinori 355
AOC 219, 259, 265, 273
AOC-Sauternes 281
AOC-Savennières 283
AOC Bonnezeaux 281
AOC Bourgogne Passetoutgrain 249
AOC Chiroubles 281
AOC Clairette de Die 251
AOC Coteaux Champenois 259, 291
AOC Côte Roannaise 267
AOC Crozes-Hermitage 271
AOC Mercurey 271
AOC Minervois 291
AOC Moulin-à-Vent 255
AOC Pouilly-Fumé 265
AOC Saint-Estèphe 265
Apfelsäure 45, 75
Apothekenflaschen 421
Appellation 257, 263, 267, 277, 293, 303, 307
Appellationssystem 243
Appellation Contrôlée 235
Appellation Pessac-Léognan 301
Aprilia 331
Aquileia 343
Arabinose 69
Argentinien 403, 427, 443, 445, 479
Armagnac 253
Arneis 343
Arrope 413
Aschegehalt 35
Asiatische Speisen 45
Asien 409
Assemblage 55

502

Index

Asti Spumante 353
Aufbessern 121, 139, 161
Aufbesserung 19
Augustclevner 195
Auktion 261
Ausbruch-Wein 109, 403
Ausstich 101
Australien 417, 419, 445, 455
Autochthone Sorte 419

B

Babbelwasser 157
Bacchus-Traube 167
Baden 173, 183
Badisch Rotgold 181
Bad Kreuznach 185
Bad Vöslau 115, 131
Bakterien 75
Bakterienkultur 57
Barbaresco 321, 329
Bardolino 333, 343, 361, 377
Barile 343
Barolo 329, 331, 347, 349
Barolo Chinato 347
Barolo des Südens 377
Barossa Valley 399
Barrel Fermented 419
Barrique 53, 291
Basalt 143
Bastumflochtenen Flasche 333
Beaujolais 239, 243, 245, 257, 279, 293, 309
Beaujolais Nouveau 295
Beerenauslese 93, 181, 189
Beerliwein 209
Bentonit 45
Bergerac 279
Berggericht 123
Berglagen 23
Bergweine 107
Bezeichnungen 49
Bianco di Custoza 335
Bingen 187
Bitzler 187
Blauburger 101
Blauburgunder 213

Blauer Zweigelt 101, 109
Blaufränkisch 121, 439, 473
Blume 79
Bocksbeutel 185
Böckser 21
Bodenart 55
Bögen 77
Bolgheri 367
Bons Bois 279
Bordeaux 245, 251, 261, 263, 265, 281, 287, 289, 297, 465, 479, 489, 491
Bordeaux-Brühe 61, 499
Bordeaux-Flasche 57
Bordeaux-Klassifizierung 477
Bordeauxwein 261, 269, 395
Botrytiston 23
Botrytiswein 95
Botrytis Cinerea 33
Bouvier-Traube 101
Brasilien 453
Breganze 335
Breitengrad 195
Brettanomyces 65
Brettig 59
Brixen-Eisacktal 321
Brunello 321, 341, 345, 377
Brunello di Montalcino 323, 367
Brut 21
Bukett 79
Bündner Herrschaft 213
Bündner Rheinwein 221
Burgenland 103, 127, 481
Burgund 243, 247, 257, 261, 271, 275, 289, 307, 475
Burgunder 25
Burgund Österreichs 97
Buschenschank 465
Buschenschankbetrieb 495

C

Cabernet Dorio 199
Cabernet Franc 283, 297, 303
Cabernet Sauvignon 363
Cadillac 293, 421
Cahors 241
Cahors-Weine 263

503

Index

Calabrese 337
Caluso 345
Cannonau 353
Cantina Sociale 355
Cape Riesling 451
Capitulare de Villis 465
Carignan-Traube 431
Carmignano 329
Carnuntum 91, 487
Carso 333
Cartizze 323
Cassis-Ton 51
Castelli Romani 357
Castel del Monte 483, 495
Castel Schwanburg 433
Catarratto 435
Cava 391
Cerasuolo 337
Chablis 243, 247, 285, 295
Chambertin 273
Champagne 249, 287, 309, 477
Champagner 37, 49, 235, 237, 243, 251, 265, 303, 433, 437, 479
Champagner-Cocktail 77
Champagner-Großflaschen 273
Champagner-Herstellung 241
Champagnererzeugung 67
Champagnerflasche 29, 237, 269, 279, 493
Champagnerherstellung 31
Champagnermönch 483
Champagnerwinzer 475
Champagne Italiens 351
Chaptalisation 39
Charta-Wein 167
Château-Chalon 247, 269
Châteauneuf-du-Pape 257, 269, 277
Château Ausone 479
Château Beychevelle 285
Château Chalon 235
Château Cheval Blanc 245
Château d'Armailhac 301
Chateau d'Yquem 239
Château des Charmes 427
Château Haut-Brion 269
Château Lafite-Rothschild 491

Château Montelena 405
Château Mouton Rothschild 273, 275, 293
Château Musar 399
Château Palmer 301
Château Pape Clément 265
Château von St-Emilion 297
Chianti 323, 333, 345, 351, 371, 375, 377
Chianti Classico 349
Chiaretto 369
Chiavennasca 341
Chile 409, 439, 445, 479
Chilenischer Nationalschnaps 403
Chinon 303
Chlorose 43
Churchill 479
Churer Schiller 215
Cinqueterre 327, 371
Cinque Terre 327
Cinsault 449
Cirò 337
Clairet 53, 411
Claret 53, 411
Classic-Weine 165
Clavelin-Flasche 311
Clavelins 249
Clevner 215
Climat 271
Clos de Montmartre 297
Clos de Vougeot 265
Codex Iuris Canonici 59
Cognac 41, 253, 257, 305
Cognac-Herstellung 253
Colares 415
Collegium Vinum Wachrain 141
Colli 369
Colli Goriziano 333
Colombard 303
Commandaria 413
Completer 221
Confrérie des Chevaliers du Tastevin 305
Constantia 407
Contessa Entellina 379
Con Crianza 401
Coonawarra 427
Cornalin 217

504

Index

Cortese-Traube 333
Corton-Charlemagne 257
Corvo 351
Cosecha 431
Cot 287
Côtes-du-Luberon 281
Côtes de Castillon 305
Côte Chalonnaise 263
Côte d'Or 259
Côte de Beaune 293
Côte de Nuits 253
Côte du Rhône 291
Côte Rôtie 267
Coulée-de-Serrant 277
Crémant 295
Criolla 451
Cru-Lage 245, 293
Crusted Port 417
Cuve-Close 67
Cuvée 23, 283, 297, 307, 333, 345, 377, 389
Cuvée Cristal 251

D

DAC 93, 103, 141
DAC Traisental 147
Damaskus 483
Darmagi 375
DC Pfalz 197
Deckweine 65
Denominación de Origin calificada 425
Der kleine Bruder des Sherrys 407
Dessertwein 397, 407, 413, 431, 443, 453, 457
Destillat 63
Destillation 41
Deutscher Champagner 157
Deutsche Klöster 97
Deutsche Weininstitut 163
Deutsche Weinsiegel 157, 171
Deutschschweiz 221
Diäthylen-Glykol 59
Direktträger 23
DOC 379, 415
DOC-Bezeichnung 445
DOC-Biferno 345

DOC-Terlaner 373
DOC-Wein 327, 335, 357, 365
DOCa Rioja 437
DOCG-Anerkennung 327, 359, 377
DOCG-Wein 333, 339, 359, 371
Doctor 189
DOC Aprilia 365
DOC Bolgheri 367
DOC Breganze 335
DOC Colli Berici 369
DOC Etschtaler 349
DOC Greco di Bianco 361
DOC Lugana 373
DOC Orvieto 377
DOC Pomino 377
DOC Trentino 321
DOC Trentino Bianco 365
DOC Trento 321
DOC Valdadige 367
DOC Vulture 365
Dolcetto 347, 379
Dôle 209
Domaine 281
Domaine de Chevalier 281
Donau 95
Donnaz 337
Don Giovanni 485
Dornfelder 157
Dr. Penfold 457
Drachenblut 159
Drahtgeflecht 437
Drahtkorb 29
Drittwein 285
Drosselgasse 197
Druck 49
Duft 61
Duriense 445
Dürnstein 123

E

Edelfäule 145, 189, 259, 289
Edelfaule Trauben 183
Edelrebe 73
Edelzwicker 239
Eichen 53, 79
Eichenfass 247, 295

505

Index

Eichenhölzer 65
Eidechse 217
Eifel 169
Eigendruck 29
Einteilung der deutschen Weinbaugebiete 171
Einzellagenbezeichnungen 187
Eisheiligen 487
Eiswein 119, 125
Eisweinbereitung 283
Eisweinerzeugung 187
Elbe 195
Elsass 241, 245, 255, 257, 259, 299
Engelweingarten 143
England 435, 465
Engländer 53, 179, 395
Enoteca Italiana 333
Enthefen 243, 251
Entre-deux-Mers 287
Entschleimen 39
En Vrac 309
Erdölförderung 123
Erlauer Stierblut 431
Ermitage 211
Ernte 111
Erntejahr 167
Erntemenge 107
Ernte von Eiswein 125
Erstes Gewächs 191
Ertragsfläche 179
Erziehungsform 27
Escherndorfer Lump 193
Est! Est!! Est!!! 337
Etikett 49, 93, 113, 117, 217, 235, 367, 389, 401, 431, 443
EU-Weinbauzone 191
Euro-trocken 137
Europäische Edelrebe 73
Europäische Rebe 133
Eutypiose 39

F

Faberrebe 159
Fahnenschwinger 121
Fairview Estate 431
Falerner 335
Falscher Mehltau 59
Falstaff 477
Farbstoffe 41, 55
Fass 365, 425, 487
Fässer 63
Fassgröße 183
Fassl-Rutschen 121
Fassreihe 409
Federweißer 185
Feenhaube 125
Fendant 213
Feuillette 295
Finger Lakes 431
Fins Bois 279
Flächenmaß 125, 169
Flasche 185, 239, 341
Flaschen 437
Flaschenfarbe 179
Flaschenform 249, 305
Flaschengärmethode 43
Flaschengröße 301
Flaschenhals 57
Flaschenreifung 71
Flaschenwein 103
Flavonoide 67
Flétri-Weine 211
Florhefe 401
Flûte 239, 305
Folle Blanche 303
Formel 27
Fortifikation 45
Foxton 25
Franciacorta 351
Franken 199
Frankengebiet 159
Frankenriesling 185
Frankreich 433
Franziskanermönch 473
Freier Schwefel 51
Freiherr von Babo 41
Freistadt Rust 91
Friaul 351, 363
Friaul-Julisch-Venetien 359
Frosteinbruch 487
Fuchsschwanz 379
Füllstand 57

Index

Fumé Blanc 393
Furmint 99
Fürstentum Liechtenstein 211

G

Galestro 321, 325
Gallo Nero 457
Gardasee 491
Garganega 367
Garrafeira 437
Gärung 77, 121
Gas-Chromatographie 63
Gattinara 335
Gelatine 53
Gelber Wein 269, 277
Gelbsucht 81
Gemeinschaftsmarke 125
Gemischter Satz 147
Gerbstoffe 71
Gers 273
Geruch 57
Gesamtalkohol 119
Gesamtsäure 75
Geschmacksbezeichnung 107, 331, 443
Geschmacksrichtung 49, 157, 173
Getränkesteuer 489
Gewürztraminer 79, 241
Girasol 67
Gisborne 433
Glashersteller 61
Gleichgepresster 133
Glycerin 67
Goethe 159
Goron 221
Göttweiger Berg 131
Goût de Bouchon 301
Goût de Goudron 67
Grande Champagne 275
Grand Cru 253, 257, 275, 281, 285, 309
Grange 441
Grange Hermitage 441
Granvás 397
Graubünden 221
Grauburgunder 93
Graves 297, 301
Greco-Traube 361

Grignolino 355, 361
Grillo 435
Großlage 91, 171
Grundwein 105, 257
Grüne Siegel 157
Grüne Veltliner 113
Gumpoldskirchner Königswein 91
Gusto di Tappo 379
Gutedel 209
Gutedel-Land 197
Güteklasse 161
Gütezeichen 197

H

Hades 163
Hades-Weine 163
Hadres 143
Halbstück 487
Halbtrocken 107
Hallstattzeit 135
Hanepoot 395
Hanse-Städte 159
Harriague 393
Hauptbestandteil 47
Haut Sauternes 235
Hefe 235, 251
Hefedepots 43
Heferückstände 63
Heiligenstein 91
Hektar 35
Hektarerträge 117, 353
Hermann Müller 223
Hermitage-Berg 277
Heroldrebe 161
Hessen 157
Hessische Bergstraße 197
Heuriger 121
Histamin 53
Hitzeperioden 63
Hochkultur 27, 465
Höchster Weinberg Europas 389
Höchste Prädikatsstufe 141
Höchstgelegene Weinberg Europas 213
Hock 179
Hogshead 445
Hohlmaß 483

507

Index

Holland 423
Holz 53
Hölzer 79
Hospice de Beaune 261, 475, 487
Hugenotten 493
Hunsrück 169
Huxelrebe 175
Hybride 25

I

IGT (Landweine) 351
Impériale 301
Imprägnierverfahren 49
Institut for Masters of Wine 447
In vino veritas 471
Irxentraube 43
Isabella 133

J

Jahresdurchschnittstemperaturen 159
Jahrgänge 59
Jahrgangs-Champagner 253
Jakobitraube 165
Jakobs-Weg 471
Jakobstraube 165
Japan 443, 451
Jeroboam 269
Jeruzalem 457
Joch 125
Johannisberg 423
Johanniswein 487
Jubiläumsrebe 97
Jungfernwein 47
Jungwein 99
Junker 127
Jura 311

K

Kabinettwein in Österreich 97
Kadarka 425
Kaiserstuhl 179
Kaiser Joseph II. 495, 499
Kaiser Napoleon I. 469
Kalifornien 397, 405, 409, 415, 447

Kalkstein-Schiefer-Boden 321
Kaltmazeration 81
Kampanien 497
Kamptal 125
Kanada 393
Kanton 209
Kanton Wallis 211
Kapstadt 429
Käthchenwein 163
Kellergasse von Hadres 143
Kellermeister 469
Kellerwirtschaft 39, 45, 53, 57, 75
Keltertrauben 423
Kerner 19, 191
Kir 61, 289
Klapotetz 105, 135
Klärmittel 37
Klassifizierung 271, 275, 297
Klettgau 221
Klevener de Heiligenstein 255, 295, 453
Klevner 143, 215
Klima 115, 195, 209
Klimabedingungen 111
Klimatische Voraussetzungen 125
Klimazonen 115, 409
Klingelberger 183
Klon 25
Klosterkeller 483
Klosterneuburg 97, 111
Klosterneuburger Mostwaage 21
KMW 25
KMW (Klosterneuburger) Grade 71
Knospen 47
Kober 5BB 29
Koblenz 187
Kohlendioxid 63
Kohlensäure 63
Königin Victoria 191
Königswein 127
König Richard Löwenherz 497
Kontrollierte Herkunft 273
Kontrollierte Ursprungsbezeichnung 219
Kontrollorgan 303
Kork 73
Kräuselmilbe 69
Kremser 99

Index

Kretze 357
Kretzern 349
Kreuzritter 481
Kreuzung 31, 139, 157, 161
Kröver Nacktarsch 183
Kultwein 363
Künstleretiketten 293
Künstliche Eisweinbereitung 283
K & K Monarchie 95

L

Lagares-Methode 77
Lagerung 49, 77
Lagrein 321
Lambrusci 339
Lambrusco 339
Landwein 107, 117, 287, 323
Langenlois 125
Langhe 349
Late Bottled Vintage 389
Lemberger 395
Lenz Moser 33
Lesehöfe 97
Leuconostos Oenos 57
Liebfrau(en)milch 181
Liebfrauenmilch 175
Liebfraumilch 175
Lieblich 119, 175
Liechtenstein 211
Ligurien 371
Likör 435
Likörwein 287
Liqueur de Tirage 303
Locorotondo 357
Lohegeschmack 69
Loire 261, 275, 283, 287, 289
Lombardei 327, 341, 361
London Particular 453
Loreleyfelsen 485
Lössböden 23
Louis Pasteur 275, 497
Ludwig XV. 491
Luxemburg 157, 407, 453
Lyra-System 43

M

Mâcon 247
Mâcon-Villages AOC 285
Mâconnais 243
Madeira 67, 397, 449
Mailberg Valley 443
Maische 25, 81, 251
Malaga 421
Malbec 241
Malolaktische Gärung 23, 39
Malvasier 113
Malvoisie 219
Maremma 363
Mariage 253
Marke 127
Markengemeinschaft 97, 137
Markenzeichen 363
Marlborough 455
Marsala 339, 485
Maßeinheit 267
Mavrodaphne 399
Médoc 285, 291
Mehltau 59, 81
Melon de Bourgogne 269
Mercaptane 69
Merlot 255, 283, 297, 299
Messwein 493
Metaweinsäure 65, 75
Mexiko 399
Milchsäure 53, 75
Mindestalkohol 121, 181
Mindestgradation 119
Mindestmostgewicht 103
Minervois-Weine 277
Mischung 105
Mission 435
Mistela 35
Mistella 35
Mittelburgenland 141
Mittelrhein 165, 195
Mödling 139
Mondavi Winery 439
Monica-Traube 449
Monopole 307
Montagnes de Reims 291

Index

Montalcino 341
Montefalco Sagrantino 335
Montefiascone 373
Monte Albano 369
Montilla-Moriles 425
Montrachet 237, 307
Morellino di Scansano 331
Morgen 169
Morillon 111
Mosel 173, 181, 183, 193
Mosel-Riesling 193
Mosel-Saar-Ruwer 173
Moselgemeinde 189
Moseltaler 171, 173
Moselweine 179, 467
Most 25, 47, 123
Mostgewicht 93
Mostwaage 45
Mourvèdre 389
Moussierpunkt 69
Mouton-Rothschild 301
Mozart 485
Mulchen 71
Müller-Thurgau 31, 99
Mumm 241
Muscadet 243, 253, 283
Muscardin 307
Muskateller 243, 283
Musketiere 469
Mutation 41

N

Nachgeschmack 267
Nacktarsch 189
Napa Valley 427
Napoleon 493
Natürliche Gärung 77
Nebbiolo 337
Nebbiolo-Trauben 349
Nebuchadnezar 273
Nebukadnezar 493
Nederburg 435
Négociant Éleveur 295
Neigung 107, 161
Neive 355
Neuburger 97

Neuseeland 419, 425, 445
Neuzüchtung 159, 161, 191
Neuzüchtungen 157
Niederösterreich 129
Nikolaus Esterhazy 469
Noble Rot 419
Norddeutschland 159
Nördlichste Weinbauregion 247
Nördlichst gelegene Weinlage 171
Nützling 69

O

Obermosel 173
Öchsle 25
Öchsle-Grade 65, 71
Oeil de Perdrix 217
Oenin 49
Oenomanie 79
Oidium 35
Oinotria 475
Olaszriesling 435
Olympische Spiele 481
Opus One 427
Orden 93, 265
Oristano 371
Orvieto 371
Orvieto-Flasche 371
Österreich 91
Österreichische Traubensorte 113
Ostschweiz 209, 221
Oxhoft 73
Oxidation 21

P

Palomino 401
Palo Cortado 447
Paradis 305
Passito 329
Pedro Ximénez 59
Penfold 457
Peronospora 41
Persistenz 69
Petite Champagne 239
Petrolton 49
Pfalz 197

Index

Philosoph 473
Phylloxera 33
Picolit-Trauben 361
Piemont 323, 349, 359, 375
Pilze 43
Pilzkrankheit 43
Pineau 281
Pineau de la Loire 263
Pinot 281
Pinot Gris 157
Pisco 403
Podersdorf 127
Pomino 365
Pompeji 497
Portugal 77, 397, 409
Portwein 47, 131, 401, 405, 415, 439, 485
Potentieller Alkohol 71
Pöttelsdorf 133
Pouilly-Fumé 237, 265, 493
Pourriture Noble 299
Prädikatsstufe 141, 179
Prädikatswein 121
Prädikatsweine 103, 111, 137, 145, 177, 181, 185
Pro-Kopf-Verbrauch 181
Producteur Direct 309
Prohibition 493
Prosecco 351
Provence 275
Pruning 439

Q

Qualitätspyramide 243
Qualitätsstufe 121, 123, 161, 191, 247, 259, 293, 299, 453
Qualitätswein 37, 109, 113, 117, 137, 139, 143, 173, 175, 235, 245, 415, 437, 443
Qualitätsweinbereitung 133, 139
Quercus 41
Quercus suber 73

R

Räifrench 157
Rainwater 443
Ramandolo 455
Rancio 407
Ranker 55
Rarität 215, 221, 325
Rasteau 287
Ratafia 287
Rebanlagen 63
Rebe 49
Reben 81
Rebenkunde 31
Reberziehungsformen 33
Rebfamilien 73
Rebfläche 35, 125, 173, 195
Rebhuhnauge 217
Rebkrankheit 19, 35, 41
Reblaus 29, 37, 45, 59, 91, 135, 475, 481
Rebsorte 133, 157, 173, 177, 209, 217, 255, 259, 265, 275, 295, 307, 325, 341, 347, 429, 435
Rebsorten 51, 65, 141, 165, 167, 171, 185, 209, 469
Rebstock 61, 63
Rebstock-Krankheit 81
Rebstöcke 37
Rebzüchter 223
Rebzüchtung 75
Recioto 323
Red Meritage 435
Refraktometer 31
regionale Spezialität 175
Regio Tragisana 137
Reifenbeißer 129
Reifezeit 141, 341
Reifung 67, 77
Remontage 61
Remuage 31
Rendsinen 55
Rendzina 55
Réserve 245
Residual Sugar 449
Restsüße 331
Restzucker 49, 107, 119, 177, 401, 437

Index

Resveratrol 79
Retsina 391, 401
Retz 129
Rheingau 173, 189, 191, 495
Rheinriesling 347
Rhône-Appellationen 263
Ribolla 367
Richebourg 289
Ricolmatura 19
Riede 137
Rieden 117, 141
Riedenbezeichnung 101
Riesling 171, 173, 241, 347
Riesling-Gebiet 197
Riesling Hochgewächs 193
Rigolen 51
Rioja 399, 417, 437
Ripasso-Verfahren 357
Riserva 347
Ritzling 137
Rivaner 75
Roederer 21
Roero 331, 349
Rom 335, 471, 497
Römer 181, 343, 475, 491
Roséwein 237, 249, 271, 275, 409
Rosé d'Anjou 237
Rosinenwein 471
Rossese di Dolceacqua 493
Rosso Conero 355
Rotburger 139
Roten Veltliner 209
Roter Sancerre 255
Roter Veltliner 103
Rotes Tor 113
Rote Sancerre-Weine 279
Rothschild 285
Rotwein 79, 111, 141, 159, 213, 239, 273, 303, 307, 323, 329, 351, 369, 375, 377
Rotweingebiet 189
Rotweinrebe 27, 95, 139, 157, 161, 405
Rotweinsorte 131, 195, 337, 425
Rotweintrauben 143
Rotweinvergärung 43
Rotwein der Pilger 471

RS 169
Rübenzucker 25
Rufina 349, 413
Ruländer 39, 93
Rust 481
Rütteln 235

S

Sagrantino 371
Saint-Emilion 267, 389
Saint-Julien 267
Salice Salentino 357
Salvagnin 215, 219
Salzige Note 217
Sämling 88 51
Samos 437
Sancerre 237, 239, 255, 279
Sandböden 447
Sangiovese 363
Sangiovese-Klon 367
Sardinien 353
Sardische Monica-Traube 449
Sassicaia 325, 363
Saumur 261
Säureabbau 57
Säuren 53, 55
Sauser 213
Sauternes 235, 245, 259
Sauvignon Blanc 101
Savioz-Fass 77
Schädling 69
Schaumwein 43, 237, 249, 251, 299, 423, 455
Schaumwein-Herstellungsverfahren 67
Scheurebe 51
Schieferböden 447
Schilcher-Weine 109
Schlesien 493
Schloss Johannisberg 495
Schlumberger 481
Schönungsmittel 75
Schutzmarke 115, 123
Schutzpatron 475
Schwarzer Hahn 363
Schwarze Katze 75

Index

Schwarzriesling 169
Schwefel 51
Schweiz 209
Schweizer Spezialität 211
Sekt 49, 63, 161, 163, 401, 437
Sekterzeugung 105
Sektkellerei 481
Sektsteuer 163
Selection 165, 167
Sémillon 417
Sforzato 339
Shakespeare 477
Sherry 131, 393, 399, 401, 403, 413, 431, 433, 465, 485
Sherry-Fässer 409
Sherry-Qualität 397
Silvaner 163
Sion 211
Sizilien 337, 339, 377, 465
Smaragd-Weine 93
Soave 329
Solaia 355
Solera 401
Sommerwein 373
Sonneneinstrahlungswinkel 161
Sonnenuhr 193
Sonoma County 415
Sortenpalette 115
Sortenverzeichnis 361
Spanien 391, 397, 405, 413, 417
Spanna 325
Spätburgunder 169, 195
Spätlese 137, 183, 189, 397, 495
Spezialität 217, 295
St-Émilion 261, 283, 479
St. Helena 469
St. Laurent 141, 145
Staatsvertrags-Unterzeichnung 123
Stabilisierung von Wein 275
Stachelbeeren 61
Standard-Bordeaux-Flasche 249
Statistik 105
Stauferkönig Friedrich II. 483
Steiermark 91, 101, 111, 135, 143, 489
Steillage 161
Steilster Weinberg 189

Steinfeder 119
Steinweine 181
Stillwein 445
Strohweine 273
Südafrika 391, 395, 419, 445, 449, 451, 457, 487
Südamerika 389, 423
Süditalien 375
Südlichstes Weinbaugebiet 183, 441
Südoststeiermark 115
Südsteiermark 129, 141
Südtirol 321, 327, 349, 353, 359, 361, 373, 491, 495
Südtiroler Eisacktal 321
Südwein 421, 435
Südwestfrankreich 471
Sur Lie 299
Suser 213
Süßdruck 211
Süßwein 239, 351, 371, 377, 399, 469, 481
Süßweine 289
Swan Valley 395
Sylvaner 217
Synonym Vöslauer 95

T

Tafelwein 363
Talento 359
Tank 159
Tankgärverfahren 63
Tannat 471
Tastevin 433
Taurasi 377
Tausendeimerberg 135
Tawny 47
Tegernseer Lesehof 97
Temperatur 57
Tempranillo 417
Terlaner 373
Terrassenmosel 173
Tessin 209, 217
Tessin-Aroma 211
Thermenregion 99, 105, 129, 131
Tiefkühlung 283
Tignanello 323

513

Index

Tokaj 425
Tokajer 417, 467
Tokajer Szamorodni 443
Tokaji Aszú 411
Tokay d'Alsace 285
Top-Champagner 251
Torggl 363
Torgiano Rosso 353
Torrontés 451
Tor zum Wallis 215
Toskana 325, 351, 355, 365, 369, 373, 467
Tradition 121
Traditionsweingüter Österreich 97
Traisental 95
Traminer 143
Tränen 77
Traube 165
Traubenbrand 403
Traubenkerne 135
Traubenkocher 213
Traubenmost 27, 53, 55, 63, 71
Traubenreife 49
Traubensaft 55
Traubensorte 41, 95, 365
Traubenwickler 75
Trebbiano-Traube 433
Trebern 33
Treiso 355
Trendsorte 439
Trentino 325
Trentino Rosso 365
Tresterkuchen 39
Trient 359, 365, 367
Trier 187
Trinkreife 159
Trocken 325
Trockenbeerenauslese 141, 181
Trockeneis 81
Typenwein 171
Typenwein besonderer Herkunft 193

U

Uhudler 131
Umbrien 327
Umkehrosmose 31

Unesco 165, 489
Ungarn 435
Urban 479
Urkristall 113
Ursprung 33
Uruguay 393
USA 413, 419, 493

V

Valdepenas 441
Valpolicella 331, 351
Vecchio 359
Vega Sicilia 445
Vegetationsperioden 305
Vegetationszeit 49
Verdicchio dei Castelli di Jesi 341
Vereinigung von Winzern 141
Vergärung 63, 73
Verkostet 27, 59
Vermentino-Traube 343
Vermouth 71
Vernaccia-Trauben 357, 371
Vernatsch 321, 347, 379
Verschlüsse 73
Veuve Clicquot 251
Villa Sachsen 175
Vinea Wachau Nobilis Districtus 93, 119
Vinho Verde 403, 453
Vinothek 333
Vinotherapie 81
Vino de Aguja 441
Vino de Pago 411
Vino Liquoroso 339
Vino Passito 329
Vino Santo 325
Vins de Palus 479
Vinum Cirka Montem 131
Vinum Regum - Rex Vinorum 467
Vin cu denumire de origine controlata 415
Vin de Paille 247
Vin de Pays de Jardin de la France 287
Vin doux Naturel 287
Vin Jaune 277
Vin Pétillant 241
Vin Santo 365, 369, 373

Index

Viognier 295, 429
Vogel 127
Vöslauer 95
Vulkanisches Urgestein 143

W

Waadtland 213
Waadtländer Qualitäts-Rotwein 219
Wachau 95, 97, 113, 117, 119, 123, 135, 137, 145
Wachstumsbedingungen 403
Wallis 213, 217
Walliserin 215
Wasseranteil 37
Wassermangel 63
Wein-Aperitif 61
Weinart 49
Weinbau 23, 131, 195, 211, 361, 493
Weinbaufachschule Silberberg 103
Weinbaufläche 353
Weinbaugebiet 129, 175, 195, 197, 243
Weinbaugemeinde Frauenkirchen 105
Weinbaupionier 465
Weinbauregion 131, 213, 305, 323, 331, 355, 433
Weinbauschule 111, 471
Weinbauzentrum 483
Weinbauzentrum Bad Vöslau 115
Weinbauzone 331
Weinbereitung 61, 77
Weinberge 129
Weinbeschreibung 57
Weinblüte 29
Weinblütenfest 127
Weinbruderschaften 305
Weinerzeugung 393
Weinetikett 443
Weinetiketten 359
Weinfass 473
Weinfässern 47
Weinfehler 27, 59
Weinfluss 211
Weingärten 157, 167, 177
Weingesetz 51, 107, 139, 191, 337, 341, 411
Weingesetznovelle 107, 109, 143

Weinglas 77
Weingläser 61
Weingott 471, 483
Weingrünmachen 51
Weingut 405
Weingüter 97
Weinherstellung 39, 497
Weinkategorie 119
Weinkeller 75
Weinkellerei 415
Weinkrankheit 27
Weinland 131
Weinmesse 19, 219, 411
Weinoasen 135
Weinpionier 345
Weinprobe 59
Weinrebe 37
Weinrecht 119, 137
Weinschankrecht 465
Weinstadt 111
Weinstein 33
Weinstraße 161
Weintraube 49, 55, 69
Weinverkostung 267
Weinviertel 103
Weinwirtschaft 41
Wein der Cäsaren 475
Wein der Könige 467
Weißes Pferd 115
Weißgipfler 99
Weißherbst 183
Weißwein 61, 91, 145, 161, 169, 213, 237, 255, 289, 393
Weißweinland 107
Weißweinrebe 375, 415
Weißweinsorte 343
Weißweintrauben 35
Welschriesling 103
Weltkulturerbe 165, 371, 489
Wende 177
Wermut 345
Westschweiz 211, 213
Wien 135
Wiener Eimer 483
Wimmen 359
Windrad 105
Wine State 415

Index

Winterschnitt 57
Winzer 193
Winzerfamilien 123
Winzersekt 177
Winzervereinigung 93, 119
World Wine Champion 137
Wümme 223
Württemberg 165, 167, 193
Würzburger 159

Z

Zapfner 95
Zar Nikolaus II. 437
Ziegenkäse 431
Zierfandler 129, 139
Zinfandel 407
Zirkulaverordnung 495
Zucker 37, 139, 413
Zuckergehalt 123, 189
Zuckergrade 309
Zuckerproduktion 61
Zufallskreuzung 97
Zürich 223
Zürirebe 221
Zusammenbacken 71
Zweigelt 101
Zweitwein 285, 301
Zypern 419

Der Autor

Für den Wein war es ein schlechter Jahrgang – 1942 – das Geburtsjahr von Egon Mark. Seine strenge gastronomische Lehrzeit hat er nach der „Alten Schule" in einem Top-Hotel am Arlberg absolviert. Nach einer wunderschönen Zeit auf dem schwedischen Luxus-Liner „Kungsholm" blieb er für drei Jahre in Schweden hängen. Es war 1964/65, als er ausgerechnet dort die Liebe zum Wein entdeckte und damit begann, Weinseminare zu besuchen. Als Abschluss der Schweden-Praxis absolvierte er in Stockholm die Serviermeister-Prüfung (Hovmästare).
Wieder zurück in Tirol, war er als Oberkellner, Geschäftsführer und selbstständiger Gastwirt tätig, bis er dann 1977 eine Stelle als Fachlehrer am Kolleg für Tourismus in Innsbruck antrat. Nach der pädagogischen Ausbildung kamen Lehramtsprüfungen für Hotelfach- und Berufsschulen.

Egon Mark

Die Idee der Schwedischen Mundschenks-Vereinigung (Sommeliervereinigung) ließ ihn nicht los, und er gründete 1987 den Tiroler Sommelierverein.
Die Idee wurde österreichweit nachgemacht, und Egon Mark erhielt dafür (im Jahr 1995) den Bacchus-Preis für besondere Verdienste um den österreichischen Wein. Nachdem es vorerst in Österreich keine Möglichkeit für eine Ausbildung zum Sommelier gab, absolvierte er die zwei Prüfungen für den italienischen Sommelier in Bozen – allerdings in deutscher Sprache.
Durch die Initiative des Tiroler Sommeliervereins wurden im Jahr 1989 die ersten Kurse und Prüfungen für Diplom-Sommeliers in Österreich durchgeführt. Das Tourismusland Tirol hatte nun die ersten geprüften Sommeliers in Österreich und Egon Mark war einer davon. An verschiedenen Sommelier-Wettbewerben nahm er teil und wurde u. a. 1992 FALSTAFF-Sommelier des Jahres und 1994 Österreichsieger des „Grand Prix SOPEXA" mit dem Titel „Österreichs bester Sommelier für französische Weine und Spirituosen". Inzwischen wurden Sommelierausbildungen in ganz Österreich angeboten, und Egon Mark war Trainer und vielfach auch Prüfer. In den vergangenen 15 Jahren war er als freier Fachjournalist sehr beschäftigt. Zahlreiche Publikationen über kulinarische Themen, mit Schwerpunkt Wein, und umfangreiche Schulungsunterlagen sind in den letzten Jahren entstanden. Für die »Edition Löwenzahn« schrieb Egon Mark drei Taschenbücher über Wein und Bier. Im Verlag Gebrüder Kornmayer ist bereits das Weinquiz auf CD „Wein erlernen mit Spaß" erschienen.

WEINQUIZ-CD-ROM

Das ultimative Weinquiz mit mehr als 1.300 Fragen aus 8 Fachgebieten für Ihren PC

Die WEINQUIZ-CD des Diplom-Sommeliers Egon Mark enthält über 1.300 Fragen mit 5.200 Antwortmöglichkeiten aus 8 verschiedenen Fachgebieten: allgemeines Weinwissen, Weingeschichte, internationale Weinwelt, Weinländer (Frankreich, Italien, Österreich, Deutschland). Zu jeder Frage gibt es eine Auswahl von 4 möglichen Antworten. Hilfreich und informativ sind dabei die Erklärungen, die Egon Mark jeder einzelnen Frage beigefügt hat.

Sein Weinquiz ist eine beliebte Vorbereitung auf die Sommelier-Prüfung, und Gastronomie verwenden es gerne, um ihre Mitarbeiter zu schulen. Weininteressierten Laien ermöglicht es, auf spielerische Weise Fachwissen zu erwerben oder zu erweitern und sich zum „Weinwisser" zu entwickeln.
Endlich mitreden können, wenn bereits „Wein-Erfahrene" fachsimpeln, über Anbaugebiete, Kellerarbeiten und Traubensorten diskutieren.

Etliche Erfolge bei Wettbewerben kann der Autor & Sommelier Egon Mark verbuchen. So zum Beispiel als „Falstaff–Sommelier des Jahres 1992/93" oder „SOPEXA-Österreich-Sieger 1994" mit dem Titel „Österreichs bester Sommelier für französische Weine und Spirituosen". Für besondere Verdienste um den österreichischen Wein erhielt er 1995 den BACCHUS-Preis.

Computer Software . CD-ROM im Booklet . Format 14 x 12 cm
3. Auflage
Autor: Egon Mark
Preis: 29,80 € [D] / 29,80 € [A] / 46,50 CHF
ISBN 978-3-938173-40-4

Frage-Kategorien:
- Allgemeines
- Österreich
- Deutschland
- Schweiz
- Frankreich
- Italien
- International
- Weingeschichte

Systemvoraussetzungen:
Microsoft (TM) Internet Explorers (Vers. 6) für Windows (TM)-Betriebssysteme
Folgende Browser wurden i.V.m. Javascript 1.2 oder höher, erfolgreich getestet:
1. Microsoft Internet Explorer ab Version 5.0
2. Netscape Navigator ab Version 7
3. Mozilla ab V1.3
4. Opera ab Version 7*
5. Konqueror ab Version 3*
(* kleinere Abweichungen in der Darstellung)
Das Quiz muss nicht auf dem PC installiert werden. Die CD in das Laufwerk schieben „und schon läuft das Programm" unter Windows mit allen gängigen Browsern.